Becker • Hummel • Sander | Literaturwissenschaft

Reclams Studienbuch | Germanistik

Sabina Becker
Christine Hummel
Gabriele Sander

Literaturwissenschaft

Eine Einführung

Reclam

2., erweiterte und aktualisierte Auflage des *Grundkurses Literaturwissenschaft*

2018 Philipp Reclam jun. Verlag GmbH,
Siemensstraße 32, 71254 Ditzingen
Umschlaggestaltung nach einem Konzept von zero-media.net
Umschlagabbildung: © RooM The Agency – stock.adobe.com
Druck und Bindung: CPI books GmbH,
Birkstraße 10, 25917 Leck
Printed in Germany 2022
RECLAM ist eine eingetragene Marke
der Philipp Reclam jun. GmbH & Co. KG, Stuttgart
ISBN 978-3-15-011164-2

Auch als E-Book erhältlich

www.reclam.de

MIX
Papier aus verantwortungsvollen Quellen
FSC® C083411

Inhalt

Einleitung

> Literatur bietet Bilder an, in denen sich, was wir in Begriffen abgelegt haben, wieder konkretisiert und in die neue, noch diffuse Empfindungen einmünden können, Formen, in die wir uns, im besten Fall mit Körper, Herz, Verstand wenigstens vorübergehend hineinbegeben, die sich in uns hereinbegeben, beides zur erheblichen Lebenssteigerung und also Lebenserhellung.
>
> BRIGITTE KRONAUER[1]

Wenn Literatur es vermag, eine ›lebenssteigernde‹ und ›lebenserhellende‹ Wirkung (im Sinne BRIGITTE KRONAUERS) beim Individuum zu entfalten, welche Zielsetzungen verfolgt dann eine Wissenschaft, die die Literatur zum Gegenstand hat?

Literaturwissenschaftliches Studium

Die Literaturwissenschaft bzw. das literaturwissenschaftliche Studium vermittelt Kenntnisse darüber, was literarische Texte auszeichnet und wie sie gestaltet sind (Sprache und Struktur), wie sie welche Themen aufgreifen, wie sie entstanden und in welchem geschichtlichen Kontext sie zu verorten sind und welche Deutungsmöglichkeiten sich beim Leser[2] bzw. Rezipienten eröffnen.

Der vorliegende Band richtet sich in erster Linie an Studierende der Germanistik, aber auch an Lehrende und literarisch Interessierte, die philologisches (von griech. *philólogos* ›Freund von Worten, Reden‹) Basiswissen erwerben wollen. Ziel ist die Vermittlung literaturwissenschaftlicher Grundlagen auf aktuellem Forschungsstand in allgemein verständlicher, kompakter und übersichtlicher Form. Der Band stellt das für die Textanalyse notwendige Beschreibungsvokabular bzw. ›Handwerkszeug‹ bereit, das den literaturwissenschaftlichen Zugang zu Texten erleichtert und erschließt. Die einzelnen Kapitel stützen sich auf Materialien und Modelle, die sich in der Lehrpraxis bewährt haben.[3] Bei ihrer Abfassung ging es den Autorinnen weniger um wissenschaftliche Originalität als um die Anwendbarkeit im Studienalltag. Der Band soll aber nicht nur Orientierungshilfe in einer – zumal für

1 Brigitte Kronauer, »Macht was ihr wollt! Wie modern muß Literatur sein?«, in: B. K., *Zweideutigkeit. Essays und Skizzen*, Stuttgart 2002, S. 275–291, hier S. 287.

2 Bezeichnungen wie Autor, Leser, Künstler usw. werden nachfolgend der besseren Lesbarkeit wegen geschlechtsneutral verwendet und beziehen Frauen und Männer gleichermaßen ein.

3 Am Schluss eines jeden Kapitels werden Hinweise auf weiterführende Literatur gegeben; sie beruhen auf einer gezielten Auswahl und verstehen sich sämtlich als Empfehlungen.

Anfänger – unübersichtlichen Forschungslandschaft geben, sondern auch das Interesse und Verständnis für literarische Texte fördern und die Leselust steigern.[4]

Zum Gegenstand und Ursprung des Faches

Gegenstand der Neueren Deutschen Literaturwissenschaft ist die seit der frühen Neuzeit entstandene neuhochdeutsche Literatur ab etwa 1500. Dieses Zeitalter war geprägt von einer zunehmenden Ausdifferenzierung der Wissenschaften und der Literatur infolge der Einführung des Buchdrucks um 1450, die die Verbreitung und Rezeption von Büchern auch jenseits der Klöster und Universitäten ermöglichte.[5] Eine Etappe in der Vorgeschichte der heutigen Germanistik markiert der Humanist CONRAD CELTIS, der die *Germania* des TACITUS (im Jahre 1500) edierte und als Quelle der Frühgeschichte zugänglich machte. Weitere Anstöße zur Beschäftigung mit der deutschen Sprache und Literatur gab LUTHERS Übersetzung und Verbreitung der Bibel (1545).[6] Zu den frühen Bemühungen um die deutsche Sprache und Literatur zählen außerdem die poetologischen Schriften von MARTIN OPITZ und JOHANN CHRISTOPH GOTTSCHED (→ Kap. II.2).

Einführung des Buchdrucks

Luther-Bibel

Als Gründungsväter der Hochschulgermanistik gelten die BRÜDER GRIMM, die zu den Initiatoren der ersten deutschen Germanistenversammlung in Frankfurt am Main im Jahre 1846 zählten. JACOB und WILHELM GRIMM haben durch ihre Bemühungen um die Volkspoesie, die sich in den Sammlungen und Publikationen der *Kinder- und Hausmärchen* (1812–15) und der *Deutschen Sagen* (1816–19) dokumentierten, und mit dem *Deutschen Wörterbuch* (1852 ff.) Pionierarbeit für die Germanistik geleistet.

Jacob und Wilhelm Grimm

4 Zur Leselust und ihrem Zusammenhang mit der Literaturwissenschaft vgl. Thomas Anz, *Literatur und Lust. Glück und Unglück beim Lesen*, München 1998.

5 Über die Bedeutung der Schriftlichkeit und des Lesens geben die beiden nachstehenden Bände Auskunft: Ivan Illich, *Im Weinberg des Textes. Als das Schriftbild der Moderne entstand. Ein Kommentar zu Hugos »Didascalion«*, Frankfurt a. M. 1991, sowie Alberto Manguel, *Eine Geschichte des Lesens*, Reinbek b. Hamburg 1999.

6 Der Übersichtlichkeit halber wird auf die Angabe von Lebensdaten der Autoren und Autorinnen zugunsten der Datierung der zitierten und erwähnten Werke verzichtet.

Zu den Aufgaben der Literaturwissenschaft und somit zum Studium dieses Faches zählen:

(1) die Literaturgeschichtsschreibung, also die Beschäftigung mit Produktion, Distribution und Rezeption literarischer Texte,
(2) die Archivierung, Erschließung und Edition (Herausgabe) von Texten (→ Kap. I),
(3) die Beschäftigung mit der ästhetischen Gestaltung literarischer Texte (→ Kap. II),
(4) die Gattungstheorie als Systematisierung literarischer Texte nach formalen Merkmalen (Übersicht über die Gattungen → Kap. III) und
(5) die Strukturanalyse und Interpretation von Texten nach bestimmten theoretischen und methodischen Vorgaben (Literaturwissenschaftliche Methoden und Theorien → Kap. IV).

Diese Teilbereiche werden im vorliegenden Band abgedeckt, wobei auf einen literaturgeschichtlichen Abriss bewusst verzichtet wurde, um den Umfang überschaubar zu halten. Eine literarhistorische Darstellung der Epochen braucht einen angemessenen Raum; hier sei auf die am Schluss des Bandes empfohlenen Literaturgeschichten verwiesen (→ Literaturhinweise). In die Kapitel zu den einzelnen Gattungen (→ III.2–6) sind jedoch literaturgeschichtliche Exkurse eingebunden, um die spezifisch deutschsprachigen Entwicklungen der einzelnen Gattungen exemplarisch zu veranschaulichen.

Welche Texte sind Gegenstand der Literaturwissenschaft?

Literaturbegriff

In der jüngeren Forschung hat sich ein weitgefasster Literaturbegriff durchgesetzt. Dennoch wird innerhalb der Literaturwissenschaft zumeist auf drei Kriterien Bezug genommen, um den Gegenstandsbereich einzugrenzen:

– Fixierung (Speicherung)
– Fiktionalität (Erfundensein)
– Poetizität (künstlerische Sprachverwendung)

Von diesen Kriterien muss mindestens eines auf literarische Texte zutreffen, sie können aber auch in Kombination auftreten.[7] Zum Kernbereich der Literaturwissenschaft gehören zum einen diejenigen Texte, die alle drei Kriterien erfüllen, zum anderen diejenigen, die in fixierter (in der Regel gedruckter) Form vorliegen und das Merkmal der Poetizität aufweisen (nicht-fiktionale bzw. faktuale Literatur → III.6). Gerade die Qualifizierung von Texten als ›poetisch‹ basiert auf bestimmten Wertmaßstäben, die dem historischen Wandel unterliegen.

Kanon

Damit ist das Problem des Kanons angesprochen (griech. *kanṓn* ›Richtschnur, Maßstab‹). In einen Kanon werden Texte aufgenommen, die eine Gruppe von Rezipienten für wertvoll bzw. für lesenswert hält. Er umfasst die Menge der Texte, die in einer Kulturgemeinschaft präsent und für diese identitäts- und traditionsstiftend sind. Die Kenntnis eines bestimmten Kanons von Texten ermöglicht dieser Gruppe das Gespräch über Literatur und hat daher gemeinschaftsbildende Funktion. Die Kenntnis eines Kanons ist aber auch Grundlage für das Verständnis von Texten, da Autoren, als zumeist begeisterte Leser, in ihren Werken Bezüge zu anderen Texten herstellen (Intertextualität → IV. 13).

Kanonpluralität

Jeder Kanon ist ein Resultat von Selektions- und Interpretationsprozessen. In einer modernen, offenen Gesellschaft ist es schwierig, von einem Kanon zu sprechen; es herrscht Kanonpluralität. Dennoch gibt es einen Grundbestand von Texten, deren Kenntnis Voraussetzung für ein erfolgreiches Studium ist und auf die immer wieder zurückgegriffen wird – neben der griechischen bzw. römischen Mythologie und der Bibel sind dies zum Beispiel das *Nibelungenlied* oder GOETHES *Faust*. Neben dem Kanon ›klassischer‹ Texte gibt es einen Deutungskanon bzw. ein sich ständig erweiterndes und veränderndes Korpus von Interpretationen.[8] Auch dieser Band greift auf kanonisierte Texte zurück, er will jedoch darüber hinaus auf weniger rezipierte oder zu Unrecht vergessene Texte aufmerksam machen und vor allem zum Weiterlesen anregen.

7 Vgl. dazu: Jost Schneider, »Literatur und Text«, in: *Handbuch Literaturwissenschaft*, hrsg. von Thomas Anz, Bd. 1: *Gegenstände und Grundbegriffe*, Stuttgart 2007, S. 1–23.

8 *Die Leseliste. Kommentierte Empfehlungen*, zsgest. von Sabine Griese [u. a.], Stuttgart 1994 (Reclams Universal-Bibliothek, 8900) sowie Wulf Segebrecht, *Was sollen Germanisten lesen? Ein Vorschlag*, 3., neu bearb. und erw. Aufl., Berlin 2006. – Zur Kanondebatte in der Germanistik vgl. *Kanon, Macht, Kultur. Theoretische, historische und soziale Aspekte ästhetischer Kanonbildungen*, hrsg. von Renate von Heydebrand, Stuttgart [u. a.] 1998 (Germanistische Symposien-Berichtsbände, 19).

Zum Aufbau des vorliegenden Bandes

Der Band öffnet sich kulturwissenschaftlichen Perspektiven, indem er neben fiktionalen Texten auch nicht-fiktionale Genres wie Aphorismen, Essays, Reiseliteratur, Briefe, Tagebücher, Autobiographien etc. zum Gegenstand macht. Zugleich unternimmt er eine Rückbesinnung auf die philologische Basis des Faches, indem ausführlich die Editionswissenschaft vorgestellt wird. Vor jeder vertiefenden Beschäftigung mit einem literarischen Text steht die Auswahl eines soliden, wissenschaftlichen Ansprüchen genügenden Primärtextes. Das erste Kapitel »Grundbegriffe der Edition« stellt die verschiedenen Ausgabentypen vor und beschreibt den Aufbau und die Funktionsweise historisch-kritischer Ausgaben. Kapitel II »Die Gestaltung literarischer Texte« erläutert knapp die Geschichte und die Grundzüge der Ästhetik als der Lehre vom Schönen, der Poetik als der Lehre vom Wesen der Dichtkunst sowie der Rhetorik als der Lehre von der Redekunst. Daraus abgeleitet sind die Teilkapitel über literarische Stilistik und Metaphorik, die sich mit der ästhetischen Codierung literarischer Texte befassen.

Die unter Kapitel III zusammengefassten Abschnitte beschäftigen sich mit den drei Großgattungen Lyrik, Epik und Dramatik einschließlich des Hörspiels sowie mit der vierten Gattung der faktualen Texte. Das vierte Kapitel stellt die wichtigen literaturtheoretischen und methodischen Ansätze der Literaturwissenschaft vom 19. Jahrhundert bis zur Gegenwart vor. Dabei versuchen wir, die methodischen Ansätze in eine historisierende Perspektive einzuordnen, denn dadurch ergibt sich auch ein Blick auf die Geschichte des Fachs Germanistik.[9]

Wuppertal / Freiburg i. Br.,
im Herbst 2018
Sabina Becker, Christine Hummel, Gabriele Sander

9 Auf eine Einführung in Arbeitstechniken wird ausdrücklich verzichtet. Hier sei auf die beiden Einführungsbände von Benedikt Jeßing verwiesen (→ Literaturhinweise S. 249).

I Grundbegriffe der Edition

Von Gabriele Sander

1 Ausgabentypen

Am Anfang jeder wissenschaftlichen Beschäftigung mit einem literarischen Werk stellt sich die Frage nach der Textgrundlage bzw. Ausgabe, die zugrunde gelegt werden soll. Während bei der Beschaffung eines belletristischen Werkes der Gegenwartsliteratur oft nur zwischen gebundener und Taschenbuch-Ausgabe zu entscheiden ist, so ist das Angebot an Werkausgaben der älteren Literatur in der Regel breit gefächert und in seiner Vielfalt auf den ersten Blick für Laien verwirrend. Insbesondere Texte, die zum literaturgeschichtlichen Kanon gehören, liegen in verschiedensten Ausgaben bzw. Editionen vor, meist sowohl in Einzeldrucken als auch innerhalb von Gesamtausgaben.

Frage nach der Textgrundlage

Seit einigen Jahren besteht zudem die Möglichkeit, sich komplette Texte aus dem Internet herunterzuladen und zu durchsuchen. Allerdings finden sich aus urheberrechtlichen Gründen im Regelfall nur Texte von Autoren, die seit mindestens 70 Jahren verstorben sind (diese Zeitspanne wurde von der EU als gesetzliche Regelschutzfrist für geistige Schöpfungen festgelegt). Die Texte selbst sind von äußerst schwankender Qualität, da sie zumeist von editorischen Laien erfasst (›abgetippt‹) oder bei großer Fehleranfälligkeit gescannt wurden. Neben Online-Volltextsammlungen wie www.gutenberg.de und www.zeno.org gibt es inzwischen auch digitale Textarchive, die hohen philologischen Ansprüchen genügen und strengen Qualitätskontrollen unterliegen; hier ist vor allem das auf Erstausgaben basierende Deutsche Textarchiv zu nennen, das den freien Download erlaubt (DTA: www.deutschestextarchiv.de).[1] Ferner präsentieren sich im Netz immer mehr virtuelle Bibliotheken, die dem Benutzer den Zugang zu ausgewählten Buchbeständen, ferner zu Bild- und Tonwerken ermöglichen. Seit 2014 steht etwa die Vollversion der Deutschen Digitalen Bibliothek (DDB: www.deutsche-digitale-bibliothek.de) online zur Verfügung.

Online-Volltextsammlungen

Digitale Textarchive

In welchem Maße sich gedruckte oder auch online verfügbare Texte je nach Ausgabe auch qualitativ unterscheiden können, lässt sich an einem zuerst von

1 Abrufbar sind laut Homepage »Texte unterschiedlicher Disziplinen und Textsorten, welche mit dem Ziel zusammengestellt wurden, das gesamte Spektrum der deutschen Sprache zu erfassen und somit ein ausgewogenes historisches Referenzkorpus in deutscher Sprache zu schaffen«.

MAX BROD edierten Prosastück demonstrieren, das er aus dem Nachlass seines Freundes FRANZ KAFKA unter dem Titel »Die Brücke« herausgab; Anfangs- und Schlussteil lauten in BRODs Version:

> »Ich war steif und kalt, ich war eine Brücke, über einem Abgrund lag ich. Diesseits waren die Fußspitzen, jenseits die Hände eingebohrt, in bröckelndem Lehm habe ich mich festgebissen. [...]
> Einmal gegen Abend war es – war es der erste, war es der tausendste, ich weiß nicht, – meine Gedanken gingen immer in einem Wirrwarr und immer in der Runde. Gegen Abend im Sommer, dunkler rauschte der Bach, da hörte ich einen Mannesschritt! [...] Wer war es? Ein Kind? Ein Traum? Ein Wegelagerer? Ein Selbstmörder? Ein Versucher? Ein Vernichter? Und ich drehte mich um, ihn zu sehen. – Brücke dreht sich um! Ich war noch nicht umgedreht, da stürzte ich schon, ich stürzte, und schon war ich zerrissen und aufgespießt von den zugespitzten Kieseln, die mich immer so friedlich aus dem rasenden Wasser angestarrt hatten.«[2]

In der Kritischen KAFKA-Ausgabe ist zu lesen:

> »Ich war steif und kalt, ich war eine Brücke, über einem Abgrund lag ich, diesseits waren die Fußspitzen, jenseits die Hände eingebohrt, in bröckelndem Lehm hatte ich mich festgebissen. [...] Einmal gegen Abend, war es der erste war es der tausendste, ich weiß nicht, meine Gedanken giengen immer in einem Wirrwarr, und immer immer in der Runde – gegen Abend im Sommer, dunkler rauschte der Bach, hörte ich einen Mannesschritt. [...] Wer war es? Ein Kind? Ein Turner? Ein Waghalsiger? Ein Selbstmörder? Ein Versucher? Ein Vernichter? Und ich drehte mich um, ihn zu sehn. Brücke dreht sich um! Ich war noch nicht umgedreht, da stürzte ich schon, ich stürzte und schon war ich zerrissen und aufgespießt von den zugespitzten Kieseln, die mich so friedlich immer angestarrt hatten aus dem rasenden Wasser.«[3]

Neben Eingriffen in die Orthographie, Interpunktion, Absatzgliederung, Wort- und Satzstellung hat BROD einige Wörter hinzugedichtet und andere

2 Franz Kafka, *Beschreibung eines Kampfes. Novellen, Skizzen, Aphorismen aus dem Nachlaß*, in: F. K., *Gesammelte Werke*, hrsg. von Max Brod, Frankfurt a. M. [1954], S. 111 f.

3 Franz Kafka, *Nachgelassene Schriften und Fragmente I*, hrsg. von Malcolm Pasley, Frankfurt a. M. 1993, S. 304 f.

falsch gelesen (»habe« statt »hatte«, »Ein Traum?« statt »Ein Turner?« usw.). Wenngleich seine Verdienste um die weltweite Verbreitung der Werke KAFKAS unbestritten sind, so ließ er doch vielfach eine editorische Willkür walten, die über jedes tolerierbare Maß hinausgeht. Demgegenüber bietet die von MALCOLM PASLEY edierte Version einen dem handschriftlichen Original exakt entsprechenden Text. Das Beispiel zeigt, wie stark sich die Editionspraxis in den letzten Jahrzehnten verändert hat, und es lehrt gleichzeitig, dass man sich vor der Anschaffung einer zitierfähigen Textgrundlage einen Überblick über das Spektrum der Buchausgaben verschaffen sollte. Hilfreich für die Orientierung ist die Unterscheidung zwischen folgenden Editionstypen:

1.1 Leseausgaben

Dabei handelt es sich um Ausgaben, die für einen großen Leserkreis produziert werden und kaum mehr als den blanken Text bieten. Insbesondere bei den auf Unterrichtslektüren spezialisierten Verlagen finden sich im Anhang des Textes einige Wort- und Sacherklärungen sowie ein Nachwort mit knappen Informationen über den Autor und sein Werk.[4] Der Benutzer solcher Leseausgaben sollte sich darüber im Klaren sein, dass ältere Texte in aller Regel nicht in ihrer originalen historischen Gestalt abgedruckt sind, sondern in der Orthographie und Interpunktion normalisiert bzw. modernisiert wurden, um die Lesehürden zu verringern. Dadurch wird der Text allerdings auch enthistorisiert. Neuere Ausgaben folgen meist den amtlich gültigen Rechtschreibregeln. Einzelnachweise über die vom Verlag bzw. Herausgeber vorgenommenen Eingriffe erfolgen nicht, so dass die ursprüngliche Textgestalt nicht rekonstruiert werden kann.

Modernisierter Text

1.2 Studienausgaben

Diese kommen fachspezifischen Bedürfnissen in weit höherem Maße entgegen, da sie einen Anhang mit den wichtigsten Informationen zur Druck-, Entstehungs- und Wirkungsgeschichte des Textes sowie zum Autor und seiner Zeit enthalten. Wenngleich die Übergänge zwischen Lese- und Studienausga-

4 Für die intensivere Beschäftigung empfiehlt sich die zusätzliche Anschaffung von parallel konzipierten Kommentarbänden, etwa aus der Reclam-Reihe *Erläuterungen und Dokumente*.

Kritisch überprüfter Text

ben mitunter fließend und beide Ausgabentypen eher selten als solche deklariert sind, zeichnen sich Letztere zumeist durch die Präsentation eines kritisch überprüften Textes aus (→ I. 2.1), dem ein ausführlicher Kommentarteil beigegeben ist. Studienausgaben bereiten Forschungsergebnisse in verständlicher Form auf und verweisen auf weiterführende Literatur. Längst nicht bei allen Autoren können Herausgeber jedoch auf Vorarbeiten zurückgreifen, sondern müssen sich der schwierigen Aufgabe der erstmaligen Erschließung eines Gesamtwerks stellen. So sind in den letzten Jahrzehnten Studienausgaben entstanden, die als Pionierleistungen anzusehen sind und eine Zwischenlösung auf dem Weg zu einer historisch-kritischen Ausgabe (s. u.) darstellen. Existieren solche wissenschaftlichen Editionen bereits, bilden sie im Idealfall die Basis von Studienausgaben. Diese eignen sich für ein Lesepublikum, das fundierte, handliche und erschwingliche Werkausgaben wünscht. Beispielhaft seien hier die Hamburger GOETHE-Ausgabe sowie Ausgaben der Verlage Hanser, Reclam und Winkler sowie des Deutschen Klassiker Verlags genannt. Studienausgaben dieser Art sind – insbesondere bei ›puristischen‹ Philologen – insofern umstritten, als die Herausgeber die vor 1900 entstandenen Texte in unterschiedlichem Ausmaß orthographisch modernisiert haben. Auch wenn sie zusichern können, den historischen Lautstand bewahrt zu haben, führen die Eingriffe, so behutsam sie vorgenommen sein mögen, doch dazu, dass die dargebotenen Textversionen nicht der historischen Überlieferung entsprechen und somit nicht authentisch sind.

1.3 Historisch-kritische Ausgaben

1.3.1 Traditionelle Buchausgaben

Anspruchsvollster Editionstypus

Historisch-kritische Werkausgaben (HKA) stellen den anspruchsvollsten Editionstypus dar, der höchsten philologischen Standards verpflichtet ist. Solche Ausgaben sind wissenschaftliche Großprojekte, an denen eine Forschergruppe über mehrere Jahre oder sogar Jahrzehnte arbeitet. Aufgrund des extrem hohen personellen und finanziellen Aufwandes konnten solche auf absolute Vollständigkeit angelegten Ausgaben bislang nur für einen überschaubaren Kreis kanonisierter Autoren realisiert werden (u. a. für KLOPSTOCK, SCHILLER, HÖLDERLIN, KLEIST, BRENTANO, BÜCHNER, HEINE, HERWEGH, MÖRIKE, DROSTE-HÜLSHOFF, STIFTER, MEYER, HOFMANNSTHAL, TRAKL, KAFKA, LASKER-SCHÜLER, HORVÁTH, CELAN). Je nach Anlage und Methodik weisen die genannten Editionen, die teilweise noch nicht abgeschlossen sind, beträchtliche Unterschiede auf. Diese lassen sich auf die von den jeweiligen Herausgebern angewendeten Editionsprinzipien zurückführen, die wissenschaftsgeschichtlichen Wandlungen unterliegen.

Ihre erste Blütezeit erlebte die Editionsphilologie gegen Ende des 19. Jahrhunderts unter dem Einfluss des Positivismus (→ IV. 3). Neben Großeditionen klassischer Autoren wie GOETHE (Weimarer Sophien-Ausgabe, 1887–1919) und SCHILLER (hrsg. von Karl Goedeke, 1867–76) erschienen bedeutende Editionsreihen, die auch heute noch Bestand haben, auch wenn sich die Editionsprinzipien im Laufe der Zeit verändert haben, so die von HERMANN PAUL begründete *Altdeutsche Textbibliothek* (1882 ff.).

Editionsphilologie als eigenständige Disziplin

Heute hat sich die Editionsphilologie als eigenständige Disziplin etabliert[5] und sowohl theoretische als auch praktische Richtlinien entwickelt, die sich durch die intensive wissenschaftliche Diskussion der letzten Jahrzehnte herauskristallisiert haben. Trotz aller methodischen Differenzen und äußerlichen Unterschiede haben historisch-kritische Ausgaben gemeinsame Merkmale und Zielsetzungen: Sie bieten authentische, kritisch geprüfte Texte sowie einen dazugehörigen historisch-kritischen Apparat, der die Überlieferungs-, Entstehungs- und Rezeptionsgeschichte der edierten Texte (d. h. die Wirkungsgeschichte zu Lebzeiten des Autors) umfassend dokumentiert, ferner sämtliche Eingriffe des Herausgebers und die Abweichungen zwischen den Überlieferungsträgern (Varianten) verzeichnet bzw. die Textgenese nach unterschiedlichen Verfahren übersichtlich darstellt und texterschließende Erläuterungen in Form eines Einzelstellenkommentars enthält. Bevor die Grundsätze und formalen Bestandteile dieser Editionen im Einzelnen erläutert werden, seien noch weitere Ausgabentypen vorgestellt, die sich in den letzten Jahrzehnten entwickelt haben.

Kritisch geprüfte Texte

Apparat

1.3.2 Faksimilegestützte Ausgaben

Solche bislang nur für wenige Autoren vorliegenden Ausgaben (z. B. die Frankfurter HÖLDERLIN-Ausgabe 1975 ff., die Innsbrucker TRAKL-Ausgabe 1995 ff. oder die Wiener SCHNITZLER-Ausgabe 2011 ff.) wenden sich an einen Interessentenkreis, der sich einen Text über das Manuskript selbst erschließen und dessen Entstehung vor Augen führen möchte. Dies setzt eine intensive Beschäftigung mit den handschriftlichen Eigenheiten des jeweiligen Autors voraus. Faksimilegestützte Ausgaben haben in erster Linie dokumentari-

5 Parallel zur Institutionalisierung entstanden eigene Periodika wie die Zeitschriften *editio. Internationales Jahrbuch für Editionswissenschaft* oder *Text. Kritische Beiträge.*

Photomechanische Reproduktion

Zeichen- und zeilengetreue Transkription

Diakritische Zeichen

schen Charakter und schließen editorische Willkür weitgehend aus. Sie bieten neben der photomechanischen Reproduktion des Textes auf der gegenüberliegenden Seite eine zeichen- und zeilengetreue Transkription, d. h. eine diplomatische (›urkundliche‹) Umschrift, die vollständig auf Eingriffe und Verbesserungen verzichtet. Wiedergegeben werden sämtliche Textstufen und -schichten einschließlich der getilgten, korrigierten oder überschriebenen Passagen. Dies geschieht zumeist unter Zuhilfenahme diakritischer Zeichen, die Korrekturen, Einblendungen, Umstellungen usw. graphisch kennzeichnen. Der Benutzer wird also nicht mit einem linearen Lesetext konfrontiert,[6] sondern er kann das Werk – gegebenenfalls mit Seitenblick auf die Transkription – selbst aus dem Manuskript entziffern und damit den Schreibprozess und -duktus des Autors nachvollziehen. Der Wert solcher Faksimile-Ausgaben ist in höchstem Maße abhängig von der Qualität der Reproduktionen bzw. deren Lesbarkeit. Trotz deutlich verbesserter phototechnischer Standards in den letzten Jahren und der vereinzelten Beigabe von CD-ROMs stoßen aber auch diese Ausgaben an ihre Grenzen, so dass der Benutzer im Einzelfall auf das Original zurückverwiesen wird. In jüngster Zeit sind manche Archive dazu übergegangen, ihre Bestände zu digitalisieren und ins Internet zu stellen. Auch dadurch eröffnen sich neue Perspektiven der Textarbeit und -interpretation.

Typographische Gestalt

Im Hinblick auf die editorische Präsentation von Drucktexten wird in jüngster Zeit verstärkt diskutiert, inwieweit die typographische Gestalt (Druckbild, Schrifttyp usw.) semantisch relevant ist und die Rezeption beeinflusst. Zwar gibt es schon seit einigen Jahrzehnten Reprint-Ausgaben insbesondere von seltenen Werken der frühen Neuzeit oder von graphisch aufwändig gestalteten, mit Illustrationen versehenen Drucken, doch handelt es sich dabei zumeist um Reproduktionen, die bibliophile Bedürfnisse befriedigen und ohne textkritisches Beiwerk auskommen. Wird nun die typographische Gestalt eines Textes als bedeutungstragendes Element eingestuft,[7] leitet sich daraus beinahe zwangsläufig die editionsphilologische Forderung nach der Faksimilierung von Drucken im Rahmen historisch-kritischer Ausgaben ab. Editionsprojekte wie die Marburger BÜCHNER-Ausgabe oder die vom Institut für Textkritik in Heidelberg herausgegebene Historisch-Kritische Ausgabe sämtlicher Handschriften, Drucke und Typoskripte FRANZ KAFKAS (1995 ff.)

6 In der Frankfurter Hölderlin-Ausgabe bieten die Herausgeber zusätzlich »konstituierte« Textversionen an, die durchgängig lesbar sind.

7 Vgl. zu dieser Problematik generell den Beitrag von Rüdiger Nutt-Kofoth, »Text lesen – Text sehen: Edition und Typographie«, in: *Deutsche Vierteljahrsschrift* 78 (2004) H. 1 (März), S. 3–19, hier S. 4.

erfüllen solche Ansprüche, indem sie die Erstdrucke bzw. Erstausgaben im Rahmen der Edition oder im Umfeld der Ausgabenvorbereitung reproduzieren.

1.3.3 Hybrid-Ausgaben und digitale Editionen

Infolge neuer technischer Möglichkeiten im elektronisch-digitalen Bereich ist in den letzten Jahren eine Tendenz zu sogenannten Hybrid-Editionen festzustellen, also zu einer Mischform aus traditioneller Buchausgabe und digitaler Edition. Diese Ausgaben bieten nicht nur die gedruckten Texte zusätzlich in digitalisierter Form, sondern sie enthalten im elektronischen Teil textgenetisch und textgeschichtlich relevante Dokumente (zur Entstehung, Überlieferung, Rezeption etc.), Kommentare sowie weitere, teilweise auch vernetzte Informationen.[8] Durch das CD-ROM- bzw. DVD-Format eröffnen sich dem Benutzer neben Einblicken in die überlieferten Materialien weitreichende Recherche- und Verknüpfungsmöglichkeiten. Als Beispiele können die Historisch-Kritische GOTTFRIED KELLER-Ausgabe (1996 ff.), die Edition der Tagebücher von HARRY GRAF KESSLER (2004 ff.) sowie die Kritische ROBERT WALSER-Ausgabe (2008 ff.) genannt werden. Die Hybrid-Edition der Werke und Briefe KARL GUTZKOWS (2001 ff.) ist online verfügbar und versteht sich im Unterschied zu gedruckten Ausgaben als *work in progress*, da in den Internet-Versionen bzw. Datenbanken jederzeit Aktualisierungen, Ergänzungen und Verbesserungen vorgenommen werden können. Dort lassen sich durch Verlinkungen im Text u. a. Varianten und Erläuterungen direkt abrufen bzw. einblenden.

Mischform aus traditioneller Buchausgabe und digitaler Edition

Recherche- und Verknüpfungsmöglichkeiten

work in progress

Mehr noch als analoge Faksimile-Ausgaben tragen solche Editionen der Materialität von Texten Rechnung – ein Aspekt, der seit einigen Jahren zunehmend in den Fokus gerückt ist und das »Paradigma des immateriellen Textes«[9] in Frage stellt. Materiale und mediale Komponenten der Überlieferung, die durch eine verbale Befundsbeschreibung der Textzeugen kaum angemessen

Materialität von Texten

8 Vgl. dazu Rüdiger Nutt-Kofoth, »Editionsphilologie«, in: *Handbuch Literaturwissenschaft*, Bd. 2: *Methoden und Theorien*, hrsg. von Thomas Anz, Stuttgart/Weimar 2007, S. 1–27, hier S. 5 f. Ferner zu den technologischen Entwicklungen: Patrick Sahle, »Digitale Edition«, in: *Digital Humanities*, hrsg. von Fotis Jannidis, Hubertus Kohle und Malte Rehbein, Stuttgart 2017, S. 234–249.

9 Wolfgang Lukas, Rüdiger Nutt-Kofoth, Madleen Podewski, »Zur Bedeutung von Materialität und Medialität für Edition und Interpretation«, in: *Text – Material – Medium. Zur Relevanz editorischer Dokumentationen für die literaturwissenschaftliche Interpretation*, hrsg. von W. L., R. N.-K., M. P., Berlin/Boston 2014, S. 1–24, hier S. 1.

erfasst werden können, verlangen im digitalen Zeitalter nach umfangreicheren Dokumentationen bzw. Reproduktionen, die u. a. die Besonderheiten »von Papierqualitäten, Schreibmaterial, Schreibwerkzeugen, Schrift, Texttopografik, [...] Typografie«[10] anschaulich machen. Durch direkte Einsichtnahme in die ›Werkstatt‹ von Autoren können individuelle literarische Produktionsformen nachvollzogen und für die Interpretation fruchtbar gemacht werden. Darüber hinaus eröffnet sich durch die »Repräsentation der originalen Materialität« eine »Kontrollmöglichkeit der editorischen Entscheidungen durch den Benutzer«.[11]

Online-Portale

Neben den Hybrid-Editionen gibt es mittlerweile Werkausgaben, die sowohl in gedruckter Form vorliegen als auch online zugänglich sind, so etwa die beiden historisch-kritischen HEINE-Editionen (d. h. die Düsseldorfer HEINE-Ausgabe und die Briefabteilung der HEINE-Säkularausgabe). Über das »HEINRICH-HEINE-Portal« können die in einer Hyperlink-Struktur vernetzten Werk-, Brief- und Kommentartexte abgerufen und digitale Faksimiles handschriftlicher und gedruckter Textzeugen, Bild- und Quellenmaterialien eingesehen werden. Überhaupt sind in jüngster Zeit viele Archive dazu übergegangen, Teile ihrer Archivalien zu digitalisieren und ins Netz zu stellen. Ohnehin sind digitale Editionsprojekte nur in engster Kooperation mit Archiven und Bibliotheken möglich, die sich zunehmend für neue Benutzerkreise öffnen. Dies zeigt sich beispielsweise in der Werkausgabe von CHRISTIAN DIETRICH GRABBE, dessen Texte als Transkripte und Faksimiles online eingesehen und durchsucht werden können. Das »CHRISTIAN-GRABBE-Portal« fußt auf der 1960–73 erschienenen sechsbändigen historisch-kritischen Gesamtausgabe der Werke und des Briefwechsels dieses Autors.

Retrospektive Digitalisierung

Ebenfalls um die retrospektive Digitalisierung bzw. elektronische Publikation einer älteren Ausgabe handelt es sich bei der Internet-Version der 1911–77 erschienenen *Sämtlichen Werke* von JEREMIAS GOTTHELF.

Digitale Editionen

In jüngster Zeit sind auch rein digitale Editionen entstanden oder im Entstehen begriffen – Ausgaben, die sich von der Konzeption her aus dem Medium entwickelt haben und durch die dessen Möglichkeiten in voller Breite ausgeschöpft werden sollen. Ein besonders ambitioniertes Projekt stellt die im Zeitraum zwischen 2009 und 2015 im Freien Deutschen Hochstift (Frankfurt a. M.) in Kooperation mit der Klassik Stiftung Weimar (GOETHE-und-SCHILLER-Archiv) und der Universität Würzburg erarbeitete digitale Edition von GOETHES *Faust* dar; sie ist in einer Beta-Version seit 2016 online frei zugäng-

10 Ebd.
11 Ebd., S. 6.

lich (http://beta. faustedition. net). Begleitend dazu sind kürzlich im Buchformat eine Faksimile-Edition und ein Textband mit dem kritisch konstituierten Text des Werkes erschienen. Ein weiteres Beispiel ist das Projekt einer digitalen historisch-kritischen Edition der literarischen Werke ARTHUR SCHNITZLERS (1905–31), erarbeitet im Rahmen einer deutsch-britischen Kooperation (Wuppertal/Cambridge: www.arthur-schnitzler.de) oder die digitale genetisch-kritische Edition der Notizbücher von THEODOR FONTANE (https://fontane-nb.dariah.eu). Nahezu alle diese rein digitalen Ausgaben beabsichtigen im Sinne eines Derivats eine zusätzliche Printversion zumindest der konstituierten Texte.

1.4 Regestausgaben

Schließlich sei noch eine editorische Sonderform erwähnt, die bei Autoren Anwendung findet, die eine solche Menge von Briefen und anderen Schriftdokumenten hinterlassen haben, dass deren vollständige Edition jeden Rahmen sprengen würde. Eine sinnvolle Kompromisslösung stellen hier die Regestausgaben (mlat. *regesta* ›Verzeichnis‹) dar, die sämtliche Schriftstücke systematisch verzeichnen und über deren Form und Inhalt einschließlich der genannten Namen beschreibend informieren, aber auf konstituierte Texte verzichten. Ein Beispiel dafür ist die von KARL-HEINZ HAHN verantwortete Gesamtausgabe der rund 20 000 an GOETHE gerichteten Briefe (Anbriefe), die seit 1980 in Weimar erscheint. Eine Regestausgabe liegt ebenfalls für die rund 14 000 erhaltenen Briefe THOMAS MANNS vor (1978–2002), einschließlich Empfängerverzeichnis und Gesamtregister.

2 Aufbau und Funktionsweise historisch-kritischer Ausgaben

2.1 Überlieferung und Entstehung von Texten

Der Herausgeber eines Textes muss zu Beginn seiner Arbeit klären, wo die nachgelassenen Schriften des Autors archiviert und welche Textträger bzw. Textzeugen überliefert sind. Dazu zählen nicht nur die Autographen, also die vom Autor angefertigten hand- oder maschinenschriftlichen Fassungen (Manuskripte, Typoskripte), sondern auch Abschriften von fremder Hand, Korrekturfahnen, Erst- und Nachdrucke, Drucke in Zeitschriften oder Sammelbänden, unter Umständen sogar Tonaufzeichnungen des Textes (z. B. Diktate oder Radiosendungen), Drehbücher oder digitale Speichermedien. Zu sichten und auszuwerten sind ferner sämtliche Vorstudien, Entwürfe, Exzerpte sowie Zeugnisse, die über die Textgenese (den Prozess der Werkentstehung) Aufschluss geben, etwa Briefe und Tagebuchnotizen, und andere zugehörige Materialien.

recensio

Der nächste Arbeitsschritt besteht darin, die vorhandenen Textträger einer kritischen Prüfung (*recensio*) zu unterziehen und sie chronologisch zu ordnen. Dies geschieht durch den Vergleich der Fassungen, sowohl der vollständigen wie der fragmentarischen. Bei Letzteren ist zu unterscheiden zwischen Entstehungsfragmenten (während der Niederschrift abgebrochenen Texten) und Überlieferungsfragmenten (unvollständig überlieferten Texten). Dem als Kollation bezeichneten Vorgang des Vergleichs geht bei handschriftlichen Texten die Transkription voraus. Bei der Kollationierung werden die Unterschiede der Fassungen festgehalten, d. h. sämtliche Abweichungen bzw. Varianten notiert; diese erscheinen im Variantenapparat (s. u.).

Kollation

Varianten

Stemma

Aus der chronologischen Sortierung der Textträger, deren Datierung nicht selten allein aufgrund von Indizien erfolgen muss, ergibt sich ein Stemma. Damit ist die schematische Darstellung der textgenetischen Abhängigkeiten in Form eines Stammbaums gemeint, in dem sich das ›Wachstum‹ eines Werkes von der frühesten Niederschrift bis zum Druck widerspiegelt. Bei Texten der Antike oder des Mittelalters, die größtenteils nur in Abschriften bzw. Abschriften von Abschriften vorliegen (wie z. B. das *Nibelungenlied*), kann das Original, wenn überhaupt, nur erschlossen werden. Dieses bildet dann die Spitze des Stemmas. An zweiter Stelle folgt der – nicht mit dem Original identische – Archetyp, der den auf der Basis sämtlicher Überlieferungsträger ältesten rekonstruierbaren Textzustand repräsentiert.

Archetyp

Diese Problematik spielt für Texte der neueren deutschen Literaturgeschichte nur selten eine Rolle. Wie in den mediävistischen und altphilologischen Ausgaben findet sich – allerdings unter Verzicht auf ein Stemma – in den meisten historisch-kritischen Ausgaben eine genaue Beschreibung sämtlicher relevanter Textzeugen in chronologischer Reihenfolge (jeweils mit präzisen Angaben über Aufbewahrungsort, Umfang, Papierart und -format, Art der Beschriftung, Datierung, Seitenzählung usw.). Die Textträger werden in der Regel mit sogenannten Siglen gekennzeichnet. Eingebürgert haben sich folgende Abkürzungen: *H* = Handschrift von eigener Hand; *h* = Abschrift von fremder Hand; *T* = Typoskript; *D* = Druck in Buchform; *d* = nichtautorisierter Druck; *Z* = Zeitschriftendruck usw. Liegen mehrere handschriftliche Versionen und Drucke vor, werden diese entsprechend ihrer Entstehungschronologie beziffert (H^1, H^2 usw.). Enthält das Manuskript auch Einträge anderer Personen, wird dies durch kombinierte Siglen (z. B. H^1h) wiedergegeben.

Siglen

2.2 Textgrundlage

Die Bestimmung der Textgrundlage ist für jeden Herausgeber die wohl schwerwiegendste und folgenreichste Entscheidung, die er zu treffen hat. In einer historisch-kritischen Ausgabe wird die Textgrundlage nicht nur explizit benannt, sondern der Editor legt auch seine Editionsprinzipien und Entscheidungskriterien offen. Ein wichtiger Faktor in der diesbezüglichen Argumentation ist die Autorisation. Nicht jeder Text, der in Buchform oder in einem Zeitschriftendruck an die Öffentlichkeit gelangt, entspricht den Vorstellungen seines Urhebers, ist also von ihm zu einem bestimmten Zeitpunkt aktiv oder passiv autorisiert worden. Insbesondere von erfolgreichen Büchern werden gelegentlich ohne Wissen und Erlaubnis des Verfassers und seines Verlegers Raubdrucke auf den Markt gebracht. So kursierte etwa gleichzeitig mit dem Erscheinen der zweiten Auflage von GOETHEs Briefroman *Die Leiden des jungen Werthers* ein Raubdruck des Berliner Verlegers Himburg. Dieser illegitime bzw. unautorisierte Nachdruck aus dem Jahre 1775 zeigt gegenüber dem Erstdruck (1774) mehrere Eingriffe, die nicht auf GOETHE zurückgehen.[12]

Autorisation

Raubdrucke

Dass Texte nicht in einer der Autorintention entsprechenden Version verbreitet werden, sondern mitunter sogar in verstümmelter Form, kann auch an Eingriffen liegen, die vom Verlag oder von der Redaktion aus politisch-ideologischen Gründen, aus Rücksichtnahme auf religiöse oder ethisch-moralische Normen oder anderen Motiven vorgenommen wurden. Insbesondere in totalitären, absolutistischen und anderen nicht-demokratischen Staatsformen hatten und haben Schriftsteller mit der Zensur zu kämpfen. So musste HEINRICH HEINE in seinem satirischen Versepos *Deutschland. Ein Wintermährchen* (1844) auf Druck der Zensurbehörden eine Reihe von Entschärfungen vornehmen, um das Werk als Einzeldruck veröffentlichen zu können.[13] Nicht immer lässt sich rekonstruieren, ob und inwieweit der Autor sich dem verlegerischen bzw. politischen Druck beugte und in die Textveränderungen einwilligte.

Zensur

Texte bleiben mitunter nicht nur deshalb ganz oder teilweise ungedruckt oder werden sogar verboten, weil sie anstößige Inhalte verbreiten, sondern auch dann, wenn in ihnen Persönlichkeitsrechte verletzt werden. Dies kann vor allem in Autobiographien, Memoiren, Briefen oder Schlüsselromanen u. Ä.[14] geschehen und zu juristischen Auseinandersetzungen führen. Gewinnt

12 Vgl. dazu Bodo Plachta, *Editionswissenschaft. Eine Einführung in Methode und Praxis der Edition neuerer Texte*, 3., erg. und aktual. Aufl., Stuttgart 2013, S. 75 f.

13 Vgl. ebd., S. 83–86.

14 Als Schlüsselliteratur werden Texte bezeichnet, deren Figuren realen Personen der Zeitgeschichte nachgebildet sind und als solche ›entschlüsselt‹ werden können. Bei-

die Person, die sich im Text verunglimpft sieht, den Prozess, muss manchmal sogar eine ganze Auflage eingestampft werden, oder die inkriminierten Passagen werden eingeschwärzt bzw. in einer Neuauflage getilgt.

Für einen Herausgeber ist es deshalb unabdingbar, sich in jedem Einzelfall mit der Druckgeschichte eines Textes und dem Problem der Autorisation auseinanderzusetzen. Als autorisierte Texte gelten nach SIEGFRIED SCHEIBE zum einen »alle Handschriften eines Werks, an deren Herstellung der Autor mitgewirkt hat oder die in seinem Auftrag hergestellt wurden«, zum andern »alle Drucke, deren Herstellung der Autor gewünscht oder gebilligt hat und deren Text er zugleich durch Lieferung der Druckvorlage oder durch eigene oder von ihm veranlaßte Revision während des Druckvorgangs beeinflußt hat«.[15]

Aus dieser Definition geht hervor, dass Texte auch in mehreren autorisierten Fassungen vorliegen können. Im Falle von GOETHES *Werther* folgte dem im September 1774 anonym in der Weygandschen Buchhandlung in Leipzig erschienenen Erstdruck, der zahlreiche Druckfehler enthielt, auf die ein beigelegtes Corrigenda-Verzeichnis aufmerksam machte, bereits 1775 eine ebenfalls bei Weygand publizierte »Zweyte ächte Auflage«, in der einige Versehen des Erstdrucks berichtigt wurden. Angesichts des grassierenden Werther-Fiebers sah sich GOETHE genötigt, den beiden Teilen seines sensationell erfolgreichen Briefromans jeweils vier Motto-Verse voranzustellen, die vor der Nachahmung des im Selbstmord endenden Helden mit den Worten warnten: »Sey ein Mann und folge mir nicht nach«. In seiner klassischen Zeit überarbeitete GOETHE sein Werk systematisch, indem er u. a. die Briefe neu anordnete und die vom Geist der Sturm-und-Drang-Epoche geprägten Partien im Sinne klassischer Ästhetik glättete. Als Grundlage diente ihm dabei eine Abschrift, die jedoch – ohne sein Wissen – von jenem Raubdruck angefertigt worden war. So gelangten einige darin enthaltene unautorisierte Korrekturen in die Neubearbeitung, die 1787 im Leipziger Göschen-Verlag erschien.[16] Dieser Druck bildete die Vorlage für weitere Nachdrucke zu Lebzeiten, zuletzt in der bei Cotta publizierten *Vollständigen Ausgabe letzter Hand* (Stuttgart/Tübingen 1827–30), deren Redaktion GOETHE weitgehend seinen Mitarbeitern überlassen hatte, die zahlreiche Eingriffe vornahmen.

spiele sind die Romane *Effi Briest* (1894/95) von Theodor Fontane und *Erfolg* (1930) von Lion Feuchtwanger.

15 Zit. nach Plachta (s. Anm. 12), S. 82 f.

16 Vgl. Johann Wolfgang Goethe, *Die Leiden des jungen Werthers. Studienausgabe. Paralleldruck der Fassungen von 1774 und 1787*, hrsg. von Matthias Luserke, Stuttgart 1999 (Reclams Universal-Bibliothek, 9762).

Angesichts dieser komplizierten Überlieferungslage muss der Editor entscheiden, welche Version er abdrucken will, also in diesem Fall entweder den (mit zahlreichen Fehlern behafteten) Erstdruck, die zweite Auflage, die ›klassische‹ Version von 1787 oder die Ausgabe letzter Hand. In der Geschichte der Editionsphilologie wurden lange Zeit die vom Autor zuletzt an seinem Werk vorgenommenen Eingriffe als sein Vermächtnis angesehen, so dass die Herausgeber stets dem Prinzip der »späten Hand« folgten. Für den *Werther* bedeutete dies den Abdruck der letzten von GOETHE autorisierten Fassung innerhalb seiner Werkausgabe. Seit den 1950er Jahren hat sich jedoch – nicht nur in der GOETHE-Edition – eine andere Norm der Textkonstitution durchgesetzt: Danach wird nicht mehr die von einem Autor in einer späteren Lebensphase vorgenommene Bearbeitung als maßgeblich eingestuft, sondern die Ausgabe früher Hand (meistens der Erstdruck, die *editio princeps*) als authentische Textversion angesehen, da der Autor mit ihr erstmals an die Öffentlichkeit getreten ist und zu diesem Zeitpunkt die Rezeption begonnen hat. Dieser Paradigmenwechsel führte zu einer Reihe von Wiederentdeckungen und Neueinschätzungen – im Falle des *Werther* zur Aufwertung des jungen und mittleren GOETHE. Die Herausgeber der Akademie-Ausgabe[17] lösten das Problem der Textgrundlage, indem sie den Erstdruck von 1774 und die handschriftliche Bearbeitung des Romans, die der Ausgabe von 1787 als Vorlage diente, parallel abdruckten. Damit wird der Erkenntnis Rechnung getragen, dass auch die von einem Autor vorgenommenen Überarbeitungen ihren historischen Ort und Wert haben. Beispiele dafür sind neben dem *Werther* die Erzählungen von ADALBERT STIFTER, die der Autor zunächst in Zeitschriften veröffentlichte und für den Buchdruck vielfach massiv überarbeitete. Daher entschieden sich die Herausgeber der historisch-kritischen STIFTER-Ausgabe für Paralleldrucke seiner Erzähltexte. Zu nennen sind ferner die beiden stark voneinander abweichenden Versionen von GOTTFRIED KELLERS Roman *Der grüne Heinrich* (1854/55 und 1879/80), die verschiedenen Bearbeitungen der *Lulu*-Tragödie (1892–1913) von FRANK WEDEKIND oder WALTER BENJAMINS erst postum publizierte Textsammlung *Berliner Kindheit um Neunzehnhundert*, deren Fassung letzter Hand, wie der Autor sie im Pariser Exil anfertigte, sich von früheren so stark unterscheidet, dass ein Paralleldruck geraten erscheint.

Ausgabe letzter Hand

Ausgabe früher Hand

Paralleldrucke

17 *Werke Goethes*, hrsg. von der Deutschen Akademie der Wissenschaften zu Berlin unter der Leitung von Ernst Grumach [seit 1963: Hrsg. vom Institut für deutsche Sprache und Literatur der Deutschen Akademie der Wissenschaften zu Berlin], 20 Bde., 3 Erg.-Bde., Berlin 1952–66.

2.3 Textkonstitution

Wenn sich der Editor für eine Textgrundlage (oder im Einzelfall auch für zwei als gleichrangig gewertete Fassungen) entschieden hat, folgt als nächster Arbeitsschritt die kritische Durchsicht des Textes, um Druckfehler und andere Textverderbnisse und -entstellungen aufzuspüren und eventuell zu bereinigen. Erfahrungsgemäß schleichen sich auf dem Weg vom Manuskript zur Druckvorlage kleinere oder größere Fehler bis hin zum Verlust einzelner Wörter oder gar Zeilen ein, die zunächst unbemerkt bleiben. Abschreibefehler kommen etwa durch eine *aberratio oculi*, die ›Verirrung‹ des Auges in eine falsche Zeile, zustande, oder aber durch Fehllesungen der handschriftlichen Vorlage. Solche Versehen oder Flüchtigkeiten gehen zumeist zu Lasten des Abschreibers, Setzers, Lektors oder auch des Autors selbst, der beim Korrekturvorgang die Fehler überlesen hat. Manche Schriftsteller zeigen sogar ein regelrechtes Desinteresse an ihrem eigenen Werk, sobald sie es dem Verlag übergeben haben, und vertrauen ganz auf dessen Sorgfalt. So ist nicht selten eine Textrevision für Neuauflagen erforderlich, um die in der Erstausgabe unentdeckt gebliebenen Fehler zu beheben. Bei häufig nachgedruckten, in unterschiedlichen Formaten veröffentlichten Werken ist allerdings mit Textverwitterungen bzw. Textverderbnissen (Korruptionen) zu rechnen, d. h. mit Fehlern, die durch mangelnde Sorgfalt im Umgang mit autorisierten Textvorlagen entstehen, etwa bei Abschriften von Abschriften oder Nachdrucken von Nachdrucken.

Textverderbnisse

Der Herausgeber einer historisch-kritischen Ausgabe muss also alle denkbaren Fehlerquellen einkalkulieren. Offenkundige Druckfehler (z. B. vertauschte oder fehlende Buchstaben), orthographische Inkonsequenzen u. Ä. werden meist stillschweigend beseitigt bzw. emendiert (lat. *emendare* ›berichtigen, verbessern‹). Die im Falle von Textverderbnissen oder bei partiell unvollständiger Überlieferung notwendigen Konjekturen (lat. *coniectura* ›Vermutung‹) werden bereits im Textteil durch eckige oder spitze Klammern markiert, um eine bessere Lesbarkeit zu gewährleisten. Mit solchen Eingriffen, die in neugermanistischen Editionen eher selten erforderlich sind, versucht der Herausgeber, den vermuteten ursprünglichen Wortlaut wiederherzustellen, etwa durch die Ergänzung eines fehlenden Satzteils. Alle anderen Eingriffe in die Textvorlage werden einzeln aufgelistet, also offengelegt. Im Falle von Emendationen benennt der Editor jeweils die Textträger, die die korrekte Version bieten und damit die ›Reparatur‹ legitimieren. Als Beispiel sei hier das syntaktisch falsche Partizip »hinabgezogen« (anstelle der finiten Verbform »hinabzogen«) genannt, das sich sowohl im Erstdruck von KAFKAs Erzählung *Erstes*

Emendationen

Konjekturen

Leid (1921) als auch in dem – vom Autor selbst noch korrigierten – Sammelband *Der Hungerkünstler* (1924) findet. Die in der Kritischen KAFKA-Ausgabe vorgenommene Emendation (»hinabzogen«) ist durch zwei Textzeugen abgesichert: das Arbeitsmanuskript und die handschriftliche Druckvorlage. Nicht zu rechtfertigen wäre hingegen die Korrektur: »wurde … hinabgezogen«.[18]

lectio difficilior

In Zweifelsfällen gilt das Prinzip der *lectio difficilior* (der ›schwierigeren Lesart‹), das eine autorisierte Fassung selbst dann unangetastet lässt, wenn die Wahrscheinlichkeit für ein Versehen des Autors spricht. Ein Beispiel dafür ist der fünfte Vers des Gedichts *Mein blaues Klavier* von ELSE LASKER-SCHÜLER. In der noch zu ihren Lebzeiten erschienenen und von ihr durchgesehenen Gedichtsammlung *Mein blaues Klavier* (Jerusalem 1943) lauten die ersten Strophen:

»Ich habe zu Hause ein blaues Klavier
Und kenne doch keine Note.
Es steht im Dunkel der Kellertür,
Seitdem die Welt verrohte.

Es spielen Sternenhände vier
– Die Mondfrau sang im Boote –
Nun tanzen die Ratten im Geklirr.«

Im Erstdruck des Gedichts (*Neue Zürcher Zeitung*, 7. Februar 1937) sowie in den handschriftlichen Versionen ist dagegen zu lesen: »Es spielten Sternenhände vier – «.[19] Das Präteritum markiert den Vers als Teil der Erinnerung an das zerbrochene Klavier.[20] In der Kritischen Ausgabe findet sich nun neben dieser Einzeldruck-Version des Gedichts auch die Fassung, wie sie 1943 im Zyklus *Mein blaues Klavier* abgedruckt wurde, und zwar ohne Emendation. Da die Herausgeber die – aktiv autorisierte – erste Buchausgabe als Textgrundlage wählten, behielten sie konsequenterweise die irritierende Präsensform bei, obwohl diese wahrscheinlich auf die Flüchtigkeit der Dichterin zurückzuführen ist.

18 Ausführlich zu diesem Fall: Plachta (s. Anm. 12), S. 97 f.

19 Zit. nach: Else Lasker-Schüler, *Die Gedichte*, hrsg. und kommentiert von Gabriele Sander, Stuttgart 2016, S. 230 f.

20 Peter von Matt bezeichnete diese Version im Unterschied zu der immer wieder nachgedruckten als »makellos« (»Der Mond und das Geklirr. Gedenkrede auf Else Lasker-Schüler«, in: *Deine Sehnsucht war die Schlange*, hrsg. von Anne Linsel und Peter von Matt, Wuppertal 1997, S. 7–21, hier S. 19).

Ein verantwortungsbewusster Herausgeber muss also jeden Eingriff sorgfältig abwägen, zumal wenn sich dadurch bedeutungsrelevante Verschiebungen ergeben. Bildet ein zu Lebzeiten des Autors unveröffentlichtes Manuskript die Textgrundlage, kann es bei schwer zu entziffernden Handschriften zu verschiedenen Lesarten einzelner Stellen kommen, die unter Umständen in konkurrierenden Editionen gleichberechtigt nebeneinanderstehen. Trotz aller angestrebten Objektivität ist Edition bis zu einem gewissen Grad auch Interpretation, denn dem Herausgeber werden neben philologischer Genauigkeit immer wieder Entscheidungen abverlangt.

2.4 Variantenapparat

Entstehungs- und Überlieferungsvarianten

Wie bereits erwähnt, wird in einer historisch-kritischen Ausgabe die Textgenese so umfassend wie möglich dokumentiert. Neben der Chronologie der Textzeugen bietet der Apparat ein Verzeichnis der Entstehungsvarianten (= Autorvarianten) und Überlieferungsvarianten (= Fremdvarianten), in denen sich zum einen der Arbeitsprozess des Autors (Korrekturvorgänge usw.), zum andern die Druckgeschichte eines Textes widerspiegelt. Varianten gewähren interessante Einblicke in die Werkstatt eines Dichters und können für die Textinterpretation nützlich sein. Für die Darbietung der Varianten lassen sich vier Typen unterscheiden:

- Einzelstellenapparat (positiv oder negativ bzw. lemmatisiert oder nicht lemmatisiert)
- Treppenapparat
- Einblendungsapparat
- synoptischer Apparat

Wie diese Apparatformen aussehen, soll nun an einem Beispielsatz demonstriert werden, der zwei variante Vorstufen hat. Um die Korrekturschritte zu veranschaulichen, werden folgende diakritische Zeichen verwendet: [ ] für getilgten Text, ‹ › für eingefügten, (>) für überschriebenen Text:

D[I] = Textgrundlage (edierter Text mit Zeilenzähler):

1 Sie träumte seit langem davon, eine Weltreise zu machen.

H[I] = handschriftliche Vorstufe:

Sie träumte immer (mal>wie)der ‹da›von, eine Kreuzfahrt zu [unternehmen] machen.

T[1] = Typoskriptfassung:

Sie träumte schon lange davon, eine Weltreise zu machen.

Positiver Apparat

Der einfachste und meistverwendete Typus ist der positive (oder lemmatisierte) Apparat. Bei dieser auf Einzelstellen bezogenen Apparatform werden nur die variierenden Textstellen und Textzeugen angegeben. Der Positionsangabe (Zeilenzählung) folgt das Lemma (= Bezugswort oder -wörter), das mit dem Lemmazeichen] begrenzt wird; dann erscheint die Variante mit der Sigle[21] für den jeweiligen Textzeugen.

Lemma

1 seit langem davon] immer (mal>wie)der ‹da›von *H*[1] schon lange davon *T*[1]
Weltreise zu machen] Kreuzfahrt zu [unternehmen] machen *H*[1]

Negativer Apparat

Manche Editoren entscheiden sich auch für den negativen (nichtlemmatisierten) Apparat ohne Bezugswort:

1 immer (mal>wie)der ‹da›von *H*[1], schon lange *T*[1], Kreuzfahrt *H*[1]

Treppenapparat

Insbesondere für komplexere Korrekturvorgänge bietet sich der Treppenapparat an, der die einzelnen Überarbeitungsschritte stufenweise rekonstruiert:

1 seit langem davon]	(1) immer (mal>wie)der
	(2) immer wieder von
	(3) immer wieder ‹da›von *H*[1]
	(4) schon lange davon *T*[1]
	(5) seit langem davon *D*[1]
Weltreise zu machen]	(1) Kreuzfahrt zu [unternehmen]
	(2) Kreuzfahrt zu machen *H*[1]
	(3) Weltreise zu machen *T*[1] *D*[1]

Einblendungsapparat

Bei dem seltener verwendeten Typus des Einblendungsapparats erscheinen die Varianten direkt im Text, hier markiert durch Schrägstriche:

Sie träumte seit langem / immer (mal>wie)der *H*[1], schon lange *T*[1] / davon / ‹da›von *H*[1] /, eine Weltreise / Kreuzfahrt *H*[1] / zu [unternehmen] / machen *H*[1] /.

21 Die Sigle erscheint im Unterschied zum Autortext in Kursivdruck, da es sich um Editortext handelt, der meist durch Kursivschrift gekennzeichnet ist.

Synoptischer Apparat

Beim synoptischen Apparat werden alle Bearbeitungsstufen parallel bzw. untereinander angeordnet, so dass die Textschichten gleichzeitig erfasst werden können:

*H*¹	Sie träumte immer (mal>wie)der ‹da›von,			
*T*¹	" "	schon	lange	davon,
*H*¹	eine Kreuzfahrt zu [unternehmen] machen.			
*T*¹	eine Weltreise zu machen			

Welche Form des Variantenapparats der Editor auch wählt, entscheidend ist die Nachvollziehbarkeit der Textgenese für den Benutzer, der auch ohne Blick auf die Autographen eine konkrete Vorstellung vom Entstehungsprozess bekommen sollte. Nach der teilweise harschen Kritik an der Kompliziertheit von Variantenapparaten, die nur noch von Spezialisten zu verstehen sind (»Editionen für Editoren«), zeichnet sich seit einigen Jahren die Tendenz zu pragmatischen, typographisch übersichtlichen Lösungen ab. Im digitalen Medium eröffnen sich durch die Option, verschiedene Sichten auf Varianten anzubieten, weitere benutzerfreundliche, anschauliche Präsentationsformen.

2.5 Erläuterungen und Kommentare

Zu den Aufgaben der Editionsphilologie gehört auch die Erschließung der edierten Texte durch Erläuterungen und Kommentare. In welcher Weise und welchem Ausmaß dies zu geschehen hat, darüber herrscht allerdings keineswegs Einigkeit.[22] Verzichteten ältere historisch-kritische Ausgaben noch gänzlich auf texterschließende Beigaben, so sind diese heute in den meisten Editionen zum integralen Bestandteil geworden. Ungeachtet aller Differenzen lassen sich nach HERBERT KRAFT folgende »Themenbereiche« für die wissenschaftliche Kommentierung bestimmen:

Themenbereiche

(1) historische und literarische Folien, Parallelen
(2) Quellen
(3) Überlieferung, Fassungen
(4) Topoi, Anspielungen, Verweise, Zitate
(5) metrische und sprachliche Formen und Bedeutungen
(6) Sacherläuterungen

22 Vgl. Plachta (s. Anm. 12), S. 122–129.

Damit sollen die Voraussetzungen geschaffen werden »für ein Verstehen der geschichtlich-ästhetischen Form des literarischen Werkes aus historischem Abstand«.[23]

Literaturhinweise

Kraft, Herbert: Editionsphilologie. Mit Beiträgen von Jürgen Gregolin, Wilhelm Ott und Gert Vonhoff. Unter Mitarb. von Michael Billmann. Darmstadt 1990. – Zweite, neubearb. und erw. Aufl. mit Beiträgen von Diana Schilling und Gert Vonhoff. Frankfurt a. M. [u. a.] 2001.

Nutt-Kofoth, Rüdiger: Editionsphilologie. In: Handbuch Literaturwissenschaft. Bd. 2: Methoden und Theorien. Hrsg. von Thomas Anz. Stuttgart/Weimar 2007. S. 1–27.

Plachta, Bodo: Editionswissenschaft. Eine Einführung in Methode und Praxis der Edition neuerer Texte. 3., erg. und aktual. Aufl. Stuttgart 2013. (Reclams Universal-Bibliothek. 17603.)

– Zensur. Stuttgart 2006. (Reclams Universal-Bibliothek. 17660.)

Sahle, Patrick: Digitale Edition. In: Digital Humanities. Hrsg. von Fotis Jannidis, Hubertus Kohle und Malte Rehbein. Stuttgart 2017. S. 234–249.

23 Kraft (→ Literaturhinweise), 1. Aufl., S. 181; 2. Aufl., S. 197.

II Die Gestaltung literarischer Texte

Von Christine Hummel

1 Vom Wesen der Kunst: Ästhetik

Das Wesen des Schönen, seine Produktion und Rezeption sucht die Ästhetik zu ergründen. Die Poetik als Lehre von der Dichtkunst (→ II.2) ist Bestandteil der Ästhetik, obwohl sich philosophische Ästhetik und Poetik parallel – und nicht abhängig voneinander – entwickelt haben.

Ästhetik

Das Nachdenken über das Schöne im Allgemeinen und in der Dichtung im Speziellen wurzelt in der griechischen und römischen Antike bei PLATON und ARISTOTELES, bei HORAZ, CICERO und QUINTILIAN. Der Begriff »Ästhetik« leitet sich ab von griech. *aísthesis* ›Wahrnehmung, Gefühl, Verständnis‹. Als eigenständige Disziplin existiert die Ästhetik erst seit Mitte des 18. Jahrhunderts. 1750/58 erschienen die *Aesthetica* von ALEXANDER GOTTLIEB BAUMGARTEN; ihnen verdankt die Ästhetik im heutigen Sinne ihren Namen. Im Zentrum steht die Konzeption einer Wissenschaft der sinnlichen Erkenntnis (§ 1). Die bis dahin dominante einseitige Verstandeskultur wird überwunden und der Mensch in seiner Gesamtheit als Geist- und Sinnenwesen angenommen.

Aufwertung der Sensitivität

Vorbereitet wurde die Aufwertung der Sensitivität durch das Erkenntnismodell von GOTTFRIED WILHELM LEIBNIZ, der in seiner *Monadologie* (1714) die sinnliche Wahrnehmung als eine Repräsentation der Welt und nicht bloß als passiven Affekt definiert.

Antike

Was heute unter dem Begriff »Ästhetik« subsumiert wird, ist ohne die nunmehr zweieinhalb Jahrtausende alte Tradition philosophischer Beschäftigung mit dem Schönen undenkbar. PLATON entwickelte auf der Grundlage seiner Ideenlehre Thesen über die Gleichwertigkeit des Schönen mit dem Wahren

mimesis

und Guten (in *Phaidros*), von der Kunst als Nachahmung (*mimesis*) der Natur, die wiederum lediglich die Ideenwelt abbildet (*Politeia*, 10. Buch), und von dem Schönen als objektiver Eigenschaft des Seins (in *Symposion*). Bei ARISTOTELES finden sich nur wenige Äußerungen über das Schöne: Im 13. Buch seiner *Metaphysik* nennt er Ordnung, Gleichmaß und Begrenztheit als wesentliche Eigenschaften, die sich vor allem in den mathematischen Wissenschaften wiederfinden. Weitere an Dichtung und Redekunst gebundene Begriffsbestimmungen sind in seine *Poetik* und seine *Rhetorik* (→ II.2 und II.3) eingestreut.

Im frühen Mittelalter versucht AUGUSTINUS zwischen platonischer Philosophie und christlichen Schöpfungs- und Gottesvorstellungen zu vermitteln. Für den mittelalterlichen Menschen ist Schönheit eine objektive Eigenschaft des göttlichen Seins; der Mensch als Künstler ahmt in seinen Hervorbringungen nur den Schöpfer der schönen Natur nach. Bis zur Renaissance steht Kunst vorwiegend im Dienst der Kirche, der Künstler versteht sich dabei als ausführender kunstfertiger Handwerker. Erst im 14. Jahrhundert erfährt er eine Aufwertung als kreatives Individuum. In dieser Zeit beginnt sukzessive die Trennung von Glauben und Verstandeserkenntnis. Zahlreiche Entdeckungen im 16. Jahrhundert, u. a. von KEPLER und GALILEI, führen schließlich zur Ausbildung der Naturwissenschaften und zur Ablösung des christlich geprägten Weltbilds von einer gottgewollten und -gefügten Weltordnung. In RENÉ DESCARTES' rationalistischem *Cogito ergo sum* (›Ich denke, also bin ich‹) wird der Mensch als Erkenntnissubjekt in den Mittelpunkt gerückt. GOTTFRIED WILHELM LEIBNIZ geht in seiner dem barocken Weltbild verpflichteten Philosophie noch von der Vollkommenheit der göttlichen Schöpfung aus; er entwickelt jedoch in seiner *Monadologie* (1714) aus dem cartesianischen *Cogito ergo sum* ein fünfstufiges Schema der Erkenntnis, das auf den unteren beiden Stufen auch die sinnliche Erkenntnis einbezieht. BAUMGARTEN greift diese Neuerung der LEIBNIZschen, durch CHRISTIAN WOLFF vermittelten Lehre auf und leitet daraus seine Lehre der sinnlichen Wahrnehmung des Schönen als Rationalitätskritik ab. Die Wahrheitsfähigkeit des Schönen begründet BAUMGARTEN ontologisch, kosmologisch und theologisch; auch für ihn gilt jedoch noch die Prämisse einer gottgeschaffenen, in sich vernünftig gefassten Welt.

Mittelalter

Renaissance

Aufklärung

IMMANUEL KANT knüpft an BAUMGARTENS wegweisende *Aesthetica* mit zahlreichen Überlegungen zur Ästhetik an, die in seiner *Kritik der Urteilskraft* (1790) gebündelt sind. Das grundlegend Neue an KANTS Denken ist, dass er Erkenntnis in das Subjekt verlegt und die Bedingungen der Erkenntnismöglichkeit in der menschlichen Vernunft ins Zentrum seiner Untersuchung stellt (transzendentaler Idealismus). Das Bewusstsein einer göttlich gestalteten Welt (LEIBNIZ' »beste aller Welten«) wird abgelöst von einem Welt- und Menschenbild, in dem die menschliche Vernunft Mittelpunkt und Maßstab ist. Das Hauptanliegen KANTS in Bezug auf das Schöne – wie seiner Erkenntnistheorie überhaupt – ist, den Bedingungen der Möglichkeiten für das Zutreffen von Urteilen nachzugehen. Jene im Subjekt liegenden Bedingungen für die Urteilsfähigkeit gilt es aufzudecken. Das Schöne ist von einem kreativen Schöpfer geschaffen und autonom (Autonomieästhetik). Das Wohlgefallen am Schönen ist interesselos, es verfolgt keine weitere Intention und keinen Zweck (§ 59). Dem Gegenstand wird seine Freiheit gelassen; KANT bezeichnet

Transzendentaler Idealismus

Autonomieästhetik

diesen Zustand auch als freies Wohlgefallen oder Gunst.[1] »Schön ist, was ohne Begriff als Gegenstand eines notwendigen Wohlgefallens erkannt wird« (§ 22). KANTs Ästhetik bindet das ästhetische Urteil an das rezipierende Individuum; nicht erfasst werden Kunstwerk und Schaffensprozess in ihrer Einzigartigkeit und historischen Dimension.

Darstellungs- oder Inhaltsästhetik

Eine historische Verortung des Kunstwerks unternimmt GEORG WILHELM FRIEDRICH HEGEL in seinen *Vorlesungen zur Ästhetik*, die 1835 postum anhand von Mitschriften seiner Studenten zusammengestellt und publiziert wurden. Wissen und Wahrheit definiert HEGEL als abhängig vom im Erfahrungsprozess befindlichen Bewusstsein. Das Schöne ist das sinnliche Scheinen einer Idee. Kunst ist eine Form der bewussten Weltaneignung (Darstellungs- oder Inhaltsästhetik) und innerhalb von HEGELs systematischer Philosophie im Bereich des absoluten Geistes angesiedelt. Kunst entspricht der Anschauung, so wie die Religion der Vorstellung entspricht und die Philosophie ihrerseits als höchste (und abstrakteste) Stufe dem Begriff.

Formästhetik

Paradigmenwechsel

HEGELs These von der Zeit- und Objektgebundenheit des Kunstwerks steht der KANTischen Auffassung vom autonomen Kunstwerk entgegen. Der Gegensatz von Formästhetik (KANT) und Gehaltsästhetik (HEGEL) durchzieht die Theorien zur Ästhetik der Künste.[2] Die zugrundeliegenden konträren Grundannahmen vom autonomen, freien Kunstwerk einerseits und vom zweckgebundenen heteronomen Kunstwerk andererseits sind durch das 20. Jahrhundert[3] bis heute in literaturtheoretischen Diskursen und methodischen Ansätzen (→ IV) wirksam. Vor allem in Phasen tiefgreifender gesellschaftlicher Paradigmenwechsel, so etwa in der Zeit der Protestbewegungen der 1960er Jahre oder der Wende- und Nachwendezeit Anfang der 1990er Jahre wird auch öffentlich diskutiert, ob sich Literatur gesellschaftlich engagieren

1 Gunst ist zu unterscheiden von der Neigung, die Wohlgefallen am (physisch) Angenehmen ist, sowie der Achtung, die das Wohlgefallen am (moralisch) Sittlichen bezeichnet (*Kritik der Urteilskraft*, § 5).

2 »In hegelianischen Modellen beispielsweise erscheint das Kunstwerk nicht als ›Zweckmäßigkeit ohne Zweck‹ oder als keinem ›Begriff adäquates‹ Gebilde (Kant), sondern als auflösbar im begrifflichen Denken; es erscheint nicht aus der Sicht eines vom ›interesselosen Wohlgefallen‹ (Kant) beseelten Betrachters, sondern in historischer Perspektive: als eindeutiger Ausdruck eines historischen Bewußtseins« (Peter V. Zima, *Literarische Ästhetik: Methoden und Modelle der Literaturwissenschaft*, 2., überarb. Aufl., Tübingen 1995, S. 3).

3 Zu den wichtigsten Philosophen, die im 20. Jahrhundert eine Theorie der Ästhetik zu formulieren suchten, zählen Dilthey, Lukács, Bloch, Adorno, Heidegger sowie Lyotard, Foucault, Baudrillard, Welsch, Goodman und Danto (→ IV).

solle bzw. dürfe oder ob sie auf ihrer ästhetischen und literarischen Autonomie bestehen müsse. Vor dem Hintergrund der semiotischen Theorien des 20. Jahrhunderts definiert sich dagegen die spezifische Zeichenhaftigkeit des Textes des autonomen literarischen Kunstwerks dadurch, dass es nicht nur seine eigene textinterne Kommunikationssituation entwirft, sondern diese auch – ebenso wie die eigene Fiktionalität – zu reflektieren vermag.[4]

Textinterne Kommunikationssituation

Literaturhinweise

Ästhetik. Arbeitstexte für den Unterricht. Hrsg. von Thomas H. Macho, Manfred Moser und Christof Šubik. Stuttgart 1986. (Reclams Universal-Bibliothek. 9592.)

Jung, Werner: Von der Mimesis zur Simulation. Eine Einführung in die Geschichte der Ästhetik. Hamburg 1995.

Kutschera, Franz von: Ästhetik. Berlin / New York 1988.

Reicher, Maria E.: Einführung in die philosophische Ästhetik. 2. Aufl. Darmstadt 2010.

Schneider, Norbert: Geschichte der Ästhetik von der Aufklärung bis zur Postmoderne. 2., durchges. Aufl. Stuttgart 1997.

Zima, Peter V.: Literarische Ästhetik. Methoden und Modelle der Literaturwissenschaft. 2., überarb. Aufl. Tübingen 1995.

2 Was ist und was will Literatur: Poetik

Der Begriff »Poetik« geht auf das altgriechische *poiētikḗ téchnē* ›Dichtkunst‹ zurück, dessen erster Bestandteil von *poieín* ›hervorbringen, machen, bilden‹ abgeleitet ist. Er bezeichnet die unterschiedlichen Ansätze einer Theorie bzw. Lehre der Dichtkunst. Kategorial zu unterscheiden sind die Regelpoetiken, die den Schreibenden anleiten wollen und somit normative Gültigkeit beanspruchen, von den deskriptiven Poetiken. Zu Letzteren zählen die Gattungspoetiken und Ursprungstheorien, die nach der Keimzelle alles literarischen Schaffens und der einzelnen Gattungen suchen. Unter den Sammelbegriff Poetik zusammengefasst werden außerdem Stilkunde, Literaturkritik und Theorien des Textverständnisses; weiterhin Studien über die Entstehungsbedingungen, Wirkungsweisen und die gesellschaftliche wie individuelle Relevanz von Literatur sowie Arbeiten über die Beziehungen zwischen Literatur und ande-

poieín

Regelpoetiken

Deskriptive Poetiken

4 Vgl. dazu Hans Krah, *Einführung in die Literaturwissenschaft/Textanalyse*, Kiel 2006, S. 183.

ren künstlerischen Disziplinen (Intermedialität). Auch poetologische Äußerungen, in denen Autoren über Prinzipien oder Verfahren ihres Schreibens Auskunft geben (wie z. B. die zeitgenössischen Formen der Poetik-Vorlesungen), werden als ›Poetik‹ bezeichnet. Die Beziehungen zur Ästhetik als übergeordneter Disziplin auf der einen Seite und zur (älteren) Rhetorik als Lehre von der Redekunst auf der anderen Seite sind eng, teilweise fließend.

Poetik-Vorlesungen

Der Anfang der Poetik als Theorie der Dichtkunst liegt in der griechischen Antike. PLATON sah das Dichten als göttlich inspiriert (in einem der späten Dialoge, *Phaidros*) und leitet daraus ab, Dichten stehe dem Menschen nicht zu und verderbe den Charakter. Dichtung verweichliche die Jugend und ziehe eine Vernachlässigung der sozialen Pflichten nach sich (*Politeia*, 10. Buch). Die künstlerische Nachahmung letztlich zufälliger Realitätsausschnitte stehe in doppelter Distanz zur Wahrheit; denn das Sichtbare an sich ist nach PLATONischer Ideenlehre lediglich ein Abglanz der Ideenwelt. Kunst ist somit Mimesis zweiter Ordnung.

Aristoteles

ARISTOTELES grenzt sich in seiner *Poetik* (nach 336 v. Chr.) von seinem Lehrer PLATON ab und ergründet auf der Basis der bestehenden kulturellen Praktiken die anthropologischen Prämissen des Dichtungsbedürfnisses und -vermögens. Er gewinnt seine Definitionen aus der Anschauung zahlreicher Beispiele. In einer skizzenhaften Abhandlung erörtert er das Wesen der Dichtkunst (Kap. 1–5), die Tragödie (6–22) und das Epos (23–26). Ein zweites Buch über die Komödie mit einer Untersuchung des Lächerlichen ist verschollen. Der Wert einer Dichtung zeigt sich nach ARISTOTELES in der Fähigkeit, gute und passende Metaphern und Bilder zu (er)finden (Kap. 22). Dieser Bewertungsmaßstab, der sich an Qualität, Originalität und Dichte bildlichen Sprechens orientiert, ist in der Literaturkritik bis heute wirksam (→ IV).

Horaz

HORAZ stellt mit seiner kurzweiligen Abhandlung *Ars poetica* (auch: *Brief an die Pisonen*, um 20 v. Chr.) die Verbindung zwischen den klassischen antiken Auffassungen und dem Hellenismus her. Im Unterschied zu PLATON lässt HORAZ auch Dichtung gelten, die nur Vergnügen bereiten will, und löst sie somit aus dem starren Korsett der moralischen und staatlichen Gesetze. Die beiden in den Begriffen Nutzen (*prodesse*) und Erfreuen (*delectare*) zusammengefassten Ziele erläutert HORAZ mit Hilfe von Beispielen aus Mythos und Theaterpraxis: »Entweder nützen oder erfreuen wollen die Dichter oder zugleich, was erfreut und was nützlich fürs Leben ist, sagen.«[5] Die Gestaltung der

prodesse et delectare

5 Quintus Horatius Flaccus, *Ars Poetica / Die Dichtkunst*, lat./dt., übers. und mit einem Nachw. hrsg. von Eckart Schäfer, bibl. erg. Ausg., Stuttgart 1997 (Reclams Universal-Bibliothek, 9421), S. 24 f.

Dichtung vergleicht HORAZ mit derjenigen von Gemälden (»ut pictura poesis«):

»ut pictura poesis«

»Eine Dichtung ist wie ein Gemälde: es gibt solche, die dich, wenn du näher stehst, mehr fesseln, und solche, wenn du weiter entfernt stehst; dieses liebt das Dunkel, dies will bei Lichte beschaut sein und fürchtet nicht den Scharfsinn des Richters; dieses hat einmal gefallen, doch dieses wird, noch zehnmal betrachtet, gefallen.« (V. 361)

Einmal dominiert der Gesamteindruck, ein andermal die Detailansicht – auch darin sind Dichtung und Malerei vergleichbar. Prominentestes Rezeptionszeugnis dieser These ist der *Laokoon*-Aufsatz (1766) von GOTTHOLD EPHRAIM LESSING, der belegt, dass die beiden wichtigsten antiken Poetiken[6] – ARISTOTELES' *Poetik* und HORAZ' *Ars poetica* – ihre Wirkung bis weit ins 18. Jahrhundert entfalten.

Laokoon-Aufsatz

MARTIN OPITZ legt mit seinem *Buch von der Deutschen Poeterey* (1624) die erste deutschsprachige Poetik vor. OPITZ übersetzte ARISTOTELES und HORAZ; seine Dichtungstheorie steht im Zeichen der antiken Tradition und ist geprägt von dem Bestreben, die deutsche Literatur auf ein gleiches Niveau mit den romanischen Dichtungen zu heben, die sich seit dem 13. Jahrhundert vom Lateinischen als der Gelehrtensprache emanzipiert und eigene Sprachkulturen und Literaturformen ausgebildet hatten. GEORG PHILIPP HARSDÖRFFERS Poetik, die unter dem Titel *Poetischer Trichter* zwischen 1647 und 1653 erschienen ist, knüpft an OPITZ an. Sie stellt das Sprachmaterial und die schon bei ARISTOTELES und HORAZ zentrale Aufforderung zur Metaphernbildung ins Zentrum. Zahlreiche weitere Barockpoetiken und die Gründung von literarischen Gesellschaften zur Pflege der deutschen Sprache (sogenannte Fruchtbringende Gesellschaften) in allen größeren Städten bezeugen die wachsenden literarischen Ambitionen im deutschsprachigen Raum.

Erste deutschsprachige Poetik

Gesellschaften zur Pflege der deutschen Sprache

Die erste Poetik der Aufklärung verfasst der Leipziger Logik-Professor und Schriftsteller JOHANN CHRISTOPH GOTTSCHED mit seinem 1729 erschienenen *Versuch einer Critischen Dichtkunst vor die Deutschen*. GOTTSCHEDS vorrangiges Ziel war die Reformierung des deutschen Theaters (→ III.4). Literatur solle, ganz im Sinne der Aufklärung, der sittlichen Erziehung des Menschen nutzen. Deshalb müsse zunächst der Zweck klar definiert werden:

6 Vgl. das Nachwort zu *Ars Poetica / Die Dichtkunst* (s. Anm. 5), S. 62 f.

> »Zuallererst wähle man sich einen lehrreichen moralischen Satz, der in dem ganzen Gedichte zum Grunde liegen soll, nach Beschaffenheit der Absichten, die man sich zu erlangen vorgenommen. Hierzu ersinne man sich eine ganz allgemeine Begebenheit, worin eine Handlung vorkommt, daran dieser erwählte Lehrsatz sehr augenscheinlich in die Sinne fällt.«[7]

Der Dichter solle die Natur nachahmen und dabei die Regeln der Wahrscheinlichkeit beachten. Gegen die Thesen von der Erlernbarkeit der Dichtkunst nach einer solchen Regelpoetik (GOTTSCHED ist dem barocken Vorbild OPITZ verpflichtet) und gegen die einseitige Dominanz des Vernunftprinzips auf Kosten der schöpferischen Phantasie wenden sich die Schweizer JOHANN JAKOB BODMER und JOHANN JAKOB BREITINGER in zahlreichen gemeinsamen Schriften aus den 1740er Jahren, in denen sie die Voraussetzungen für eine Subjektivierung der Dichtkunst schaffen. Auch der Aufklärer und Erneuerer des deutschen Theaters, GOTTHOLD EPHRAIM LESSING, setzt sich deutlich von der Position GOTTSCHEDS ab. Vor allem in seinen *Briefen, die neueste Literatur betreffend* (1759–65) und in seiner *Hamburgischen Dramaturgie* (1767–68), die den Prinzipien der Aufklärung und dem Vorbild SHAKESPEARES verpflichtet sind, löst sich LESSING vom traditionellen aristotelischen Theater (→ III.4).

Genieästhetik

Zahlreiche Schriften zur Poetik und literarischen Ästhetik zwischen Aufklärung und Romantik[8] kreisen um Fragen nach der Bedeutung des Dichters als Genie und Schöpfer, nach dem klassischen Ideal der Antike, nach dem Verhältnis von Wirklichkeit und Phantasie und nicht zuletzt nach den Maßstäben der literarischen Kritik. GOETHE und SCHILLER verfassen zahlreiche poetologische Schriften, in denen sie das Prinzip der Klassik – die Vermittlung zwischen Gefühl und Verstand, basierend auf dem platonischen Bildungsideal der

7 Johann Christoph Gottsched, »Versuch einer Critischen Dichtkunst vor die Deutschen«, in: J. C. G., *Schriften zur Literatur*, hrsg. von Horst Steinmetz, Stuttgart 1972, S. 96 f.

8 Hier eine Auswahl der wichtigsten Texte: Johann Joachim Winckelmann, *Gedanken über die Nachahmung der griechischen Werke in der Malerei und der Bildhauerkunst* (1755); Gotthold Ephraim Lessing, *Laokoon* (1766) und *Hamburgische Dramaturgie* (1767/68); Johann Wolfgang Goethe, *Dichtung und Wahrheit* (1811–14) und *Nachlese zu Aristoteles' Poetik* (1827); Johann Gottfried Herder, *Über den Ursprung der Sprache* (1770); Karl Philipp Moritz, *Über die bildende Nachahmung des Schönen* (1788); Friedrich Schiller, *Über die ästhetische Erziehung des Menschen in einer Reihe von Briefen* (1795) und *Über naive und sentimentalische Dichtung* (1795/96); Friedrich Schlegel, *Über das Studium der griechischen Poesie* (1797) und *Über Goethes Meister* (1798); Jean Paul, *Vorschule der Ästhetik* (1804); Friedrich Hölderlin, *Urteil und Sein* (entst. 1795) und *Über die Verfassung des poetischen Geistes* (entst. um 1800); Heinrich von Kleist, *Über das Marionettentheater* (1810).

›Kalokagathie‹ (Einheit vom Wahren, Guten, Schönen) – postulieren. Die Antike dient ihnen als Modell für einen neuen Dichtungsstil, der dem ›ästhetischen Wildwuchs‹ der Geniebewegung des Sturm und Drang entgegenwirken sollte.

›Kalokagathie‹: Einheit vom Wahren, Guten, Schönen

AUGUST WILHELM SCHLEGEL wirft in seinen *Vorlesungen über schöne Kunst und Literatur* (1801–04) der Aufklärung Nützlichkeitsdenken vor; gegen die *ratio* stellt er – im Sinne der Romantik – das Phantastische und Dunkle, den Traum und das Fragment. Wie schon vor der Klassik im Sturm und Drang wird das Augenmerk auf das schaffende Subjekt gelenkt. In der Romantik setzt sich eine Poetik durch, die dem Kunstwerk erstmals einen eigenständigen Rang jenseits ihrer Bindung an Welt und Wirklichkeit zuspricht.

Das Phantastische und Dunkle

Im 19. Jahrhundert entdecken die Autoren des Bürgerlichen Realismus (THEODOR FONTANE, ADALBERT STIFTER u. a.) die sie umgebende Wirklichkeit wieder und suchen nach ihren Grundstrukturen und Gesetzmäßigkeiten. Eine zusammenhängende Programmatik entwickeln sie jedoch nicht. Der Naturalismus (GERHART HAUPTMANN) scheint zunächst eine Radikalisierung des Bürgerlichen Realismus zu sein, mit Blick auf die industrielle, urbane Welt, die Massengesellschaft und das Großstadtproletariat. Diese Welt gilt es nun in der Literatur – im Drama vor allem (→ III.4) – darzustellen.

Im 20. Jahrhundert spiegeln sich in den Poetiken der Autoren zusehends die Ausdifferenzierung der Lebensweisen und die Vielfalt an Weltdeutungsmustern wider. Die Unbeschreibbarkeit der Empfindungen des Subjekts versucht HUGO VON HOFMANNSTHAL zu Beginn des 20. Jahrhunderts in seinem fiktionalen Briefessay *Ein Brief* (1901) zu schildern – einer Kritik vor allem einer Sprache, die vorwiegend abstrakte Begriffe verwendet. Die empirisch erfahrbare Welt ist nun nicht länger Gegenstand ästhetischer Darstellung, sondern sie liefert dem schreibenden Subjekt lediglich die vielfältigen Bewusstseinsinhalte, die es dann möglichst genau zu beschreiben gilt (Selbstreferentialität, z. B. bei RILKE und MUSIL; zu den Romanpoetiken des 20. Jahrhunderts → III.3). GEORG LUKÁCS und BERTOLT BRECHT versuchen noch einmal in HEGELscher (und von KARL MARX fortgeführter) Tradition, die Kunst auf ihre Weltbindung zu verpflichten, wie sich an BRECHTs Poetik des epischen Theaters ablesen lässt (→ III.4). Doch gewinnen im Zeitalter der durch NIETZSCHE geprägten Moderne, also des die Moderne reflektierenden Modernismus, der diese wiederum reflektierenden Postmoderne, der Post-Postmoderne usw. (P. ZIMA) Begriffe wie »Ambiguität«, »Ambivalenz« und »Indifferenz« die Oberhand, und es ist infolgedessen eine Vielzahl an Poetiken möglich.[9]

Selbstreferentialität

»Ambiguität«, »Ambivalenz«, »Indifferenz«

9 Vgl. dazu den gerade das 20. Jahrhundert in den Blick nehmenden Band von Zima (s. Anm. 2).

ittérature engagée

poésie pure

Grundsätzlich lässt sich festhalten, dass die Dialektik zweier widerstreitender Prinzipien die Geschichte der Poetik und die Diskussionen um Aufgabe und Funktion der Dichtung bis heute prägt: Dies ist auf der einen Seite das Prinzip der Bindung der Kunst an die Welt, z. B. in Form ihrer Indienstnahme für politische Ziele (*littérature engagée*, engagierte Literatur) und auf der anderen Seite das Prinzip ihrer Autonomie und ihrer vollständigen Befreiung von der Welt (*poésie pure* oder *l'art pour l'art*, autonome Literatur).

Literaturhinweise

Burdorf, Dieter: Poetik der Form. Eine Begriffs- und Problemgeschichte. Stuttgart/Weimar 2001.

Jung, Werner: Kleine Geschichte der Poetik. Hamburg 1997.

Metzler Lexikon Literatur- und Kulturtheorie. Ansätze – Personen – Grundbegriffe. Hrsg. von Ansgar Nünning. Stuttgart/Weimar 1998. 3., aktual. und erw. Aufl. 2004.

Texte zur Literaturtheorie der Gegenwart. Hrsg. und komm. von Dorothee Kimmich [u. a.]. Stuttgart 1996. (Reclams Universal-Bibliothek. 9414.)

Zima, Peter V.: Literarische Ästhetik: Methoden und Modelle der Literaturwissenschaft. 2., überarb. Aufl. Tübingen 1995. [Daran anschließend:]

– Moderne / Postmoderne. Tübingen 1997.

3 Die Kunst der Rede: Rhetorik

3.1 Geschichte und Begriffsbestimmung

rhētorikḗ téchnē

Rhetorik bei den Griechen

Die Redekunst, griechisch *rhētorikḗ téchnē*, wurzelt in der griechischen und römischen Antike bei ARISTOTELES, CICERO und QUINTILIAN. Das Erfahrungswissen über die Möglichkeiten der Rhetorik hat im fünften vorchristlichen Jahrhundert, gleichzeitig mit der Etablierung der Schriftlichkeit, der Grieche GORGIAS zusammengetragen. GORGIAS zählte zu den Sophisten (Lehrer der Weisheit), die den Menschen als Maß aller Dinge setzten und unter Rhetorik die Regeln des Sichbehauptens im Widerstreit (*agon*) verstanden. Diese Form des Disputs kritisierte PLATON in *Gorgias* und *Phaidros* und suchte die Rhetorik wieder dem Primat der Philosophie unterzuordnen. Davon wiederum setzte sich sein Schüler ARISTOTELES mit seiner umfangreichen *Rhetorik* deutlich ab.

ARISTOTELES bezieht sich auf *Phaidros*, wo PLATON drei Fragen nach Rang und Bedeutung der Rhetorik aufgeworfen hatte:[10]

Aristoteles' Fragen an die Rhetorik:

(1) Kann die Rhetorik eine der Philosophie auch nur annähernd vergleichbare Rolle spielen? (Relevanzfrage);
(2) Kann sie den Status einer *téchnē* (also einer wirklichen Fertigkeit) beanspruchen? (Disziplinaritätsfrage);
(3) Hat sie eine Theorie? (Theoriefrage).

Nach PLATON sind alle drei Fragen zu verneinen. Während PLATON die Rhetorik also verwirft, nimmt ARISTOTELES Poetik und Rhetorik in seine Untersuchung der Künste auf. Er stellt sie auf eine empirische Basis, indem er die Rhetorik des öffentlichen und politischen Lebens in den Blick nimmt. Daraus resultiert die Aufgabe, die z. B. in Gesängen, im Theater, in Gerichtsreden, auf Marktplätzen verwendete Rhetorik theoretisch zu fundieren (Beantwortung der ersten Frage nach der Relevanz neben der Philosophie). Auch die zweite Frage PLATONS hat ARISTOTELES beantwortet, indem er die Rhetorik programmatisch zum Gegenstück der Dialektik erhebt. Beide Fächer wenden sich der gleichen Problemlage zu: Sie sind mit strittigen Sachverhalten beschäftigt. Doch während die Dialektik dialogisch verfährt (These, Antithese, Syllogismus), bedient sich die Rhetorik der monologischen Rede (und der Deduktion: der Ableitung des Besonderen aus dem Allgemeinen). »Die Rhetorik stelle also das Vermögen dar, bei jedem Gegenstand dasjenige zu entdecken (*theren*), das als Überzeugendes (*pithanón*) in Frage kommt. Denn dies ist die Aufgabe keiner anderen Kunst«, hebt das zweite Kapitel an. ARISTOTELES geht es um die Kunst des plausiblen, überzeugenden Argumentierens. In drei umfangreichen Büchern widmet er sich der von PLATON geforderten Theorie und untersucht in ihnen den Redenden, den Hörer und die Rede selbst.

Die Römer standen der Rhetorik zunächst skeptisch gegenüber und vertrieben um 160 v. Chr. die griechischen Philosophen und Rhetoren, bemühten sich jedoch ein halbes Jahrhundert später um eine eigene Rhetorik (Zusam-

10 Vgl. zum Folgenden Joachim Knape, *Allgemeine Rhetorik*, Stuttgart 2000 (Reclams Universal-Bibliothek, 18045), S. 27–33.

menfassung der Lehren des GALLUS von einem anonymen Schüler: *Rhetorica ad Herennium*, um 84 v. Chr.).

Rhetorik bei den Römern

Das Meisterwerk der römischen Rhetoriktheorie ist CICEROs *De oratore. Über den Redner* (55 v. Chr.). Ausgangspunkt ist hier ebenfalls die von PLATON formulierte Skepsis. Ein Kernsatz lautet deshalb:

> »Von einem Redner [...] muß man dialektischen Scharfsinn verlangen, philosophische Gedanken und eine fast schon dichterische Ausdrucksweise, das Gedächtnis von Juristen, die Stimme von Tragöden und die Gebärdensprache fast der besten unter den Schauspielern.« (*De oratore* 1,128)

Überdies soll, so CICERO, der gute Redner hohen moralischen Ansprüchen (*vir bonus*) genügen und universal gebildet sein, denn: »Hat der Redner die Sachen nicht gründlich erfaßt und erkannt, so ist sein Vortrag nur ein leeres und kindisches Gerede« (1,21 f.).

Fünf Pflichten muss der Redner befolgen:

- *inventio* (Stofffindung)
- *dispositio* (Gliederung)
- *elocutio* (sprachliche Ausformulierung)
- *memoria* (Auswendiglernen)
- *actio* (den Vortrag)

Topos-forschung

Die beiden ersten beziehen sich auf die Gedanken (*res*), die letzten drei auf die Sprache (*verba*). Die Stoffauffindung wird durch bestimmte Suchkategorien vereinfacht, die in der Topik zusammengefasst sind. Die Topoi knüpfen an die Alltagserfahrung an und wurden erstmals von ARISTOTELES in die Rhetorik integriert.[11] Aus der literaturwissenschaftlichen Toposforschung hat sich die Stoff- und Motivforschung entwickelt. Bei der Anordnung des Stoffes (*dispositio*) sind zwei Strategien möglich: die antithetische oder die mehrgliedrige, reihende. Je nach Gegenstand muss der Redner sich für die eine oder andere Strategie entscheiden. – Wichtig und wirksam für die literaturwissenschaftliche Praxis bis heute sind die ersten drei als Pflichten formulierten Aspekte (→ II.3.2).

11 Siehe das Schema bei Knape (s. Anm. 10), S. 40: Knape unterscheidet folgende Typen: Vorzeigrede/Gerichtsrede/Beratungsrede; dann unterteilt in Telos/Thema/Tempus, also z. B.: Vorzeigrede – Telos: Lob/Tadel; Thema: Schönes/Hässliches; Tempus: Gegenwart. Oder Gerichtsrede – Ziel: Anklage oder Verteidigung; Thema: Gerechtes oder Ungerechtes; Tempus: Vergangenheit.

QUINTILIAN erweitert die Schulung des Redners zu einem umfassenden Erziehungs- und Bildungsprogramm (in: *Institutio oratoria*, um 96 n. Chr.). Seine *Ausbildung des Redners*, so die Übersetzung des Titels, handelt von der *ars bene dicendi*, der Kunst der guten – moralisch guten – Rede. Sie soll das gesamte zeitgenössische Wissen der Disziplin Rhetorik zusammenfassen und darüber hinaus einen Lehrplan und didaktische Konzeptionen mitliefern. Diese Abhandlung lässt sich nicht in eine Reihe mit den seit Jahrhunderten in Griechenland und im römischen Reich üblichen Handbüchern stellen, sondern ist ein umfassendes Traktat mit philosophischem und pädagogischem Anspruch.

septem artes liberales

Die Kunst der Rhetorik gehört zu den sieben freien Künsten (*septem artes liberales* → II.3.2) und zählt zum »Trivium« der Vorschule wie Dialektik und Grammatik. Hat man diese absolviert, kann man sich dem »Quadrivium« von Geometrie, Astronomie, Arithmetik und Musik widmen. Von der Antike bis weit ins Mittelalter bilden die sieben freien Künste – »Kunst« entsprach damals dem heutigen Terminus »Wissenschaft«[12] – die Grundlage des akademischen Lehrbetriebs.

Grundlegende kulturelle Praxis

Eine deutliche Abwertung erfährt die Rhetoriklehre im Idealismus, der die Individualität des Menschen und seiner Vernunft betont, etwa bei GOETHE als Verstellungstechnik, bei KANT als Maschine der Überredung und der Überlistung.[13] Große Bedeutung hat die Rhetorik allerdings in der schulischen und akademischen Lehre bis ins 18. Jahrhundert; während in der Antike die Rhetoriklehren vor allem politische Funktion hatten, behielten sie ihren Stellenwert als grundlegende kulturelle Praxis und gingen sukzessive in der Allgemeinbildung auf.[14] Ihren Rang als selbständige Disziplin und normatives Regelwerk

12 Neben den *artes liberales* gab es die technischen Künste bzw. Wissenschaften, die *artes mechanicae*: Malerei, Bildhauerei, Weberei, Tischlerei, Maurerei und Ackerbau. Vgl. weiterführend Rosario Assunto, *Die Theorie des Schönen im Mittelalter*, Köln 1963, und Umberto Eco, *Kunst und Schönheit im Mittelalter*, München 1991.

13 Vgl. Walter Jens, »Rhetorik«, in: *Reallexikon der deutschen Literaturgeschichte*, begr. von Paul Merker und Wolfgang Stammler, Berlin 1958–88. Bd. 3, S. 433–457, hier S. 433.

14 Doch sind nach wie vor Einwände virulent: Paul de Man etwa fragt, ob es vor dem Hintergrund der zahllosen Variationen des uneigentlichen Sprechens, die durch die Rhetorik tradiert sind, überhaupt möglich sei, bei der Rezeption einer Rede oder eines Textes zu einer gesicherten Textbedeutung zu kommen. Und selbst die Opposition zwischen ›buchstäblicher‹ und ›figurativer‹ Bedeutung wird von einer solchen dekonstruktivistischen (→ IV. 12) Strategie des Lesens unterlaufen. Nach de Man ist es unmöglich, »mit Hilfe grammatischer oder anderer sprachlicher Hinweise zu entscheiden, welche der beiden Bedeutungen (die miteinander inkompatibel sein können) den Vorrang hat. Rhetorik ist die radikale Suspendierung der Logik und eröffnet schwindelerregende

hat die Rhetorik zwar eingebüßt, jedoch ist sie als methodische Hilfsdisziplin bis auf den heutigen Tag in der Justiz präsent und darüber hinaus bei der Strukturierung mündlicher wie schriftlicher Kommunikation nach wie vor nützlich: Denn stringenter Aufbau, angemessene und variationsreiche Sprache sowie die Situations- und Adressatenorientierung sind erlernbar und die Voraussetzung für plausible schriftliche Ausarbeitungen, schlüssige Referate und jegliche gelungenen Ansprachen.

Literaturhinweise

Fuhrmann, Manfred: Antike Rhetorik. München 1984.

Göttert, Karl-Heinz: Einführung in die Rhetorik. München ²1994.

Handbuch literarische Rhetorik. (Handbücher Rhetorik. Bd. 5.) Hrsg. von Rüdiger Zymner. Berlin/Boston 2015.

Knape, Joachim: Allgemeine Rhetorik. Stationen der Theoriegeschichte. Stuttgart 2000. (Reclams Universal-Bibliothek. 18045.)

– Was ist Rhetorik? Stuttgart 2000. (Reclams Universal-Bibliothek. 18044.)

Lausberg, Heinrich: Handbuch der literarischen Rhetorik. Eine Grundlegung der Literaturwissenschaft. Mit einem Vorw. von Arnold Arens. Stuttgart ³1990.

3.2 Systematische Übersicht: Rhetorik

Die sieben freien Künste der Antike, *septem artes liberales*:

Trivium	**Quadrivium**
– Dialektik – Rhetorik – Grammatik	– Geometrie – Astronomie – Arithmetik – Musik

Möglichkeiten referentieller Verirrung. Und obgleich es vielleicht etwas weiter vom allgemeinen Gebrauch entfernt ist, würde ich nicht zögern, die rhetorische, figurative Macht der Sprache mit der Literatur selber gleichzusetzen« (P. de Man, *Allegorien des Lesens*, übers. von Werner Hamacher und Peter Krumme, Frankfurt a. M. 1988, S. 40).

Rhetorik

Die Ziele einer Rede können sein:

Ziele einer Rede

delectare	erfreuen (Gefühl)
movere	überzeugen und bewegen (Herz)
docere	belehren (Verstand)

In der lateinischen Schulrhetorik wurde die Verarbeitung (*tractatio*) des Stoffes (*materia*) zu einer Rede in fünf Phasen unterteilt (rhetorische Arbeitstechniken):

Fünf Phasen einer Rede

(1) *inventio*	Stoffauffindung		
(2) *dispositio*	Gliederung des Stoffes	*res*	⇧
(3) *elocutio*	sprachliche Gestaltung	*verba*	⇩
(4) *memoria*	Auswendiglernen, Memorieren		
(5) *pronuntiatio*	Vortrag		

Zu (2) *dispositio*

Die Gliederung des Stoffes (*dispositio*) erfolgt in fünf Schritten:

(a) *exordium*	Einleitung
(b) *narratio*	Darlegung des Sachverhalts
(c) *argumentatio*	Argumentation (antithetisch; kausal; temporal-reihend)
(d) *refutatio*	Widerlegung der Gegenargumente
(e) *conclusio*	Schlussfolgerung

Zu (3) *elocutio*

Bei der sprachlichen Gestaltung (*elocutio*) lassen sich vier Sprach- oder Stilqualitäten, die Redequalitäten (*virtutes elocutionis*), unterscheiden:

(a) *puritas*	Reinheit (grammatische Korrektheit)
(b) *perspicuitas/claritas*	Verständlichkeit/Klarheit
(c) *aptum**	Angemessenheit der Stilhöhe
(d) *ornatus***	Schmuck

Zu den Stilbesonderheiten zählen: Verbalstil, Nominalstil, Personalstil, Sekundenstil

**aptum – genera dicendi* (→ III.4):
Folgende Stilhöhen werden unterschieden:

- *genus humile*: der leichte, niedrige Stil des alltäglichen Lebens
- *genus mediocre* oder *medium*: der mittlere Stil gepflegter Konversation
- *genus grande* oder *sublime*: der gehobene Stil bei feierlichen Anlässen

***ornatus*
Mehrere Kategorien sprachlichen ›Schmucks‹ lassen sich unterscheiden:

- Tropen (griech. *trópos* ›Wendung‹): *ornatus in verbis singulis*
  → Bedeutungsänderungen von Worten (vgl. II.5.2)
- Figuren: *ornatus in verbis coniunctis* (vgl. II.4.1)
  → besondere Verknüpfungen von Worten oder Wortgruppen
- Topoi (griech. *tópos* ›Ort‹): ›Ort‹, an dem Argumente aufgefunden werden, im engeren Sinne: tradierte Denk- und Ausdrucksschemata (z. B. der idyllische und der schreckliche Ort: *locus amoenus* und *locus horribilis*, das Welttheater, das Goldene Zeitalter)

4 Die Schönheit der Rede: Stilistik

4.1 Geschichte und Begriffsbestimmung

Stil

Der Begriff »Stil« leitet sich ab vom lateinischen *stilus* ›Stängel, Griffel, Schreibgerät‹. Erstmals hat NOVALIS ihn im deutschsprachigen Raum verwendet. Hinter dem Begriff »Stilistik« verbirgt sich ein Bündel von Bedeutungen: Stiltheorie ist (1) Teil der Literaturtheorie und Bindeglied zwischen Sprach- und Literaturwissenschaft. Sie ist ferner (2) Teil der Literaturgeschichtsschreibung (›Epochenstil‹) und (3) der Gattungspoetik (Gattungsstil, Stil eines Genres). Schließlich hat die Stilistik als (4) angewandte bzw. normative Stilistik eine lange Tradition, indem sie als Teil der Rhetorik Anweisungen zur sprachlich angemessenen Gestaltung eines Textes gibt (*aptum* → II.3.2). Daraus abgeleitet sind die Vorstellungen von der Drei-Stile-Lehre – vom gehobenen (erhabenen, sublimen, pathetischen), mittleren und alltäglichen, niederen Stil – und die Forderungen nach situativer Angemessenheit. Im 18. Jahrhundert vollzog sich eine Loslösung des Stilbegriffs vom rhetorisch reglementierten Sprachdekor zu einem Verständnis von (5) Stil als subjektivem Persönlichkeitsausdruck.[15]

Drei-Stile-Lehre

Die hier im Mittelpunkt stehende deskriptive Stilanalyse als Teil der Literaturwissenschaft zielt darauf, sprachliche Eigenarten und Besonderheiten eines Textes zu erkennen und exakt zu benennen. Grundsätzlich lassen sich zwei Ebenen unterscheiden: die makrostilistische und die mikrostilistische.[16] Die makrostilistische Analyse untersucht auf der Ebene von Textsorte und Gattungszugehörigkeit die spezifische Tektonik und Darstellungsart, Textstruktur, Perspektive und Redewiedergabe. Die gattungsübergreifende mikrostilistische Analyse beschreibt die Stillage hinsichtlich der Wortwahl (Nominalstil, Verbalstil, Adjektivstil; Wortfelder, Metaphernbildung usw.) und des Satzbaus (z. B. den Grad der Komplexität als parataktisch oder hypotaktisch oder unvollkommen bzw. elliptisch). Durch die Verwendung auffallender, von der Alltagsnorm abweichender Wörter oder Wortverbindungen (z. B. Wortneuschöpfungen, Neologismen) setzt ein Sprecher oder Autor gezielt Akzente; die antike Rhetorik bezeichnete diesen Komplex als Redeschmuck, *ornatus* (→ II.3.2). Die deskriptive Stilanalyse als Teil der Literaturwissenschaft bedient sich der Figurenlehre der Rhetorik, um die stilistischen Merkmale eines Textes terminologisch präzise zu erfassen. Die Kenntnis der griechischen bzw. lateinischen Fachbegriffe, für die es häufig keine adäquaten deutschsprachigen Übersetzungen gibt, ist somit für Germanisten unverzichtbar.

Deskriptive Stilanalyse

Makrostilistische Analyse

Mikrostilistische Analyse

Der Redeschmuck lässt sich in zwei Gruppen unterteilen, deren Grenzen nicht eindeutig zu ziehen sind und die unterschiedlich systematisiert werden

15 Zum Wandel des Stilbegriffs vgl. die übersichtliche Darstellung von Willy Sanders, »Stil im Wandel«, in: *Stil und Stilwandel*, Bernhard Sowinski zum 65. Geburtstag gewidmet, hrsg. von Ulla Fix und Gotthard Lerchner, Frankfurt a. M. 1996, S. 345–357.

16 Diese Unterscheidung findet sich bei Bernhard Sowinski, von dem mehrere Arbeiten zur Stilkunde vorliegen. Makrostilistik wendet sich der Erzählweise, den Bauformen und der Darstellungsweise zu, Mikrostilistik der Syntax, Lexik und Bildlichkeit. Stilkunde ist so verstanden eine Art Inventarisierung der Möglichkeiten der Sprachverwendung.

»Tropus« können.[17] Der Begriff »Tropus« ist abgeleitet vom griechischen *trópos* ›Wendung‹. Die Trope beruht auf Austausch (Substitution), deshalb wird sie lateinisch *ornatus in verbis singulis* genannt. Unter den Oberbegriff »Tropen« werden Formen uneigentlicher Redeweisen zusammengefasst; sie ersetzen einen Ausdruck durch einen anderen, umschreibenden (→ II.5.2).[18]

Figuren

Mit Figuren hingegen werden besondere (normabweichende) Verknüpfungen von Wörtern, lat. *ornatus in verbis coniunctis*, bezeichnet. Eine weitere Gruppe bilden die Gedanken- oder Inhaltsfiguren (*figurae sententiae*), die von den Tropen nicht immer klar zu differenzieren sind, was mitunter zu Verwirrung führt. Es gibt konkurrierende Versuche, sprachliche Figuren zu systematisieren und somit unterschiedliche Kategorisierungen: z. B. Wortfiguren (Worthäufung oder -auslassung oder -umstellung), Satzfiguren (Position, Wiederholung, Auslassung, Wortstellung), Gedankenfiguren (sie betreffen die gedankliche Ausarbeitung, also die Formung und Gliederung der Gedanken; z. B. Anruf, Frage, Entgegenstellung, Widersprüchlichkeit) und Klangfiguren (Wortwiederholung, Wortspiel, Lautmalerei).[19]

17 Tropen und Figuren sind nicht einheitlich verwendete Begriffe, vgl. dazu Peter Heßelmann, »Rhetorische Grundbegriffe«, in: *Literaturwissenschaft. Ein Grundkurs*, hrsg. von Helmut Brackert und Jörn Stückrath, Reinbek b. Hamburg 1995, S. 118–129, hier S. 125 f.

18 Quintilian (*Institutio oratoria* IX,1, 4) definiert: »Es ist also ein Tropus eine Redeweise, die von ihrer natürlichen und ursprünglichen Bedeutung auf eine andere übertragen ist, um der Rede zum Schmuck zu dienen, oder, wie die Grammatiklehrer meist definieren, ein Ausdruck, der von der Stelle, bei der er eigentlich gilt, auf eine Stelle übertragen ist, wo er nicht eigentlich gilt« (Quintilian, *Institutionis Oratoriae Libri XXX / Ausbildung des Redners*, lat./dt., hrsg. und übers. von Helmut Rahn, Darmstadt 1975, S. 251).

19 Vgl. Ivo Braak, *Poetik in Stichworten. Literaturwissenschaftliche Grundbegriffe. Eine Einführung*, 8., überarb. und erw. Aufl. von Martin Neubauer, Berlin/Stuttgart 2001, S. 51–70.

4.2 Rhetorische Stilmittel im Überblick: Figuren (Auswahl)

Rhetorische Figuren beruhen auf:

(1) Wiederholung/Hinzufügung (*figurae per adiectonem*)
(2) Auslassung/Kürzung (*figurae per destractionem*)
(3) Umstellung/Position (*figurae per ordinem*)
→ Wortfiguren
(4) Gedankenfiguren (*figurae sententiae*)
→ Inhaltsfiguren

Zu (1) Wortfiguren durch Wiederholung oder Hinzufügung

Wiederholung/Hinzufügung

Akkumulation (lat., ›Anhäufung‹): Synonymenhäufung (»ein günstiges preiswertes Sonderangebot«)
Anadiplose (griech., ›Verdopplung‹): Wiederholung des letzten Wortes am Anfang des folgenden Satzes (»Er ging in den Schnee. Schnee überall.«)
Anapher (griech., ›Wiederaufnahme‹): Wiederholung am Anfang einer metrischen oder syntaktischen Einheit (»Wie lieb ich dich! Wie blickt dein Aug! Wie liebst du mich!«, GOETHE)
Epipher (griech., ›Zugabe‹): Wiederholung am Ende einer metrischen oder syntaktischen Einheit (»Doch alle Lust will Ewigkeit –, will tiefe, tiefe Ewigkeit«, NIETZSCHE)
Symploke (griech., ›Verflechtung‹): Kombination von Anapher und Epipher
Alliteration oder *Stabreim*: Wiederholung des Anlauts der Stammsilbenbetonung (»mit Kind und Kegel«; »das Wesen, das über den Wolken waltet«, KLEIST)
Assonanz (lat., ›Anklang‹): Wiederholung, Gleichklang der Vokale (»die rote Sonne über Soho«, BRECHT)
Figura etymologica (lat.): Verbindung zweier Wörter mit gleichem Wortstamm (»umfangend umfangen«, GOETHE)
Pleonasmus (griech., ›Überfluss‹): unnötige Doppelaussage (»neu renoviert«, »weißer Schimmel«)
Polysyndeton (griech., ›vielfach Verbundenes‹): Wort- oder Satzfolge, deren Glieder durch die gleiche Konjunktion verbunden sind (»und es wallet und siedet und brauset und zischt«, SCHILLER)

Polyptoton (griech., ›viel‹ und ›Fall‹): Wiederholung desselben Wort(stamm)es im selben Satz (»der Mensch ist des Menschen Wolf«, »Auge um Auge, Zahn um Zahn«)
Tautologie (griech. *tautá* ›auf dieselbe Weise‹ und *lógos* ›Rede, Begriff, Wort‹): synonyme Wortwiederholung (»einzig und allein«; »immer und ewig«)

Auslassung/ Kürzung

Zu (2) Wortfiguren durch Auslassung

Aposiopese (griech., ›Verstummen‹): Auslassung des Wichtigsten (»Dich werd ich …«)
Asyndeton (griech., ›Unverbundenes‹): Auslassung verbindender Konjunktionen (»tote Lieb, tote Lust, tote Zeit«, DROSTE-HÜLSHOFF; »Veni, vidi, vici«) [Gegensatz: Polysyndeton]
Ellipse (griech., ›Auslassung, Mangel‹): Auslassung wichtiger Satzteile (»Was nun?«)
Zeugma (griech., ›Zusammengefügtes‹): Beziehung eines Satzteils auf mehrere andere, wobei verschiedene Bedeutungen evoziert werden (»Er nahm Abschied und seinen Hut«)

Umstellung/ Position

Zu (3) Wortfiguren durch Umstellung

Anakoluth (griech., ›ohne Folge‹): Satzbruch, Unterbrechung, Störung des syntaktischen Gefüges (»Dieser Kerl, dem zeige ich es«)
Chiasmus (abgeleitet von der Form des griechischen Großbuchstabens *Chi*: X): Überkreuzstellung der Wort- und Gedankenstellung (»Jauchzen möchte ich, möchte weinen«, EICHENDORFF; »Die Kunst ist lang, und kurz ist unser Leben«, GOETHE)
Commutatio (lat.): Gegenüberstellung (»Bellende Hunde beißen nicht, und beißende Hunde bellen nicht«)
Hypallage (griech., ›Vertauschung‹): Verschiebung der logischen Wortbeziehungen (»das blaue Lächeln ihrer Augen«) [auch: Enallage]
Hyperbaton (griech., ›Übersteigendes‹): künstliche Trennung einer syntaktisch zusammengehörigen Wortgruppe durch eine Einschiebung (»Der Worte sind genug gewechselt«)
Hysteron proteron (griech., ›das Spätere als Früheres‹): das sachlich bzw. lo-

gisch an zweiter Stelle Stehende wird zuerst genannt (»Ihr Mann ist tot und lässt Sie grüßen«)

Inversion (lat.): Umstellung (»der Glocken Klang«)

Parenthese (griech., ›Einschub‹): Einschub, Unterbrechung (»Eduard – so nennen wir einen reichen Baron im besten Mannesalter – Eduard«, GOETHE)

Zu (4) Gedankenfiguren

Gedankenfiguren

Antithese (lat.): Gegensatz (»Fern der Himmel und die Tiefe nah«, C. F. MEYER); häufig in Barocksonetten

Apostrophe (griech., ›Abwenden‹): Abwendung des Dichters vom Publikum und Anrede an (abwesende) Personen oder Dinge (»Freude, schöner Götterfunken«, SCHILLER)

Katachrese (griech., ›Missbrauch‹):*[20] Bildsprung, Störung des sprachlichen Bildes (»der Zahn der Zeit wird auch hierüber Gras wachsen lassen«)

Klimax (griech., ›Leiter‹): Steigerung (»Wie habe ich ihn nicht gebeten, gefleht, beschworen«, LESSING) [Gegensatz: Antiklimax)

Oxymoron (griech. *oxýs* ›scharf‹ und *mōrós* ›dumm‹) Verbindung von scheinbar Widersprüchlichem (»bittersüß«); *contradictio in adiecto* (lat.): Widerspruch im Adjektiv (»beredtes Schweigen«, »alter Knabe«)

Paradox (griech., ›Unerwartetes‹): Widerspruch (»Meine Demut erblüht«, LOERKE)

Parallelismus: Wiederkehr einer Wort- und Gedankenstellung (»Bleich das Leben! Bleich der Felsenhang!« C. F. MEYER)

Praeteritio (lat., ›Vorbeigehen‹) bzw. *Paralipse* (griech., ›Auslassung‹): Vorgebliche Auslassung des nur vermeintlich Unwichtigen (»Reden wir nicht davon!«)

Synästhesie (griech., ›Zusammenempfinden‹):* Wahrnehmungen aus zwei Sinnesbereichen werden zusammengeführt (»Der Acker leuchtet weiß und kalt«, TRAKL; »golden wehn die Töne nieder«, BRENTANO).[21]

20 Satzfiguren, die unterschiedlich zugeordnet werden können, sind mit * versehen.

21 Synästhesie kommt in dem nach wie vor maßgeblichen Standardwerk zur Rhetorik von Heinrich Lausberg, *Handbuch der literarischen Rhetorik. Eine Grundlegung der Literaturwissenschaft*, mit einem Vorw. von Arnold Arens, Stuttgart ³1990, nicht vor.

Literaturhinweise

Braak, Ivo: Poetik in Stichworten. Literaturwissenschaftliche Grundbegriffe. Eine Einführung. 8., überarb. und erw. Aufl. von Martin Neubauer. Berlin/Stuttgart 2001.

Fricke, Harald / Zymner, Rüdiger: Einübung in die Literaturwissenschaft. Parodieren geht über studieren. Paderborn [u. a.] [3]1996.

Göttert, Karl Heinz / Jungen, Oliver: Einführung in die Stilistik. München 2004.

Sowinski, Bernhard: Stilistik. 2., überarb. u. aktual. Aufl. Stuttgart/Weimar 1999.

5 Bildliches Sprechen: Tropik bzw. Metaphorik

Die etymologische Wurzel des Wortes »Bild« liegt im althochdeutschen *bilidi* ›Wunderzeichen‹, abgeleitet von *bil* ›Kraft, Wunderkraft‹. In diesem Begriff werden das Zeichenhafte und das Magische miteinander verbunden; dies verweist darauf, welch immense Kraft dem Zeichen bzw. Bild zugesprochen wurde – eine Kraft jenseits der kommunikativen Funktion. Das sprachliche Bild und das bildliche, ›uneigentliche‹ Sprechen entfalten ebenfalls Wirkungen, die über das bloße Bezeichnen hinausgehen. Als Zauberwort ebenso wie als Bannspruch – noch in HEINRICH HEINES *Wintermährchen* vermag das Dichterwort, im Rekurs auf DANTES *Göttliche Komödie*, in die Hölle zu verdammen.

Dichterwort

Wenn von Bildlichkeit in der Literatur die Rede ist, ist damit uneigentliches, metaphorisches Sprechen gemeint, das wiederum substanzieller Bestandteil der Poetizität eines Textes ist. Neben Fiktionalität ist die Poetizität maßgebliches Kennzeichen von Literatur. Bis in das 20. Jahrhundert wurde – durch die auf ARISTOTELES fußenden Regelpoetiken tradiert (→II.2) – die Komplexität und Originalität der Bildlichkeit als Qualitätsmaßstab eines literarischen Textes betrachtet.

Poetizität

5.1 Metapher, Allegorie, Symbol

5.1.1 Metapher

Lange Zeit verstand man die Metapher in Anlehnung an QUINTILIAN als einen um das »wie« verkürzten Vergleich. Zwei Richtungen lassen sich in der Metaphernforschung unterscheiden: Zum einen die auf der antiken Rhetorik basierende Substitutionstheorie (von. lat. *substituere* ›ersetzen‹), die mit QUINTILIAN davon ausgeht, dass die Metapher lediglich einen Ausdruck

Metaphernforschung

Substitutionstheorie

durch einen uneigentlichen ersetzt. Diese Auffassung ist inzwischen weitgehend überholt. Die andere Richtung, die Interaktionstheorie, geht davon aus, dass in der Metapher Bild und Sache verschmelzen und die Metapher in ihrem Kontext gesehen und interpretiert werden muss. Uneigentliches und bildliches Sprechen schmücken den Text nach diesem Verständnis nicht nur aus, sondern bereichern das Sinnpotential und haben, wie die zahlreichen Forschungen zur Metapherntheorie seit der Mitte des 20. Jahrhunderts herausstellen, Verdeutlichungsfunktion.[22]

Interaktionstheorie

PAUL RICŒUR hebt diesen Aspekt hervor und betont, eine lebendige Metapher habe heuristischen Wert: Sie versetze den Rezipienten in die Lage – ähnlich wie ein wissenschaftliches Modell –, bestimmte, bislang verborgene Aspekte der Wirklichkeit wahrzunehmen und zu erkennen.[23] MAX BLACK hat diesen Erkenntnisvorgang am Beispiel der Zeitlupe illustriert, die einen Bewegungsablauf in optischer Zergliederung darzustellen vermag und somit Sichtweise und Imaginationskraft des Zuschauers verändert, also seinen Wahrnehmungs- und Vorstellungshorizont um ein kognitives Instrument ergänzt.[24] Metaphorisches Sprechen eröffnet jedoch nicht nur eine neue Perspektive auf den sprachlich vermittelten Ausschnitt der Realität, sondern gewährt auch Einblicke in das spezifische Wirklichkeitsverhältnis des Sprechers. Die Metapher, z. B. »Zitronenmond« (LOERKE), setzt sich zusammen aus dem Bildspender (Zitrone) und dem Bildempfänger (Mond). Der Leser ist aufgefordert, Konnotationen vom Bildspender, der Zitrone, zu aktivieren (z. B. gelb, nicht

Lebendige Metapher

22 Einen Überblick über den Stand und die Vielfalt der Forschungsrichtungen geben die Sammelbände *Theorie der Metapher*, hrsg. von Anselm Haverkamp, Darmstadt ²1996 – hier finden sich grundlegende Texte zur Semantik der Metapher (u. a. von M. Black), zur Semiotik (u. a. von R. Jakobson und G. Genette), zur Hermeneutik der Metapher (u. a. von H. Blumenberg, H. Weinrich, P. Ricœur und P. de Man) – und *Der Streit um die Metapher. Poetologische Texte von Nietzsche bis Handke*, hrsg. von Klaus Müller-Richter und Arturo Larcati, Darmstadt 1998.

23 »Lebendig ist die Metapher nicht nur insofern, als sie eine konstituierte Sprache belebt. Lebendig ist sie auch, indem sie den Schwung der Einbildungskraft auf ein ›mehr denken‹ auf die Ebene des Begriffes überträgt. Dieser Kampf um das ›mehr denken‹ unter Anleitung des ›belebenden Prinzips‹ ist die ›Seele‹ der Interpretation« (Paul Ricœur, *Die lebendige Metapher*, übers. von Rainer Rochlitz, München 1986, S. 285).

24 Max Black, »Mehr über die Metapher« [1977], in: *Theorie der Metapher* (s. Anm. 22), S. 379–413, vgl. S. 408 f. – Siehe auch Hans Blumenberg im Rekurs auf Kant: »Die Metapher ist deutlich charakterisiert als Modell in pragmatischer Funktion, an dem eine ›Regel der Reflexion‹ gewonnen werden soll, die sich im Gebrauch der Vernunftidee ›anwenden‹ läßt« (H. B., »Paradigmen zu einer Metaphorologie« [1960], in: *Theorie der Metapher* [s. Anm. 22], S. 285–315; hier S. 289).

ganz rund, dellige Oberflächenstruktur) und auf den Bildempfänger (Mond) zu übertragen. Selbst bei diesem Beispiel lässt sich die Metapher nicht völlig auflösen, es bleibt ein unübersetzbarer Rest, ein poetischer Mehrwert. Metaphern speisen sich aus verschiedenen Bildfeldern, wie Natur, z. B. die Jahreszeiten-Metaphorik: Die Jahreszeiten können für Lebens- oder auch Zeitalter stehen; Frühling verweist seit der Antike (OVID, VERGIL) auf Jugend, Liebe und Fruchtbarkeit, Herbst steht für Reife, aber auch für Verfall und Absterben. Ferner speisen sich Metaphern aus den Bereichen Tierwelt oder Technik (z. B. Bühnen- oder Schiffsmetaphorik) oder auch Licht und Farbe.

Poetischer Mehrwert

Mit Blick auf ihren Erkenntniswert lassen sich Metaphern klassifizieren in verblasste Metaphern, die als Metapher nicht mehr wahrgenommen werden (z. B. »Leitfaden«: ursprünglich der den Theseus zurückleitende Wollfaden der Ariadne im Labyrinth des Minotaurus), ebenso wie die lexikalisierte Metapher (z. B. »Wolkenkratzer«, »Stuhlbein«), die in den allgemeinen Wortschatz eingegangen ist. Anders verhält es sich bei der innovativen Metapher: Sie ist neu und überrascht.

Verblasste Metapher

Innovative Metapher

Anhand der Spannung zwischen Bildempfänger und Bildspender wird die kühne Metapher charakterisiert, die HARALD WEINRICH Anfang der 1960er Jahre an PAUL CELANS *Todesfuge* (»schwarze Milch«) erklärt: Je näher Bildspender (›Bild‹ bzw. nach DAVID WELLBERY ›Ausgangssystem‹) und Bildempfänger (›Sache‹ bzw. nach Wellbery ›Zielsystem‹) beieinanderliegen, desto kühner die Metapher. WEINRICH begründet dies damit, eine »kleine Bildspanne« erzwinge »unsere Aufmerksamkeit für diese Widersprüchlichkeit und verleiht der Metapher den Charakter der Kühnheit«.[25] Was meint in diesem Zusammenhang »nah«? WEINRICH zielt auf die Erfahrungsbereiche, aus denen Bildspender und Bildempfänger stammen, und stellt die These auf, dass Metaphern, die aus der Kombination zweier unterschiedlicher Bereiche bestehen, weniger überraschen als Metaphern, deren Bild- und Sachbereich nahe zusammenliegen. Es irritiere, wenn z. B. Stoffliches und Geistiges verbunden werden, so dass diese Art Metaphorik weniger kühn sei als die, die Bildspender und Bildempfänger aus dem gleichen Bereich wähle. »Schwarze Milch«, so WEINRICH, »trägt nur einen kleinen Schritt weiter zu einer anderen Farbe«, deshalb sei die Metapher CELANS so kühn. Ein fliegendes Pferd sei, so WEINRICH, weniger kühn als ein blaues (FRANZ MARC). Stoffliches und Geistiges

Kühne Metapher

Bildspender und Empfänger

Bildspanne

25 Harald Weinrich, »Die Semantik der kühnen Metapher« (1963), in: *Theorie der Metapher* (s. Anm. 22), S. 316–339, hier S. 327 f. Vgl. auch David Wellbery, »Übertragen: Metapher und Metonymie«, in: *Literaturwissenschaft. Einführung in ein Sprachspiel*, hrsg. von Heinrich Bosse und Ursula Renner, Freiburg i. Br. 1999, S. 139–155.

sind unterschiedliche Realitätsbereiche, ebenso wie Organisches – Anorganisches; WEINRICH rekurriert hier auf die Elementarlehre der Antike.

Hermetische Metapher

Eine weitere Metaphern-Kategorie ist die der hermetischen bzw. absoluten Metapher: Sie kann nicht rückübersetzt werden, da sie keinen erschließbaren Bildempfänger mehr hat und selbst poetisches Bild ist (z. B. »Atemkristall«, »Fadensonnen«, CELAN). HANS BLUMENBERG definiert die absolute Metapher als resistent gegenüber dem terminologischen Anspruch: Sie könne nicht in Begrifflichkeit aufgelöst werden.[26] HUGO FRIEDRICH betont in seinem Standardwerk zur modernen Lyrik den Stellenwert der hermetischen bzw. absoluten Metapher in der modernen Literatur:

> »In vielen Fällen hat die moderne Metapher überhaupt nicht mehr den Sinn, ein Bild neben der ›Wirklichkeit‹ zu sein, sondern sie selber hebt den Unterschied zwischen metaphorischer und nicht-metaphorischer Sprache auf.«[27]

Metaphern lassen sich auch nach den ihnen zugrundeliegenden Kompositionsprinzipien klassifizieren. Es gibt folgende Prädikationsstrukturen der Metapher:[28]

- Prädikative Metapher (auch Verbalmetapehr): »die Wiese lacht« (ECO)
- Prädikative Metapher mit Kopula: »Mein Gedicht ist mein Messer« (Titel einer von HANS BENDER herausgegebenen Anthologie politischer Lyrik)
- Attributive Metapher: »Die kristallenen Weiden des Rehs« (TRAKL)
- Appositionsmetapher: »Dein Schweigen, ein Stein« (BOBROWSKI)
- Genitivmetapher: »des Himmels dunkelblaue Seiden« (PAUL ZECH)
- Kompositionsmetapher: »Zitronenmond« (LOERKE), »Haifischhimmel« (BRECHT), »Fadensonnen«, »Atemwende« (CELAN).

26 Blumenberg in: *Theorie der Metapher* (s. Anm. 22), S. 288. – Vgl. auch Gerhard Kurz: »In moderner Lyrik, etwa bei Paul Celan, werden Metaphern so eingesetzt, dass der Bildempfänger nicht mehr einfach angebbar ist. Die metaphorische Qualität schlägt dann um in eine nichtmetaphorische, in eine Art neuer ›Dinglichkeit‹« (G. K., *Metapher, Allegorie, Symbol*, 3., bibl. erg. Aufl., Göttingen 1993, S. 229).

27 Hugo Friedrich, *Die Struktur der modernen Lyrik. Von der Mitte des neunzehnten bis zur Mitte des zwanzigsten Jahrhunderts*, 4. Aufl. der erw. Neuausg., Reinbek b. Hamburg 1971, S. 208.

28 Vgl. dazu Gerhard Kurz / Theodor Pelster, *Metapher. Theorie und Unterricht*, Düsseldorf 1979, S. 79.

5.1.2 Allegorie

Allegorie

Die Allegorie (von griech. *állōs* ›anders‹ und *agoreúein* ›reden‹) ist eine ausgestaltete oder durchgeführte Metapher und fungiert als verschlüsselter Ausdruck zur Verbildlichung von Abstraktem bzw. als bildliche Darstellung eines Gedankens. Das Symbol bedeutet und verweist auf etwas anderes (→ II.5.1.3), während die Allegorie ›ist‹; oft handelt es sich um eine allegorische Personifikation (Fortuna, Amor, Justitia). Fabel und Parabel sind allegorische Gattungsformen (ebenso wie das biblische Gleichnis), deren allegorischer Sinn aus dem wörtlichen Sinn erst erschlossen werden muss. GOETHE definiert in *Maximen und Reflexionen* (1112):

Allegorische Personifikation

> »Die Allegorie verwandelt die Erscheinung in einen Begriff, den Begriff in ein Bild, doch so daß der Begriff im Bilde immer noch begrenzt und vollständig zu halten und haben und an demselben auszusprechen sei.«

Aus einer Metapher, z. B. »Staatsschiff«, kann eine Allegorie werden, z. B. »Das Staatsschiff droht zu sinken«: ein abstrakter Sachverhalt wird in der Allegorie bildhaft ausgedrückt. In der Personifikation bzw. Anthropomorphisierung tritt ein solches Abstraktum in menschlicher oder mythologischer Verkörperung auf. Der allegorische Text erlaubt zwei Deutungen: einen wörtlichen (*sensus litteralis*) und einen allegorischen (*sensus allegoricus*). Paradebeispiele für allegorische Texte sind die (Tier-)Fabeln wie GOETHEs *Reineke Fuchs* oder GEORGE ORWELLs *Farm der Tiere*: wörtlich verstanden handelt es sich um Tiergeschichten; im übertragenen Sinne geht es um Besitz und Moral.

Anthropomorphisierung

sensus litteralis und *sensus allegoricus*

Die Trope der Allegorie ist zu unterscheiden von der Allegorese als Verfahren der Textauslegung, z. B. im zweigliedrigen Schema der Antike (*sensus litteralis – sensus spiritualis* oder *translatus* oder *allegoricus*) und in der mittelalterlichen Lehre vom vierfachen Sinn der Schrift: neben dem historischen Sinn der *sensus allegoricus*, der allegorische (oft auch: typologische) Sinn, der *sensus moralis* (moralischer Sinn) und der *sensus anagogicus* (Emporführung, Jenseitsbezug).

Vierfacher Sinn der Schrift

5.1.3 Symbol

Symbol

Der Begriff »Symbol« leitet sich ab vom griechischen *sýmbolon* ›Wahrzeichen, Merkmal‹. Im antiken Griechenland bezeichnete er einen Gegenstand, der in zwei Teile gebrochen war, so dass sich zwei Vertragspartner an diesen wiedererkennen konnten. Als Symbol definiert man heute eine Sache oder eine

Handlung, die in der Realität oder der erzählten Welt auf etwas anderes verweist: Die Nationalflagge steht für die Souveränität eines Staates, der Ehering für die Unverbrüchlichkeit der Bindung beider Partner. GOETHE und KANT haben sich ausführlich zum Zusammenhang von Idee und Symbol geäußert. GOETHE schreibt in *Maximen und Reflexionen* (1113):

> »Die Symbolik verwandelt die Erscheinung in Idee, die Idee in ein Bild und so daß die Idee im Bild immer unendlich wirksam und unerreichbar bleibt und, selbst in allen Sprachen ausgesprochen doch unaussprechlich bliebe«.

KANT erläutert im § 59 seiner *Kritik der Urteilskraft* die Funktionsweise des Symbols und die zweifache Reflexion, die es auslöst. Überschrieben ist der Abschnitt: »Von der Schönheit als Symbol der Sittlichkeit«:

> »Alle Anschauungen, die man Begriffen a priori unterlegt, sind also entweder Schemate oder Symbole, wovon die erstern directe, die zweiten indirecte Darstellungen des Begriffs enthalten. Die erstern thun dies demonstrativ, die zweiten vermittelst einer Analogie (zu welcher man sich auch der empirischen Anschauung bedient), in welcher die Urtheilskraft ein doppeltes Geschäft verrichtet, erstlich den Begriff auf den Gegenstand einer sinnlichen Reflexion und dann zweitens die bloße Regel der Reflexion über jene Anschauung auf einen ganz anderen Gegenstand, von dem der erstere nur das Symbol ist, anzuwenden.«

5.2 Rhetorische Stilmittel im Überblick: Tropen (Auswahl)

Tropen

Unter dem Oberbegriff »Tropen« werden Formen uneigentlicher Redeweisen zusammengefasst; Tropen ersetzen einen Ausdruck durch einen anderen, umschreibenden. Worte oder Wortgruppen werden ausgetauscht.[29] Ob ein Wort wörtlich oder im übertragenen Sinne (tropisch) zu verstehen ist, lässt sich nur aus dem Kontext schließen.

29 Lausberg (s. Anm. 21) definiert in § 552: »Der *tropus* […] wird definiert als *verborum immutatio* […]. […] Der *tropus* als *immutatio* setzt ein semantisch nicht verwandtes Wort an die Stelle des *verbum proprium*«, und § 557: »Bei einigen Tropen ist die Zugehörigkeit zu den Tropen strittig, da sie auch als Figuren aufgefasst werden können.« Diesen tropischen Gedankenfiguren widmet Lausberg die §§ 893–910. Zu ihnen zählen die *figurae per immutationem* (ein Gedanke wird durch einen anderen Gedanken ausgedrückt, § 893): Allegorie, Ironie, Emphase, Synekdoche und Hyperbole.

Metapher

Metapher: Der Begriff »Metapher« kommt vom griechischen *metaphorein*, was so viel bedeutet wie ›hinübertragen‹. In der Rhetorik der Antike wurde die Metapher als verkürzter Vergleich definiert (QUINTILIAN). Sie beruht auf Abbild- oder Ähnlichkeitsrelation und nicht auf einer Pars-pro-toto-Relation wie die Synekdoche (s. u.).

Unterformen der Metapher:

- *Antonomasie*: Umschreibung eines Eigennamens; Art der Synekdoche (»Schwan von Avon« für SHAKESPEARE)
- *Katachrese*: Bildbruch (»der Zahn der Zeit wird auch über diese Wunde Gras wachsen lassen«)
- *Metonymie* (griech., ›Umbenennung‹): Wortvertauschung: Ersetzung des eigentlichen Wortes durch ein anderes, das zu ihm in realer Beziehung steht, es besteht jedoch *keine* Teilkongruenz zwischen Gesagtem und Gemeintem, sondern ein Verhältnis der Kontiguität (Berührung); die realen Beziehungen zwischen dem metonymisch verwendeten Wort und der gemeinten Bedeutung sind *qualitativer* Art (Lausberg, § 568)
  Erzeuger für Erzeugnis (»HOMER lesen«), Erzeugnis für Erzeuger, Rohstoff statt Produkt (»Eisen« statt Dolch), Abstraktum statt Konkretum (»die Jugend« statt junge Leute), Gefäß, Ort, Land, Zeit für Inhalt oder Person (»Ein Glas trinken«, »Paris meldet«), Sinnbild für Abstraktum (Lorbeer statt Ruhm)
- *Periphrase* (griech., ›Umschreibung‹): erweiternde Umschreibung, um Wiederholungen zu vermeiden oder Tabus zu achten (»jenes höhere Wesen, das wir verehren« für Gott, BÖLL)
- *Synästhesie* (griech., ›Mitempfinden‹): Spezialfall der Metapher, bei der Sinneseindrücke aus zwei unterschiedlichen Bereichen zusammengeführt werden (»Ihr klingt des Himmels Bläue süßer noch«, MÖRIKE)
- *Synekdoche* (griech., ›Mitverstehen‹): Sonderform der Metonymie: die realen Beziehungen zwischen dem synekdochisch verwendeten Wort und der gemeinsamen Bedeutung sind *quantitativer* Art (Lausberg, § 572); Wahl des engeren Begriffs statt des weiteren oder umgekehrt bei Teilkongruenz zwischen Gesagtem und Gemeintem: Pars pro toto (»ein schlauer Kopf«)
  Statt des Vielfachen das Einfache bzw. statt der Mehrzahl die Einzahl (»edel sei der Mensch«); statt der Gattung die Art, statt der Art ein Exemplar, statt einer großen Zahl eine bestimmte Zahl (»ich habe es schon tausend Mal gesagt«)

Allegorie: Die Allegorie ist eine in einem ganzen Satz (und darüber hinaus) durchgeführte Metapher, meist verschlüsselter Ausdruck zur Verbildlichung von Abstraktem bzw. bildliche Darstellung eines Gedankens (→ II.5.1.2).[30]

Symbol: Als Symbol bezeichnet man eine Sache oder eine Handlung, die in der Realität oder der erzählten Welt auf etwas anderes verweist (was von einer ähnlich sozialisierten Rezipientengruppe aufgrund des Bilderreservoirs im kollektiven Gedächtnis verstanden wird), wie der Fisch auf die jungen Christen, die Nationalflagge auf einen Staat, die Rose auf die Liebe (→ II.5.1.3).

Chiffre (frz., ›Ziffer; Geheimschrift‹): nicht mehr auflösbarer Ausdruck; absolute Metapher (»Steinhaube Zeit«, CELAN).

Rätsel (lat. *aenigma*): eine Allegorie, deren Beziehung zum gemeinten Erstsinn besonders undurchsichtig ist (»Weil dann der bleiche Haifischhimmel kommt«, BRECHT).[31]

Anthropomorphisierung / Personifikation: Vermenschlichung (»Frühling lässt sein blaues Band wieder flattern durch die Lüfte«, MÖRIKE). Nach LAUSBERG ist die Personifikation eine Gedankenfigur, vgl. § 826–829).

Archaismus: Nachahmung veralteter Sprachformen (»ich wollte just von dannen gehen«).

Euphemismus: verhüllende, beschönigende Umschreibung (»entschlafen« für sterben).

Neologismus: Neubildung (»Haifischhimmel«, BRECHT; »Knabenmorgenblütenträume«, GOETHE).

Hyperbel: Übertreibung (»blitzschnell«).

Litotes: Untertreibung (»nicht dumm«).

Ironie (griech., ›Spott‹): Eine ironische Äußerung zielt auf das Gegenteil des wörtlich Gesagten und ruft dabei eine komische Wirkung hervor, sie ist »Ausdruck einer Sache durch ein deren Gegenteil bezeichnendes Wort«[32]. »Ironie ist vom Hörer gewußte und vom Sprecher als gewußt gewußte Unaufrichtigkeit, eine Unaufrichtigkeit also, die das sogenannte Kooperationsprinzip einhält«,[33] z. B. »Oh deutsche Seele, wie stolz ist dein Flug / In deinen nächtlichen Träumen!«, HEINE).

30 Lausberg (ebd.) zählt sie zu den Gedankenfiguren (§ 895).

31 Lausberg (ebd.) zählt das Rätsel zu den Gedankenfiguren (§ 899).

32 Ebd., § 582.

33 Rainer Warning, »Ironiesignale und ironische Solidarisierung«, in: *Das Komische*, hrsg. von Wolfgang Preisendanz und R. W., München 1976, S. 416–423, hier S. 418.

Literaturhinweise

Haverkamp, Anselm (Hrsg.): Theorie der Metapher. Darmstadt [2]1996.
Kurz, Gerhard: Metapher, Allegorie, Symbol. 3., bibliogr. erg. Aufl. Göttingen 1993.
– / Pelster, Theodor: Metapher. Theorie und Unterricht. Düsseldorf 1976.

III Übersicht über die Gattungen

1 Gattungstheorie und Gattungsgrenzen

Von Christine Hummel

Ebenso wie die Literaturgeschichtsschreibung auf chronologischer Ebene eine systematische Ordnung im Korpus literarischer Texte herzustellen sucht, resultieren Gattungspoetiken aus dem Bemühen um Übersichtlichkeit und Abgrenzung. Sie sind motiviert durch die Absicht, ein diachronisches, auf formalen Kriterien basierendes Ordnungssystem für literarische Texte zu finden, und sollten – wie Literaturgeschichtsschreibung auch – stets in ihrem historischen Kontext betrachtet werden.

Diachronisches Ordnungssystem

Grundsätzlich lassen sich zwei Gattungskonzeptionen unterscheiden: Die erste betrachtet Gattungen unter der logischen Prämisse ihrer Verwendbarkeit für die Klassifikation von Texten. Gattungsbegriffe werden als überzeitliche Wesenheiten betrachtet. Unterschiedliche Erklärungsansätze lassen sich hier subsumieren: formale, psychologische und anthropologische. Die zweite Konzeption sieht Gattungen als historische Institutionen mit zeitlich begrenzter Geltungsdauer. Dieses Ordnungsverfahren gruppiert Texte nicht nach formalen Kriterien in bestimmte Klassen, sondern Kategorien werden nach historischen Gesichtspunkten gebildet. Dabei werden z. B. Zuschreibungen (etwa Novelle, Robinsonade) berücksichtigt, die der Autor oder sein Verleger vornehmen.

Gattungsbegriffe: überzeitliche Wesenheiten

Gattungen als historische Institutionen

Der erste Ansatz, der Gattungen nach formalen Kriterien definiert, geht auf ARISTOTELES zurück und prägte die Gattungspoetik bis ins 20. Jahrhundert. In seiner Poetik (→ II.2) legt ARISTOTELES den Grundstein für die dreigliedrige Unterteilung in epische, dramatische und lyrische Texte. Er grenzt Epos, Komödie und Tragödie (→ III.4), Dithyrambendichtung und Lied voneinander ab:

Aristoteles: Unterteilung in epische, dramatische und lyrische Texte

> »Von der Dichtkunst selbst und von ihren Gattungen, welche Wirkung eine jede hat und wie man die Handlungen zusammenfügen muß, wenn die Dichtung gut sein soll, ferner aus wie vielen und was für Teilen eine Dichtung besteht, […] wollen wir hier handeln […].
> Die Epik und die tragische Dichtung, ferner die Komödie und die Dithyrambendichtung[1] sowie – größtenteils – das Flöten- und Zitherspiel: sie

1 »Der Dithyrambos war eine verbreitete Gattung der Chorlyrik, eigentlich das Kultlied

alle sind, als Ganzes betrachtet, Nachahmungen. Sie unterscheiden sich jedoch in dreifacher Hinsicht voneinander: entweder dadurch, dass sie durch je verschiedene Mittel, oder dadurch, dass sie je verschiedene Gegenstände, oder dadurch, dass sie auf je verschiedene und nicht auf dieselbe Weise nachahmen. [...]
Diejenige Kunst, die allein die Sprache, in Prosa oder in Versen – in Versen, indem sie entweder mehrere Maße miteinander vermischt oder sich mit einem einzigen Maß begnügt –, verwendet, hat bis jetzt keine eigene Bezeichnung erhalten. [...] Allerdings verknüpft eine verbreitete Auffassung das Dichten mit dem Vers, und man nennt die einen Elegien-Dichter, die andern Epen-Dichter, wobei man sie nicht im Hinblick auf die Nachahmung, sondern pauschal im Hinblick auf den Vers als Dichter bezeichnet.«[2]

Epik, Komödie, Tragödie

ARISTOTELES' Definitionen des Epischen, der Komödie und der Tragödie sowie seine Ausführungen über das Nachahmungs- bzw. Mimesis-Prinzip hatten Geltung bis ins 17. Jahrhundert. Darauf beruhen die normativen Poetiken des Barock seit OPITZ (→II.2). Lyrik wird als eigenständige Klasse erst im 18. Jahrhundert anerkannt.

Goethe: *Naturformen der Dichtung*

JOHANN WOLFGANG GOETHE verfestigt in seinen *Naturformen der Dichtung* die Dreiteilung der Gattungen:

»Es gibt nur drei echte Formen der Poesie: die klar erzählende, die enthusiastisch aufgeregte und die persönlich handelnde: Epos, Lyrik und Drama. Diese drei Dichtweisen können zusammen oder abgesondert wirken. In dem kleinsten Gedicht findet man sie oft beisammen, und die bringen eben durch diese Vereinigung im engsten Raume das herrlichste Gebild hervor, wie wir an den schätzenswertesten Balladen aller Völker deutlich gewahr werden. Im älteren griechischen Trauerspiel sehen wir sie gleichfalls alle drei verbunden, und erst in einer gewissen Zeitfolge sondern sie sich. [...]
So wunderlich sind diese Elemente zu verschlingen, die Dichtarten bis ins unendliche mannigfaltig, und deshalb auch so schwer eine Ordnung zu finden, wornach man sie neben oder nach einander aufstellen könnte. Man wird sich aber einigermaßen dadurch helfen, daß man die drei Haupt-

zu Ehren des Dionysos, im weiteren Sinne ein erzählendes Lied [...].« (Anm. von M. Fuhrmann, s. Anm. 2.)

2 Aristoteles, *Poetik*, griech./dt., übers. und hrsg. von Manfred Fuhrmann, Stuttgart 2002 (Reclams Universal-Bibliothek, 7828), S. 5–7.

> elemente in einem Kreis gegen einander über stellt und sich Musterstücke sucht, wo jedes Element einzeln obwaltet. Alsdann sammle man Beispiele, die sich nach der einen oder nach der andern Seite hinneigen, bis endlich die Vereinigung von allen dreien erscheint, und somit der ganze Kreis in sich geschlossen ist.«[3]

Die Anregung, ein solches Typenrad der Dichtformen zu erstellen, hat im 20. Jahrhundert JULIUS PETERSEN aufgenommen.[4]

Hegel: *Vorlesungen über die Ästhetik*

In seinen *Vorlesungen über die Ästhetik* führt GEORG WILHELM FRIEDRICH HEGEL zu Beginn des 19. Jahrhunderts die Gedanken über die Unterschiedlichkeit der Gattungen fort. Im Abschnitt »Die Gattungsunterschiede der Poesie« differenziert er:

> »Als Totalität der Kunst nun, die durch keine Einseitigkeit ihres Materials mehr auf eine besondere Art der Ausführung ausschließlicher angewiesen ist, macht die Dichtkunst die unterschiedenen Weisen der Kunstproduktion überhaupt zu ihrer bestimmten Form und hat deshalb den Einteilungsgrund für die Gliederung der Dichtarten nur aus dem allgemeinen Begriffe des künstlerischen Darstellens zu entnehmen.
> A. In dieser Rücksicht ist es erstens einerseits die Form der äußeren Realität, in welcher die Poesie die entwickelte Totalität der geistigen Welt vor der inneren Vorstellung vorüberführt […].
> Solche Begebnisse auszurunden ist die Aufgabe der epischen Poesie, insofern sie eine in sich totale Handlung sowie die Charaktere […], in Form des breiten Sichbegebens poetisch berichtet und damit das Objektive selbst in seiner Objektivität herausstellt. […]
> B. Die andere umgekehrte Seite zweitens zur epischen Poesie bildet die Lyrik. Ihr Inhalt ist das Subjektive, die innere Welt, das betrachtende, empfindende Gemüt, das, statt zu Handlungen fortzugehen, vielmehr bei sich als Innerlichkeit stehen bleibt und sich deshalb auch das Sichaussprechen des Subjekts zur einzigen Form und zum letzten Ziel nehmen kann. […]
> C. Die dritte Darstellungsweise endlich verknüpft die beiden früheren zu einer neuen Totalität […].

Epische Poesie: das Objektive

Lyrik: das Subjektive

3 Johann Wolfgang Goethe, *Divan: Noten und Abhandlungen* [1819], in: Goethe, *Artemis-Gedenkausgabe der Werke, Briefe und Gespräche*, hrsg. von Ernst Beutler, Bd. 3, Zürich ²1959, S. 480–482.

4 Vgl. Julius Petersen, *Die Wissenschaft von der Dichtung. System und Methodenlehre der Literaturwissenschaft* [1939], Berlin ²1944, S. 125.

Dramatische Poesie: Totalität

Diese Objektivität, die aus dem Subjekte herkommt, sowie dies Subjektive, das in seiner Realisation und objektiven Gültigkeit zur Darstellung gelangt, ist der Geist in seiner Totalität und gibt als Handlung die Form und den Inhalt der dramatischen Poesie ab. […]«[5]

Epik verbindet HEGEL mit dem Objektiven und Lyrik mit dem Subjektiven. Im Drama sind beide dialektisch in einer Synthese aufgehoben, die subjektives Entäußern und objektive Schilderung in der Handlung miteinander verbindet. In der Folgezeit gab es noch zahlreiche weitere Bemühungen, Gattungskriterien zu finden und unterscheidende Merkmale festzuschreiben.

Werkimmanente Interpretation

Bis in die 1960er Jahre hinein wurde EMIL STAIGERS Abhandlung *Grundbegriffe der Poetik* (1946) in Hochschulen und Schulen rezipiert (→ IV.5). Der Schweizer Literaturwissenschaftler gehörte zu den Vertretern der werkimmanenten Interpretation, die die Auffassung von der Autonomie des Kunstwerks vertraten. Die drei Naturformen sind nach STAIGER dem Menschen angeborene anthropologische Konstanten. Er ordnet den lyrischen Stil der Erinnerung zu: Das lyrische Dasein erinnert (dies ist nicht nur temporal gemeint, sondern im Sinne der HEIDEGGER-Schule existential-ontologisch, d. h. auf die Seinsgeschichte des Menschen bezogen). Dem epischen Stil entspricht die Vorstellung: Das epische Sein vergegenwärtigt. Der dramatische Stil schließlich ist der Spannung zugeordnet: Das dramatische Sein entwirft Künftiges.[6]

Fortgeführt wird STAIGERS Theorie von WOLFGANG KAYSER in *Das sprachliche Kunstwerk* (1948). Hier werden das Dramatische, das Lyrische und das Epische jeweils mit den drei Grundformen kombiniert (lyrische Lyrik, lyrische Epik, dramatische Lyrik usw.). Der Sprachwissenschaftler ROMAN JAKOBSON plädierte schließlich in den 1960er Jahren für eine Verknüpfung der einzelnen Gattungen mit der grammatischen Person: Der Lyrik entspricht die erste Person – sie ist expressives Sprechen; der Epik ist die dritte Person und das darstellende Sprechen zugeordnet; dem Drama und dem appellativen Sprechen korrespondiert schließlich die zweite Person.

Gattungen als konventionalisierte Kommunikationsformen

Heute versteht man Gattungen als konventionalisierte Kommunikationsformen, die gesellschaftlichen Einflüssen ausgesetzt sind und dem historischen Wandel unterliegen. Nach dieser Auffassung, die die historische Perspektive

5 Georg Wilhelm Friedrich Hegel, »Die Poesie«, in: G. W. F. H., *Werke*, Bd. 15: *Vorlesungen über die Ästhetik III* [1820–29], Tl. 3, Drittes Kapitel, Frankfurt a. M. 1986, S. 321–324.

6 Emil Staiger, *Grundbegriffe der Poetik* [1946], Zürich / Freiburg i. Br. [8]1968, S. 217–221.

einbezieht, sind Gattungen offene, d. h. veränderliche Systeme. Dieser Paradigmenwechsel in der Gattungspoetik seit Mitte des 20. Jahrhunderts ist durch die von den Autoren intendierten Auflösungen und Grenzüberschreitungen der Gattungen mitverursacht. Dennoch werden nach wie vor – nach einer Reihe verschiedener Kriterien wie z. B. formale und mediale Beschaffenheit – epische, dramatische und lyrische Formen unterschieden. So zeichnen sich lyrische Texte durch ihre Versform sowie ihre relative Kürze aus. Epik stellt eine Handlung über einen längeren Zeitraum dar, ist beschreibende Dichtung und vermittelt durch einen Erzähler. Dramatische Formen sind unmittelbar und nicht durch eine Erzählinstanz vermittelt; sie sind bühnenfähig und inszenierbar. Daneben existiert eine Vielzahl von Mischformen, z. B. HEINRICH BÖLLS *Frauen vor Flusslandschaft* (1985), ein dem Lesedrama verwandter Dialogroman mit dem auf die Gattungsüberschreitung verweisenden Untertitel *Roman in Dialogen und Selbstgesprächen*, oder CHRISTA WOLFS *Medea. Stimmen* (1996), eine Montage aus elf Monologen, die auch verschiedentlich für das Theater inszeniert wurde. Das Lesedrama enthält lange Prosapassagen und ist auf der Bühne nicht darstellbar. Schon die Romantiker haben mit solchen – nach dem Ideal der Klassik unvollkommenen – Hybridformen experimentiert, Beispiele sind CLEMENS BRENTANOS »verwilderter Roman« *Godwi oder Das steinerne Bild der Mutter* (1801) oder NOVALIS' Fragment *Heinrich von Ofterdingen* (1802), in das Gedichte, Lieder und Märchen eingelegt sind.

Gattungsbegriffe und -zuordnungen müssen im historischen Kontext betrachtet werden, wie manche Bezeichnungen schon durch einen präzisierenden Zusatz signalisieren, z. B. das Barocksonett, das Drama der Aufklärung, der Gesellschaftsroman des Realismus. Einige Untergattungen (Genres), dazu zählen der Bildungsroman, der Abenteuer- und der Geschichtsroman, haben ihre eigene Entwicklungsdynamik innerhalb der Gattungsgeschichte (→ III.3.2). Es sind neue Genres entstanden (Drehbuch oder Hörspiel), andere verschwinden.

Gebrauchsliteratur

Im Zuge der kulturwissenschaftlichen Öffnung der Germanistik seit den 1960er Jahren (→ IV.17) ist es unerlässlich, eine vierte Kategorie zu etablieren: die der sogenannten Gebrauchsliteratur, der nicht-fiktionalen faktualen (von lat. *factum* ›Tatsache‹) Literatur. Darin handelt ein realer Sprecher von realen Gegebenheiten. Zu dieser vierten Kategorie zählen (mit unterschiedlichem Faktualitäts- bzw. Fiktionalitätsgrad) Aphorismus, Autobiographie und Biographie, Brief, Tagebuch sowie Essay und Reisebericht (→ III.6).

Es lassen sich innerhalb der drei Hauptgattungen weitere Untergruppen bilden, und zwar einerseits aufgrund von formalen Kennzeichen (z. B. episches Theater, Lesedrama, szenischer Roman, Singspiel) und andererseits aufgrund von inhaltlichen Kriterien (z. B. Naturgedicht, Dinggedicht oder Detektivroman). Der enge funktionale Zusammenhang zwischen Gattung und Inhalt wird im Umkehrverfahren deutlich, wenn man versucht, von einer Gattung in eine andere zu übersetzen: Ist eine Autobiographie denkbar als Sonett? Oder eine Tragödie als Anekdote? Die Kurzgeschichte als Schauspiel?

2 Lyrik

Von Christine Hummel

Widerwille gegen das Zerpflücken von Gedichten ist ein oft geäußerter Vorbehalt gegen deren Analyse. Die zumal in Bildungseinrichtungen wie Schule und Universität weit verbreitete »Wahnvorstellung« von der »richtigen Interpretation«, die das Gedicht zur Keule und zur »Tatwaffe« macht, so Hans Magnus Enzensberger in einem poetologischen Essay[7], hat offenbar eine nur schwer überwindbare Antipathie hinterlassen. Die ästhetische Qualität des Gedichts auf sich wirken zu lassen oder bewahren zu wollen, scheint im Gegensatz zu dessen eingehender Untersuchung zu stehen. Doch je mehr wir die formale Beschaffenheit eines Textes erkennen, desto größer wird der Sinnhorizont sein, der sich uns durch den Text eröffnet. Der Vergleich mit einem Stadtspaziergang mag von der Notwendigkeit der analytischen Beschäftigung mit Gedichten überzeugen: Für jemanden, der durch eine Stadt läuft und nichts über ihre Geschichte und Kultur weiß, bleiben die Steine stumm; so wird auch derjenige, der die Rezeption eines Gedichtes (und eines jeden Textes!) auf seine subjektive Lesart beschränken will, lediglich die Oberfläche erfassen; die historische, formale oder auch intertextuelle Tiefendimension bleibt dann verborgen und somit ein Gutteil des poetischen Mehrwerts unbeachtet. Das Lyrische geht weit über das Subjektive (im Sinne Hegels → III.1) hinaus, denn Gedichte ermöglichen aufgrund ihrer Kürze und Komplexität einen ersten Einstieg in die Geschichte und das Zeitgefühl vergangener Epochen oder auch in das Werk eines Autors, der in mehreren Gattungen kreativ war.

7 Hans Magnus Enzensberger, »Bescheidener Vorschlag zum Schutze der Jugend vor den Erzeugnissen der Poesie« [1976], in: H. M. E., *Mittelmaß und Wahn. Gesammelte Zerstreuungen*, Frankfurt a. M. 1988, S. 23–41, hier S. 31–33. Einen guten Ein- und Überblick über die deutsche Lyrik verschaffen folgende Anthologien: *Der neue Conrady. Das große deutsche Gedichtbuch*, hrsg. von Karl Otto Conrady, erw. u. aktual. Neuaufl., München 2000; *Sprachspeicher*, hrsg. von Thomas Kling, Köln 2001; und *Reclams Buch der deutschen Gedichte. Vom Mittelalter bis in 21. Jahrhundert*, hrsg. von Heinrich Detering, 4., durchges. und erg. Aufl., Stuttgart 2017.

Der Begriff »Lyrik« leitet sich ab vom griechischen *lyra* – gemeint ist das Instrument von Apoll, dem Gott der Dichter. In der Antike wurde der Gesang von der Lyra begleitet (*lyrikós* ›zum Spiel der Leier gehörig‹), was auch heute noch in ländlichen Regionen Griechenlands bei traditioneller Musik zu hören ist. Nun bedarf das Singen eines Textes der rhythmischen Untergliederung – der Musikalität. Die Überlieferung in Versen, z. B. der antiken Versepen wie der *Ilias* oder der *Odyssee*, diente nicht nur der rhythmischen Strukturierung und somit der ästhetischen Gestaltung, sondern der Merkbarkeit, die in oralen Kulturen erforderlich war und die nach den Regeln der Mnemotechnik eingeübt wurde (*memoria* → II.3.1). Stärker als im Drama oder in Prosatexten steht im Gedicht also der Klang, die Rhythmik und Färbung der Sprache im Vordergrund und bestimmt die Gestaltung.

lyra

Mnemotechnik

2.1 Zur Geschichte der deutschsprachigen Lyrik

Die Geschichte der Lyrik wie der Literatur überhaupt ist anhand schriftlicher Quellen rekonstruierbar. Aus vorchristlicher Zeit haben sich im deutschsprachigen Raum – neben (historischen und philosophischen) Texten in Latein, der Kirchen- und Gelehrtensprache – Zauber- und Bannsprüche, Heldenlieder, Schöpfungs- und Göttersagen erhalten. Zu den ersten überlieferten schriftlich fixierten Zeugnissen zählen die *Merseburger Zaubersprüche.*[8] Weitere frühe volkssprachige, also nichtlateinische Schriften sind – neben der Helden- und der Bibelepik, z. B. dem *Nibelungenlied* (→ III.3.2) – die geistlichen Dichtungen, die in den Klöstern der karolingischen Zeit entstanden, wie das *Wessobrunner Gebet* (770–790). Das *Ludwigslied* – ein Loblied auf Ludwig III. – ist die einzige Dichtung mit weltlichem Inhalt aus dem 9. Jahrhundert. Bis ins 11. Jahrhundert sind deutschsprachige Texte zumeist Bibelnachdichtungen oder -kommentare und dienen einem geistlichen Zweck; erst im 12. Jahrhundert entsteht sukzessive eine weltliche Literatur nach dem Vorbild des französischen höfischen Heldenepos und der Liebeslyrik.

Mittelalter

Mit dem Minnesang, dessen prominentester Vertreter WALTHER VON DER VOGELWEIDE ist, erreicht die Tradition der höfischen Kultur der provençalischen Troubadours und die mittelalterliche Vagantenlyrik (*Carmina Burana*)

8 Als althochdeutsch (ahd.) bezeichnet man die Sprache zwischen 750 und 1050; zwischen 1050 und 1350 spricht man von mittelhochdeutsch (mhd.); danach von neuhochdeutsch (nhd.). – Die Literatur des Mittelalters und der frühen Neuzeit ist Gegenstand der Mediävistik.

den deutschsprachigen Raum. In der Nachfolge unter anderem von WALTHERS Spruchdichtung entwickelt sich in den süd- und südwestdeutschen Reichsstädten der Meistersang (vor allem im 15. und 16. Jahrhundert), eine von Handwerkern und Bürgern betriebene Liedkunst (ihr bekanntester Vertreter ist HANS SACHS). Im 16. Jahrhundert entstehen im Zuge der Reformation zahlreiche Kirchenlieder. Im Unterschied zu den romanischen Literaturen fehlt der deutschsprachigen Lyrik dieser Zeit aus gesellschaftlichen Gründen die höfische Gebärde und der Weltbezug. Im Barock gilt Lyrik als Kunstübung, die den normativen Vorgaben zur »zuebereitung und ziehr der Worte« von MARTIN OPITZ folgte. OPITZ schuf in seinem *Buch von der deutschen Poeterey* (1624) die erste deutsche Poetik (→ II.2). Mit starker Orientierung an der lateinischen Schulrhetorik formuliert er Regeln für die neue deutsche Kunstdichtung und Verssprache, damit sie den alten Sprachen gleichrangig werde.

Buch von der deutschen Poeterey

Barock

Prominentester Lyriker des deutschen Barock – neben SIMON DACH, ANGELUS SILESIUS, PAUL FLEMING und CHRISTIAN HOFFMANN VON HOFFMANNSWALDAU – ist ANDREAS GRYPHIUS. Seine Sonette greifen die Hauptmotive dieser vom Dreißigjährigen Krieg (1618–48) geprägten Epoche auf: *vanitas* (»Vergänglichkeit alles Sterblichen«), *memento mori* (»Gedenke, Mensch, dass du sterblich bist«) und *carpe diem* (das auf HORAZ zurückgehende »Pflücke, d. h. genieße den Tag«).

vanitas – memento mori – carpe diem

Aufklärung

Als erster Naturlyriker der neueren deutschen Literaturgeschichte gilt BARTHOLD HINRICH BROCKES, der in sein umfangreiches, in neun Bänden unter dem Titel *Irdisches Vergnügen in Gott* (1721–48) versammeltes Werk Gedanken und Erkenntnisse der Frühaufklärung aufnimmt, wodurch er eine Synthese von Belehrung und Naturschilderung vollzieht (*Kirsch-Blüte bey der Nacht*). Unter dem Einfluss englischer Vorbilder entwickelt sich im 18. Jahrhundert als eine Gegenbewegung zur vernunftbetonten Aufklärung die Empfindsamkeit mit der Wiederentdeckung des Gefühls; wichtige Vertreter der lyrischen Gattung sind MATTHIAS CLAUDIUS (*Der Mond ist aufgegangen*), der seine gattungsübergreifenden Texte in seinem achtteiligen *Wandsbecker Bothen* (1775–1811) zusammenfasste, und FRIEDRICH GOTTLIEB KLOPSTOCK, der in seinen Oden über Freundschaft und Liebe, Natur, Freiheit, Gott und Vaterland auf antike Muster zurückgreift, zu freien Rhythmen übergeht und eine individuelle Dichtersprache entwickelt (*Der Zürchersee* → III.2.2, *Die Frühlingsfeier*, *Das Rosenband*).

Empfindsamkeit

Sturm und Drang

Bis zur Geniebewegung des Sturm und Drang im 18. Jahrhundert ist die deutschsprachige Dichtung an normativen Poetiken (OPITZ, GOTTSCHED → II.2) orientiert: metrisch geregelt nach unterschiedlichen Versmaßen, meist strophisch gegliedert und gereimt. Ein Beispiel für den Ablösungsprozess ist

JOHANN WOLFGANG GOETHEs frühes Gedicht *Prometheus* (1774), das strophisch und metrisch ungebunden in pathetischem Duktus und durch Inszenierung des genialischen Schöpfers als programmatisch für den Sturm und Drang gesehen werden kann.

Weimarer Klassik

Die Weimarer Klassik sucht wieder Anschluss an die Formideale der Antike (Elegie, Hymne, Ode →III.2.2) und trägt wesentlich dazu bei, diese für die deutsche Dichtung fruchtbar zu machen. Erst seit der Zeit wird im deutschen Sprachraum von ›Lyrik‹ gesprochen. FRIEDRICH HÖLDERLIN, Grenzgänger zwischen Klassik und Romantik, übersetzte zahlreiche Oden PINDARs und erprobte verschiedene antike Strophenformen in deutscher Sprache (*Brot und Wein*, *Heidelberg*, *Patmos*, *Der Rhein*, *Hälfte des Lebens*, *An die Parzen*). HÖLDERLINs lyrisches Werk wirkte nachhaltig auf die Entwicklung der Lyrik und weit darüber hinaus auf die (vor allem deutsche und französische) Philosophie bis in die Gegenwart.

Heidelberger Romantik

Volkspoesie

Die deutschsprachige Lyrik erreichte im 19. Jahrhundert mit dem an Umfang und Variationsbreite wie an Themen und Inhalten äußerst reichhaltigen Schaffen der Weimarer Klassiker GOETHE und SCHILLER, mit HÖLDERLIN sowie mit den Autorinnen und Autoren der Romantik qualitativ und quantitativ eine Blütezeit. Die frühen Romantiker brechen in vielerlei Hinsicht das ästhetische Ideal der Klassik auf, indem sie das Unvollkommen-Fragmentarische in die Literatur integrieren, das Phantastisch-Traumhafte thematisieren und darüber hinaus der mündlich überlieferten Volksdichtung poetische Qualität zusprechen. Die Autoren der Heidelberger Romantik, ACHIM VON ARNIM und CLEMENS BRENTANO, tragen – nach dem Vorbild von JOHANN GOTTFRIED HERDERs Volkslieder-Sammlung (1778/89) – Märchen, Sagen und Volkspoesie zusammen (z. B. *Des Knaben Wunderhorn*, 1805/08), um die politische Idee von deutscher Nationalstaatlichkeit durch ihre philologische Arbeit auch literarisch zu untermauern. Diese Sammlung wurde (und wird) breit rezipiert, u. a. durch die Vertonungen von FRANZ SCHUBERT, JOHANNES BRAHMS und ROBERT SCHUMANN; überdies wirkte sie stilbildend auf zahlreiche Dichter von HEINRICH HEINE über JOACHIM RINGELNATZ, CHRISTIAN MORGENSTERN und BERTOLT BRECHT bis in die Gegenwart.

Frühromantik

Während die Frühromantik teilweise religiöse Themen und Formen aufnimmt (etwa NOVALIS' *Hymnen an die Nacht*), sind die Gedichte der Hochromantik von CLEMENS BRENTANO (z. B. *Der Spinnerin Nachtlied*, *Romanzen vom Rosenkranz*) und JOSEPH VON EICHENDORFF (z. B. *Mondnacht*, *Wünschelrute*) dadurch gekennzeichnet, dass Natur als Erlebnisraum des empfindenden Ich verstanden wird und dessen Befindlichkeiten widerzuspiegeln scheint. Das Unheimliche und Phantastische fängt besonders wirkungsvoll die Ballade ein (z. B. von WILHELM MÜLLER, GUSTAV SCHWAB). Die für die Romantiker typische Naturverbundenheit spiegelt sich in den effektvoll inszenierten Gedichten von LUDWIG UHLAND, JOSEPH VON EICHENDORFF und beim frühen HEINRICH HEINE.

Vormärz

HEINEs späte Lyrik, sein Versepos *Deutschland. Ein Wintermährchen* und seine politische Lyrik der 1850er Jahre, ist dem Vormärz zuzuordnen. HEINE greift auf Volksliedstrophen zurück, jedoch mit politisch-kritischer Intention, die er durch raffinierte Ironie, bewirkt durch Reime, Enjambements und semantische Kippfiguren, pointiert.

Restaurationsepoche

Biedermeier

Von der Frühromantikerin KAROLINE VON GÜNDERRODE, dem »Waisenkind der Romantik«, so der Romancier WOLFGANG KOEPPEN,[9] stammen einige Gedichte, die – wie die Lyrik von Schriftstellerinnen häufig – den Wunsch nach Unabhängigkeit zum Ausdruck bringen (z. B. *Der Luftschiffer*). Diesen unerfüllten Freiheitswunsch teilt in der Restaurationsepoche auch ANNETTE VON DROSTE-HÜLSHOFF, wie sich in ihren formal komplexen und innovativen Gedichten *Am Turme* und *Im Grase* zeigt; von DROSTE-HÜLSHOFF stammen außerdem zahlreiche geistliche Lieder, die in *Das geistliche Jahr* (1820–39) zusammengefasst sind, sowie einige der bekanntesten Balladen deutscher Sprache (*Der Knabe im Moor, Die beschränkte Frau*). Herausragender männlicher Vertreter des literarischen Biedermeier ist der schwäbische Pfarrer EDUARD MÖRIKE, dessen Hinwendung zum Privat-Häuslichen sich mit dem Biedermeier-Verständnis der bildenden Kunst (z. B. CARL SPITZWEGS) weitgehend deckt.

Bürgerlicher Realismus

Naturalismus

Der von historischen Ereignissen – vor allem dem Scheitern der 1848er Revolution und der rasanten Industrialisierung – und französischen Vorbildern (GUSTAVE FLAUBERT, HONORÉ DE BALZAC) stark beeinflusste Bürgerliche Realismus ist geprägt von einer »Dominanz des Epischen«.[10] Die bedeutende Lyrik dieser Zeit stammt von Erzählern und Dramatikern und umfasst neben Erlebnis- und Stimmungslyrik (FRIEDRICH HEBBEL, THEODOR STORM, CONRAD FERDINAND MEYER, der mit *Der römische Brunnen* auf den Symbolismus vorausweist) einen großen Fundus an Balladen wie C. F. MEYERS *Die Füße im Feuer* und THEODOR FONTANES *Archibald Douglas, John Maynard* oder *Die Brück' am Tay*. Mehr noch als im Realismus tritt im Naturalismus die Lyrik zurück – nun hinter das Drama (→ III.4). ARNO HOLZ unter-

9 Koeppen betitelte so seine Interpretation des Günderrode-Gedichts »Der Luftschiffer« in: *Frauen dichten anders. 181 Gedichte mit Interpretationen*, hrsg. von Marcel Reich-Ranicki, Frankfurt a. M. 2002, S. 56.

10 Sabina Becker, *Bürgerlicher Realismus*, Tübingen/Basel 2003, S. 144.

nimmt einen Versuch zur Revolutionierung der Lyrik, indem er in seine zentral an einer Mittelachse ausgerichteten Texte alltagssprachliche Fragmente einmontiert und auf den Reim verzichtet, um den Rhythmus zur Geltung zu bringen (*Phantasus*, 1898/99, erw. 1913, 1916, 1924/25). HOLZ wirkte anregend auf den Expressionismus. Die Gegenbewegung in den Strömungen der Jahrhundertwende ist ein Neoklassizismus und eine neue realistische Tendenz. In formaler Hinsicht folgt – wie in der Geschichte der Lyrik mehrfach zu beobachten – auf die radikale Innovation eine Rückbesinnung auf tradierte Formen.

Die Erneuerung der Sprache, die Aufnahme ›unlyrischer‹ Themen (wie das Hässliche, Wahnsinn, Krankheit, Großstadt einschließlich ihrer Schattenseiten) und die Ablösung von der Tradition des metrisch, rhythmisch und strophisch gebundenen Gedichts leitet europaweit CHARLES BAUDELAIRES Gedichtband *Les fleurs du mal* (1857) ein. Mit BAUDELAIRE wird die Erlebnis- und Stimmungslyrik durch den Symbolismus und eine Dichtung der Verfremdung abgelöst. Einer der deutschsprachigen Vertreter der symbolistischen Ästhetik der *poésie pure* bzw. des *l'art pour l'art*, der reinen selbstbezüglichen Dichtung, die auf außerliterarische Zweckbezüge verzichtet und ihre Autonomie betont (anders als die *littérature engagée*, → II.2), ist STEFAN GEORGE. Von der GEORGE-Schule hat sich 1906 durch einen radikalen Bruch HUGO VON HOFMANNSTHAL entfernt, der sein literarisches Schaffen als Wunderkind der Wiener Moderne mit Lyrik begann. Sein Zeitgenosse RAINER MARIA RILKE hinterließ ein variationsreiches lyrisches Œuvre, das durch eine ausdifferenzierte Form der Wahrnehmung und des neuen Sehens (frühe Dinggedichte) und durch einen rauschhaften und erhabenen Duktus im Spätwerk suggestive Wirkung entfaltet: »Man hat sein Wort als Heilsverkündung hingenommen und als Religionsersatz. In dieser Hinsicht«, urteilt REICH-RANICKI, »lässt er sich nur mit einem einzigen Deutschen vergleichen, mit einem der Größten«[11] – mit HÖLDERLIN.

Symbolismus

poésie pure

Seit Beginn des 20. Jahrhunderts existiert eine Vielzahl unterschiedlicher Strömungen nebeneinander, so dass DIETER LAMPING mit Recht von einer »Dialektik der modernen Lyrik«[12] spricht. Deutlich konturiert ist die Lyrik des Expressionismus (GEORG HEYM, GEORG TRAKL, der junge GOTTFRIED BENN und – teilweise – ELSE LASKER-SCHÜLER) mit den Schwerpunkt-

Expressionismus

11 Rainer Maria Rilke, *Und ist ein Fest geworden. 33 Gedichte mit Interpretationen*, hrsg. von Marcel Reich-Ranicki, Frankfurt a. M. 2000, S. 11.

12 Vgl. Dieter Lamping, *Moderne Lyrik. Eine Einführung*, Göttingen 1991, S. 7. Lamping beruft sich dabei auf Michael Hamburger.

themen Großstadt und Ich-Dissoziationen. Gleichfalls klar abgrenzbar ist die Lyrik der Neuen Sachlichkeit (ERICH KÄSTNER oder MASCHA KALÉKO) und die des etwas später anzusiedelnden Dadaismus (programmatisch: KURT SCHWITTERS), aus dem die konkrete Poesie (z. B. ERNST JANDL, EUGEN GOMRINGER) in ihrer lautlichen und visuellen Ausprägung hervorgegangen ist. BERTOLT BRECHT erprobt in der ersten Hälfte des 20. Jahrhunderts diverse Schreibweisen und greift dabei bewusst auf tradierte Formen zurück, u. a. mit seiner auf LUTHER rekurrierenden *Hauspostille* (1926), die eine Nähe zur didaktisch-funktionalen neusachlichen Gebrauchsliteratur ERICH KÄSTNERS (*Lyrische Hausapotheke*, 1936) aufweist. In der Zeit des Nationalsozialismus wurden die Avantgarde-Autoren der Weimarer Republik als »entartet« verfemt; zur staatlich verordneten Lektüre zählten die in aufwändigen Feiern umjubelten Klassiker GOETHE, SCHILLER und HÖLDERLIN sowie außerdem die ethisch wie ästhetisch höchst fragwürdigen Prämissen folgenden Blut-und-Boden-Autoren.

Neue Sachlichkeit

Dadaismus

Eine große Vielfalt findet sich in der an Zitaten und intertextuellen Bezügen reichen Lyrik der Nachkriegszeit. So lassen sich neben naturmagischen Strömungen (PETER HUCHEL, KARL KROLOW) und der Weiterentwicklung des Expressionismus (GOTTFRIED BENN) auch radikal schlichte, antikalligraphische Schreibweisen finden, die GUSTAV RENÉ HOCKE nach 1945 von den Autoren einforderte, um verdrängte bzw. unliebsame Wahrheiten über Verbrechen, Schuld und Kriegsbeschädigungen klar benennen zu können, wie z. B. GÜNTER EICH in seinem im April/Mai 1945 entstandenen Gedicht *Inventur.*

Lyrik der Nachkriegszeit

Doch den programmatischen Bemühungen um Reflexion und Innovation der Literatur zum Trotz ist nicht nur die Prosa, sondern vor allem auch die Lyrik durch traditionelle Schreib- und Darstellungsweisen gekennzeichnet. In einem überwiegenden Teil der frühen Nachkriegspublikationen lassen sich weder Umbruch noch Erschütterung bemerken, die zu einem echten Wandel oder Neubeginn hätten führen können. Bei den meisten deutschen Lyrikern dominieren Tendenzen zur Realitätsferne. Autoren und Leser suchen in der Naturlyrik Zuflucht vor Verzweiflung und Existenzangst; dass in ihr durchaus auch symbolische Tiefe erreicht wird, darf dabei jedoch nicht verkannt werden. KARL KROLOW, einer der produktivsten Dichter nach dem Krieg, lässt sich nicht auf die naturmagische Tradition z. B. OSKAR LOERKES oder WILHELM LEHMANNS festlegen. In seinen Gedichten verwendet er Chiffren der Naturlyrik, um politische und gesellschaftskritische Aussagen zu vermitteln.

Der einflussreichste Lyriker der fünfziger Jahre, GOTTFRIED BENN, fordert in seiner Poetik des ›absoluten Gedichts‹ eine ›reine Lyrik‹, d. h. die radikale

Trennung von Leben und Poesie mit dem Ziel, eine ästhetische Gegenwelt zu entwickeln. PETER RÜHMKORF resümiert mit resignativem Unterton den Einfluss BENNS auf seine Epigonen: »Die deutsche Lyrik, mit der hoffnungsvollen Chance konfrontiert, über GOTTFRIED BENN den Anschluß an eine eigene nationale Großstadt- und Bewußtseinspoesie zu finden, wählte den anderen, den Mitläuferweg in einen widerstands-, gegenstands-, spannungslosen Ästhetizismus.«[13]

Hermetische Lyrik

Eine weitere prägende Strömung der 1950er Jahre ist die hermetische Lyrik, deren bedeutendster Vertreter PAUL CELAN ist. Nach dem ›Missbrauch‹ seiner *Todesfuge* im Deutschunterricht und im »deutsch-jüdischen Aussöhnungsgeschäft«[14] zieht er sich poetisch zurück in eine abgeschlossene Sphäre der Mehrdeutigkeit. Die hermetische Lyrik bezeichnet weder ein fest definiertes Genre noch eine bestimmte Schule, sondern vielmehr in produktionsästhetischer Hinsicht den Widerstand gegen poetische Konventionen und Sprachklischees, in rezeptionsästhetischer Sichtweise die Durchbrechung epigonaler Erlebnis- und Bekenntnislyrik durch die Hinwendung zu Intellektualität und Reflexion.

Mit PAUL CELAN beginnt Anfang der 1950er Jahre ein Lyriker zu veröffentlichen, dessen Texte von hochkomplexer Bildlichkeit sind, wie schon die Titel seiner Gedichtsammlungen *Atemwende*, *Niemandsrose* oder *Fadensonnen* und *Schneepart* signalisieren. Das Titelgedicht seines 1959 erschienenen dritten Lyrikbandes, *Sprachgitter*, vermittelt besonders anschaulich einen Eindruck der CELAN-typischen, durch hermetische Metaphorik (→ II.5.1) evozierten Bildlichkeit, die der Interpret nur teilweise und unter Zuhilfenahme unterschiedlicher Analyse-Verfahren (→ IV) entschlüsseln kann. CELAN stand in regem Austausch mit der nach Schweden geflüchteten Lyrikerin NELLY SACHS, Nobelpreisträgerin für Literatur 1966, sowie mit INGEBORG BACHMANN, die durch ihre Gedichtbände *Die gestundete Zeit* (1953) und *Anrufung des großen Bären* (1956) bekannt wurde. Von INGEBORG BACHMANN stammt das poetologische Gedicht *Keine Delikatessen*, das in dem von HANS MAGNUS ENZENSBERGER herausgegebenen *Kursbuch 15* zum Thema »Tod der Literatur« (1968) zuerst publiziert worden ist, sich formal an den Gattungsgrenzen bewegt und sich inhaltlich gegen den Konsum der ›Delikatesse‹ Ästhetik richtet. Dass es sich um einen lyrischen Text handelt, ist nur noch am Druckbild in

13 Peter Rühmkorf, »Das lyrische Weltbild des Nachkriegsdeutschen« [1962], in: P. R., *Strömungslehre I*, Reinbek b. Hamburg 1978, S. 11–23, hier S. 19 f.

14 Vgl. Ralf Schnell, *Geschichte der deutschsprachigen Literatur seit 1945*, Stuttgart 1993, S. 258.

Versen erkennbar. Die Prosanähe ist in dieser Zeit nicht nur für INGEBORG BACHMANNs Lyrik typisch.

Politische Lyrik

In den 1960er Jahren kommt es durch die massiven Proteste gegen den Krieg in Vietnam und die dadurch erfolgte Politisierung der Studierenden und Intellektuellen zu einer Wiederentdeckung der politischen Lyrik als Instrument der Kritik (HANS MAGNUS ENZENSBERGER, ERICH FRIED). Eine weitere literarische Bewegung erlebt Mitte des Jahrzehnts ihren Höhepunkt: die konkrete Poesie. Die lautliche oder graphische Eigenschaft der Sprache ist Material lyrischer Experimente wie Kombination, Reduktion, Montage und Collage (ERNST JANDL, EUGEN GOMRINGER, HELMUT HEISSENBÜTTEL).

Moderne Naturdichtung

Selbstreferentialität und Abstraktion

Die lyrische Produktion der letzten Jahrzehnte ist gekennzeichnet durch Themen- und Stilpluralismus, wobei zwei Tendenzen deutlich hervortreten: auf der einen Seite die moderne hochreflektierte Naturdichtung und auf der anderen Seite die sprachartistische Lyrik mit einem hohen Grad an Selbstreferentialität und Abstraktion (z. B. von FRIEDERIKE MAYRÖCKER, SARAH KIRSCH, ULLA HAHN, DURS GRÜNBEIN, THOMAS KLING oder JAN WAGNER).

2.2 Strukturelemente lyrischer Texte

Untersuchung der formalen Struktur

Die jeder Interpretation (→ IV) vorangehende Untersuchung der formalen Struktur lyrischer Texte sollte zunächst das ganze Gedicht in den Blick nehmen und sich dann zum Detail vorarbeiten. Dabei ist es hilfreich, sich an den folgenden Leitfragen zu orientieren:

Leitfragen zur Gedichtanalyse

Fünf Leitfragen zur Gedichtanalyse:

(1) *Wann ist ein Gedicht entstanden?*
Als Erstes sind – wie bei jeder Textanalyse – der historische Hintergrund und die Umstände der Textentstehung zu eruieren, auch wenn dieses Wissen nicht unbedingt in die spätere Interpretation einfließt.

(2) *Worum geht es?*
In einem weiteren Schritt sollte das Thema klar erfasst werden, um eine erste grobe inhaltliche und gattungspoetische Klassifizierung vornehmen zu können (Liebesgedicht, Naturgedicht, Geschichtsgedicht, politische Lyrik, Ideen-Ballade usw.).

(3) *Wer spricht?*
Sodann ist die oftmals nicht einfach zu ermittelnde textinterne kommunikative Situation zu erfassen:
Wer spricht im Gedicht mit wem (Adressat) wann und wo (zeitliche und räumliche Situierung) worüber (Objekt der Rede)? Handelt es sich um ein Rollengedicht? Gibt es ein lyrisches Ich (= Aussagesubjekt des poetischen Diskurses)?
Wie positioniert es sich im (imaginierten) Raum (→ Kap. III.3.2) und wie sein Gegenüber?
Obgleich Lyrik traditionell als subjektive Gattung gilt (GOETHE, HEGEL → III.1), darf das lyrische Ich nicht mit Autor bzw. Autorin gleichgesetzt werden. DIETER BURDORF definiert die problematische Instanz des ›lyrischen Ich‹ in Anlehnung zum ›Textsubjekt‹, das funktional der Erzählinstanz in der Prosa entspricht.[15]

(4) *Wie ist das Gedicht sprachlich strukturiert?*
Bei der anschließenden Analyse der formalen Struktur ist es sinnvoll, deduktiv vorzugehen. So sollte zunächst die Gedichtform (→ III.2.2.1) als Ganzes in den Blick genommen werden, dann die Strophe(n) (→ III.2.2.2), die Verse, die Reimstruktur, das Metrum und die Kadenzen (→ III.2.2.3). Stillage und Syntax sowie Tropen und rhetorische Figuren (zu den einzelnen Aspekten → II.4.1 und II.5.2) kommen im Gedicht aufgrund ihrer Prägnanz und ästhetischen Codierung besondere Bedeutung zu. Zunächst sollte der Text mit Hilfe des lyrikspezifischen Analyse-Instrumentariums untersucht und in einem weiteren Schritt auf mikro- und makrostilistischer Ebene (→ II.4, II.5) gegliedert werden.

(5) *Wie wirken Sprache und Inhalt zusammen?*
Erst dann lassen sich Struktur und Aussage des literarischen Werks verstehen und auf einem metaliterarischen Abstraktionsniveau einordnen, bewerten und interpretieren (→ IV).

15 Vgl. dazu: Dieter Burdorf, *Einführung in die Gedichtanalyse,* Stuttgart ²1997, S. 195: »Das Textsubjekt ist ein analytisches Konstrukt, das notwendig ist, um dem Gedicht als einem poetischen Text eine kohärente Bedeutung und einen literarischen Eigenwert zuschreiben zu können, der weder in den Aussagen des artikulierten Ich noch in den außertextlichen Willensbekundungen des empirischen Autors aufgeht. Das Textsubjekt ist daher zwischen dem im Text zur Sprache kommenden Ich und dem realen Produzenten des Textes anzusiedeln; es strukturiert die Perspektive des Gedichts und setzt das Ich, ohne mit ihm identisch zu sein.« Vgl. zur Konstruktion des textinternen Kommunikationsraums auch Hans Krah, *Einführung in die Literaturwissenschaft/Textanalyse,* Kiel 2006, S. 183–211: »Die Sprech-/Erzählsituation«.

2.2.1 Gedichtformen

Volkslied

Volkslied

Die Bezeichnung stammt von JOHANN GOTTFRIED HERDER und ist eine Lehnübersetzung aus dem Englischen (*popular song*). Die Romantiker waren der Auffassung, das Volkslied sei aus dem Volk entstanden. Sie schufen zahlreiche Gedichte in kunstvoller Anlehnung an die ›Volkspoesie‹ (Kunstlieder). Das Volkslied ist untrennbar von seiner Melodie; es ist geistlichen (z. B. Weihnachts- oder Osterlieder; Marienlieder) oder weltlichen (Liebeslied, Abschiedslied) Inhalts. Es hat keine bestimmte Strophenlänge (in der Romantik setzt sich der Vierzeiler mit drei oder vier Hebungen als Standard durch) und ist regelmäßig gereimt.

Ballade

Ballade

Die Ballade nimmt eine Mittelposition zwischen lyrischer und epischer Dichtung ein. Sie bedient sich lyrischer Formen, es wird jedoch eine Geschichte erzählt (narratives bzw. episches Moment). Ferner sind häufig Dialoge integriert (dramatisches Element). Man unterscheidet die Volksballade (*Es waren zwei Königskinder*; *Die schöne Lilofee*), deren Verfasser unbekannt sind, von der Kunstballade. Diese wiederum lässt sich in inhaltliche Untergruppen unterteilen, wie Schauerballade (z. B. BÜRGER, *Lenore*; GOETHE, *Erlkönig*), Ideenballade (z. B. SCHILLER, *Der Handschuh*; MEYER, *Die Füße im Feuer*), Geschichtsballade (HEINE, *Belsazar*) oder die realistische Ballade, die einen Stoff der Gegenwart zum Thema hat (FONTANE, *Herr von Ribbeck auf Ribbeck im Havelland*). Mit der Ballade verwandt ist das Erzählgedicht (z. B. HEINE, *Die schlesischen Weber*).

Romanische Gedichtformen

Romanische Gedichtformen

Sonett

Das Sonett entstand im 13. Jahrhundert auf Sizilien; PETRARCA hat es fortentwickelt und popularisiert. Das italienische Sonett besteht aus zwei Quartetten (Vierzeilern) und zwei Terzetten (Dreizeilern); das englische Sonett (SHAKESPEARE) hingegen aus drei Quartetten und einem Couplet (Zweizeiler). Die formale Zweiteilung des Sonetts bietet sich für die dialektische Durchführung (These, Gegenthese, Synthese) oder für die Konkretisierung mit abschließender Abstrahierung eines Themas geradezu an. Im deutschsprachigen Raum etablierte der Barockdichter ANDREAS GRYPHIUS diese Gedichtform u. a. mit seinen allegorischen Tageszeitensonetten. Er griff dabei auf die französische Ausprägung zurück, in der das Metrum der Verse sechshebig jambisch mit

Mittelzäsur (Alexandriner) ist, was eine weitere Substrukturierung (z. B. zur Illustration von Gedankenkontrasten) bewirkte. Das Sonett ist auch in moderner Lyrik präsent (RILKE, GRÜNBEIN u. a.).

Madrigal

Ursprünglich handelt es sich um ein italienisches Hirtenlied. Das Madrigal hat gereimte Verse ohne weitere Formvorgabe, z. B. ERNST STADLERS 1914 entstandenes Gedicht *Vorfrühling*.

Rondeau bzw. *Rondell*

Von frz. *rond* ›Ringelgedicht‹, ursprünglich in Frankreich zum Rundtanz gesungenes Lied, dann meist 12- bis 14-zeilige Strophe mit nur zwei Reimen. Die Anfangswörter des ersten Verses werden nach dem achten und am Schluss des 13. Verses als verkürzter Kehrreim wieder aufgenommen, z. B. CHRISTINE DE PISAN, *Rondeau: Verwitwet.*

Romanze

Spanisches Erzähllied, im deutschen Sprachraum zunächst wie Bänkelsang verwendet. Die Romanzenstrophe besteht aus vier trochäischen Vierhebern, ungereimt oder mit Assonanz, HEINRICH HEINE verwendet sie im *Atta Troll.*

Triolett

Einstrophige französische Gedichtform, mit dem Rondeau verwandt; besteht aus acht Versen, die durch zwei Reime verbunden sind. Die Anfangszeile wird im vierten und im siebten Vers wiederholt.

Sestine

Gedichtform aus sechs sechszeiligen Strophen mit dreizeiliger Schlussstrophe, meist reimlose jambische *endecasillabi* (ital., ›Elfsilber‹). Festgelegt ist die Abfolge der Schlussworte der Zeilen, die je Strophe um einen Platz versetzt wiederholt werden (also in der ersten Strophe in der Abfolge: *1 2 3 4 5 6*, in der zweiten in der Abfolge *2 3 4 5 6 1* usw.). Verwendet u. a. von DANTE, PETRARCA, im deutschsprachigen Raum erst seit dem Barock (FRIEDRICH RÜCKERT, *Wenn durch die Lüfte wirbelnd treibt der Schnee*).

Antike Gedichtformen

Antike Gedichtformen

Ode (griech., ›Gesang‹)

Die Ode ist strophisch gegliedert, jedoch meist reimlos. Sie richtet sich häufig an ein Gegenüber. Ihr Ton ist wie ihr Stil pathetisch-erhaben (z. B. KLOP-

STOCK, *Der Zürchersee*; HÖLDERLIN, *Heidelberg*, *Ganymed*; im 20. Jahrhundert u. a. von JOHANNES R. BECHER aufgegriffen).

Hymne

Von griech. *hymnos*, ursprünglich Lobgesang auf einen Helden oder Gott bei kultischen Veranstaltungen (wie die homerischen Hymnen auf Apollon, Hermes oder Dionysos; die Hymnen PINDARs auf die Wettkämpfer in Olympia); die strophischen Formen sind aufgebaut wie die der Ode. Im Anschluss an KLOPSTOCK etabliert sich die Hymne in freien Rhythmen (GOETHE, *Ganymed*; NOVALIS, *Hymnen an die Nacht*).

Elegie

Die Elegie ist ursprünglich ein Klagelied bzw. Trauergedicht und formal uneinheitlich; in der Antike bestand sie aus Distichen (GOETHE, *Römische Elegien*; RILKE, *Duineser Elegien*; BRECHT, *Buckower Elegien*).

Figurengedicht (*Carmen figuratum*)

Text, der durch die Länge seiner Verse einen graphischen Umriss darstellt (z. B. REINHARD DÖHL, *Apfel*); schon im Barock sehr beliebt.

Emblem (griech., ›Einlegearbeit‹, ›Eingesetztes‹)

Das Emblem verbindet sprachliche mit graphischen Elementen und wurde vor allem im Barock verwendet. Das Emblem folgt einem feststehenden dreiteiligen Aufbau: (1) Bild, (2) Inschrift oder Motto, (3) Erläuterung.

2.2.2 Strophenformen (Auswahl)

Isometrisch vs. heterometrisch

Gedichte mit gleichem Strophenbau nennt man isometrisch, heterometrisch sind Gedichte mit verschiedenartigem Strophenbau.

Volksliedstrophe

Zwei bis acht drei- oder vierhebige Verse (z. B. GOETHE, *Es war ein König in Thule*), am häufigsten in der vierversigen Form (v. a. in der Romantik).

Chevy-Chase-Strophe

Vierzeilige Strophe, die nach einer alten englischen Volksballade benannt ist, im Wechsel vier- und dreihebig; mit Kreuzreim, häufig in Balladen (z. B. FONTANE, *Archibald Douglas*).

Nibelungenstrophe

Das *Nibelungenlied* (Manuskripte datieren auf das 13. bis 16. Jahrhundert) ist Höhepunkt und Abschluss der germanischen Heldendichtung. Es führt jahrhundertelang mündlich überlieferte Heldenlieder aus unterschiedlichen Stoffkreisen zusammen.

Uns ist in alten mæren wunders vil geseit
Von helden lobebæren von grôzer arebeit,
von fröuden, hôchgezîten, von weinen und von klagen,
von küener recken strîten muget ir nu wunder hœren sagen.[16]

Formal besteht die »Nibelungenstrophe« aus vier paarweise gereimten Langzeilen, deren vorderer Teil – die Anverse – vierhebig mit klingender Kadenz und deren hinterer Teil – die ersten drei Abverse dreihebig, der vierte vierhebig mit jeweils männlicher Kadenz, sind. Diese Strophenform gibt es schon im 12. Jahrhundert im Donauländischen Minnesang, und sie lebt fort im Lied (z. B. PAUL GERHARDT, *O Haupt voll Blut und Wunden*).

Meistersangstrophe

Die Meistersangstrophe (auch: Kanzonenstrophe) haben die Meistersinger von den Sangspruchdichtern des Mittelalters übernommen. Sie ist dreiversig und besteht aus einem zweiversigen Stollen mit Abgesang mit dem Reimschema *a a b*.

Quartett vierversige Strophe (→ Sonett).

Terzett dreiversige Strophe (→ Sonett).

Sextett sechsversige Strophe (→ Sonett).

Stanze

Acht elfsilbige Verszeilen mit wechselnd stumpfer und klingender Kadenz mit dem Reimschema *a b a b a b c c* (z. B. RILKE, *Winterliche Stanzen*).

16 *Das Nibelungenlied*, mhd./nhd., nach dem Text von Kurt Bartsch und Helmut de Boor ins Neuhochdeutsche übers. und komm. von Siegfried Grosse, Stuttgart [2]2002 (Reclams Universal-Bibliothek, 644), 1. Strophe.

Terzine
Dreizeilige Strophen aus jambischen Elfsilbern (*endecasillabi*) mit dem Reimschema *a b a, c d c* usw. (z. B. HOFMANNSTHAL, *Terzinen über Vergänglichkeit*).

Distichon
Aus Hexameter und Pentameter bestehender Doppelvers (s. u.).

Ghasel
Orientalische Gedichtform, bestehend aus 6 bis 30 vierhebigen Langversen, die den Reim des ersten Verses in jeder geraden Zeile aufnimmt; die ungeraden bleiben ungereimt (*a a b a c a d a* usw.). Im Deutschen u. a. bei RÜCKERT.

Odenstrophen
Alkäische Odenstrophe: Vierversige Strophe aus zwei Elfsilbern mit Mittelzäsur, gefolgt von einem jambischen Neunsilber und einem aus zwei Daktylen und zwei Trochäen bestehenden Zehnsilber (z. B. HÖLDERLIN, *Ganymed*).
Asklepiadeische Odenstrophe: Zwei Zwölfsilber mit Zäsur nach der dritten Hebung, gefolgt von einem Sieben- und einem Achtsilber, im Wechsel Daktylus und Trochäus (z. B. KLOPSTOCK, *Der Zürchersee*, HÖLDERLIN, *Heidelberg*).
Sapphische Odenstrophe: Drei Elfsilber (= zwei trochäische Dipodien [Einheit aus zwei Versfüßen] mit eingeschobenem Daktylus), gefolgt von einem zweihebigen Fünfsilber, durchgehend weibliche Kadenz (z. B. HÖLDERLIN, *Unter den Alpen gesungen*).

2.2.3 Versmaß, Metrum, Kadenz

Metrum

Trochäus

Jambus

Daktylus

Anapäst

Der Vers ist untergliedert in die Versgegenden Auftakt, Versinneres und Kadenz. Das Versmaß oder Metrum (von griech. *métron* ›Maß‹) verteilt sich über das Versganze. Es besteht aus Hebungen und Senkungen bzw. betonten und unbetonten Silben. Durch das Metrum entsteht der Sprech-Lese-Rhythmus bzw. Prosodie. Eine metrische Einheit wird als Takt bezeichnet. Den Wechsel von betonter und unbetonter Silbe (´ –) nennt man *Trochäus*; den Wechsel von unbetonter und betonter Silbe (– ´) nennt man *Jambus*. Trochäische Metren finden sich z. B. in STORMS *Juli*, jambische Metren in MÖRIKES *Septembermorgen*. Daktylische Metren (*Daktylus*: betont – unbetont – unbetont: ´ – –) wirken beschwingt wie ein Walzer. Der *Anapäst* (unbetont – unbetont – betont: – – ´) ist ruhelos, da die Stimme am Ende des Versfußes angehoben wird, und treibt den Text voran. Gut studieren lassen sich die Wechsel der Metren und deren Wirkungen an GOETHEs *Auf dem See* oder SCHILLERs *Die Ehre der Frauen*.

Bei der mitunter verzwickten Untersuchung der metrischen Struktur eines Textes muss die sogenannte Füllungsfreiheit mit bedacht werden – ein Metrum wird nicht immer regelmäßig durchgehalten, es kann bei unregelmäßiger Füllung überzählige oder fehlende Hebungen oder Senkungen geben. Ein Versende mit unvollständigem Metrum (fehlende Hebung oder Senkung) heißt katalektisch, ein Versende mit überzähligem Versfuß hyperkatalektisch, ein vollständiges Metrum akatalektisch (ungekürzt).

Füllungsfreiheit

Katalektisch, hyperkatalektisch, akatalektisch

Bestimmung des Versmaßes

Fünf Kriterien sind bei der Bestimmung des Versmaßes nützlich und hilfreich:[17]

(1) Zunächst sollte die Anzahl der Hebungen (der betonten Silben also) bestimmt werden.
(2) Anschließend ist die Verteilung der Senkungssilben im Versinnern zu ermitteln:
  (a) Liegt eine Alternation mit den Hebungen vor? (´ – ´ – ´)
  (b) Oder ständige Doppelsenkungen? (´ – – ´ – –)
  (c) Sind die Hebungen und Senkungen bei fester Silbenzahl ungleichmäßig verteilt? Dies ist häufig der Fall bei Odenstrophen.
  (d) Bedient sich der Dichter der Füllungsfreiheit, d. h., ändert er das Metrum ab, indem er Hebung oder Senkung in ein ansonsten regelmäßiges Versmaß einschiebt?
(3) Wie ist die Gestaltung der Versgrenzen: Sind es stumpfe und/oder klingende Kadenzen?
(4) Bei längeren Versen (ab vier Hebungen) besteht die Möglichkeit der festen Zäsur.
(5) Wie ist das Reimschema? Und wie steht dieses mit den Kadenzen im Zusammenhang?

17 Vgl. Bernhard Asmuth, *Aspekte der Lyrik. Mit einer Einführung in die Verslehre*, Düsseldorf [5]1979, S. 49 f.

Taktarten

Taktarten

Jambus: »Steiger«, Wechsel von Senkung und Hebung: – ´ (»geléhrt«, »hinwég«).

Anapäst: »Doppelsteiger«, auf zwei Senkungen folgt eine Hebung: – – ´ (»Paradíes«, »Maleréi«; »Wenn der Tráum mich bewégt und der Wúnsch sich dann régt«).

Trochäus: »Faller«, Wechsel von Hebung und Senkung: ´ – (»Lében«, »Róse«).

Daktylus: »Doppelfaller«, auf eine Hebung folgen zwei Senkungen: ´ – – (»Régenschirm«, »Néulinge«; »Rósenstock hóld erblüh« oder: »Mítten im Schímmer der schíllernden Wéllen« [katalektischer Ausgang]).

Spondeus: zwei lange bzw. betonte Silben folgen unmittelbar aufeinander: ´´ (»óh wéh!«, »Éféu«).

freier Rhythmus: keine metrische Bindung.

Metrische Besonderheiten

Metrische Besonderheiten

Kadenz: Versausgang.

– stumpfe Kadenz (auch: männliche Kadenz): Der Vers endet mit einer Hebung; einsilbig: »Welt«.
– klingende Kadenz (auch: weibliche Kadenz): Der Vers endet mit einer Senkung; zweisilbig: »Sonne«.

Auftakt: Eingangssenkung vor der ersten Hebung.

katalektisch: Eine Silbe des Versfußes fehlt am Schluss.

akatalektisch: vollständiger Versfuß.

hyperkatalektisch: Eine Silbe des Versfußes am Schluss ist überzählig.

Tonbeugung: Die Betonung liegt – dem Metrum entsprechend – auf einer Silbe, die normalerweise unbetont ist, z. B. »wie schön leuchtét der Morgenstern«.

Elision: Ein Laut wird weggelassen (»stet'ge« statt »stetige«, »Nix« statt »Nixe«).

Jambische (steigende) Taktreihen

Jambische (steigende) Taktreihen/Versmaße

Steigender Viertakter

Knittelvers: unregelmäßig gefüllter Vierheber, paarreimig, z. B. in GOETHES *Faust.*

Steigende Fünftakter

Vers commun: gereimter jambischer Elfsilber mit Zäsur nach der zweiten Hebung, z. B. »Mein Gótt, mein Gótt! | Du zéntnerst stéte Lást«.

Blankvers: ungereimter jambischer Fünftakter (seit LESSING der deutsche Dramenvers: »Vor gráuen Jáhren lébt' ein Mánn in Ósten«).

Steigende Sechstakter

Jambischer Trimeter: drei jambische Doppelfüße, reimlos, stumpfe Kadenz, z. B. MÖRIKE, *Auf eine Lampe.*

Alexandriner: 12 oder 13 Silben mit Zäsur nach der dritten Hebung: »Wer gróß im Kléinen íst, | wird größer séin im Gróßen« (GRYPHIUS).

Steigender Achttakter

Kombination zweier steigender Viertakter zu einer Langzeile.

Trochäische (fallende) Taktreihen/Versmaße

Trochäische (fallende) Taktreihen

Fallender Viertakter: »Éines núr ist Glűck hiníeden / Eíns: des Ínnern stíller Fríeden«.

Daktylische (doppelfallende) Taktreihen

Daktylische (doppelfallende) Taktreihen

Pentameter: wörtl. ›Fünfmesser‹. Besteht aus sechs Daktylen, von denen die ersten beiden ersetzt werden können durch Spondeen. Der dritte und der letzte Versfuß sind stets katalektisch. Der Pentameter hat immer eine Zäsur nach dem dritten Versfuß, z. B.: »aber der große Moment | findet ein kleines Geschlecht« (SCHILLER).

Hexameter: wörtl. ›Sechsmesser‹. Besteht aus sechs Daktylen; die ersten vier können durch Spondeen ersetzt werden, der letzte Versfuß ist katalektisch, z. B. GOETHES *Reineke Fuchs* oder sein Aphorismus:
»Blumen reicht die Natur, es windet die Kunst sie zum Kranze.«

Distichon: Wechsel von Pentameter und Hexameter, wie z. B. in MATHIAS CLAUDIUS' *Distichon*:
»Im Hexameter zieht der ästhetische Dudelsack Wind ein,
Im Pentameter drauf läßt er ihn wieder heraus.«

Reim

Reim

Beim Endreim sind die Schlusssilben zweier (oder mehrerer Verse) ab der letzten betonten Silbe gleichlautend, beim Anfangsreim die Anfänge zweier (oder mehrerer) Verse. Binnenreime befinden sich im Versinnern. ULLA HAHN setzt in ihrem poetologischen Gedicht *Ars poetica* (1980) effektvoll unterschiedliche Reime ein:

	Danke ich brauch keine neuen	
⇨	Formen ich stehe auf	⇦
Anfangsreime	Festen Versfüßen und alten	Endreime
⇨	Normen Reimen zu Hauf	⇦
	Zu Papier und zu euren	
⇨	Ohren bring ich was klingen soll	⇦
Anfangsreime	klingt mir das Lied aus den	Endreime
⇨	Poren rinnen die Zeilen voll	⇦
Alliteration	Und *über* und ***drüber*** und **dr**unter	*Binnenreime*
	Und **dr**auf und ***dran*** und *wohlan*	
	Das hat mit ihrem Singen	
	Die Loreley getan.	

Reimarten

Reimarten. Als Reimart bezeichnet man die Klangweise des Reims.

rührender (äquivoker) Reim: (»Mann« – »man«)
identischer Reim: (»Haus« – »Haus«)
reicher Reim: (»jugendreiche« – »tugendreiche«)
gebrochener Reim: (»Banner« – »kann er«)
unreiner Reim: (»Freude« – »Seide«; »ruft« – »Gruft«, »ekeln« – »räkeln«, »Hasen« – »saßen«)

Reimform

Reimform. Die Reimform bezieht sich auf die Abfolge der gereimten Worte innerhalb des Textes.

Paarreim: (*a a b b*)
Kreuzreim: (*a b a b, c d c d*),
halber Kreuzreim (*a x a x*)
umarmender Reim: (*a b b a c d d c*)
Schweifreim: (*a a b c c b*)
Haufenreim: (*a a a a b b b b* usw.)
Kettenreim: (*a b a b c b c d e* usw.)
Unterbrochener Reim: Ein Reimschema wird unterbrochen durch ungereimte Verse (*a v a w b x b y*)
Verschränkter Reim: (*a b c a b c*)
freier Vers: Die Verse sind ungereimt.

Reimbesonderheiten. Reime weisen mitunter besondere Formen auf.

Assonanz: Gleichklang der Vokale, z. B. »der Leib wird leicht im Wasser« (BRECHT).
Alliteration: (Stabreim) Identität der Anfangskonsonanten benachbarter Wörter, vor allem der hebungsfähigen Stammsilben: »Folg ich der Vögel wundervollen Flügen« (TRAKL, *Verfall*).
Schüttelreim: Beruht auf der Vertauschung der Anlautkonsonanten reimender Silben und Wörter: »Sie tragen Rotmäntelchen, lang und bauschig, / die Miene ist ehrlich, doch bang und lauschig« (HEINE).
Enjambement: (Zeilensprung) Eine syntaktische Einheit wird auf zwei Verse verteilt:

»Wie verzaubert ich bin – Pflanzen
Überwachsen die Fenster die Steine der
Treppe Vögel fliegen im Haus, das
Gesicht durch fremder Leute
Falten und weiße Strähnen getarnt
Gehe ich um und durch die Spiegel.«
(SARAH KIRSCH)

Literaturhinweise

Asmuth, Bernd: Aspekte der Lyrik. Mit einer Einführung in die Verslehre. Opladen [5]1979.
Bekes, Peter: Formen der Lyrik. Arbeitstexte für den Unterricht. Stuttgart 2000. (Reclams Universal-Bibliothek. 15046.)
Braak, Ivo: Poetik in Stichworten. 8., überarb. und erw. Aufl. von Martin Neubauer. Berlin/Stuttgart 2001.
Breuer, Dietrich: Deutsche Metrik und Versgeschichte. München 1981 [u. ö.].
Burdorf, Dieter: Einführung in die Gedichtanalyse. [2]1997.
Felsner, Kristin / Helbig, Holger / Manz, Therese: Arbeitsbuch Lyrik. Berlin 2009. (Akademie Studienbücher Literaturwissenschaft.)
Handbuch Lyrik. Theorie, Analyse, Geschichte. Hrsg. von Dieter Lamping. Stuttgart [2]2016.
Kayser, Wolfgang: Kleine deutsche Versschule. Bern 1971.
Lyriktheorie. Texte vom Barock bis zur Gegenwart. Hrsg. von Ludwig Völker. Stuttgart 1990. (Reclams Universal-Bibliothek. 8657.)
Moenninghoff, Burkhard: Metrik. Stuttgart 2004. (Reclams Universal-Bibliothek. 17649.)

Wagenknecht, Christian: Deutsche Metrik. Eine historische Einführung. 3., durchges. Aufl. München 1993.

Zur Geschichte der Lyrik:

Friedrich, Hugo: Die Struktur der modernen Lyrik. Von der Mitte des neunzehnten bis zur Mitte des zwanzigsten Jahrhunderts. Reinbek b. Hamburg [1956]. Erw. Neuausg. 1967 [u. ö.].

Geschichte der deutschen Lyrik. Von Franz-Josef Holznagel [u. a.]. Stuttgart 2004.

An Hugo Friedrich anschließend:

Lamping, Dieter: Moderne Lyrik. Eine Einführung. Göttingen 1991. Erw. Neuausg. 2008.

3 Epik (Erzähltexte)

Von Gabriele Sander

3.1 Erzählen im Alltag, Erzählen in der Literatur

Das Erzählen von Geschichten, sei es mündlich oder schriftlich, ist eine anthropologische Konstante. Diese Form zwischenmenschlicher Interaktion bzw. Sprachhandlung ist in allen Kulturen anzutreffen. Im Erzählen, wie man es aus der Alltagskommunikation kennt, verwandelt sich erlebtes Geschehen in eine Geschichte. Der Erzählende berichtet über Begebenheiten, die er für mitteilenswert hält, und stellt Zusammenhänge zwischen seinen Erlebnissen und Erfahrungen her. Er vermittelt also nicht bloß Fakten oder zufällige Ereignisse, sondern bringt die erinnerten Geschehnisse in eine sprachliche Ordnung und überführt das Erlebte in den Erfahrungsschatz seines Adressaten. Werden Erzählungen innerhalb eines Sprachkollektivs stetig weitergegeben, können sie Teil des kulturellen Gedächtnisses werden. Daher hat das Erzählen über seine elementaren kommunikativen, sozialen und psychologischen Funktionen hinaus eine identitätsstiftende Bedeutung sowohl für den Einzelnen als auch für die Gemeinschaft.

Das Erzählen im Alltag ist vom literarischen Erzählen grundsätzlich zu trennen. Die Abgrenzung ›wahrer‹ Geschichten von erfundenen, fingierten Erzählungen (lat. *fingere* ›bilden, erdichten‹) findet sich bereits in der Antike. ARISTOTELES bestimmte in seiner *Poetik* die Mimesis (griech. *mímēsis*), die

Mimesis

Nachahmung bzw. nachahmende Darstellung handelnder Menschen, als Charakteristikum und Ziel der Dichtung. Er behauptete, dass man den Unterschied zwischen Realität und Dichtung, zwischen tatsächlich ereigneten und ausgedachten Geschichten nicht an der sprachlichen Form festmachen könne, sondern nur daran, wovon erzählt werde:

> »Denn der Geschichtsschreiber und der Dichter unterscheiden sich nicht dadurch voneinander, daß sich der eine in Versen und der andere in Prosa mitteilt [...]; sie unterscheiden sich vielmehr dadurch, daß der eine das wirklich Geschehene mitteilt, der andere, was geschehen könnte.«[18]

ARISTOTELES differenziert also zwischen Autoren, die »das wirklich Geschehene« mitteilen, und denen, die davon erzählen, »was geschehen könnte«. Diese grundlegende Opposition findet sich in modernen Erzähltheorien wieder. So grenzte KÄTE HAMBURGER in ihrem Buch *Die Logik der Dichtung* (1957) Wirklichkeitsaussagen bzw. -berichte von epischen Fiktionen ab und legte dar, dass »das Imperfekt des fiktionalen Erzählens keine Vergangenheitsaussage« sei und nur noch Fiktionalität indiziere.[19] Der französische Erzähltheoretiker GÉRARD GENETTE prägte in *Fiktion und Diktion* (dt. 1992) das Begriffspaar »faktuales« und »fiktionales Erzählen«, das diese kategorialen Unterschiede auf eine griffige Formel bringt (→ III.6). Zwischen diesen Polen gibt es jedoch Mischformen, denn auch faktuale Erzählungen über historische Personen und Ereignisse weisen Fiktionalisierungstendenzen auf. Ebenso werden in der Alltagskommunikation Geschichten oft ausgeschmückt, Details hinzuerfunden oder fingierte Ereignisfolgen präsentiert. Andererseits beziehen sich viele fiktionale Texte auf Personen, Orte, Zeiten und Sachverhalte der außersprachlichen Wirklichkeit. Besonders augenfällig sind diese Referenzen in Autobiographien (→ III.6.2) und Memoiren, die Authentizität und Wahrhaftigkeit anstreben. Aber auch Texte, die von ihren Verfassern auf dem Buchumschlag oder Titelblatt als Romane oder Erzählungen deklariert werden und durch einen solchen Zusatz bzw. Paratext[20] den Anspruch auf Faktizität und Verifizierbarkeit aufkündigen, schaffen durch die Verarbeitung historischer Ereignisse, empirischer Gegebenheiten, dokumentarischer Materialien u. Ä.

Faktuales versus fiktionales Erzählen

Paratext

18 Aristoteles, *Poetik*, griech./dt., übers. und hrsg. von Manfred Fuhrmann, Stuttgart 1994 (Reclams Universal-Bibliothek, 7828), S. 29.

19 Käte Hamburger, *Die Logik der Dichtung*, Frankfurt a. M. / Berlin / Wien ³1980, S. 70.

20 Damit sind die einen Drucktext umgebenden Elemente wie Umschlag- und Klappentext, Titelei, Kopf- und Fußzeilen, Kapitel- und Seitenzahlen usw. gemeint. Paratexte eröffnen einen ersten Zugang zum Text; vgl. dazu Silke Lahn / Jan Christoph Meister, *Einführung in die Erzähltextanalyse*, 3., aktual. und erw. Aufl., Stuttgart 2016, S. 54–59.

konkrete Wirklichkeitsbezüge. Biographien z. B. können daher auch als faktuale Erzählungen bezeichnet werden.[21]

Bevor im Folgenden auf Strukturelemente von narrativen (erzählenden) Texten eingegangen wird, soll zunächst ein Überblick über die traditionell als Epik bezeichnete Gattung der Erzählliteratur gegeben werden.

3.2 Geschichte und Formen der Epik

3.2.1 Epos und Roman

Gattungsbegriff »Epik«

Der Gattungsbegriff »Epik« leitet sich vom griechischen Wort *épos* ›Wort, Rede, Erzählung‹ ab. Als Epos bezeichnet man seit der Antike die breit angelegte erzählende Versdichtung über Götter und Helden. Das klassische Versmaß für diese zum feierlichen öffentlichen Vortrag durch den Rhapsoden (›Sänger‹) bestimmten mythisch-heroischen Langgedichte war der Hexameter. Die bekanntesten Epen der griechisch-römischen Antike sind HOMERS *Ilias* und *Odyssee* (um 700 v. Chr.) sowie VERGILS *Aeneis* (29–19 v. Chr.). Im deutschsprachigen Raum setzte sich diese Tradition im Mittelalter fort – in Legendenepen (z. B. HARTMANN VON AUE, *Gregorius*, um 1190–1200), Heldenepen wie dem *Nibelungenlied* (um 1200) und höfischen Epen wie WOLFRAMS VON ESCHENBACH *Parzival* (um 1200–10) oder GOTTFRIEDS VON STRASSBURG *Tristan* (um 1210). Letztere zeigen bereits Tendenzen des Übergangs zum Roman, der in der Neuzeit das Epos in den Hintergrund drängt. Eine wichtige Rolle spielte dabei der Wechsel von der mündlichen zur schriftlichen Textrezeption, d. h. vom öffentlichen Vortrag zur individuellen Lektüre. In der zweiten Hälfte des 18. Jahrhunderts entstanden einige bedeutende Versepen in Hexametern, so das biblische Epos *Der Messias* (1748–73) von FRIEDRICH GOTTLIEB KLOPSTOCK und das Tierepos *Reineke Fuchs* (1794) von JOHANN WOLFGANG GOETHE. Vereinzelt versuchten Autoren des 19. und 20. Jahrhunderts, diese Tradition fortzusetzen bzw. für die Moderne fruchtbar zu machen; genannt seien hier *Des Arztes Vermächtnis* (1838) von ANNETTE VON DROSTE-HÜLSHOFF, *Deutschland. Ein Wintermährchen* (1844) von HEINRICH HEINE, das ›indische‹ Epos *Manas* (1927) von ALFRED DÖBLIN sowie als zeitgenössisches Beispiel das evolutionsgeschichtliche Epos *Erste Erde* (2016) von RAOUL SCHROTT.

21 Vgl. Matías Martínez / Michael Scheffel, *Einführung in die Erzähltheorie*, 10., überarb. und aktual. Aufl., München 2016, S. 12.

Behandelt das Epos meist mythisch-religiöse oder historische Stoffe, die in gehobener Stillage dargeboten werden, so ist der Roman viel stärker in der Gegenwart und Individualität des Autors verankert. Während der Epiker primär aus der nationalen Überlieferung schöpft, seine Figuren stark typisiert und das Geschehen in einen sinnvoll geordneten Kosmos stellt, greift der Prosaautor auf den subjektiv-privaten Erfahrungsschatz zurück und wählt individuelle Ausdrucksformen. WALTER BENJAMIN formulierte es poetisch: »Die Geburtskammer des Romans ist das Individuum in seiner Einsamkeit, das sich über seine wichtigsten Anliegen nicht mehr exemplarisch aussprechen kann, selbst unberaten ist und keinem Rat geben kann.«[22]

Roman

Die Geschichte des deutschsprachigen Romans wird spätestens seit dem 18. Jahrhundert begleitet von gattungsästhetischen Reflexionen. Die erste umfassende Romantheorie legte 1774 CHRISTIAN FRIEDRICH VON BLANCKENBURG mit seinem (anonym erschienenen) *Versuch über den Roman* vor. Die »Ranggleichheit der Gattungen« Epos und Roman betonend,[23] schreibt er: »[…] so wie das Heldengedicht öffentliche Thaten und Begebenheiten, das ist, Handlungen des Bürgers […] besingt: so beschäftigt sich der Roman mit den Handlungen und Empfindungen des Menschen.«[24] Aufgabe des »Romanendichters« sei es, »die anschauende Verbindung zwischen dem Innern und dem Aeußern des Menschen« zu schaffen, und zwar im Rahmen einer nach den Maßgaben der Vernunft geordneten Geschichte eines Individuums.[25]

Gattungsästhetische Reflexionen

Blanckenburg

Folgenreicher für die weitere Diskussion waren HEGELS *Vorlesungen über die Ästhetik* (1818–28), in denen er die historischen Umbrüche auf die Formel von der »Prosa der Verhältnisse« brachte. Er behauptete die Vorherrschaft des Romans, der »modernen bürgerlichen Epopöe«, im »prosaischen Zeitalter«:

Hegel

> »Eine der gewöhnlichsten und für den Roman passendsten Kollisionen ist […] der Konflikt zwischen der Poesie des Herzens und der entgegenstehenden Prosa der Verhältnisse sowie dem Zufalle äußerer Umstände […]. – Was die Darstellung angeht, so fordert auch der eigentliche Roman wie das Epos

22 Walter Benjamin, »Krisis des Romans. Zu Döblins *Berlin Alexanderplatz*« (1930), in: W. B., *Angelus Novus. Ausgewählte Schriften* 2, Frankfurt a. M. 1988, S. 437–443, hier S. 437.

23 Bruno Hillebrand, *Theorie des Romans*, München 1980, S. 112.

24 Friedrich von Blanckenburg, *Versuch über den Roman*, Leipzig/Liegnitz 1774; Faksimiledruck […] mit einem Nachwort von Eberhard Lämmert, Stuttgart 1965, S. 17.

25 Ebd., S. 360; vgl. S. 312 f.

die Totalität einer Welt- und Lebensanschauung, deren vielseitiger Stoff und Gehalt innerhalb der individuellen Begebenheit zum Vorschein kommt, welche den Mittelpunkt für das Ganze abgibt.«[26]

Georg Lukács

An HEGELs geschichtsphilosophische Perspektive knüpfte GEORG LUKÁCS mit seiner *Theorie des Romans* (1916/20) an, in der er diesen als »Ausdruck der transzendentalen Obdachlosigkeit« des neuzeitlichen Menschen beschrieb.[27] Bereits seit Ende des 19. Jahrhunderts waren angesichts der Krisenerfahrungen des modernen Subjekts die Gattung des Romans und das Erzählen generell problematisch geworden. Als Reaktion auf die verschiedentlich diagnostizierte Romankrise[28] entstanden im ersten Drittel des 20. Jahrhunderts zahlreiche poetologische Schriften, in denen Autoren wie ALFRED DÖBLIN, ROBERT MUSIL, HERMANN BROCH u. a. Konzepte zur Erneuerung des Romans vorstellten. Nach 1945 wurde die Diskussion lebhaft fortgeführt. THEODOR W. ADORNO konstatierte 1954 als Folge der zerfallenen »Identität der Erfahrung« die »Krisis der literarischen Gegenständlichkeit«, d. h. des realistischen und psychologischen Romans, und behauptete: »Die Verdinglichung aller Beziehungen zwischen den Individuen, [...] die universale Entfremdung und Selbstentfremdung, fordert beim Wort gerufen zu werden, und dazu ist der Roman qualifiziert wie wenig andere Kunstformen.«[29]

Romankrise

Allen Unkenrufen vom Tod des Romans zum Trotz verkündete ARNOLD ZWEIG 1955: *Der Roman lebt*[30]; und auch knapp ein Vierteljahrhundert später mochte DIETER WELLERSHOFF dem Roman »keine tödliche Prognose« stellen, denn er sei »die komplexeste, universellste Ausdrucksform, die der menschliche Geist sich geschaffen hat«.[31] Die Überzeugung vom »Selbstbehauptungswillen« des Romans teilen mit ihm die Autoren der Gegenwart.

26 Georg Wilhelm Friedrich Hegel, *Werke*, Bd. 15: *Vorlesungen über die Ästhetik III*, Frankfurt a. M. 1986, S. 393.

27 Zit. nach Hillebrand (s. Anm. 23), S. 272.

28 Vgl. Dietrich Scheunemann, *Romankrise. Die Entstehungsgeschichte der modernen Romanpoetik in Deutschland*, Heidelberg 1978.

29 Theodor W. Adorno, »Standort des Erzählers im zeitgenössischen Roman«, in: T. W. A., *Noten zur Literatur*, hrsg. von Rolf Tiedemann, Frankfurt a. M. 1981, S. 41–48, hier S. 42 f.

30 So der Titel eines Essays; Teildruck in: *Theorie und Technik des Romans im 20. Jahrhundert*, hrsg. von Hartmut Steinecke, Tübingen ²1979, S. 81–83.

31 Dieter Wellershoff, »Der Roman als Krise« (1979), zit. nach: *Romantheorie. Texte vom Barock bis zur Gegenwart*, hrsg. von Hartmut Steinecke und Fritz Wahrenburg, Stuttgart 1999 (Reclams Universal-Bibliothek, 18025), S. 496.

STEN NADOLNY empfahl 1994 die Integration der Krisensymptome: »Die Gefährdung ist das Rettende, sobald sie zum Teil der Geschichte wird.«[32] Tatsächlich enthalten viele Romane nicht erst der Postmoderne metafiktionale, selbstreflexive Elemente, d. h., sie problematisieren das Verhältnis von Fiktion und Wirklichkeit und legen den Kunst- bzw. Spielcharakter der erzählten Welt offen. Es scheint jedoch weiterhin die von UWE TIMM im Titel eines Essaybandes von 1993 ausgegebene Devise zu gelten: *Erzählen und kein Ende.*

3.2.2 Formen und Entwicklungen des deutschsprachigen Romans

Mit dem Begriff »Roman« wurde ursprünglich alles in romanischer Sprache Geschriebene (frz. *roman*) bezeichnet, nämlich das Volkssprachliche im Gegensatz zur gelehrten lateinischen Schriftsprache. Angeregt von altfranzösischen Helden-, Ritter- und Liebesgeschichten in Vers oder Prosa, entstanden mittelhochdeutsche Versdichtungen mit romanhaften Zügen. Die im Spätmittelalter einsetzende Verbreitung der Literatur über Adel und Klerus hinaus und die Prosabearbeitungen epischer Vorlagen in Volksbüchern trugen zur Emanzipation prosaischer Erzählformen bei. Die Erfindung des Buchdrucks Mitte des 15. Jahrhunderts ermöglichte die Versorgung breiterer Schichten mit unterhaltsamen Ritter-, Helden- und Abenteuerromanen sowie Schwanksammlungen wie der vom Eulenspiegel[33]. Höhepunkte der Prosaliteratur in der frühen Neuzeit bilden die bereits modern anmutenden Romane *Der Goldtfaden* (1557) von JÖRG WICKRAM und *Geschichtklitterung* (1575/82) von JOHANN FISCHART.

Höfisch-historischer Roman

In Anlehnung an europäische Vorbilder wird im Zeitalter des Barock der höfisch-historische Roman zum bevorzugten Medium, daneben blüht der galante bzw. Schäferroman auf. Beide Genres spiegeln das neu formierte absolutistische Herrschaftssystem und dessen Repräsentationskultur wider. Die in den monumentalen Romanen von PHILIPP VON ZESEN, ANTON ULRICH ZU BRAUNSCHWEIG UND LÜNEBURG u. a. geschilderten Verwicklungen im adligen Milieu lösen sich am Ende stets auf, so dass die sittliche Weltordnung wiederhergestellt ist. DANIEL CASPER VON LOHENSTEIN erzählt in seinem patriotischen Roman *Großmüthiger Feldherr Arminius oder Herrmann* (1689–90) eine »sinnreiche Staats-, Liebes- und Heldengeschichte«. Von solchen he-

32 Sten Nadolny, »Roman oder Leben –? Diesseits und jenseits des Schreibens« (1994), zit. nach: *Romantheorie* (s. Anm. 31), S. 517.

33 Originaltitel: *Ein kurtzweilig lesen von Dyl Vlenspiegel geboren vß dem land z Brunßwick. Wie er sein leben volbracht hatt* (Straßburg 1510–11; 1515); Verfasser bzw. Bearbeiter ist Hermann Bote.

roisierenden und idealisierenden Prosawerken hebt sich der kurzweilige, meist episodisch angelegte und in Ich-Form erzählte Schelmen- oder Picaroroman deutlich ab. Dessen Held stammt in der Regel aus der Unterschicht, bewegt sich aber listig quer durch alle Sphären der Gesellschaft und zeigt als Außenseiter eine kritische Distanz zu seinen Zeitgenossen. Ein Musterbeispiel dafür ist *Der Abentheurliche Simplicissimus Teutsch* (1669) von HANS JACOB CHRISTOFFEL VON GRIMMELSHAUSEN, der mit dieser Lebensgeschichte eines tumben Bauernjungen ein facettenreiches Panorama der Zeit des Dreißigjährigen Krieges schuf. Das ironisch-satirische Genre des Schelmenromans wurde bis in die Gegenwart variiert, u. a. von THOMAS MANN (*Bekenntnisse des Hochstaplers Felix Krull*, 1954) und DANIEL KEHLMANN (*Tyll*, 2017).

Schelmen- oder Picaroroman

Großer Popularität erfreuten sich weit über das 17. Jahrhundert hinaus Reise- und Abenteuerromane wie CHRISTIAN REUTERS *Schelmuffskys Warhafftige Curiöse und sehr gefährliche Reisebeschreibung Zu Wasser und Lande* (1696–97), die an das pikarische Modell anknüpft, und JOHANN GOTTFRIED SCHNABELS Seefahrergeschichte *Insel Felsenburg* (1731–43), die von der Gründung eines christlich fundierten Idealstaats erzählt und damit ein Gegenbild zum Feudalismus entwickelt. Diese Robinsonade lässt sich auch dem Genre des utopischen Romans zuordnen, einer Spielart des Staatsromans. Die (Insel-)Utopie geht auf das antike Vorbild von PLATONS *Politeia* zurück und bildet seit dem Erscheinen von THOMAS MORUS' *Utopia* 1516 eine eigene Gattung. Im Unterschied zu den narrativen Entwürfen von Staatsmodellen in der älteren Literatur tendieren viele utopisch-phantastische Romane der Moderne wie ALFRED DÖBLINS *Berge Meere und Giganten* (1924) oder ARNO SCHMIDTS *Gelehrtenrepublik* (1957) zur Anti-Utopie bzw. Dystopie.

Reise- und Abenteuerroman

Utopischer Roman

Seit Mitte des 18. Jahrhunderts entwickelte sich, inspiriert von englischen und französischen Prosawerken, der empfindsame Briefroman. Er besteht aus einer Serie fingierter Briefe eines oder mehrerer Verfasser, denen damit ein Forum der Selbstdarstellung eröffnet wird. Zur Pionierin wurde SOPHIE VON LA ROCHE, die ihre *Geschichte des Fräuleins von Sternheim* (1771) in die Form eines leidenschaftlichen Briefdialogs kleidete. Den Erfolg dieses Werks überbot der junge GOETHE 1774 mit seinem Briefroman *Die Leiden des jungen Werthers*, in dem der Titelheld in Briefen an einen Freund über seine unglückliche Liebe monologisiert. Mit dem 18. Jahrhundert endete auch die Blütezeit des Briefromans, dessen letzte Höhepunkte LUDWIG TIECKS *William Lovell* (1795–96) und FRIEDRICH HÖLDERLINS *Hyperion* (1797–99) setzten. In den folgenden Jahrhunderten wurde dieses Genre nur noch selten aktualisiert, u. a. von WILHELM RAABE (*Nach dem großen Kriege*, 1861) und ELSE LASKER-SCHÜLER (*Mein Herz*, 1912; *Der Malik*, 1919). Einen aktuellen Versuch der

Briefroman

Wiederbelebung unternahm 2005 INGO SCHULZE mit seinem Roman *Neue Leben*, in dem die Hauptfigur Enrico Türmer in der Nachwendezeit ihr Leben in Briefform schildert.

Als Variante dieses Genres kann der Tagebuchroman angesehen werden. Während in GOETHES Eheroman *Die Wahlverwandtschaften* (1809) die Wiedergabe von Ottiliens Tagebuch nur eine Erzählsequenz bildet, haben Autoren späterer Generationen Prosawerke fast ausschließlich aus fiktiven Tagebuchnotizen konstruiert, z. B. RAINER MARIA RILKE, *Die Aufzeichnungen des Malte Laurids Brigge* (1910); IRMGARD KEUN, *Das kunstseidene Mädchen* (1932) oder UWE JOHNSON, *Jahrestage. Aus dem Leben von Gesine Cresspahl* (4 Bde., 1970–83). Tagebuchroman

Im Laufe des 18. Jahrhunderts hatte der Roman zunehmende Akzeptanz als ernsthafte Gattung gefunden und war zum bevorzugten Medium bürgerlicher Selbstdarstellung geworden. Auf den Bildungs- und Tugendidealen der Aufklärung gründete sich nicht nur das Genre moralisch-didaktischer Fabeln und Erzählungen über vorbildliche Helden, sondern auch der Entwicklungsroman, der modellhaft den Lebensweg eines Individuums nachzeichnet. Zu den Wegbereitern gehörten neben den autobiographischen Selbstbespiegelungen des Pietismus (z. B. *Henrich Stillings Jugend* von Johann Heinrich Jung, genannt JUNG-STILLING, 1777) vor allem ROUSSEAUs Erziehungsroman *Émile* (1762). Während CHRISTOPH MARTIN WIELANDS *Geschichte des Agathon* (1766/67) auf den Bildungsroman klassischer Prägung vorausweist, deckt KARL PHILIPP MORITZ in seinem – die eigene Lebensgeschichte aufarbeitenden – »psychologischen Roman« *Anton Reiser* (1785–90) die Mechanismen auf, die die freie Entwicklung der Persönlichkeit und die Integration in die bürgerliche Gesellschaft verhindern. Entwicklungsroman Bildungsroman

Dieser kritische Impetus ist dem Bildungsroman der Weimarer Klassik fremd. Der 1819 von KARL MORGENSTERN geprägte Begriff bezeichnet eine spezifisch deutsche Variante des Entwicklungsromans. Als Prototyp gilt GOETHES Roman *Wilhelm Meisters Lehrjahre* (1795–96) und seine Fortsetzung *Wilhelm Meisters Wanderjahre oder Die Entsagenden* (1821). Die Werktitel geben bereits programmatisch die Zielrichtung vor: Erzählt wird der Werdegang eines idealtypischen Individuums, und zwar eine ›Odyssee‹ der Bildung bis hin zur vollen Entfaltung seiner charakterlichen und geistigen Anlagen. Am Ende dieses Reifeprozesses erscheint die harmonische, mit sich und der Welt im Reinen befindliche Persönlichkeit. Im Unterschied zu den *Lehrjahren* konterkariert die offene, heterogene Erzählstruktur der *Wanderjahre* allerdings das klassische ästhetische Postulat des geschlossenen, abgerundeten Kunstwerks.

An das Modell des *Wilhelm Meister* lehnten sich zahlreiche Autoren an, selten jedoch so affirmativ wie ADALBERT STIFTER in *Der Nachsommer* (1857). Die meisten Bildungs- und Entwicklungsromane in der Nachfolge GOETHES zeigen eine kritische Distanz zum ganzheitlichen Bildungskonzept ebenso wie zu rationalistischen Nützlichkeitsidealen, so JEAN PAULS humoristisch-satirische Romane *Titan* (1800–03) und *Flegeljahre* (1804–05) oder JOSEPH VON EICHENDORFFS Erzählung *Aus dem Leben eines Taugenichts* (1826). GOTTFRIED KELLER verzichtet in seinem Roman *Der grüne Heinrich* (1854–55; Neufassung 1879–80) auf Idealisierungen zugunsten realitätsnaher Darstellung und legt den Akzent auf die Probleme der Identitätsfindung. Zwar benutzen auch im 20. Jahrhundert einige Autoren die Folie des Bildungs- und Entwicklungsromans, markieren aber deutlich den Abstand, etwa in ironischer Form (z. B. THOMAS MANN, *Der Zauberberg*, 1924; HERMANN HESSE, *Das Glasperlenspiel*, 1943).

Künstlerroman

Einige der genannten Entwicklungsromane wie KELLERS *Grüner Heinrich* reihen sich aufgrund der beruflichen Ambitionen der Hauptfiguren auch in die Tradition des Künstlerromans ein, die WILHELM HEINSE mit seinem Renaissance-Roman *Ardinghello und die glückseeligen Inseln* (1787) begründet hatte. Eine besondere Affinität zu diesem Genre zeigten die Romantiker. Zu nennen sind die – eine Kunstfrömmigkeit im Sinne der Frühromantik propagierenden – *Herzensergießungen eines kunstliebenden Klosterbruders* (1797) von WILHELM HEINRICH WACKENRODER und LUDWIG TIECK, das Romanfragment *Heinrich von Ofterdingen* (postum 1802) von NOVALIS (d. i. Friedrich von Hardenberg) sowie E. T. A. HOFFMANNS *Lebens-Ansichten des Katers Murr nebst fragmentarischer Biographie des Kapellmeisters Johannes Kreisler in zufälligen Makulaturblättern*, 1820–22), die auch als Parodie auf den klassischen Bildungsroman zu lesen sind. Erzähltexte über Künstlerexistenzen bilden einen bis in die Gegenwart reichenden Traditionsstrang. Im Zentrum steht häufig der Zwiespalt zwischen Kunst und Leben, so in EDUARD MÖRIKES *Maler Nolten* (1832) oder in den Prosawerken von THOMAS MANN (*Doktor Faustus*, 1947), HANNS HENNY JAHNN (*Fluß ohne Ufer*, 1949/50; 1961), THOMAS BERNHARD (*Der Untergeher*, 1983) und BOTHO STRAUSS (*Der junge Mann*, 1984).

Historischer Roman

Das ausgeprägte Interesse der Romantiker für die Geschichte, insbesondere für die deutsche Nationalgeschichte und das Mittelalter, spiegelt sich nicht nur in den pseudohistorischen Ritterromanen (z. B. FRIEDRICH DE LA MOTTE FOUQUÉS *Der Zauberring*, 1812), sondern auch in vielen historischen Romanen und Erzählungen wider, etwa in ACHIM VON ARNIMS in der Reformationszeit angesiedeltem »historischen Sagenroman« *Die Kronenwächter* (1817/54) oder LUDWIG TIECKS Roman über die Spätrenaissance *Vittoria Ac-*

corombona (1840). WILLIBALD ALEXIS (d. i. Wilhelm Häring) hatte seine Geschichtsromane anfangs unter dem Namen des für die Gattung sehr einflussreichen Engländers WALTER SCOTT veröffentlicht, bevor er sich durch eine Reihe »vaterländischer Romane« von seinem Vorbild löste. Im Zeichen des Historismus erlebte der Geschichtsroman in der zweiten Hälfte des 19. Jahrhunderts einen erneuten Aufschwung. STIFTERS Trilogie über den böhmischen Herrscher *Witiko* (1865–67), GUSTAV FREYTAGS Zyklus *Die Ahnen* (1872–80) und THEODOR FONTANES Roman über die Befreiungskriege *Vor dem Sturm* (1878) sind nur wenige Beispiele dieser für die Literatur des Realismus außerordentlich produktiven Gattung. Zu deren Erneuerung leisteten im 20. Jahrhundert vor allem ALFRED DÖBLIN mit *Wallenstein* (1920) und *November 1918* (1939–50) sowie HEINRICH MANN mit seinem Exilwerk über *Henri Quatre* (1935/38) bedeutende Beiträge, indem sie ihren Texten eine moderne Geschichtsauffassung zugrunde legten. Biographische Romane über historische Persönlichkeiten sind auch in der Gegenwartsliteratur noch häufig anzutreffen; beispielhaft genannt seien DANIEL KEHLMANNS fiktive Doppelbiographie über ALEXANDER VON HUMBOLDT und CARL FRIEDRICH GAUSS, *Die Vermessung der Welt* (2005), und ILJA TROJANOWS Roman über den britischen Kolonialbeamten RICHARD FRANCIS BURTON, *Der Weltensammler* (2006).

Die Komplexität sozialer, kultureller und politischer Verhältnisse einer Epoche abzubilden, ist auch das Ziel des Zeitromans, der sich jedoch im Unterschied zum historischen Roman der Gegenwart widmet. Dieser Typus etablierte sich im ersten Drittel des 19. Jahrhunderts vor dem Hintergrund der Frühindustrialisierung. Als Auseinandersetzung mit den veränderten Realitäten sind z. B. KARL IMMERMANNS »Familienmemoiren« *Die Epigonen* (1836) zu lesen, die ein Panorama der zeitgenössischen Gesellschaft entfalten. Während sich hier der Protagonist am Schluss aus der Moderne zurückzuziehen versucht, stellt GUSTAV FREYTAG in *Soll und Haben* (1855) einen bürgerliche Werte und Tugenden verkörpernden Kaufmann in den Mittelpunkt, der von der industriellen Entwicklung profitiert. Im Gegensatz zu diesem die »Poesie des Geschäfts« verklärenden Roman fand das synchron angelegte sozialkritische Zeitporträt *Die Ritter vom Geiste* (1850–51) des Jungdeutschen KARL GUTZKOW nur wenige Leser.

Zeitroman

Die Autoren des Realismus, die mit ihren Erzähltexten die Poetisierung der bürgerlichen Alltags- und Arbeitswelt anstrebten, knüpften nur bedingt an diese politisch aufgeladenen Zeitromane an. Für die realistische Darstellung der Privat- und Berufssphäre fanden sie im Entwicklungsroman das bevorzugte Medium, in dem sich an einem Individuum die identitätsstiftende Funktion bürgerlicher Normen exemplifizieren ließ, das aber gleichzeitig die Möglichkeit kritischer Selbstreflexion bot. WILHELM RAABE weitet in *Der Hungerpastor* (1864) das Modell zu einem Doppelporträt zweier gegensätzlicher Charaktere aus und liefert damit auch ein Abbild des ideologischen Spannungspotenzials der Zeit.

Familien- und Eheroman

Die Auswirkungen hierarchischer Strukturen auf Einzelschicksale wurden verstärkt zum Gegenstand vor allem von Familien- und Eheromanen. FONTANE setzte sich in seinen Erzähltexten mit den Folgen von Ehebrüchen oder nicht standesgemäßen Beziehungen auseinander und prangerte die repressiven Moralvorstellungen seiner Zeit mit ihren besonders für Frauen fatalen Folgen an, etwa in *Cécile* (1887) und *Effi Briest* (1895). Während die Romanciers des Realismus weitgehend am bürgerlich-patriarchalischen Wertesystem festhielten, erzählt THOMAS MANN in den *Buddenbrooks* (1901) vom Verfall einer großbürgerlichen hanseatischen Kaufmannsfamilie und wird damit zum Chronisten eines tiefgreifenden gesellschaftlichen Umbruchs. Diese Familiensaga lässt sich auch dem Generationenroman zuordnen – ein Genre, das bis heute populär ist (z. B. ARNO GEIGER: *Es geht uns gut*, 2005; EUGEN RUGE: *In Zeiten des abnehmenden Lichts*, 2011).

Generationenroman

Gesellschaftsroman

Als Reaktion auf die Erfahrung des industriellen Massenzeitalters und in Anlehnung an englische, russische und französische Erzähler entstanden gegen Ende des 19. Jahrhunderts auch in Deutschland Gesellschaftsromane. Schon bei FONTANE ist trotz der Fokussierung auf Einzelfiguren die Tendenz erkennbar, ein breites Spektrum an Repräsentanten verschiedenster Klassen und Milieus darzubieten und so ein querschnittartiges Porträt der wilhelminischen Gesellschaft zu vermitteln. Als »sozialen Roman« etikettierte MAX KRETZER seinen *Meister Timpe* (1888), in dem er an einem Handwerksbetrieb die politischen, ökonomischen und privaten Folgen der industriellen Revolution und Urbanisierung in der Berliner Gründerzeit aufzeigt. Der ›deutsche ZOLA‹ vertritt noch nicht den konsequenten Naturalismus, der den auf Fakten gestützten, multiperspektivischen Experimentalroman hervorbrachte. ARNO HOLZ und JOHANNES SCHLAF setzten in ihrer novellistischen Studie über *Papa Hamlet* (1889), einen heruntergekommenen Schauspieler, ihre von positivistischen Wissenschaftsidealen (→ IV. 3) geprägte Kunsttheorie um und bedienten sich dabei des ›Sekundenstils‹, mit dem in einer Art Zeitlupentechnik die Sprech- und Bewegungsabläufe nachgezeichnet werden.

Diese erzähltechnischen Innovationen fanden vorerst keine Fortsetzung. Teilweise in bewusster Ablehnung der naturalistischen Programmatik entstanden um 1900 Erzähltexte, die an die im 18. Jahrhundert begründete und von den Romantikern und Realisten fortgesetzte Tradition des psychologischen Romans anschlossen und sich dabei die Entdeckungen der zeitgenössischen Psychologie zunutze machten. Insbesondere die Lehre SIGMUND FREUDs übte auf Autoren wie ARTHUR SCHNITZLER, STEFAN ZWEIG u. a. großen Einfluss aus. Symptomatisch dafür sind Texte, die sich wie Fallbeschreibungen lesen, aber in der Diagnostik weit über das Individuelle hinausgehen und Krisenerfahrungen der Moderne gestalten, so ROBERT MUSILs Pubertätsstudie *Die Verwirrungen des Zöglings Törleß* (1906) oder HERMANN HESSEs »Geschichte einer Jugend« *Demian* (1919).

Psychologischer Roman

Während impressionistische Erzähler wie HERMANN BAHR (*Die gute Schule. Seelenzustände*, 1890) oder EDUARD VON KEYSERLING (*Wellen*, 1911) das psychologisierende Verfahren extrem verfeinerten, grenzten sich Autoren der Berliner und Prager Moderne zu Beginn des 20. Jahrhunderts davon ab, explizit wie DÖBLIN oder implizit wie KAFKA. Unter dem Eindruck der neuen Medien und des rasanten wissenschaftlich-technischen Fortschritts entwickelte sich in produktiver Auseinandersetzung mit den europäischen Avantgarde-Bewegungen eine dezidiert moderne Ästhetik, die den veränderten Lebensbedingungen und Wahrnehmungsmustern in den Großstädten Rechnung trug. Kennzeichen dieses neuartigen Erzählstils sind Dynamik, Disharmonie, Fragmentarisierung, Entfabelung und Typisierung der Figuren (bis hin zur totalen Anonymisierung der Protagonisten etwa in KAFKAs Romanen). Die Autoren lenken den Blick auf das Hässliche, Kranke und Brutale – als Reaktion auf die deformierenden Effekte der Moderne und infolge der Erfahrung des im Ersten Weltkrieg entfesselten Gewaltpotenzials der wilhelminischen Gesellschaft. Während HEINRICH MANN mit seinen sozialkritischen Romanen, etwa *Professor Unrat* (1905), noch dem französischen Gesellschaftsroman ZOLAscher Prägung verpflichtet ist, entwickelt DÖBLIN – Anregungen des Futurismus und Dadaismus aufgreifend – den Montageroman. In *Berlin Alexanderplatz* (1929) bildet die im Untertitel angekündigte »Geschichte vom Franz Biberkopf« zwar noch den roten Faden, doch der eigentliche Gegenstand des Romans ist die Metropole Berlin, die durch eine Zitatcollage aus zeitgenössischen Dokumenten und Diskursen zu einem Spiegelbild modernen Lebens wird. Das Werk wirkte aufgrund seiner innovativen Erzähltechnik stilbildend auf nachfolgende Generationen bis in die Gegenwart hinein. Nicht nur Autoren der Neuen Sachlichkeit wie ERICH KÄSTNER (*Fabian*, 1931) oder HANS FALLADA (*Kleiner Mann – was nun?*, 1932) knüpften an *Berlin Alexanderplatz* an, sondern auch Erzähler der Nachkriegszeit wie ARNO SCHMIDT, der für seine Texte eine neuartige »Rastertechnik« entwickelte, ferner WOLFGANG KOEPPEN (*Tauben im Gras*, 1951) oder PETER WEISS (*Die Ästhetik des Widerstands*, 1975–81).

Moderne

Montageroman

Weitere Beispiele für sowohl ästhetisch als auch thematisch hochkomplexe Erzähltexte der klassischen Moderne sind die monumentalen Romane von HERMANN BROCH (*Die Schlafwandler*, Trilogie 1931/32), JOSEPH ROTH (*Radetzkymarsch*, 1932) und ROBERT MUSIL (*Der Mann ohne Eigenschaften*, 1930/32; unvollendet), die die Ursachen und Folgen des Zerfalls der Habsburger Monarchie ins Zentrum rücken. Dieses Themas nehmen sich auch die Romane HEIMITO VON DODERERS an, vor allem *Die Strudlhofstiege oder Melzer und die Tiefe der Jahre* (1951).

Die ideologischen Polarisierungen in der Weimarer Republik spiegeln sich in einer Vielzahl sozialkritischer und politischer Romane wider, die in neusachlichem Stil zeitgeschichtlich virulente Themen behandeln. Eine Konjunktur erlebten neben justizkritischen Erzähltexten vor allem realitätsnahe, unsentimentale Angestellten- und Kleinbürgerromane, z. B. von IRMGARD KEUN, MARIELUISE FLEISSER, ÖDÖN VON HORVÁTH und MARTIN KESSEL. Daneben erschienen pazifistische Kriegs- bzw. Antikriegsromane, die die Brutalität des Ersten Weltkriegs drastisch vor Augen führen und damit zur Zielscheibe rechtsnationaler Kreise wurden, so *Im Westen nichts Neues* von ERICH MARIA REMARQUE, *Krieg* von LUDWIG RENN (beide 1929) und der halb dokumentarische *Heeresbericht* (1930) von EDLEF KÖPPEN.

Angestellten- und Kleinbürgerroman

Kriegs- bzw. Antikriegsroman

Im gleichen Zeitraum lenken Autoren ultralinker Couleur den Blick auf die inhumanen Arbeitsbedingungen in der Großindustrie und üben scharfe Kritik am Kapitalismus, so ERIK REGER (d. i. Hermann Dannenberger) in *Union der festen Hand* (1931). An diese Tradition der Arbeiterdichtung knüpfen sowohl DDR-Schriftsteller an, die der Programmatik des sozialistischen Realismus folgen oder diese – um den Preis der Zensur – unterlaufen (wie MONIKA MARON in *Flugasche*, 1981), als auch westdeutsche Autoren wie MAX VON DER GRÜN (z. B. *Irrlicht und Feuer*, 1963).

Tradition der Arbeiterdichtung

Nach 1945

In der Erzählliteratur der Zeit nach 1945 bis zur Gegenwart ist ein Pluralismus verschiedenster Sujets, Stil- und Sprachformen festzustellen. Einen thematischen Schwerpunkt bildet nach wie vor die Aufarbeitung der NS-Zeit und deren Nachwirkungen, meist konzentriert auf Einzel- bzw. Familienschicksale, aber auch größer dimensioniert in Epochenromanen. Teils in eher konventioneller Erzählweise, teils in Anknüpfung an avantgardistische Darstellungstechniken legten HEINRICH BÖLL (z. B. *Haus ohne Hüter*, 1954; *Gruppenbild mit Dame*, 1971), GÜNTER GRASS (z. B. *Die Blechtrommel*, 1959; *Hundejahre*, 1963), MARTIN WALSER (z. B. *Halbzeit*, 1960) u. a. ab den 1950er Jahren in dichter Folge Romane vor, die von der Auseinandersetzung mit der NS-Vergangenheit bestimmt sind, aber auch die restaurativen Tendenzen der jungen Bundesrepublik kritisch beleuchten. Nach einer Phase der Politisierung in den 1960er und frühen 1970er

Jahren, in denen dokumentarische Verfahren auch die Erzählliteratur dominierten (z. B. ALEXANDER KLUGE: *Schlachtbeschreibung*, 1964; HANS MAGNUS ENZENSBERGER: *Der kurze Sommer der Anarchie*, 1972), entwickelte sich als gegenläufige Strömung eine »Neue Subjektivität«. Zu den Autoren, die in ihren Romanen den Blick auf innermenschliche Erfahrungswelten lenken, vor allem jedoch unangepasste Lebensweisen beschreiben, gehören ROLF DIETER BRINKMANN (*Keiner weiß mehr*, 1968), NICOLAS BORN (*Die erdabgewandte Seite der Geschichte*, 1976) u. a. Die vielfach autobiographisch inspirierten Texte setzen sich bevorzugt mit der Elterngeneration auseinander (z. B. PETER HANDKE: *Wunschloses Unglück*, 1972; CHRISTA WOLF: *Kindheitsmuster*, 1976; CHRISTOPH MECKEL: *Suchbild*, 1980) oder widmen sich – zumeist aus feministischer Perspektive – den patriarchalischen Geschlechterverhältnissen (z. B. KARIN STRUCK: *Klassenliebe*, 1973; ELFRIEDE JELINEK: *Die Liebhaberinnen*, 1975).

Dokumentarischer Roman

»Neue Subjektivität«

Sowohl die Gender- als auch die Subjekt-Problematik spielen in den Erzähltexten von INGEBORG BACHMANN eine zentrale Rolle, so in ihrem polyphonen Roman *Malina* (1971), der gleichzeitig die Nachgeschichte des Faschismus und des Holocaust behandelt. Dies gilt ebenso für die anderen zu dem unvollendeten Romanprojekt *Todesarten* gehörenden Prosatexte, u. a. *Das Buch Franza*. Sie können als Vorläufer des in jüngster Zeit entstandenen Genres der sogenannten Postmemory-Romane betrachtet werden, in denen der Umgang der Nachfolgegeneration mit den in der Familie tradierten Erinnerungen und Traumata infolge des Krieges und der Shoah im Mittelpunkt steht; als Beispiel seien *Der Kalte* (2013) von ROBERT SCHINDEL und *Vielleicht Esther* (2014) von KATJA PETROWSKAJA genannt.

Postmemory-Roman

Seit den 1990er Jahren erschien eine Reihe von Wende- und Nach-Wende-Romanen, in denen Autoren im Rahmen fiktiver Lebensläufe kritische und teilweise ironisch-satirische Blicke auf die Ost-West-Spaltung bzw. das wiedervereinigte Deutschland werfen, so GÜNTER GRASS in *Ein weites Feld*, JENS SPARSCHUH in *Der Zimmerspringbrunnen* (beide 1995) oder ALEXANDER OSANG in *Die Nachrichten* (2000). Die Verhältnisse in der DDR kurz vor dem Mauerfall schildern u. a. die beiden 2008 erschienenen Romane *Der Turm* von UWE TELLKAMP, in dem am Beispiel Dresdens die letzten sieben Jahre vor der Wende in einem breiten Gesellschaftspanorama lebendig werden, und *Adam und Evelyn* von INGO SCHULZE, der darin den Schwebezustand des Spätsommers 1989 vergegenwärtigt.

Wende- und Nach-Wende-Roman

Einen weiteren Schwerpunkt der zeitgenössischen Romanliteratur bilden Texte, die sich mit dem Themenkomplex Migration und Interkulturalität befassen, geschrieben von Autoren, die aus Einwanderer- oder Flüchtlingsfamilien stammen. Problematisiert werden in der sogenannten Migrationsliteratur

Migrationsliteratur

zumeist die Zerrissenheit zwischen den Kulturen und die hybride Identität sowie die Versuche der Integration in die Mehrheitsgesellschaft. Während EMINE SEVGI ÖZDAMAR in ihrem autobiographisch grundierten Roman *Die Brücke vom Goldenen Horn* (1998) über ihre Erfahrungen als ›Gastarbeiterin‹ in Berlin berichtet, schildert SAŠA STANIŠIĆ in seinem Debütroman auf der Grundlage eigener Erlebnisse den Bosnienkrieg und die Übersiedlung nach Deutschland (*Wie der Soldat das Grammophon repariert*, 2006). Ähnlich wie die rumäniendeutsche Autorin HERTA MÜLLER immer wieder das totalitäre Ceauşescu-Regime, vor dem sie flüchtete, literarisch verarbeitet (z. B. in *Der Fuchs war damals schon ein Jäger*, 1992), bezieht sich ABBAS KHIDER in seinen Romanen auf den Irak, so in *Der falsche Inder* (2008). Die Auswirkungen der Globalisierung sowie die Migrations- und Flüchtlingsthematik nehmen aber inzwischen auch breiten Raum in diversen neueren Prosatexten ein, z. B. in JENNY ERPENBECKS Roman *Gehen, ging, gegangen* (2015).

3.2.3 Epische Kleinformen

Zu den epischen Kleinformen zählen Märchen, Sagen, Legenden, Schwänke, Anekdoten, Fabeln, Parabeln, Kalendergeschichten, Novellen, Kurzgeschichten.[34] Als Terminus für fiktionale Texte mittleren Umfangs hat sich der Sammel- und Oberbegriff »Erzählung« eingebürgert, wobei die Grenzen zum Roman fließend sind, denn beide Genres zeigen gleiche Strukturmerkmale und unterscheiden sich letztlich nur durch ihre Länge und Komplexität voneinander. Vielfach nehmen Autoren selbst eine Gattungsbestimmung vor und steuern damit die Textrezeption. Andere verzichten auf solche Zuordnungen, um ihre Abkehr oder Gleichgültigkeit gegenüber Gattungs- und Formtraditionen zu signalisieren. So wählte KAFKA für sein erstes Buch, eine Sammlung von 18 kurzen Prosastücken, den vieldeutigen Titel *Betrachtung* (1913). Diese Texte brechen insofern mit Erzählkonventionen, als sie nur noch ansatzweise Geschichten erzählen und stattdessen Beobachtungen, Wahrnehmungen und Gedankenspiele wiedergeben. Die skizzenhafte, offene Form wird hier zum Programm. Auf der anderen Seite zeigen manche Autoren der Gegenwart gattungspoetisches Traditionsbewusstsein, indem sie ihre Prosatexte als Novellen deklarieren, so z. B. GÜNTER GRASS (*Katz und Maus*, 1961), MARTIN WALSER (*Ein fliehendes Pferd*, 1978) oder BODO KIRCHHOFF (*Widerfahrnis*, 2016).

34 Vgl. zu den einzelnen Gattungen den Sammelband *Kleine literarische Formen in Einzeldarstellungen*, Stuttgart 2002 (Reclams Universal-Bibliothek, 18187) sowie das *Handbuch Gattungstheorie*, hrsg. von Rüdiger Zymner, Stuttgart/Weimar 2010.

3.2.3.1 Novelle

Die Novelle ist romanischen Ursprungs; der Begriff ist abgeleitet vom italienischen Wort *novella* ›(kleine) Neuigkeit‹. Gattungskonstitutiv wurde der in der italienischen Frührenaissance von GIOVANNI BOCCACCIO geschaffene Novellenzyklus *Il Decamerone* (entstanden 1348–53), der – ähnlich wie die *Erzählungen aus Tausendundeiner Nacht* – von einer Rahmenhandlung zusammengehalten wird. Darin wird eine Gruppe von Menschen geschildert, die vor der in Florenz grassierenden Pest geflohen ist und die Wartezeit mit dem Erzählen von Geschichten überbrückt. Während dieses Modell von Rahmen- und Binnenerzählung in der europäischen Literatur bald zahlreiche Nachahmer findet, wird es im deutschen Sprachraum erst gegen Ende des 18. Jahrhunderts übernommen. In den *Unterhaltungen deutscher Ausgewanderten* (1795) führt GOETHE adlige Revolutionsflüchtlinge zusammen und lässt diese jeweils eine Geschichte erzählen – unter Ausschluss politischer Themen. Den Novellenbegriff verwendet er erst für eine 1828 publizierte prototypische Erzählung, die er mit dem Titel *Novelle* versah. Damit vollzieht GOETHE wie zuvor schon HEINRICH VON KLEIST, E.T.A. HOFFMANN u.a. die Abkehr vom Novellenzyklus hin zur Einzelnovelle. Diese kann in eine Rahmenhandlung eingebettet sein, jedoch verfugt mit der Binnenerzählung, wie in CLEMENS BRENTANOS *Geschichte vom braven Kasperl und dem schönen Annerl* (1818). In einem Gespräch mit JOHANN PETER ECKERMANN vom 29. Januar 1827 ist eine pointierte, auf die Erzählhandlung bezogene Definition GOETHES überliefert, die im Unterschied zu früheren Begriffsbestimmungen von WIELAND, SCHLEIERMACHER, den Brüdern SCHLEGEL u.a. bis heute zitiert wird: »[…] was ist eine Novelle anders als eine sich ereignete unerhörte Begebenheit.«[35] Die Konfrontation einer Figur mit einem einschneidenden, konfliktträchtigen Ereignis wird auch in der Folgezeit als Wesensmerkmal der Novelle angesehen, doch treten formalästhetische Kriterien hinzu. In der Diskussion spielt seit dem ausgehenden 19. Jahrhundert die von PAUL HEYSE entwickelte »Falkentheorie« eine große Rolle. In seiner Einleitung zum *Deutschen Novellenschatz* (1871) analysiert er die neunte Novelle in BOCCACCIOS *Decamerone*, in der ein Falke jeweils an den Schnittstellen der Handlung auftaucht, und erkennt in diesem Zentralmotiv »das Spezifische, das diese Geschichte von tausend anderen unterscheidet«.[36] Anstelle des bildhaften Falken-Begriffs wird heute meist vom Leitmotiv (→ III.3.3.1.2) oder auch vom Dingsymbol ge-

Novellenzyklus

Einzelnovelle

Definition Goethes

Paul Heyses »Falkentheorie«

35 Zit. nach: *Theorie der Novelle*, hrsg. von Herbert Krämer, Stuttgart 1976 (Reclams Universal-Bibliothek, 9524), S. 29.

36 Ebd., S. 29.

sprochen, in dem sich der Kern des erzählten Konflikts widerspiegelt. Vielfach deutet darauf bereits der Titel hin, so ANNETTE VON DROSTE-HÜLSHOFFS Kriminalnovelle *Die Judenbuche* (1842).

Theodor Storm

Aufgrund der straffen, linearen Handlungsführung auf einen Wendepunkt hin ist bereits von AUGUST WILHELM SCHLEGEL, später von THEODOR STORM auf die strukturellen Affinitäten zwischen Novelle und Drama hingewiesen worden. STORM bezeichnete die Novelle 1881 als »die Schwester des Dramas und die strengste Form der Prosadichtung«.[37] Hatte er wie viele Erzähler seiner Zeit noch ein ungebrochenes Verhältnis zu diesem Genre, so gilt dies für Autoren der Moderne nicht mehr. Symptomatisch dafür ist der von MUSIL 1914 veröffentlichte Essay *Die Novelle als Problem*, in dem er die Gültigkeit normativer gattungspoetischer Vorgaben leugnet: »Außer dem Zwang, in beschränktem Raum das Nötige unterzubringen, bedingt kein Prinzip einen einheitlichen Formcharakter der Gattung.«[38]

3.2.3.2 Kurzgeschichte

Zwar wird die strenge, geschlossene Kompositionsform der ›klassischen‹ Novelle auch heute noch vereinzelt realisiert, doch bevorzugen viele Gegenwartsautoren offene Prosaformen, um von alltäglichen Begebenheiten und unheroischen Menschen zu erzählen oder nur noch Momentaufnahmen, Realitätsausschnitte u. Ä. darzubieten. Im Bereich der modernen Erzählprosa ist es vor allem die Kurzgeschichte, die einem mehr oder minder einheitlichen Strukturschema folgt und sich dabei vielfach an ihrem Vorbild, der amerikanischen *short story*, orientiert. Gemeinsame Merkmale sind neben dem relationalen Kriterium der ›Kürze‹ der unvermittelte Einsatz der Handlung, die starke Verdichtung des Geschehens und der offene, disharmonische Schluss, der dem Leser Deutungsspielräume lässt. Die Sprache ist meist betont schmucklos und unpathetisch, lakonisch verknappt und der Alltagsdiktion angenähert. Vieles wird nur angedeutet oder vollständig ausgespart, so etwa genauere Angaben über die Zeit, den Ort, die Figuren.

Ihre Blütezeit erlebte die Kurzgeschichte in Deutschland nach 1945. WOLFGANG BORCHERT, HEINRICH BÖLL, ILSE AICHINGER, ALFRED ANDERSCH u. a. nutzten dieses Genre, um in repräsentativen Ausschnitten die trostlose Wirklichkeit der Kriegs- und Nachkriegszeit vor Augen zu führen und ihre Erfahrungen als ›Davongekommene‹ literarisch aufzuarbeiten. Seit den 1960er Jahren verliert die Kurzgeschichte an Bedeutung, trotz thematischer Verbreite-

37 Ebd., S. 50.
38 Ebd., S. 63.

rung und formaler Neuerungen. Die Erzählprosa dieser Zeit tendiert einerseits zu extremer Reduktion, Fragmentarisierung und Entfabelung, zu Miniaturen bzw. Kürzestgeschichten (z. B. von ROR WOLF, PETER BICHSEL) und sonstigen experimentellen Spielarten, andererseits zu (pseudo)dokumentarischen, protokollartigen oder reportagenahen Prosatexten mit politischen und sozialkritischen Inhalten (z. B. ALEXANDER KLUGE: *Lebensläufe*, 1962). Die Vielzahl der in den letzten Jahrzehnten veröffentlichten Kurzprosabände (z. B. von BRIGITTE KRONAUER, HERTA MÜLLER) zeigt jedoch, dass die Autoren am Geschichten-Erzählen festhalten. Auch die Kurzgeschichte erweist sich als weiterhin produktive Gattung. In der deutschsprachigen Gegenwartsliteratur erlebt sie sogar eine »Konjunktur«[39] sowie in den neuen sozialen Medien eine Weiterentwicklung in innovative Spielarten wie etwa die ›Twitteratur‹ (als eine Form der Kürzestgeschichte).

3.3 Strukturelemente von Erzähltexten

3.3.1 Was wird erzählt?

Das Interesse des Lesers von Erzähltexten richtet sich in der Regel zunächst auf die inhaltliche Ebene.[40] Die Lektüre erfordert das Verständnis dessen, was bzw. wovon erzählt wird. Erst der Nachvollzug des Handlungsverlaufs ermöglicht die Erkenntnis von thematischen Schwerpunkten, zentralen Motiven und anderen Strukturelementen.

3.3.1.1 Ereignis – Geschehen – Geschichte[41]

Als kleinste narrative Handlungseinheit lässt sich das Ereignis bestimmen. In FRANZ WERFELS Erzählung *Die blassblaue Frauenschrift* (1941) bildet das Eintreffen eines Briefes ein Ereignis, das den Protagonisten (die Hauptfigur) Leonidas in Bedrängnis bringt und den Auftakt für eine Serie weiterer, Spannung und Dynamik erzeugender Ereignisse darstellt. So entsteht durch die Reihung von Ereignissen ein Geschehen. Kleinere, zwischen Ereignis und Geschehen angesiedelte Handlungseinheiten werden als Episoden bezeichnet.

39 Anne-Rose Meyer, *Die deutschsprachige Kurzgeschichte. Eine Einführung*, Berlin 2014, S. 164. Dort findet sich auch eine Reihe einschlägiger Beispieltexte.

40 Vgl. dazu das Kapitel »Inhaltsanalyse« bei Jost Schneider, *Einführung in die Roman-Analyse*, 4., überarb. und erw. Aufl., Darmstadt 2016, S. 33–47.

41 Vgl. das Kapitel »Das ›Was‹: Handlung und erzählte Welt« bei Martínez/Scheffel (s. Anm. 21), S. 113–134.

Solche Erzählsequenzen sind Teil der Haupt- oder Nebenhandlung und mit dem Gesamtgeschehen nur lose verbunden.

Die zeitliche und logisch-kausale Verknüpfung von Ereignissen im Geschehen ist Voraussetzung für eine zusammenhängende, in sich schlüssige und kohärente Geschichte. Im anglo-amerikanischen Raum wird diese – in der Nachfolge des englischen Autors E. M. FORSTER – als *plot* bezeichnet, im Unterschied zur *story*, die nur die chronologische Abfolge meint.[42] Dem inzwischen eingedeutschten Terminus »Plot« entspricht der Begriff »Fabel«, der für den Grundplan epischer wie auch dramatischer Handlungsverläufe verwendet wird; er ist allerdings nicht mit dem didaktischen Genre zu verwechseln. Liegt Erzähltexten ein ähnlicher bzw. gemeinsamer Handlungsverlauf zugrunde, spricht man von einem Handlungsschema; dieses kann für bestimmte Erzählgattungen (z. B. Märchen oder Kriminalromane) typisch sein.[43]

Handlungsschema

3.3.1.2 Thema – Stoff – Motiv

Thema

Als Thema eines literarischen Textes bezeichnet man dessen Gegenstand (oder Sujet), der sich in einer Geschichte konkretisiert. Freundschaft, Liebe, Tod, Geschlechter-, Generationen- und Machtkonflikte bilden Themen, die unzählige Male narrativ behandelt und an fiktiven Figuren exemplifiziert worden sind. Das Erkennen der Thematik setzt Abstraktionsvermögen und Lektüreerfahrung voraus, denn der Leitgedanke eines Textes erschließt sich oft nicht auf Anhieb.

Stoff

Immer wieder greifen Autoren auf einen überlieferten, literarisch bereits bearbeiteten Stoff zurück und übertragen diesen in abgewandelter Form auf die Gegenwart. ELISABETH FRENZEL versteht unter Stoff »eine durch Handlungskomponenten verknüpfte, schon außerhalb der Dichtung vorgeprägte Fabel, ein[en] ›Plot‹, der als Erlebnis, Vision, Bericht, Ereignis, Überlieferung durch Mythos und Religion oder als historische Begebenheit an den Dichter herangetragen wird und ihm einen Anreiz zu künstlerischer Gestaltung bietet«.[44] ARMIN SCHULZ zufolge zeichnet sich der Stoff dadurch aus, dass »er das Werk global organisiert, nicht bloß einzelne Teile – im Sinne eines ganzen

42 Zu den verschiedenen Begrifflichkeiten vgl. die Übersichtstabelle ebd., S. 28.

43 Vgl. ebd., S. 129 f.

44 Elisabeth Frenzel, *Stoffe der Weltliteratur. Ein Lexikon dichtungsgeschichtlicher Längsschnitte*, 10., überarb. und erw. Aufl. unter Mitarb. von Sybille Grammetbauer, Stuttgart 2005, S. VII. – Trotz der von Frenzel (1915–2014) in der NS-Zeit verfassten antisemitischen Schriften, die die Autorin zeitlebens nicht selbstkritisch kommentierte, sind ihre Verdienste im Bereich der stoff- und motivgeschichtlichen Forschung unbestritten.

Handlungskomplexes mit einer vorgegebenen Abfolge von Ereignissen, die nicht an eine spezifische Gestaltungsform gebunden ist«.[45] Als Beispiele seien zwei Erzähltexte genannt, in denen die Autorinnen mythologische Stoffe neu deuten und modernisieren: *Meine Schwester Antigone* (1980) von GRETE WEIL und *Kassandra* (1986) von CHRISTA WOLF.

Motiv

Eine kleinere stofflich-thematische Einheit bildet das Motiv, das »den elementaren, keim- und kombinationsfähigen Bestandteil eines Stoffes« bezeichnet; »eine Kette oder ein Komplex von Motiven ergibt einen Stoff«[46]. Der Rückgriff auf Motive wie das des feindlichen Bruders setzt die Annahme anthropologischer Konstanten voraus, die unabhängig von historischen Rahmenbedingungen existieren. Allerdings entwickeln bestimmte Epochen stoffliche und motivische Vorlieben. So findet sich das Motiv des Doppelgängers in mehreren Werken der Romantik, u. a. bei ADELBERT VON CHAMISSO (*Peter Schlemihl's wundersame Geschichte*, 1814) und E. T. A. HOFFMANN (*Die Elixiere des Teufels*, 1815–16).

Leitmotiv

Kehrt ein Motiv innerhalb eines Textes in wörtlicher Wiederholung oder leicht variierter Form mehrfach wieder, so spricht man – in Anlehnung an das von RICHARD WAGNER entwickelte musikalische Prinzip der Wiederholung einer bestimmten Tonfolge zur Charakterisierung von Figuren, Dingen usw. – von einem Leitmotiv, das eine strukturierende und sinnstiftende Funktion übernimmt. Besonders kunstvoll ausgebildet wurde diese Technik von THOMAS MANN (z. B. in der Novelle *Der Tod in Venedig*, 1912).

3.3.2 Raum

Räumliche Koordinaten

In der fiktionalen Welt einer Erzählung spielen nicht nur die zeitlichen, sondern auch die räumlichen Koordinaten eine wichtige Rolle. Ein Text kann lediglich spärliche Informationen zur Lokalisierung der Handlung enthalten, er kann aber auch detaillierte, plastische Beschreibungen von Innen- und Außenräumen bieten, die zur Illusionsbildung seitens des Rezipienten wesentlich beitragen können – insbesondere dann, wenn Wiedererkennungseffekte erzeugt und kulturelle Wissenshorizonte eröffnet werden. Einige literarische Raumentwürfe sind so präzise, dass sie leicht illustriert und kartographisch erfasst werden können.[47]

45 Armin Schulz, »Stoff«, in: *Reallexikon der deutschen Literaturwissenschaft*, Bd. 3, 3., von Grund auf neu erarb. Aufl., hrsg. von Jan-Dirk Müller, Berlin 2003, S. 521 f., hier S. 521.

46 Frenzel (s. Anm. 44).

47 Vgl. Martínez/Scheffel (s. Anm. 21), S. 153 f.

Schauplatz

Manchmal signalisiert bereits der Werktitel, dass eine Konzentration auf einen Schauplatz (als »Vordergrund der Handlung« im Unterschied zu »einem mehr oder minder unbestimmt gegebenen Hintergrundraum«[48]) zu erwarten ist, so in WILHELM RAABEs *Chronik der Sperlingsgasse* (1856), ALFRED DÖBLINS *Berlin Alexanderplatz* (1929) oder HEIMITO VON DODERERS *Strudlhofstiege* (1951). Diese Romane beziehen sich allesamt auf Teilräume einer Großstadt und machen bestimmte Straßen oder Plätze zu Schnittpunkten verschiedener Handlungsstränge. Während hier auf reale Örtlichkeiten in Berlin bzw. Wien referiert wird, können in utopischen, phantastischen oder märchenhaften Texten (z. B. über das Schlaraffenland) die Räume frei erfunden und so konzipiert sein, dass sie von der menschlichen Erfahrungswelt stark abweichen und nach eigenen Gesetzen funktionieren. Aber auch realistisch erzählte Texte können fiktive Ortsnamen enthalten und eigene Welten erschaffen, z. B. GOTTFRIED KELLERS Novellenzyklus *Die Leute von Seldwyla* (1856; 1873/74).

Perspektivierung und Selektion

Ähnlich wie Figurencharakterisierungen bzw. -konzepte (→ III.4.3) sind narrative Raumdarstellungen selten objektiv und neutral, sondern durch eine bestimmte Perspektivierung und Selektion von Merkmalen mit Bedeutung aufgeladen. Es macht einen großen Unterschied, ob ein Ort oder Raum und dessen Stimmung bzw. Atmosphäre von einem auktorialen Erzähler (→ III.3.3.3.2) skizziert oder ausschließlich von einer Figur subjektiv wahrgenommen wird – etwa eine Höhle oder ein Tunnel als Angstraum. In der fast durchgängig intern fokalisierten[49] Erzählung *Die Verwandlung* (1915) von FRANZ KAFKA erlebt der in ein »Ungeziefer« verwandelte Gregor Samsa sein Zimmer als Ort der Gefangenschaft und Isolation; nach Entfernung der Möbel befürchtet er: »[…] in einen Raum, in dem Gregor ganz allein die leeren Wände beherrschte, würde wohl kein Mensch außer Grete [seine Schwester] einzutreten sich getrauen.«[50] Das Vordringen des Protagonisten »auf de[n] makellosen Fußboden des Wohnzimmers«[51], um dort Gretes Geigenspiel zu lauschen, wird von der Familie als unerlaubte Grenzüberschreitung in ihren Lebensbereich gesehen und entsprechend scharf sanktioniert. Zentraler Handlungsort ist die Wohnung der Familie Samsa, die in zwei Teilräume aufgespalten ist. Die Erzählung entfaltet aus Gregors Perspektive eine deutlich ausgeprägte räumliche Opposition, für die die – nach Gregors »Verwandlung« gezogene – Grenze

48 Ebd., S. 155.

49 Zur Fokalisierung s. u. (→ III.3.3.3.2).

50 Franz Kafka, *Die Erzählungen und andere ausgewählte Prosa*, hrsg. von Roger Hermes, Frankfurt a. M. 1996, S. 133.

51 Ebd., S. 149.

zwischen seinem Zimmer und der ihm verbotenen restlichen Wohnung sowohl handlungs- als auch bedeutungskonstitutiv ist. Die räumliche Trennlinie lässt sich hier auch auf die Figurenkonstellation und die innerfamiliären Verhältnisse übertragen (Gregor Samsa = Sohn/Bruder vs. Vater, Mutter und Schwester).

Raumsemantische Analyse

Gerade bei kontrastiven Raumstrukturen in Erzähltexten bietet sich eine raumsemantische Analyse an. Aufgrund des sehr breiten Spektrums an literarischen Raumentwürfen sowie an Formen der Bewegung in und zwischen Orten/Räumen ist eine Systematisierung jedoch schwierig. Es wurden zwar nicht erst seit dem sogenannten *spatial turn* zahlreiche neue Theorien und differenzierte Terminologien entwickelt, aber keine »so systematischen Kategorien [...] wie für die Analyse der Zeitdarstellung«[52]. Einen praxistauglichen Fragenkatalog haben SILKE LAHN und JAN CHRISTOPH MEISTER entwickelt:

Fragenkatalog zur raumsemantischen Analyse:

(1) *Quantität:* Gibt es einen Ort/Raum oder sind es mehrere?
(2) *Struktur:* Wenn es mehrere Orte/Räume gibt, in welchem Verhältnis stehen diese zueinander?
(3) *Realisierung:* Auf welche Art und wie ausführlich sind die Orte/Räume beschrieben? Wie stark sind diese Beschreibungen erzähler- oder figurengebunden?
(4) *Relationalität:* Wie verhalten sich Figuren, wie die Gegenstände im Raum zueinander? Falls es mehrere Orte/Räume gibt: Wie verhalten sich die einzelnen Orte/Räume zueinander?
(5) *Blickwinkel:* Aus welchem Blickwinkel werden Orte und Räume aufgebaut? (Organisation der Raumdarstellung)
(6) *Bewegtheit:* Gibt es Bewegungen im Raum bzw. von einem Ort/Raum zum andern?

52 Ansgar Nünning, »Raum/Raumdarstellung, literarische(r)«, in: *Metzler Lexikon Literatur- und Kulturtheorie. Ansätze – Personen – Grundbegriffe*, hrsg. von A. N., 5., aktual. und erw. Aufl., Stuttgart 2013, S. 634–637, hier S. 635.

Daraus ergeben sich drei interpretatorisch relevante Fragen:

(1) *Funktion:* Welche Funktion haben diese Beschreibungen?
(2) *Verbildlichung:* Handelt es sich bei dem dargestellten Raum wirklich um eine Außenwelt? Erfüllt der Ort/Raum primär den Zweck, beispielsweise emotionale Zustände und das Innenleben einer Figur zu illustrieren?
(3) *Semantisiertheit:* Ist die Räumlichkeit mit einem Wertesystem verbunden?[53]

Erzählraum

Handlungsraum

Zunächst sollten bei der Untersuchung der Raumstruktur die expliziten Ortsangaben eruiert werden, die auf den Sprecherstandort hinweisen – etwa durch deiktische (zeigende) Adverbien wie »hier in Berlin«[54]. Während der Erzählraum (der Ort des Erzählers) oft unklar bleibt, wird der Handlungsraum (Ort/e der Figuren) meist deutlicher konturiert. Angaben dazu finden sich vielfach bereits am Anfang einer Erzählung. THEODOR STORMs Novelle *Hans und Heinz Kirch* (1883) z. B. beginnt so: »Auf einer Uferhöhe der Ostsee liegt hart am Wasser hingelagert eine kleine Stadt […].« Der auktoriale Erzähler belässt es in seiner Exposition aber nicht bei einer rein topographischen Beschreibung, sondern modelliert den kleinstädtischen Raum zu einem bürgerlichen Mikrokosmos mit festen moralischen Regeln:

> »In einem Balkengestelle auf dem Markte hing noch vor kurzem, wie seit Jahrhunderten, die sogenannte Bürgerglocke; um zehn Uhr abends, sobald es vom Kirchturme geschlagen hatte, wurde auch dort geläutet, und wehe dem Gesinde oder auch dem Haussohn, der diesem Ruf nicht Folge leistete, denn gleich danach konnte man straßab und -auf sich alle Schlüssel in den Haustüren drehen hören.«[55]

Semantischer Raum

Es handelt sich hier insofern um einen semantischen bzw. semantisierten Raum, als dieser nicht nur ein zentraler Bedeutungsträger und Handlungsmotor ist, sondern auch ein bestimmtes Normen- und Wertesystem repräsen-

53 Lahn/Meister (s. Anm. 20), S. 253 (in leicht gekürzter Wiedergabe).

54 Vgl. Monika Fludernik, *Erzähltheorie. Eine Einführung*, 4., erneut durchges. Aufl., Darmstadt 2013, S. 52.

55 Theodor Storm, *Hans und Heinz Kirch. Novelle*, Stuttgart 2008 (Reclams Universal-Bibliothek, 6035), S. 5.

tiert.[56] Der russische Strukturalist JURIJ M. LOTMAN betrachtet die Raumordnung sogar als ein Textelement, »um das herum sich auch die nichträumlichen Charakteristiken ordnen«.[57] Viele Erzähltexte gliedern sich demnach »in zwei disjunkte [getrennte] Teilräume«, die durch eine eigentlich unüberwindliche bzw. allgemein akzeptierte Grenze getrennt werden.[58] Meistens kann lediglich die Hauptfigur (der ›Held‹) diese Grenze überschreiten, während die übrigen Figuren in den ihnen zugewiesenen Räumen verbleiben. So entsteht für LOTMAN aus der von einer Figur vollzogenen Grenzüberschreitung eine zentrale narrative Handlungsdynamik.[59] Auf STORMS Novelle übertragen, bildet die vor der Küste liegende Insel namens Warder einen Gegenraum zur moralisch streng regulierten Kleinstadtwelt. An diesem exterritorialen Ort besucht Heinz Kirch ohne Wissen seines Vaters mit Wieb, einem Mädchen aus einer sozial niedrigeren und schlecht beleumundeten Familie, den Jahrmarkt und kehrt von diesem Rendezvous erst nach Ertönen der Bürgerglocke heim. Diese Grenzverletzung des Sohnes im konkreten wie metaphorischen Sinne verschärft die ohnehin angespannte Beziehung zu seinem Vater und führt schließlich zur Eskalation des Konflikts.

Grenzüberschreitung

Bei den semantischen bzw. semantisierten Räumen lässt sich unterscheiden zwischen solchen, die – wie bei KAFKA und STORM – »an einen topographischen Träger, einen Raum, gebunden sind«, und solchen, die »abstrakt semantische Räume« repräsentieren und »nur über ihr spezifisches Merkmalsbündel gegeben sind«; dazu gehört jedoch immer die »Abgrenzung und Unterscheidung« von einem anderen Raummodell.[60] Die Analyse von Raumstrukturen kann auf der Basis folgender Gegensatzpaare erfolgen, die als konkrete wie auch abstrakte bzw. als topographische und topologische Merkmale zu verstehen sind: oben – unten (z. B. Himmel – Erde), hoch – tief (z. B. Berg – Tal), links – rechts, geschlossen – offen, eng – weit, hell – dunkel (z. B. Lichtung – Höhle), warm – kalt, laut – leise, privat – öffentlich, heilig – profan (z. B. Kirche – Theater), vertraut – fremd, freundlich – feindlich, geordnet – ungeordnet (z. B. Park – Urwald), sauber – schmutzig etc.[61] Häufig anzutreffende raumsemantische Oppositionen sind auch Außenraum – Innenraum, Natur-

Topographische und topologische Merkmale

56 Vgl. Krah (s. Anm. 15), S. 292 ff.

57 Jurij M. Lotman, *Die Struktur literarischer Texte*, München ^{2}1981, S. 316.

58 Ebd., S. 327.

59 Vgl. zu Lotmans eigenwilliger Sujet- und Ereignistheorie Martínez/Scheffel (s. Anm. 21), S. 158 f.

60 Krah (s. Anm. 15), S. 300. Lahn/Meister (s. Anm. 20) sprechen beim abstrakten semantischen Raum vom »Bedeutungsraum«, S. 206.

61 Vgl. Lotman (s. Anm. 57), S. 313 f.

raum – Zivilisationsraum, Provinz/Land – (Groß-)Stadt, Heimat – Fremde, Orient – Okzident, Norden – Süden und Westen – Osten (klimatisch, geographisch, kulturell, politisch-ideologisch) etc.

Geschlechterdichotomie

Selbst die Geschlechterdichotomie kann in Raumdarstellungen zum Ausdruck kommen. Man denke etwa an ADALBERT STIFTERS Erzählung *Turmalin* (1853), in der sich die asymmetrische Beziehung des Ehepaars in der extrem unterschiedlichen Einrichtung und Nutzung der jeweils bewohnten Zimmer widerspiegelt. Während im Wohnzimmer des Mannes »alle Wände ganz vollständig mit Blättern von Bildnissen berühmter Männer beklebt« sind und er dort der ausgiebigen Kunstbetrachtung und (dilettantischen) Ausübung diverser Künste nachgeht, sind die hell und freundlich gestalteten »Zimmer der Frau [...] nach ihrer Art eingerichtet«; sie beschäftigt sich darin neben der Betreuung der gemeinsamen Tochter »mit Arbeit mit Lesen mit Sticken mit Besorgung des Hauswesens«.[62] Die ausführliche Schilderung der gegensätzlichen Teilräume (unter auffälligem Verzicht auf eine explizite Figurencharakteristik) veranschaulicht dem Leser auf suggestive Weise die nicht nur räumlich existierende Kluft, die das Ehepaar trennt. Das von ihnen gelebte Modell der Parallelwelten zerbricht, als die Frau Ehebruch begeht und bald darauf spurlos verschwindet. Eine raumsemantische Opposition prägt auch den zweiten Teil der Erzählung, in dem die von Vater und Tochter in der Wiener Vorstadt bezogene Souterrain-Wohnung (vergittert, düster, verkommen etc.) ein Gegenmodell zur Wohnung der Ich-Erzählerin bildet (luftig hell, gepflegt, kinderfreundlich, mit Garten etc.).

3.3.3 Wie wird erzählt?

Die Vielfalt der Erzählliteratur zeigt, dass Geschichten auf verschiedenste Weise erzählt werden können. Dennoch gibt es Merkmale und Ordnungskriterien, nach denen sich bestimmte Typen und Formen des narrativen Diskurses[63] unterscheiden lassen.

62 Adalbert Stifter, *Bunte Steine. Erzählungen*, hrsg. von Helmut Bachmaier, Stuttgart 2010 (Reclams Universal-Bibliothek, 4195), S. 129 und 130.

63 Die Unterscheidung zwischen dem »*discours*« (Diskurs: Wie wird erzählt?) und der »*histoire*« (Geschichte: Was wird erzählt?) geht auf Tzvetan Todorov zurück und wurde u. a. von Genette übernommen.

3.3.3.1 Zeit

Der Akt des Erzählens ist wie der des Lesens an die Zeit gebunden. Erzähltexte entstehen in einer bestimmten Zeit, und sie beziehen sich auf einen begrenzten Zeitraum, in dem die Figuren agieren. Die fiktive Handlung kann in der Gegenwart des Autors, in einer historischen Epoche oder in der Zukunft spielen. Sie kann sich auf einen einzigen Tag beschränken oder über mehrere Jahrhunderte ausdehnen. GÉRARD GENETTE empfiehlt, bei der Analyse der Kategorie Zeit zwischen der Dauer, Ordnung und Frequenz des erzählten Geschehens zu differenzieren und danach zu fragen, wie lange dieses in Relation zur Erzählung dauert, in welcher Reihenfolge die Ereignisse dargeboten werden und wie oft davon erzählt wird.[64]

Dauer. GÜNTHER MÜLLER führte 1948 die Unterscheidung zweier Zeitmaße in die Textanalyse ein. Die Erzählzeit ist die Zeit, die der Erzähler für seine Geschichte benötigt bzw. der Rezipient für die Lektüre; Bezugsgröße ist die Textlänge. Im Unterschied zur Dauer der Erzählung meint die erzählte Zeit die Dauer der erzählten Geschichte. Mit Hilfe dieser quantitativen Abwägung lässt sich, wie EBERHARD LÄMMERT in den *Bauformen des Erzählens* (1955) ausgeführt hat, das Zeitgerüst eines Erzähltextes und die Art der Geschehensvermittlung näher bestimmen. In historischen oder Generationen übergreifenden Familienromanen ist das erzählende Medium gezwungen, sich auf die Vergegenwärtigung repräsentativer Ausschnitte zu beschränken und die dazwischen liegenden Phasen zusammenzufassen oder auszusparen. In Formulierungen wie »Sie machte drei Wochen Urlaub« tritt das Verfahren der Zeitraffung zutage, die auch als summarisches Erzählen bezeichnet wird. Die Erzählzeit unterschreitet hier deutlich die erzählte Zeit. In ein anderes Verhältnis treten diese beiden Größen in Texten, die überwiegend aus Gesprächen bestehen. Das (Vor-)Lesen szenisch-dialogischer Passagen beansprucht, sofern diese keine oder wenige Erzählerkommentare enthalten, ungefähr die gleiche Zeit, wie die Figuren für ihre Rede benötigen. In einem solchen Fall stimmen Erzählzeit und erzählte Zeit in etwa überein, so dass von Zeitdeckung bzw. szenischem Erzählen gesprochen werden kann. Umfasst das erzählte Geschehen nur einen kleinen Zeitraum und wird dieser in einer Art Zeitlupentechnik geschildert, so übersteigt die Erzählzeit die erzählte Zeit. Zeitdehnung entsteht z. B. durch die extensive Wiedergabe von Gedanken, Empfindungen

Erzählzeit

Erzählte Zeit

Zeitraffung

Zeitdeckung

Zeitdehnung

64 Gérard Genette, *Die Erzählung*, übers. von Andreas Knop; mit einem Nachw. von Jochen Vogt […], 3., durchges. und korrig. Aufl., München 2010, S. 17–102. – Vgl. dazu Martínez/Scheffel (s. Anm. 21), S. 33–50.

oder Erinnerungen einer Figur. Retardierende (verzögernde) Wirkung hat auch die Erzählung parallel bzw. gleichzeitig verlaufender Handlungen oder die Mehrfacherzählung derselben Vorfälle aus verschiedenen Blickwinkeln.

Ellipse

Für Zeitsprünge hat GENETTE den Begriff der Ellipse eingeführt; dabei wird durch das Aussparen von erzählter Zeit das Erzähltempo erhöht. Während in dem Satz: »Zehn Jahre später sahen sie sich wieder« eine genaue Zeitangabe genannt wird, bleibt sie im folgenden Fall unbestimmt: »Es vergingen viele Jahre, bevor das Paar sich wiedersah«. Wird die fortlaufende Handlung etwa durch Erzählerkommentare oder Beschreibungssequenzen (z. B. Innen- oder Außenräume) unterbrochen, entsteht eine Pause; sie führt zum Stillstand der erzählten Zeit bzw. des Geschehens und zur Verringerung des Erzähltempos.

Pause

Wie lange dauert die Darstellung des Geschehens?

Erzählte Zeit > Erzählzeit	= zeitraffendes / summarisches Erzählen
Erzählte Zeit ≈ Erzählzeit	= zeitdeckendes / szenisches Erzählen
Erzählte Zeit < Erzählzeit	= zeitdehnendes Erzählen
Erzählte Zeit > 0 = Erzählzeit	Ellipse (Zeitsprung)
Erzählte Zeit = 0 < Erzählzeit	Pause

Chronologie versus Anachronie

Ordnung. Als Normalfall bezüglich der Ordnung bzw. Reihenfolge lässt sich das chronologische, am Ablauf der Ereignisse orientierte Erzählen bestimmen. Viele Erzähltexte folgen jedoch nicht dem Prinzip des zeitlichen Nacheinanders (der Sukzession), sondern nehmen Ereignisse vorweg oder berichten davon an späterer Stelle, weichen also von der linearen Zeitachse ab. Bei solchen Abweichungen zwischen fiktiver und realer Chronologie liegt Anachronie vor, die zu einer »Dissonanz zwischen der Chronologie der Geschichte und der Chronologie der Erzählung« führt.[65] In den seltenen Fällen, in denen gar keine chronologische Ereignisfolge zu erkennen ist, handelt es sich um Achronie. Die nachträgliche Darstellung eines Geschehens wird als Analepse bezeichnet, wobei zwischen der aufbauenden und der auflösenden Analepse unterschieden werden kann: Bei ersterer wird eine ›Lücke‹ schon relativ früh geschlossen, bei letzterer erfolgt die Erzählung des fehlenden bzw. erklärenden Bausteins erst gegen Schluss (z. B. die Auflösung eines Verbrechens im Kriminalroman). Bei der vorwegnehmenden Erzählung von Ereignissen, der Prolepse,

Achronie

Analepse

Prolepse

65 Martínez/Scheffel (s. Anm. 21), S. 35.

finden sich ebenfalls zwei Varianten: Eine zukunftsgewisse Vorausdeutung wird in der Regel vom auktorialen Erzähler (→ III.3.3.3.2) getroffen, der das gesamte Geschehen überblickt und bereits zu Beginn mitteilen kann, welchen Ausgang die Geschichte nimmt. Dagegen handelt es sich bei Prolepsen, die aus der Figurenperspektive vermittelt werden (Ahnungen, Träume, Visionen etc.), um zukunftsungewisse Vorausdeutungen.[66]

In welcher Reihenfolge wird erzählt?

Chronologisches Erzählen	A B C usw.
Analepse (Rückwendung)	B A C
Prolepse (Vorausdeutung)	A C B
Achronie	Keine Abfolge erkennbar

Die Entscheidung eines Erzählers für das Prinzip der Chronologie oder das der Anachronie hat erhebliche Konsequenzen für die Erzählstruktur insgesamt. Eine beispielhafte chronologisch-lineare bzw. synthetische Erzählung ist FONTANEs Kriminalgeschichte *Unterm Birnbaum* (1885), in der ein Mordfall von der Planung bis zum Tod des Täters rekonstruiert wird. Das gegensätzliche Modell einer analytischen Erzählung[67] repräsentiert E. T. A. HOFFMANNs Novelle *Das Fräulein von Scuderi* (1820); sie beginnt mit einem rätselhaften Ereignis, dessen Vorgeschichte analeptisch aufgedeckt wird.

Synthetische versus analytische Erzählung

Für die typisierende Beschreibung von Erzähleingängen hat sich eine von HORAZ hergeleitete Terminologie eingebürgert. FONTANE erzählt *ab ovo* (›von Beginn an‹), indem er zunächst die lokalen und historischen Umstände beschreibt und die Hauptfigur vorstellt. HOFFMANN setzt dagegen mit einem Ereignis ein, das innerhalb der erzählten Geschichte zur Endphase gehört; er erzählt also *in ultimas res* (›vom Ende her‹). Wird der Erzählfaden scheinbar an beliebiger Stelle aufgenommen, etwa mitten in einem Gespräch, so handelt es sich um den Typus *in medias res* (›mitten in die Dinge hinein‹). VICKI BAUM lässt z. B. ihren Roman *Menschen im Hotel* (1929) szenisch mit einer Gesprächssequenz beginnen, also ohne Exposition. Mitunter stellen Autoren ihren Werken auch einen Prolog voran, der Bemerkungen über ihre Intention, die verwendeten Quellen u. Ä. enthält. Solche Vorreden dienen oft dazu, den Leser wohlwollend zu stimmen (*captatio benevolentiae*), sein Interesse zu wecken

ab ovo

in ultimas res

in medias res

66 Beide Unterscheidungen gehen auf Eberhard Lämmert zurück.

67 Vgl. Kap. III.4.2.3.4 »Das analytische und synthetische Drama«.

und/oder ihm die Erzählmotivation darzulegen. Als Beispiel sei die Eröffnungssequenz von FRIEDRICH SCHILLERs Kriminalerzählung *Der Verbrecher aus verlorener Ehre* (1792) genannt.

Singulative Erzählung

Repetitive Erzählung

Iterative Erzählung

Frequenz. Neben der Dauer und Ordnung ist für GENETTE die Frequenz eine wichtige Kategorie für die Analyse der Zeitstruktur. Dabei geht es um die Frage, wie oft etwas erzählt wird. Den Regelfall stellt die singulative Erzählung dar, in der ein Ereignis einmal erzählt wird. Das Gegenmodell bildet die repetitive Erzählung, in der ein Ereignis wiederholt erzählt wird, z. B. von mehreren Figuren bzw. aus verschiedenen Perspektiven (z. B. die Wiedergabe mehrerer Augenzeugenberichte bei einem Unfall), oder in der eine bestimmte Erzählsequenz mehrmals auftaucht. Bei einer iterativen Erzählung wird ein sich wiederholender Vorgang nur ein einziges Mal erzählt. Beispielhaft ist der Beginn von GERHART HAUPTMANNS »novellistischer Studie« über *Bahnwärter Thiel* (1888): »Allsonntäglich saß der Bahnwärter Thiel in der Kirche zu Neu-Zittau [...].«

Wie oft wird etwas erzählt?

Frequenz	**Ereignis**	**Erzählung**
singulativ	1x	1x
repetitiv	1x	xxx
iterativ	xxx	1x

3.3.3.2 Modus

Erzähler als fiktionales Konstrukt

Erzähltexte handeln nicht nur von erfundenen Figuren, sie erfinden auch den Erzähler oder abstrakter gesprochen: das erzählende bzw. narrative Medium. Der als Person oft gar nicht greifbare Erzähler ist ein fiktionales Konstrukt des Autors, und diese im Text verankerte »anthropogene [menschenähnliche] Erzählinstanz« ist es, »die für Selektion, Arrangement und Perspektivierung verantwortlich zeichnet«.[68] Als Aussagesubjekt der Erzählrede und Teil der Fiktion ist der Erzähler grundsätzlich vom realen Verfasser zu unterscheiden, und zwar auch dann, wenn er nicht explizit im Text auftaucht. In manchen Prosatexten stellt sich der Erzähler persönlich vor, spricht von sich in der Ich-Form und legt seine Erzählmotivation offen, in anderen bleibt er anonym, tritt nicht

68 Antonius Weixler, »Bausteine des Erzählens«, in: *Erzählen. Ein interdisziplinäres Handbuch*, hrsg. von Matías Martínez, Stuttgart 2017, S. 7 f.

in Erscheinung und verbirgt sich hinter den Figuren. So stellt sich bei der Lektüre eines Romans stets die Frage: Wer erzählt? Diese ist nicht immer leicht zu beantworten, und schon gar nicht mit dem Hinweis auf den faktischen Urheber der Erzählung. Eine Identität besteht lediglich in Autobiographien (→ III.6.2), in denen das Ich gleichzeitig Autor, Erzähler und Figur ist. Es gibt jedoch auch fiktionale Erzähltexte in der Ich-Form, etwa Brief- und Tagebuchromane. Hier gehört das erzählende Ich zu den Figuren und ist Teil der erzählten Welt (→ III. 3.3.3.3).

Wer erzählt?

Fokalisierung. Beim Hören, aber auch bei der Lektüre einer Erzählung vernimmt der Leser zwar die Erzählerstimme, folgt jedoch in seiner Wahrnehmung der erzählten Welt – vielfach intuitiv und zunächst unreflektiert – dem Blickwinkel der Figur(en). Dies geschieht vor allem dann, wenn die Protagonisten zur Identifikation einladen und der Rezipient sich in diese hineinversetzen kann. GÉRARD GENETTE unterscheidet daher zwischen der Stimme (Wer spricht? Wer erzählt?), bezogen auf den Akt des Erzählens (→ III.3.3.3.3), und dem Modus des Erzählens. Dieser umfasst zwei Aspekte: zum einen den Grad an Mittelbarkeit bzw. Unmittelbarkeit des Erzählens (s. u.), zum andern die Fokalisierung. Gemeint ist damit die »Perspektivierung der Darstellung relativ zum Standpunkt eines wahrnehmenden Subjekts« und zu dessen Wissenshorizont.[69] Stellt man nun an einen Erzähltext die Frage ›Wer sieht?‹, dann lassen sich drei Fokalisierungstypen unterscheiden:

Wer sieht?

Aus welcher Perspektive wird erzählt?

Fokalisierungstyp	**Erzähler und Figur**	**Position des Erzählers**	**Erzählsituation**
Nullfokalisierung	Erzähler > Figur	Übersicht / Allsicht: der Erzähler weiß bzw. sagt mehr, als eine der Figuren weiß oder wahrnimmt	auktorial
Interne Fokalisierung	Erzähler ≈ Figur	Mitsicht: der Erzähler weiß nicht mehr, als die Figur weiß	personal / aktorial
Externe Fokalisierung	Erzähler < Figur	Außensicht (›camera eye‹): der Erzähler sagt weniger, als die Figur weiß	neutral (objektiv)

69 Martínez/Scheffel (s. Anm. 21), S. 218.

Nullfokalisierung

Auktoriale Erzählinstanz

Bei der Nullfokalisierung weiß bzw. sagt der Erzähler mehr, als irgendeine der Figuren weiß bzw. wahrnimmt. Hier handelt es sich um eine auktoriale Erzählinstanz bzw. »Erzählsituation« – ein Terminus, den FRANZ K. STANZEL 1955 eingeführt hat.[70] Demnach ist das Hauptmerkmal dieser Erzählsituation »die Anwesenheit eines persönlichen, sich in Einmengung und Kommentaren zum Erzählten kundgebenden Erzählers«, der »als Mittelsmann der Geschichte« kommentierend und reflektierend in diese eingreift.[71] Er steht außerhalb und über der erzählten Welt, nimmt also nicht an der Handlung teil. Sein Standort ist überlegen, souverän, unbegrenzt. Er scheint allwissend zu sein und eine olympische Position innezuhaben.

Interne Fokalisierung

Personale Erzählinstanz

Demgegenüber teilt der Erzähler bei der internen Fokalisierung nur das mit, was dem geistigen und sinnlich wahrnehmbaren Horizont der Figur entspricht. Zu erkennen ist dieser Typus daran, dass eine Er-/Sie-Erzählung bzw. Erzählsequenz problemlos in eine Ich-Erzählung umgewandelt werden kann.[72] STANZEL bezeichnet diese Erzählsituation als personal, wenn der Erzähler die Perspektive einer Figur übernimmt und nur mitteilt, was diese wahrnehmen und wissen kann. Dann »öffnet sich dem Leser die Illusion, er befände sich selbst auf dem Schauplatz des Geschehens oder er betrachte die dargestellte Welt mit den Augen einer Romanfigur, die jedoch nicht erzählt, sondern in deren Bewußtsein sich das Geschehen gleichsam spiegelt. Damit wird diese Romanfigur zur *persona*, zur Rollenmaske, die der Leser anlegt.«[73] Diese Erzähltechnik wird anschaulich in KAFKAS 1914/15 geschriebenem Roman *Der Proceß*, der so beginnt:

> »Jemand mußte Josef K. verleumdet haben, denn ohne daß er etwas Böses getan hätte, wurde er eines Morgens verhaftet. Die Köchin der Frau Grubach, seiner Zimmervermieterin, die ihm jeden Tag gegen acht Uhr früh das Frühstück brachte, kam diesmal nicht.«[74]

70 Zur Diskussion um die »Brauchbarkeit von Stanzels Beschreibungsmerkmalen« vgl. Jochen Vogt, *Aspekte erzählender Prosa*, 8., durchges. und aktual. Aufl., Opladen 1998, S. 82 ff., sowie Martínez/Scheffel (s. Anm. 21), S. 94 ff.

71 Franz Stanzel, *Typische Formen des Romans*, Göttingen 1964 [u. ö.], S. 16. – Stanzels Terminus »Erzählsituation« wird im Folgenden ohne Anführungszeichen verwendet.

72 Vgl. Genette (s. Anm. 64), S. 124.

73 Stanzel (s. Anm. 71), S. 17.

74 Franz Kafka, *Der Proceß. Roman in der Fassung der Handschrift*, hrsg. von Malcom Pasley, Frankfurt a. M. 1990, S. 7.

Aufgrund der internen Fokalisierung bzw. personalen Erzählsituation erfährt der Leser zwar ebenso wenig wie der Protagonist bis zu dessen Hinrichtung am Schluss den Grund der Verhaftung durch das »höchste Gericht«, er kann aber die Konfrontation Josef K.s mit der Schuldfrage nachvollziehen, denn eine übergeordnete, Informationen über das rätselhafte Geschehen liefernde Erzählinstanz fehlt.

Externe Fokalisierung

Bei der externen Fokalisierung schließlich sagt der Erzähler weniger, als die Figur weiß.[75] Liegt der Standpunkt der Beobachtung nicht in einer Figur und beschränkt sich die Darstellung strikt auf die Außenperspektive, so lässt sich von einer neutralen Erzählsituation sprechen – in Analogie zum filmtechnischen Begriff des *camera eye*, das dem Zuschauer suggeriert, imaginärer Zeuge des Geschehens zu sein. Eine objektive und wertungsfreie Erzählweise kann jedoch streng genommen nur innerhalb von direkter Rede auftreten, bei der sich in Erzähltexten oft nur *inquit*-Formeln (er/sie/es sagte) finden. Diese »objektive Erzähltechnik« fordert »eine beträchtliche Mitarbeit des Lesers«, da kein Zugang zur Innenwelt der Figur(en) eröffnet wird.[76] Sie findet sich z. B. in lakonisch verknappten Kurzgeschichten.

Neutrale Erzählinstanz

Fokalisierungstypen können innerhalb eines Erzähltextes mehrfach und in rascher Folge wechseln, insbesondere in modernen Romanen wie DÖBLINS *Berlin Alexanderplatz*. Bei der internen Fokalisierung kann darüber hinaus noch zwischen fixierter, variabler und multipler Fokalisierung unterschieden werden.

Formen der internen Fokalisierung:

(1) Bei der fixierten internen Fokalisierung ist die Erzählung durchgängig auf die Wahrnehmung einer einzelnen Figur beschränkt (z. B. in Kafkas Romanen oder in Erzählungen Schnitzlers).

(2) Bei der variablen internen Fokalisierung wird das in der Regel chronologisch erzählte Geschehen aus der Sicht verschiedener Figuren wiedergegeben. So wird in Heinrich Bölls Eheroman *Und sagte kein einziges Wort* (1953) das Geschehen abwechselnd aus der Ich-Perspektive Käte und Fred Bogners dargeboten.

75 Vgl. ebd., S. 68.
76 Lahn/Meister (s. Anm. 20), S. 118.

(3) Bei der multiplen internen Fokalisierung wird das im Wesentlichen gleiche Geschehen aus der Perspektive mehrerer Figuren wiedergegeben. In Christoph Heins Roman *Landnahme* (2004) z. B. erzählen fünf Personen in monologisierender Rollenprosa über einen gemeinsamen Weggefährten. Bei den Typen (2) und (3) handelt es sich um poly- oder multiperspektivisches Erzählen.

Narrativer und dramatischer Modus: Innerhalb von Erzähltexten lässt sich zwischen berichtender Erzählung und szenischer Darstellung unterscheiden. Die Verteilung von narrativen und nicht-narrativen Partien verleiht Prosawerken ein individuelles Erzählprofil.[77] Die Erzählung von Ereignissen ist kennzeichnend für den narrativen Modus, während im szenisch-dramatischen Modus Figuren- und Gedankenreden in unterschiedlichen Formen wiedergegeben werden. Als Modus der Mittelbarkeit bzw. Distanz kann der narrative Modus verschiedene Redeformen wie die Beschreibung, Kommentierung, Reflexion und den Gesprächsbericht umfassen. Der szenisch-dramatische, durch Unmittelbarkeit gekennzeichnete Modus ist dagegen durch die Wiedergabe gesprochener oder gedachter Worte, also durch die Figuren- und Gedankenrede bestimmt. Dabei findet sich jeweils ein breites Spektrum an Spielarten, die sich den beiden Polen zitierte und erzählte Figurenrede zuordnen lassen.

Erzählung von Ereignissen

Erzählung von Worten

Figuren- und Gedankenrede

Zitierte Figurenrede

Die zitierte Figurenrede umfasst vor allem das monologische und dialogische Sprechen, jeweils eingeleitet durch ein *verbum dicendi* wie ›sagen‹, ›sprechen‹ etc. (bzw. durch eine *inquit*-Formel, s. o.) und zumeist durch den nachfolgenden Doppelpunkt und die Anführungszeichen als direkte wörtliche Rede gekennzeichnet. Zum dramatischen Modus zählt ebenfalls der innere Monolog, der innerhalb einer Erzählung in der 3. Person (meist Präteritum) daran zu erkennen ist, dass ein unvermittelter Wechsel in die 1. Person Singular Präsens stattfindet (ohne Einleitung durch ein *verbum dicendi* und ohne typographische Markierungen). Beim inneren Monolog handelt es sich um eine Art (stummes) Selbstgespräch einer Figur, durch das mentale Prozesse, Assoziationen, Erinnerungen, Gefühlsregungen, Stimmungen, Ahnungen etc. scheinbar distanzlos wiedergegeben werden. Als Pionier dieses Modus gilt im deutschsprachigen Raum ARTHUR SCHNITZLER, der in seiner Novelle

Innerer Monolog

77 Vgl. dazu Franz Stanzel, *Theorie des Erzählens*, Göttingen 1979 [u. ö.], S. 95–97 et passim.

Lieutenant Gustl (1900) die Titelfigur fortwährend monologisieren und damit ihr Inneres preisgeben lässt; sie beginnt ohne jede Einführung: »Wie lang wird denn das noch dauern? Ich muss auf die Uhr schauen … schickt sich wahrscheinlich nicht in einem so ernsten Konzert. Aber wer sieht's denn?«[78] SCHNITZLER verzichtet im gesamten Text auf eine übergeordnete Erzählinstanz bzw. lässt diese nur im Hintergrund unsichtbar Regie führen. Die gleiche Form des inneren Monologs findet sich auch in der Novelle *Fräulein Else* (1924). Werden syntaktische Ordnungen aufgebrochen oder gänzlich zerstört, um die Preisgabe rationaler Steuerungsmechanismen zu signalisieren, liegt eine radikalisierte Form des inneren Monologs vor: der Bewusstseinsstrom bzw. *stream of consciousness*. Berühmtestes Beispiel dafür ist JAMES JOYCE' Roman *Ulysses*, u. a. die Schlusssequenz mit dem Monolog der Molly Bloom.

Zitierte Gedankenrede

Die zitierte Gedankenrede wird in aller Regel durch ein *verbum credendi* eingeleitet (›denken‹, ›überlegen‹ etc.); Anführungszeichen können allerdings auch fehlen. Durch diesen dramatischen Modus wird die Illusion der unmittelbaren Teilhabe an den Gedanken einer Figur erzeugt. Dies gilt in noch stärkerem Maß für den inneren Monolog.

Erzählte Figurenrede

Die erzählte Figurenrede wird dagegen vom Erzähler in Form eines Gesprächsberichts ohne wörtliche Rede vermittelt. Während dabei zumindest der Inhalt des Gesprächs mitgeteilt wird (z. B.: Fritz und Luise sprachen über ihre berufliche Zukunft.), wird bisweilen sogar nur der Sprechakt als solcher erwähnt – nach dem Muster: Fritz und Luise führten ein lebhaftes Gespräch miteinander. Diese Spielarten können auf die erzählte Gedankenrede übertragen werden; diese lässt sich analog in die bloße Erwähnung des Reflexionsprozesses (z. B.: Fritz lag auf dem Sofa und grübelte.) und den Gedankenbericht (z. B.: Fritz dachte über seine berufliche Zukunft nach.) unterteilen.

Erzählte Gedankenrede

Transponierte Figuren- und Gedankenrede

Laut MATÍAS MARTÍNEZ und MICHAEL SCHEFFEL kommt noch eine zwischen narrativem und dramatischem Modus angesiedelte Mischform hinzu: die transponierte Figurenrede- und Gedankenrede.[79] Darunter fällt zum einen die indirekte Rede (erkennbar am *verbum dicendi* bzw. *credendi* im Haupsatz und dem Konjunktiv im Nebensatz (z. B.: Fritz versprach Luise, dass er sie bald besuchen komme. / Fritz überlegte, ob er morgen Luise besuchen solle.). Zum andern gehört dazu die ebenfalls zwischen Mittelbarkeit und Unmittelbarkeit angesiedelte erlebte Rede. Bei dieser Redeform vermittelt der Erzähler ohne

Indirekte Rede

Erlebte Rede

78 Arthur Schnitzler, *Lieutenant Gustl*, hrsg. von Konstanze Fliedl, Stuttgart 2009 (Reclams Universal-Bibliothek, 18156), S. 7. – Anregungen für die Form des inneren Monologs empfing er von Edouard Dujardins Roman *Les lauriers sont coupés* (1887).

79 Vgl. Martínez/Scheffel (s. Anm. 21), S. 55 f.

Überleitung Gesprochenes oder Gedachtes einer Figur – unter Beibehaltung der 3. Person Singular und des Erzähltempus Präteritum (Indikativ) sowie ohne Anführungszeichen (z. B.: Wie glücklich war er, Luise endlich wieder in seiner Nähe zu wissen. Sollte er sie vielleicht morgen besuchen?).[80] Die erlebte Rede lässt sich meist problemlos in einen inneren Monolog umwandeln (3. Person Singular Präteritum > 1. Person Singular Präsens) – im Sinne einer empfehlenswerten Substitutionsprobe.

Dramatischer Modus (Unmittelbarkeit) ›showing‹	⟷	**Narrativer Modus** (Mittelbarkeit/Distanz) ›telling‹
zitierte Figurenrede	**transponierte Figurenrede**	**erzählte Figurenrede**
a) Monolog/Dialog: mit verbum dicendi, in der Regel + Doppelpunkt + Anführungszeichen b) innerer Monolog (1. P. Sing. Präs. Indikativ)	a) indirekte Rede: Hauptsatz: verbum dicendi, Nebensatz: Konjunktiv b) erlebte Rede (3. P. Sing. Prät. Indikativ)	a) Erwähnung des Sprechakts (ohne Inhaltsangabe) b) Gesprächsbericht (Inhaltsangabe)
zitierte Gedankenrede	**transponierte Gedankenrede**	**erzählte Gedankenrede**
a) mit verbum credendi, in der Regel + Doppelpunkt + Anführungszeichen b) innerer Monolog (1. P. Sing. Präs. Indikativ)	a) indirekte Rede: Hauptsatz: verbum credendi, Nebensatz: Konjunktiv b) erlebte Rede (3. P. Sing. Prät. Indikativ)	a) Erwähnung des Gedankengangs (ohne Inhaltsangabe) b) Gedanken- bzw. Bewusstseinsbericht (Inhaltsangabe)

3.3.3.3 Stimme

Wer spricht?

Neben der Zeit und dem Modus bildet die Stimme (Wer spricht?), bezogen auf den Akt des Erzählens und den Erzähler, die dritte zentrale Kategorie bei der Erzähltextanalyse. Bei der Untersuchung der Erzähl(er)stimme stellt sich zunächst die Frage nach dem Zeitpunkt des Erzählens: Wann findet der Erzählvorgang statt bzw. wann erhebt der Erzähler seine Stimme – nach Ablauf der Geschichte, während sie noch im Gange ist oder schon vor ihrem Beginn?

Zeitpunkt des Erzählens

80 Vgl. ebd. die Übersichtstabelle mit Beispielsätzen, S. 66.

Daher kann zwischen folgenden zeitlichen Gestaltungsmöglichkeiten unterschieden werden:

Ereignis / Geschichte	Zeitpunkt des Erzählens	Erzähltempus
abgeschlossen, vergangen	später / nachzeitig / retrospektiv (= Regelfall)	(episches) Präteritum oder historisches Präsens (*praesens historicum*)
unabgeschlossen, bis in die Gegenwart reichend	gleichzeitig / simultan (z. B. Sportreportage)	Präsens
in der Zukunft liegend	früher / prospektiv (z. B. Wetterbericht)	Futur, eventuell auch Präsens

In manchen Erzähltexten wird phasenweise zwischen den Tempora bzw. Zeitebenen gewechselt, so zu Beginn des Romans *Das kunstseidene Mädchen* (1932) von IRMGARD KEUN:

> »Das war gestern abend so um zwölf, da fühlte ich, daß etwas Großartiges in mir vorging. Ich lag im Bett – eigentlich hatte ich mir noch die Füße waschen wollen, aber ich war zu müde wegen dem Abend vorher, und ich hatte doch gleich zu Therese gesagt: ›Es kommt nichts bei raus, sich auf der Straße ansprechen zu lassen, und man muß immerhin auf sich halten.‹ [...]
> Und ich denke, daß es gut ist, wenn ich alles beschreibe, weil ich ein ungewöhnlicher Mensch bin. Ich denke nicht an Tagebuch – das ist lächerlich für ein Mädchen von achtzehn und auch sonst auf der Höhe. Aber ich will schreiben wie Film, denn so ist mein Leben und wird noch mehr so sein. [...]«[81]

Die Ich-Erzählerin rekapituliert zunächst erinnernd die Erlebnisse des vorangegangenen Abends, bevor sie dann ihre gegenwärtige Situation reflektiert und ihre Zukunftspläne formuliert, die auf die schriftliche Fixierung des Erlebten in Gestalt eines Drehbuchs ausgerichtet sind. Der Textausschnitt präsentiert also eine Mischung aus späterem, gleichzeitigem und früherem Erzählen. Vor allem das frühere Erzählen, das u. a. Wunschphantasien, Prophezeiungen und Träume umfasst, ist meist nur partiell anzutreffen, sehr selten durchgängig innerhalb einer Erzählung. Selbst Zukunfts- und Science-Fiction-Romane wählen meist das epische Präteritum und berichten retrospektiv über Geschehnisse in fernen Zeiten.

81 Irmgard Keun, *Das kunstseidene Mädchen*, München 1996, S. 5 f.

Stellung des Erzählers zum Geschehen

Ein weiteres wichtiges Unterscheidungskriterium ist für GENETTE die Stellung des Erzählers zum Geschehen. Bei der homodiegetischen Erzählung (abgeleitet von griech. *diégesis* ›Erzählung‹) ist die erste Person[82] eine Figur der erzählten Welt. Wenn der Ich-Erzähler gleichzeitig die Hauptfigur ist, handelt es sich um den Spezialfall der autodiegetischen Erzählung. Vor allem im Bürgerlichen Realismus finden sich häufig Novellen, in denen eine ältere Person etwa durch die Konfrontation mit einem erinnerungsträchtigen Gegenstand dazu angeregt wird, sich eine frühere Lebensphase ins Gedächtnis zu rufen und diese erzählend zu rekonstruieren (z. B. WILHELM RAABE: *Holunderblüte*, 1863; C. F. MEYER: *Das Amulett*, 1873). Aufgrund des zeitlichen Abstands ist es bei retrospektiven Ich-Erzählungen sinnvoll und wichtig, zwischen dem erzählenden (bzw. erinnernden) und dem erlebenden (bzw. erzählten, erinnerten) Ich zu unterscheiden.

Homodiegetische Erzählung

Autodiegetische Erzählung

Erzählendes versus erlebendes Ich

Heterodiegetische Erzählung

In einer heterodiegetischen Erzählung gehört der Erzähler dagegen nicht zu den Figuren seiner Geschichte, und es dominiert die dritte Person: »in diesem Fall gibt es kein erlebendes, sondern nur das erzählende, als leibliche Person womöglich gar nicht fassbare Ich des Sprechers der Erzählrede«.[83] Bezieht man die Unterscheidung ›fiktionales versus faktuales Erzählen‹ in die Analyse ein, so ergeben sich folgende Typen (A = Autor; E = Erzähler; F = Figur; HF = Hauptfigur):

Erzähler	Erzählung	»Formel«	Beispiel
heterodiegetisch	fiktional	A ≠ E ≠ F	Roman (z. B. ERICH KÄSTNER: *Fabian*, 1931)
heterodiegetisch	faktual	A ≠ E ≠ F	Historische Biographie (z. B. GOLO MANN: *Wallenstein*, 1971)
homodiegetisch	fiktional	A ≠ E = F	Ich-Erzählung (z. B. JOSEPH ROTH: *Hotel Savoy*, 1924)
homodiegetisch	faktual	A = E = F	Autobiographische Erinnerungen (z. B. STEFAN ZWEIG: *Die Welt von Gestern*, 1942)

82 Diese ist nicht grammatisch zu verstehen: »Da jede Erzählung *per definitionem* von jemandem erzählt wird, ist sie, sprechpragmatisch gesehen, immer in der ersten Person abgefasst« (Martínez/Scheffel [s. Anm. 21], S. 85). – Nach Stanzels Typologie handelt es sich hier um eine Ich-Erzählsituation (als dritte Form neben der auktorialen und personalen Erzählsituation), Stanzel (s. Anm. 71), S. 16 f.

83 Martínez/Scheffel (s. Anm. 21), S. 86.

Erzähler	Erzählung	»Formel«	Beispiel
autodiegetisch	fiktional	$A \neq E = HF$	Autofiktionale Erzählung (z. B. WOLFGANG KOEPPEN: *Jugend*, 1976)[84]
autodiegetisch	faktual	$A = E = HF$	Autobiographie (z. B. ELIAS CANETTI: *Die gerettete Zunge*, 1977)

Eine weitere Unterscheidung GENETTEs innerhalb der Kategorie ›Stimme‹ betrifft den Ort des Erzählens bzw. die Ebene, auf der erzählt wird. Die klare Unterscheidung der Erzählebenen ist wichtig insbesondere bei verschachtelten Erzählformen, etwa bei Novellen mit Rahmenkonstruktion. Die extradiegetische Erzählung ist eine Erzählung erster Stufe, die zur Rahmenerzählung wird, sobald sie eine Erzählung zweiter Stufe (Binnenerzählung) enthält. Bei der intradiegetischen Erzählung handelt es sich um eine Erzählung auf der zweiten Ebene, d. h. um die Erzählung in der Erzählung einer Figur, die der erzählten Welt einer Rahmengeschichte angehört.[85] Diese Konstellation liegt in FRANZ GRILLPARZERs Erzählung *Der arme Spielmann* (1847) vor: Darin trifft der Ich-Erzähler der Rahmenhandlung beim Besuch eines Volksfestes in Wien auf einen älteren Geigenspieler und beginnt mit diesem ein Gespräch, in dessen Verlauf ihm der »arme Spielmann« ausführlich seine Lebensgeschichte erzählt. Diese Binnenerzählung nimmt weitaus größeren Raum ein als die Rahmenerzählung; beide werden in Ich-Form präsentiert. Mit dem Wechsel der Erzähl(er)stimmen geht also ein Wechsel der Erzählebenen einher (extradiegetisch > intradiegetisch). Novellenzyklen wie *Il Decamerone* (→ 3.2.3.1) folgen dem Prinzip der »additiven Verknüpfung«, indem sie »serielle Binnenerzählungen« präsentieren (jeweils zehn Erzählungen von zehn verschiedenen Erzählern).[86] In manchen Texten wird ein erneuter Wechsel der Erzählebenen vollzogen: Dann liegt eine Erzählung dritter Stufe vor, die als metadiegetisch bezeichnet wird.[87] WOLF SCHMID schlägt in Abgrenzung von GENETTEs Terminologie vor, bei gestaffelten Erzählungen

Ort des Erzählens

Extradiegetische Erzählung

Intradiegetische Erzählung

Metadiegetische Erzählung

84 In Koeppens Erzählung sind zahlreiche (auto-)biographische Elemente eingeflossen, die Fakten sind aber bis zur Unkenntlichkeit überschrieben. Ein anderes Beispiel ist Felicitas Hoppes Erzählung *Hoppe* (2012), die die Autorin als »Traumbiographie« bezeichnet. Vgl. zu diesem Text, der »die Gattung der Autobiographie persifliert«, Weixler (s. Anm. 68), S. 7.

85 Vgl. Martínez/Scheffel (s. Anm. 21), S. 79 ff.

86 Lahn/Meister (s. Anm. 20), S. 91.

87 Weitere Stufungen werden auch als metametadiegetisch usw. bezeichnet. Vgl. ebd., S. 90–101 [mit einer Modellanalyse von Storms *Schimmelreiter*].

zwischen dem primären, sekundären, tertiären (usw.) Erzähler zu unterscheiden.[88]

Erzähler und Adressat

Schließlich gilt es bei der Erzähltextanalyse noch die Beziehung zwischen dem Erzähler und dem Adressaten zu beleuchten. Die zugrundeliegende Frage bezüglich der Sprechsituation lautet hier: Wer erzählt wem? Der Erzähler kann in einen Dialog mit dem »geneigten« oder »lieben Leser« eintreten, wobei dies nicht selten mit ironischem Unterton geschieht. Diese Art der expliziten Kontaktaufnahme findet bevorzugt in Prologen oder Epilogen statt, die ohnehin einen starken Adressatenbezug haben. Im »Vorsatz« zu THOMAS MANNs Roman *Der Zauberberg* (1924) wendet sich der Erzähler folgendermaßen an den Leser:

> »Die Geschichte Hans Castorps, die wir erzählen wollen, – nicht um seinetwillen (denn der Leser wird einen einfachen, wenn auch ansprechenden jungen Menschen in ihm kennenlernen), sondern um der Geschichte willen, die uns in hohem Grade erzählenswert scheint [...]: diese Geschichte ist sehr lange her, sie ist sozusagen schon ganz mit historischem Edelrost überzogen und unbedingt in der Zeitform der tiefsten Vergangenheit vorzutragen.«[89]

Der sich zum »raunenden Beschwörer des Imperfekts« stilisierende Erzähler verwendet die Wir-Form (*pluralis majestatis*), um den Leser in die Fiktion einzubeziehen. Der ironische Ton ist jedoch eine Reaktion auf die Problematik des allwissenden Erzählers im modernen Roman, dessen Autorität dadurch in Frage gestellt wird. Solche selbstreflexiven, illusionsstörenden Elemente, die den Fiktionscharakter des Textes betonen, werden auch als Metanarration bezeichnet.[90] Der Erzähler kann aber auch nur implizit mit der Leserschaft kommunizieren und die direkte Ansprache meiden.

Metanarration

Fiktionsinterne oder -externe Adressierung

Grundsätzlich muss beachtet werden, ob es sich um eine fiktionsinterne oder -externe Adressierung handelt. So wendet sich der fiktive Herausgeber der Briefe in GOETHEs Roman *Die Leiden des jungen Werthers* (1774) gleich im ersten Satz an sein fiktionsexternes Lesepublikum: »Was ich von der Geschichte des armen Werthers nur habe auffinden können, habe ich mit Fleiß gesammlet, und leg es euch hier vor, und weiß, daß ihr mir's danken werdet.«[91]

88 Wolf Schmid, *Elemente der Narratologie*, 3., überarb. und erw. Aufl., Berlin/Boston 2014, S. 80.

89 Thomas Mann, *Gesammelte Werke in dreizehn Bänden*, Bd. 3: *Der Zauberberg*, Frankfurt a. M. 1990, S. 9.

90 Vgl. Lahn/Meister (s. Anm. 20), S. 178–185.

91 Johann Wolfgang Goethe, *Die Leiden des jungen Werthers. Erste Fassung 1774*, Stuttgart 2015, S. 5.

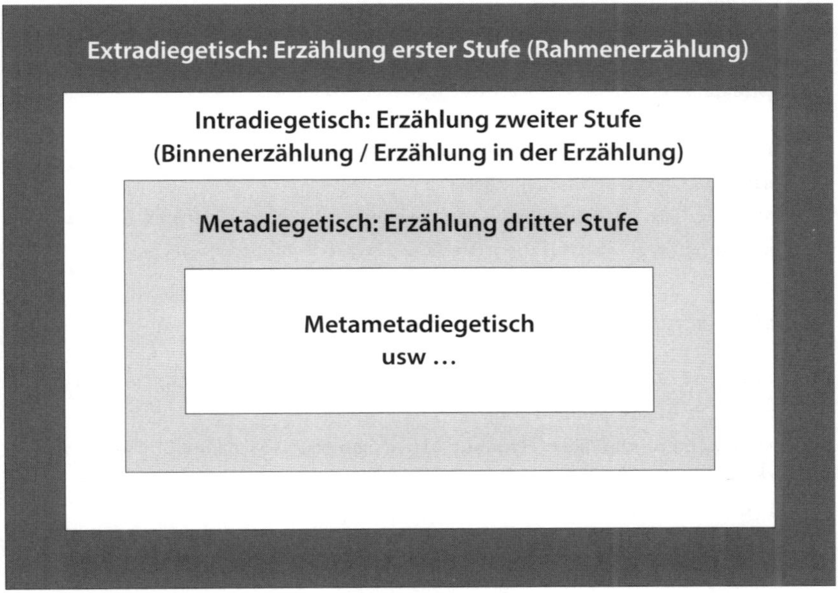

Abb. 1: Diegetische Ebenen

Werthers Briefe hingegen sind fiktionsintern an seinen »besten Freund« gerichtet. Persifliert wird die gerade in Briefromanen beliebte Herausgeberfiktion in E. T. A. HOFFMANNs *Lebens-Ansichten des Katers Murr* (1819/21); darin werden in mehreren ironisch-satirischen Vorworten sowohl potenzielle Leser als auch Kritiker von der Titelfigur angesprochen: »Sollte jemand verwegen genug sein, gegen den gediegenen Wert des außerordentlichen Buchs einige Zweifel erheben zu wollen, so mag er bedenken, daß er es mit einem Kater zu tun hat, der Geist, Verstand besitzt, und scharfe Krallen.«[92]

Herausgeberfiktion

Liegt eine intradiegetische Erzählung vor, richtet diese sich fiktionsintern an den Erzähler der Rahmengeschichte, der dadurch zum Zuhörer (oder – bei schriftlichen Dokumenten – zum Leser) wird. Unmittelbarer Adressat der Lebensgeschichte des »armen Spielmanns« ist der Ich-Erzähler der Rahmenhandlung; eine explizite fiktionsexterne Kontaktaufnahme mit dem Publikum findet in GRILLPARZERs Novelle nicht statt.

92 E. T. A. Hoffmann, *Lebens-Ansichten des Katers Murr*, hrsg. von Hartmut Steinecke, Stuttgart 1972, S. 11.

Literaturhinweise

Quellentexte

Aristoteles: Poetik. Griech./Dt. Übers. und hrsg. von Manfred Fuhrmann. Stuttgart 1994. (Reclams Universal-Bibliothek. 7828.)

Romantheorie. Texte vom Barock bis zur Gegenwart. Hrsg. von Hartmut Steinecke und Fritz Wahrenburg. Stuttgart 1999. (Reclams Universal-Bibliothek. 18025.)

Sekundärliteratur

Bauer, Matthias: Romantheorie und Erzählforschung. Eine Einführung. 2., aktual. und erw. Aufl. Stuttgart/Weimar 2005.

Erzählen. Ein interdisziplinäres Handbuch. Hrsg. von Matías Martínez. Stuttgart 2017.

Genette, Gérard: Die Erzählung. Übers. von Andreas Knop. Mit einem Nachw. hrsg. von Jochen Vogt. München ²1998.

Hamburger, Käte: Die Logik der Dichtung. Frankfurt a. M. / Berlin / Wien ³1980.

Lämmert, Eberhard: Bauformen des Erzählens. Stuttgart 1955 [u. ö.].

Lahn, Silke / Meister, Jan Christoph: Einführung in die Erzähltextanalyse. Mit Beiträgen von Matthias Aumüller [u. a.]. 3., aktual. und erw. Aufl. Stuttgart 2016.

Lotman, Jurij M.: Die Struktur literarischer Texte. München ²1981.

Martínez, Matías / Scheffel, Michael: Einführung in die Erzähltheorie. 10., überarb. und aktual. Aufl. München 2016.

Schneider, Jost: Einführung in die Roman-Analyse. 4., überarb. und erw. Aufl. Darmstadt 2016.

Stanzel, Franz K.: Theorie des Erzählens. Göttingen 1979 [u. ö.].

– Typische Formen des Romans. Göttingen 1964 [u. ö.].

Vogt, Jochen: Aspekte erzählender Prosa. 8., durchges. und aktual. Aufl. Opladen 1998.

4 Dramatik (Szenisch-dramatische Texte)

Von Gabriele Sander

Die Dramatik ist neben der Lyrik und Epik die dritte Hauptgattung. Der Begriff ›Drama‹ leitet sich vom griechischen Wort *dráma* ›Handlung; Schauspiel‹ ab und bezeichnet eine literarische Form, in der eine zusammenhängende Handlungsfolge von Figuren durch Rede und Gegenrede auf einer Bühne präsentiert wird. Auf diese spezifische Kommunikationssituation des Dramas hat bereits ARISTOTELES in seiner *Poetik* hingewiesen und grundsätzliche Unterschiede zwischen Epos und Drama festgestellt:

Unterschiede zwischen Epos und Drama

> »[…] es ist möglich, mit Hilfe derselben Mittel dieselben Gegenstände nachzuahmen, hierbei jedoch entweder zu berichten […] oder alle Figuren als handelnde und in Tätigkeit befindliche auftreten zu lassen.«[93]

Im Gegensatz zur epischen Berichtform wird im Drama die Handlung nicht im Nachhinein erzählt und von einer Erzählinstanz vermittelt, sondern als aktuell sich auf einer begrenzten Bühnenplattform vollziehendes Geschehen dargeboten. Dort wird die meist auf einen Konflikt zugespitzte Handlung dem Publikum von Schauspielern bzw. Rollenträgern vorgeführt. Vollzug und Rezeption des szenisch-dramatischen Geschehens finden also gleichzeitig statt.[94]

Dramentexte als virtuelle Kunstwerke

Dramentexte werden für die Inszenierung in einem Theater geschrieben und stellen gewissermaßen virtuelle Kunstwerke dar, die erst durch die Realisierung in einem Bühnenraum ihrer Bestimmung zugeführt werden. Nur selten konzipieren Autoren ihre Stücke als Lesedramen.[95] Die Theatergeschichte zeigt jedoch, dass ein beachtlicher Teil der Dramenliteratur nur selten aufgeführt wird oder erst gar nicht auf die Bühne gelangt. Viele ältere Stücke werden heute beinahe ausschließlich durch Lektüre rezipiert und bleiben nur so im kulturellen Gedächtnis lebendig. Die Literaturwissenschaft beschränkt sich meist auf die Analyse der Dramentexte[96], sollte aber deren mediales Potenzial stets mitberücksichtigen. Inszenierungen können als ›theatralische Texte‹ gelesen werden, die als eigenständige Kunstwerke besondere Analyse-Instrumentarien erfordern.[97]

Mediales Potenzial

93 Aristoteles (s. Anm. 18), S. 9.

94 Manfred Pfister schreibt dazu: »Das Ausfallen des vermittelnden Kommunikationssystems in dramatischen Texten erzeugt gleichzeitig den Eindruck unmittelbarer Gegenwärtigkeit des dargestellten Geschehens, der Gleichzeitigkeit des Dargestellten mit der Darstellung und dem Vorgang der Rezeption« (M. Pfister, *Das Drama. Theorie und Analyse*, München [11]2001, S. 23).

95 Pfister führt als Beispiel *Die letzten Tage der Menschheit* (1919) von Karl Kraus an (ebd., S. 39).

96 Pfister, der das Drama als »plurimediale Darstellungsform« begreift, spricht vom »literarischen Textsubstrat« (ebd., S. 24 f.).

97 Erika Fischer-Lichte bestimmt die Aufführung als »theatralischen Text«; daher lasse sich die »Aufführungsanalyse […] als ein besonderer Modus der Textanalyse begreifen und durchführen« (E. F.-L., *Semiotik des Theaters. Eine Einführung*, Bd. 3: *Die Aufführung als Text*, Tübingen 1983, S. 10).

Die zeitgenössische Regietheater-Praxis spiegelt den sehr freien Umgang mit Text- bzw. Spielvorlagen wider. Aber auch in früheren Epochen galt keineswegs das Prinzip der ›Werktreue‹, sondern es wurden seit jeher Dramentexte bearbeitet, Szenen gekürzt, umgestellt oder ganz gestrichen, um etwa die Aktualität eines Stückes zu betonen oder es überhaupt erst bühnentauglich zu machen.[98]

In der Moderne ist das traditionelle Literatur- und Sprechtheater zunehmend in Frage gestellt worden. Experimente mit szenisch-dramatischen Mischformen (Musik- und Tanztheater, Performances u. Ä.) und der Einsatz audiovisueller Medien (Film, Video usw.) haben »das Theater – gegen die Literatur – zum Ort alternativer Wirklichkeits-Produktion gemacht«.[99] Dies gilt insbesondere für die in der zweiten Hälfte des 20. Jahrhunderts entstandenen Formen des sogenannten postdramatischen Theaters. Bei diesem stark intermedial ausgerichteten »Theater jenseits des Dramas« steht »nicht mehr der schriftlich fixierte Text im Zentrum der Inszenierungs- und Aufführungspraxis«, sondern es werden »andere szenische Elemente und theatrale Gestaltungsmittel wie Darsteller und deren Mimik, Gestik und Proxemik [nonverbales Verhalten im Raum], Maske, Kostüm, Bühne, Requisiten, Ton, Licht und Raum grundsätzlich als gleichrangige Elemente erachtet«.[100] Diese Hinweise mögen genügen, um zu zeigen, wie sehr sich Theaterkonzepte, Inszenierungspraktiken und Rezeptionsformen historisch verändert haben und bis in die unmittelbare Gegenwart hinein stetigen Wandlungsprozessen unterliegen. Die Aufarbeitung der Entwicklungsgeschichte des Theaters (Ästhetik, Regie- und Schauspielkunst, Kostüm- und Maskenbildnerei, Theater- und Bühnenarchitektur, Theaterkritik usw.) ist Gegenstand der Theaterwissenschaft.

Postdramatisches Theater

98 Schon zur Goethezeit waren »massive Eingriffe in die Textgestalt« an der Tagesordnung (Bernd Graff, »Grundlagen szenischer Texte«, in: *Grundzüge der Literaturwissenschaft*, hrsg. von Heinz Ludwig Arnold und Heinrich Detering, München ⁵2002, S. 308–322, hier S. 313).

99 Ebd., S. 310.

100 Miriam Drewes, »Theater jenseits des Dramas: Postdramatisches Theater«, in: *Handbuch Drama. Theorie, Analyse, Geschichte*, hrsg. von Peter W. Marx, Stuttgart 2012, S. 72–84, hier S. 72.

4.1 Zur Geschichte und Theorie des Dramas

4.1.1 Die Entstehung der griechischen Tragödie

Kultisch-religiöser Ursprung

Der Ursprung des Dramas ist kultisch-religiös und geht auf die dem griechischen Vegetations- und Fruchtbarkeitsgott Dionysos gewidmeten Festlichkeiten zurück.[101] Zu diesen Dionysien gehörten neben Umzügen und orgiastischen Feiern auch Opferhandlungen, die von magisch-symbolischen Verwandlungsspielen begleitet wurden. Maskierte Schauspieler führten im kreisrunden Kultbezirk (griech. *orchḗstra* ›Tanzplatz‹), dessen Mitte der Altar des Dionysos bildete, von Musik begleitete Szenen auf. Später errichtete man einen Holzbau (*skēnḗ* ›Zelt, Hütte‹) sowie eine erhöhte Spielfläche (*proskḗnion* ›Vorbühne‹). Damit wurde die ›Bühne‹ vom Altarplatz getrennt und die Form des antiken Halbrundtheaters geschaffen.

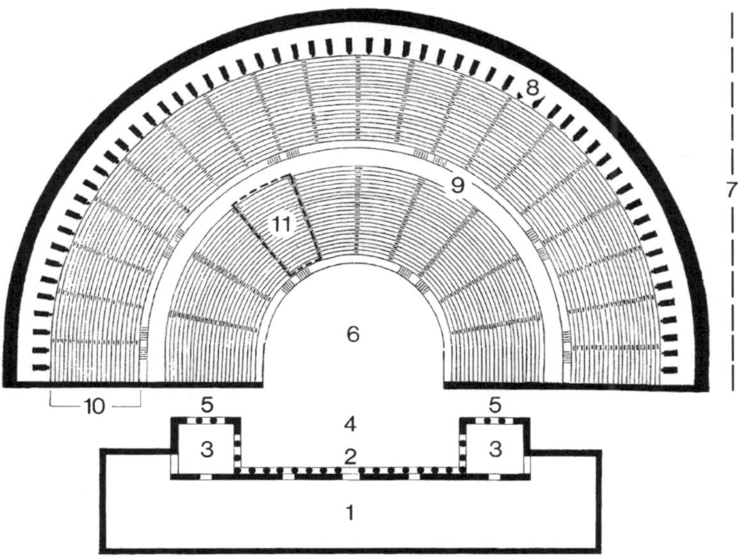

1 Skenengebäude, Bühnengebäude. 2 Skene, Bühnenwand. 3 Paraskenion. 4 Proskenion, Bühne. 5 Parodos, Durchgang. 6 Orchestra, Chorplatz. 7 Theatron, Zuschauerrraum 8 Bogengang mit Pfeilerhalle. 9 Diazoma, Gürtelgang. 10 Zona, Rang. 11 Kerkis, Segment.

Abb. 2: Grundriss eines griechischen Theaters, ca. 400 v. Chr.

101 Vgl. zur Entstehung des antiken Dramas Martin Hose, »Antike«, in: Ebd., S. 173–190.

Dithyrambos

Aus den kultischen Opferspielen zu Ehren des Dionysos entwickelte sich der Dithyrambos, eine enthusiastisch-ekstatische Form des Chorliedes. Die Strophen wurden von einem – in der Frühzeit wohl mit Bocksmasken vermummten – Chor (*chorós* ›Tanzplatz, Chortanz, Chor‹) gesungen und getanzt. Die dionysischen Oratorien hatten folgende Bestandteile:

Dionysische Oratorien

- Parodos (*párodos* – Gesang beim Einzug des Chores)
- Stasimon (*stásimon* – Standlied)
- Exodos (*éxodos* – Gesang beim Auszug)

Tragödie

Mit der Aufnahme epischer Stoffe aus den Heldensagen und der Einführung zunächst eines einzelnen Schauspielers (*hypokritḗs* ›Antwortender‹) entstand im 6. Jahrhundert v. Chr. in Athen die Tragödie (*tragōdía*, urspr. ›Bocksgesang‹), die sich aus dem Gegenüber von Chor und Schauspielern entwickelte. Je mehr Raum die (ausschließlich männlichen) Schauspieler beanspruchten,[102] desto stärker trat der Chor in den Hintergrund, bis er nur noch deutend-betrachtende Funktion hatte. Zunächst noch an den Dionysos-Kult gebunden, erfuhr die attische Tragödie in ihrer Blütezeit (5. Jh. v. Chr.) eine Säkularisierung. Die drei bedeutendsten Tragödiendichter AISCHYLOS (Trilogie: *Orestie* u. a.), SOPHOKLES (*König Ödipus*, *Antigone* u. a.) und EURIPIDES (*Medea*, *Elektra* u. a.) schöpften meist aus der Mythologie, nur selten griffen sie (zeit-)geschichtliche Stoffe auf.

4.1.2 Die aristotelische Dramentheorie

Die europäische Dramentheorie steht bis in die Moderne unter dem Einfluss des ARISTOTELES, der in seiner fragmentarisch überlieferten *Poetik* einige Wesens- und Strukturmerkmale der Tragödie aufzeigt. Auf deren Handlung bzw. »Fabel« bezogen, nennt er drei Elemente: die Peripetie (*peripéteia* – der Umschwung vom Glück ins Unglück), die Anagnorisis (*anagnṓrisis* – die Wiedererkennung bzw. der Umschlag von Unkenntnis in Kenntnis) und als deren Folge das Pathos (*páthos* – schweres Leid); dieses »ist ein verderbliches oder schmerzliches Geschehen, wie z. B. Todesfälle auf offener Bühne, heftige Schmerzen, Verwundungen und dergleichen mehr«[103]. An Tragödienhelden

102 Vgl. dazu Aristoteles (s. Anm. 18): »Aischylos hat als erster die Zahl der Schauspieler von einem auf zwei gebracht, den Anteil des Chors verringert und den Dialog zur Hauptsache gemacht. Sophokles hat den dritten Schauspieler und die Bühnenbilder hinzugefügt« (S. 15).

103 Ebd., S. 37.

wie Ödipus u. a. demonstriert er, dass das Tragische durch eine menschliche Verfehlung (*hamartía*)[104] des Protagonisten ausgelöst wird. Dieser soll weder charakterlich makellos noch ein Schuft sein, sondern ein »zwischen den genannten Möglichkeiten« stehender Mensch. In der Tragödie gerät ein solcher Held »wegen eines Fehlers«[105] – begangen im Affekt, durch Unwissenheit, Leichtsinn, Selbstüberschätzung oder Hybris (*hýbris* – Hochmut, Stolz) – in einen Schuldkonflikt mit tragischen Folgen. Der Zuschauer erfährt durch die emotionale Teilnahme am Schicksal der Figuren eine Läuterung (Katharsis):

Das Tragische

Katharsis

> »Die Tragödie ist Nachahmung einer guten und in sich geschlossenen Handlung […], die Jammer [*éleos* ›Mitleid, Erbarmen‹] und Schaudern [*phóbos* ›Furcht, Schrecken‹] hervorruft und hierdurch eine Reinigung [*kátharsis*] von derartigen Erregungszuständen bewirkt.«[106]

ARISTOTELES ergänzt seine gattungs- und wirkungsästhetischen Reflexionen um Aussagen zur Bauform der Tragödie; diese enthalte »notwendigerweise sechs Teile«[107]:

Bauform der Tragödie

- Mythos, Handlung (*mýthos*)
- Charaktere (*ḗthē*)
- Sprache, Rede (*léxis*)
- Gedanke, Absicht, Erkenntnisfähigkeit (*diánoia*)
- Schau, Szenerie, Inszenierung (*ópsis*)
- Melodik, Gesang, Musik (*melopoiía*)

Die genannten Bestandteile beziehen sich teils auf die Darstellung (*mýthos*, *ḗthē*, *diánoia*), teils auf die Inszenierung (*léxis*, *ópsis*, *melopoiía*). ARISTOTELES zufolge gliedert sich die Tragödie ferner in bestimmte »Abschnitte«[108]:

- Prolog (*prólogos*) vor dem Einzug des Chores
- Episode (*epeisódion*) zwischen den Chorliedern

104 Bernhard Asmuth zufolge ist damit »nicht, wie oft angenommen wird, ein moralisches, sondern ein intellektuelles Versagen gemeint, nicht Schuld im Sinne eines bewußten sittlichen Fehlverhaltens, sondern Irrtum« (B. A., *Einführung in die Dramenanalyse*, 8., aktual. Aufl., Stuttgart 2016, S. 33).

105 Aristoteles (s. Anm. 18), S. 39.

106 Ebd., S. 19.

107 Ebd., S. 21.

108 Ebd., S. 37.

- Exodos (*éxodos*) nach dem letzten Chorlied
- Chorpartie (*chorikón*); sie kann eine Parodos (»der erste ganze Teil, den der Chor vorträgt«) oder ein Stasimon sein (→ S. 130).

Seine weiteren Aussagen zur Form der Tragödie sind der Aufführungspraxis unter freiem Himmel geschuldet. Im Gegensatz zum Epos, das »über unbeschränkte Zeit« verfügt, hält sich die Tragödie »nach Möglichkeit innerhalb eines einzigen Sonnenumlaufs«[109]. Die in sich geschlossene Handlung wird vor unveränderter Kulisse von einer überschaubaren Zahl von Akteuren dargeboten.

Tragödie vs. Komödie

ARISTOTELES behandelt in seiner *Poetik* fast ausschließlich die Tragödie; seine Ausführungen über die Komödie gelten als verschollen. Der Hauptunterschied zwischen beiden Dramentypen liegt für ihn im Personal: »die Komödie sucht schlechtere, die Tragödie bessere Menschen nachzuahmen, als sie in der Wirklichkeit vorkommen«[110]. Während die Tragödie heroischen Gestalten aus Mythologie und Geschichte vorbehalten ist, stellen die Komödiendichter Figuren niederen Standes auf die Bühne. Die Komödie dramatisiert das Lächerliche, das für ARISTOTELES »ein mit Häßlichkeit verbundener Fehler« ist, »der indes keinen Schmerz und kein Verderben verursacht«[111]. Damit ist angedeutet, dass Komödien einen lösbaren Konflikt behandeln und im Gegensatz zu Tragödien einen positiven, zumindest scheinbar versöhnlichen Ausgang nehmen. Als bedeutendster Vertreter der altgriechischen Komödie ist ARISTOPHANES zu nennen, von dem sich elf Dramen mit politisch-satirischer Stoßrichtung erhalten haben; einige davon – so *Lysistrata* (411 v. Chr.) und *Die Vögel* (414 v. Chr.) – finden sich bis heute auf den Spielplänen der Theater. Stärker auf komische Effekte, ausgelöst durch menschliche Schwächen, setzen dagegen die Komödien des MENANDROS (lat. Menander), die im 3. vorchristlichen Jahrhundert entstanden.

4.1.3 Theorien und Formen des deutschsprachigen Dramas

Lehre von den drei Einheiten

Die aristotelischen Bestimmungen wurden von den italienischen Humanisten mit den poetologischen Vorschriften des HORAZ verbunden und in eine Lehre von den drei Einheiten (der Zeit, des Ortes und der Handlung) überführt.

109 Ebd., S. 17.
110 Ebd., S. 9.
111 Ebd., S. 17.

Drei Einheiten nach Aristoteles:

Einheit der Handlung	ein einheitlicher, geschlossener Handlungsstrang, keine Nebenhandlungen
Einheit der Zeit	Begrenzung auf einen Tag von Sonnenauf- bis Sonnenuntergang
Einheit des Ortes	keine wechselnden Schauplätze[112]

Dieses Regelwerk blieb auch im deutschen Sprachraum bis ins 18. Jahrhundert verbindlich: MARTIN OPITZ, JOHANN CHRISTOPH GOTTSCHED u.a. formulierten in ihren einflussreichen Poetiken (→ II.2) unter Berufung auf ARISTOTELES die normativen Vorgaben für Dramatiker.

Ständeklausel

Aus dessen Zuordnung verschiedener Charaktere zur Tragödie und Komödie leiteten die Dichtungstheoretiker der Neuzeit die Ständeklausel ab, der zufolge im Trauerspiel[113] nur Personen höheren Standes (Adel), im Lustspiel nur Menschen niederen Standes (Bürgertum, Landbevölkerung) auftreten dürfen. Damit sollte verhindert werden, dass sich das Publikum auf Kosten höherer Gesellschaftsschichten amüsierte. Laut OPITZ handelt die Tragödie »nur von Kǒniglichem willen / Todtschlǎgen / verzweiffelungen / Kinder- vnd Vǎtermǒrden / brande / blutschanden / kriege vnd auffruhr / klagen / heulen / seuffzen vnd dergleichen«; die Komödie hingegen »redet von hochzeiten / gastgeboten / spielen / betrug vnd schalckheit der knechte [...] / buhlersachen / leichtfertigkeit der jugend / geitze des alters / kupplerey vnd solchen sachen / die tǎglich vnter gemeinen [einfachen] Leuten vorlauffen«.[114]

Tragödie: hoher Stil

Komödie: mittlerer oder niedriger Stil

Tragödie und Komödie unterscheiden sich also sowohl durch ihre Protagonisten als auch durch den Stoff und die Sprache. Mit der Ständeklausel verbindet sich die Zuordnung der Tragödie zum hohen Stil (*genus grande*), der Komödie zum mittleren oder niedrigen Stil (*genus mediocre/humile*). Der Epochenwechsel von der barocken Adelskultur zur bürgerlichen Aufklärung bringt zwar solche starren Regeln ins Wanken, aber ›Puristen‹ wie GOTT-

112 Der Verzicht auf den Schauplatzwechsel wurde von Aristoteles nicht ausdrücklich gefordert, denn er war wegen der Freilichtbühne, auf der der Chor ununterbrochen anwesend war, selbstverständlich (→ S. 132).

113 Dieser deutsche Begriff für »Tragödie« war 1628 von Martin Opitz eingeführt worden, auf den ebenso die ›Eindeutschung‹ der Komödie zu »Lustspiel« zurückgeht.

114 Martin Opitz, *Buch von der Deutschen Poeterey* [1624]. *Studienausgabe [...]*, hrsg. von Herbert Jaumann, Stuttgart 2002 (Reclams Universal-Bibliothek, 18214), S. 30.

SCHED beharren auf den tradierten Normen und lehnen dramatische Mischformen strikt ab. Die Tragödie definiert er als »lehrreiches moralisches Gedichte, darinn eine wichtige Handlung vornehmer Personen auf der Schaubühne nachgeahmet und vorgestellet wird«.[115] Sein Kampf richtet sich gleichermaßen gegen die düsteren barocken Trauerspiele wie gegen die von Wanderbühnen dargebotenen Possen. Seine rationalistische Poetik ist am Ideal der klassizistischen französischen Dramatik von CORNEILLE und RACINE orientiert, denen GOTTSCHED in formstrengen Dramen nacheiferte (z. B. *Sterbender Cato*, 1731[116]).

Lessing contra Gottsched

Seine gegen Regellosigkeit, Sprachverwilderung und barocken Manierismus gerichteten Reformbemühungen fanden jedoch nicht nur Zustimmung. Als sein schärfster Kritiker profilierte sich GOTTHOLD EPHRAIM LESSING, der im 17. seiner *Briefe, die neueste Literatur betreffend* (16. Februar 1759) wünschte, »daß sich Herr Gottsched niemals mit dem Theater vermengt hätte«. LESSING bezweifelt, dass das »französierende Theater der deutschen Denkungsart« entspreche, und glaubt, dass »die Meisterstücke des SHAKESPEARE [...] von bessern Folgen gewesen« wären und »ganz andere Köpfe unter uns erweckt« hätten.[117] Er engagiert sich als Publizist und Dramaturg für die Schaffung eines neuen deutschen Theaters, das sich dem aufgeklärten, emanzipierten Bürgertum öffnet und dessen Humanitäts- und Toleranzideale verbreitet. Als erfolgreicher Bühnenautor trägt er entscheidend dazu bei, die Gattungsnormen aufzubrechen und regelpoetische Vorgaben zu überwinden. In seinen Stücken *Miss Sara Sampson* (1755) und *Emilia Galotti* (1771) konfrontiert er das Bürgertum mit der Adelswillkür und macht – wie bereits LUISE GOTTSCHED (»die Gottschedin«) in ihrem Lustspiel *Hausfranzösinn, oder die Mammsell* (1745) – die bürgerliche Familie und ihre Privatsphäre zum Schauplatz von Standeskonflikten.[118] In dem von LESSING neu geschaffenen, in Prosa verfass-

115 Johann Christoph Gottsched, »Die Schauspiele und besonders die Tragödien sind aus einer wohlbestellten Republik nicht zu verbannen« (Rede 1729), in: *Dramentheorie. Texte vom Barock bis zur Gegenwart*, hrsg. von Peter Langemeyer, Stuttgart 2011 (Reclams Universal-Bibliothek, 18899), S. 85–91, hier S. 85 f.

116 Obwohl gerade dieses Stück später viel Spott auf sich zog, bezeichnen Gottscheds staatspolitische Dramen doch »den Anfang einer eigenständigen hohen Tragödie von bürgerlicher Grundhaltung, des ›republikanischen Trauerspiels‹« (Christian Rochow, *Das bürgerliche Trauerspiel*, Stuttgart 1999 [Reclams Universal-Bibliothek, 17617], S. 31).

117 Gotthold Ephraim Lessing, *Werke*, hrsg. von Kurt Wölfel, Bd. 2: *Schriften I: Schriften zur Poetik, Dramaturgie, Literaturkritik*, Frankfurt a. M. 1967, S. 614–616.

118 Vgl. Rochow (s. Anm. 116), S. 36 ff.

Bürgerliches Trauerspiel

ten Genre des bürgerlichen Trauerspiels[119] setzt er sich über die Lehre von den drei Einheiten hinweg und hebt die Ständeklausel auf.[120] Das für die neue Gattung benutzte Adjektiv »bürgerlich« ist im Sinne LESSINGs nicht ständesoziologisch zu verstehen, sondern mentalitätsgeschichtlich, bezogen auf die Entwicklung eines neuen alternativen bürgerlichen bzw. aufgeklärten Wertesystems, dessen Träger sowohl Bürger als auch (niedere) Adlige (z. B. Landadlige) sind – in Opposition zum regierenden Adel am Hof. In der *Hamburgischen Dramaturgie* (1767/68), entwickelt aus seiner Zusammenarbeit mit dem Hamburger Nationaltheater, tritt LESSING der Vorstellung von der Fallhöhe entgegen und bestreitet, dass nur adliges Personal tragödienfähig sei und die Stellung des Dramenhelden in der gesellschaftlichen Hierarchie über die Tiefe des tragischen Falls entscheide.[121] Daher lässt er in seinen Stücken statt vollkommener Menschen »Mittelcharakter[e]« auftreten, Figuren, die »mit uns von gleichem Schrot und Korne« sind.[122]

Fallhöhe

LESSING bezieht sich auf die Katharsis-These des ARISTOTELES, die in seinen Augen »falsch verstanden« worden sei:

> »Er spricht von Mitleid und Furcht, nicht von Mitleid und Schrecken; und seine Furcht ist durchaus nicht die Furcht, welche uns das bevorstehende Übel eines andern, für diesen andern, erweckt, sondern es ist die Furcht, welche aus unserer Ähnlichkeit mit der leidenden Person für uns selbst entspringt; es ist die Furcht, daß die Unglücksfälle, die wir über diese verhänget sehen, uns selbst treffen können […].«[123]

Statt Jammer und Schaudern will LESSING beim Publikum Furcht und Mitleid wecken. Die Tragödie solle nicht nur belehren, sondern »unsre Fähigkeit, Mit-

119 Eine Vorstufe bildet das weinerliche oder rührende Lustspiel (nach dem französischen Vorbild der *comédie larmoyante*), in dem sich Tragödie und Komödie bereits annäherten. Bekanntestes Beispiel ist das empfindsame Rührstück *Die zärtlichen Schwestern* (1745) von Christian Fürchtegott Gellert. – Zur Vor- und Frühgeschichte des bürgerlichen Theaters, dessen Keimzelle die seit dem Mittelalter an hohen kirchlichen Feiertagen aufgeführten geistlichen Spiele (Passionsspiele u. Ä.) sowie die moralisch-exemplarischen Stücke (z. B. über *Everyman – Jedermann*) waren, vgl. Rochow (s. Anm. 116), S. 15 ff.

120 Wie zuvor schon Andreas Gryphius in seinem Drama *Cardenio und Celinde* (1657), das als Vorläufer des bürgerlichen Trauerspiels gilt.

121 Vgl. *Hamburgische Dramaturgie* (14. Stück; 16. Juni 1767), in: Lessing (s. Anm. 117), S. 177.

122 Lessing (s. Anm. 117), S. 422.

123 *Hamburgische Dramaturgie* (75. Stück; 19. Januar 1768), ebd., S. 420.

leid zu fühlen, erweitern«[124]. Die Zuschauer sollen durch Einfühlung in die Figuren eine Läuterung erfahren, so dass sich die dargestellten Leidenschaften »in tugendhafte Fertigkeiten« verwandeln.[125] Dieses Konzept eines illusions- und identifikationsstiftenden Theaters setzt auf die Mündigkeit des Publikums und hat neben dem didaktischen auch einen sozial-ethischen Impetus.

LESSING wurde mit seinen Dramen zum eigentlichen Schöpfer des deutschen Nationaltheaters und gab der nachfolgenden Generation entscheidende Impulse. Die Autoren des Sturm und Drang setzten die Tradition des bürgerlichen Trauerspiels fort, verschärften aber die soziale Anklage. Sie orientierten sich an WILLIAM SHAKESPEARE, in dessen Namen sie alle Regeln der Poetik über Bord warfen. Der junge GOETHE widmete dem englischen »Genius« eine emphatische Rede *Zum Shakespeares-Tag* (14. Oktober 1771):

Sturm und Drang

Orientierung an Shakespeare

> »Ich zweifelte keinen Augenblick, dem regelmäßigen Theater zu entsagen. Es schien mir die Einheit des Orts so kerkermäßig ängstlich, die Einheiten der Handlung und der Zeit lästige Fesseln unsrer Einbildungskraft. Ich sprang in die freie Luft und fühlte erst, daß ich Hände und Füße hatte.«[126]

SHAKESPEARES Einfluss auf GOETHES dramatisches Schaffen ist in seinem »Schauspiel«[127] *Götz von Berlichingen mit der eisernen Hand* (1773) deutlich spürbar. In diesem politisch-nationalen Stück bricht GOETHE radikal mit dem klassizistischen Regeldrama. Das auf einen naturhaft vitalen, freiheitsliebenden Helden fokussierte, Personen aller Stände umfassende Stück ist zwar noch in fünf Akte gegliedert, aber die disparate Handlung ist auf 56 kurze Szenen von unbestimmter Dauer verteilt und spielt an verschiedenen Orten. Innovativ ist neben der volkstümlichen, teilweise drastischen Sprache der Verzicht auf einen tragischen Konflikt, an dessen Stelle politische, religiöse und psychologische Problemfelder treten. Die Konzeption der kraftgenialischen, von Gefühl und Instinkt geleiteten Hauptfigur spiegelt GOETHES kritisches Verhältnis zur Vernunftgläubigkeit der Aufklärung wider.

Goethes Bruch mit dem Regeldrama

124 Brief an Friedrich Nicolai, November 1756, zit. nach: *Dramentheorie* (s. Anm. 115), S. 138.

125 Lessing (s. Anm. 117), S. 434.

126 Johann Wolfgang Goethe, *Werke. Hamburger Ausgabe*, 14 Bde., hrsg. von Erich Trunz, Bd. 12: *Schriften zur Kunst, Schriften zur Literatur, Maximen und Reflexionen*, München 1978, S. 225.

127 Diese ›neutrale‹ Gattungsbezeichnung setzte sich »im ausgehenden 18. Jh. für das rührende Lustspiel und überhaupt für das untragische ernste Drama« durch und verengte sich »vom Ober- zum Zwischenbegriff« (Asmuth [s. Anm. 104], S. 30 f.).

Auch JAKOB MICHAEL REINHOLD LENZ (*Der Hofmeister oder Vortheile der Privaterziehung*, 1774; *Die Soldaten*, 1776) und HEINRICH LEOPOLD WAGNER (*Die Kindermörderin*, 1776)[128] rücken nicht mehr die individuelle sittliche Entscheidung ins Zentrum ihrer Dramen, sondern lassen ihre Figuren gegen Klassenschranken aufbegehren und an rigiden moralischen Normen zerbrechen. Indem sie Unterprivilegierte und »Alltagscharaktere«[129] auf die Bühne stellen, begründen sie das soziale Drama, dessen Figuren keine autonom Handelnden sind, sondern »durch überindividuelle Institutionen und Konventionen« bestimmt werden.[130]

Soziales Drama

Wie GOETHE betrat auch FRIEDRICH SCHILLER die Theaterbühne mit politisch subversiven Stücken. Die Mannheimer Uraufführung seines Dramas *Die Räuber* am 13. Januar 1782 geriet zu einem spektakulären Ereignis. In den nachfolgenden Dramen, darunter das von SHAKESPEARES *Romeo und Julia* inspirierte »bürgerliche Trauerspiel« *Kabale und Liebe* (1783), schlug SCHILLER bereits leisere Töne an. Seine Auffassung vom Theater als einer ästhetischen und politisch-moralischen Bildungsinstitution skizzierte er 1784 in einer programmatischen Rede über die Frage *Was kann eine gute stehende Schaubühne eigentlich wirken?*[131]:

Friedrich Schiller

Theater als Bildungsinstitution

> »Die Schaubühne ist [...] eine Schule der praktischen Weisheit, ein Wegweiser durch das bürgerliche Leben, ein unfehlbarer Schlüssel zu den geheimsten Zugängen der menschlichen Seele. [...]
> Die Schaubühne ist der gemeinschaftliche Kanal, in welchen von dem denkenden bessern Teile des Volks das Licht der Weisheit herunterströmt und von da aus in milderen Strahlen durch den ganzen Staat sich verbreitet. Richtigere Begriffe, geläuterte Grundsätze, reinere Gefühle fließen von hier durch alle Adern des Volks [...].«[132]

Unter dem Einfluss der Beschäftigung mit der Antike ab 1788, der KANT-Lektüre und des Austausches mit GOETHE ab 1794 erfolgte eine partielle Neubestimmung der ästhetischen und weltanschaulichen Ziele. Bei GOETHE hatte

128 Das Stück ist formal ungewöhnlich, da es aus sechs Akten besteht.

129 Lenz, zit. nach: Theo Elm, *Das soziale Drama. Von Lenz bis Kroetz*, Stuttgart 2004 (Reclams Universal-Bibliothek, 17645), S. 63.

130 Elm (ebd.), S. 13.

131 Für den Nachdruck von 1802 änderte Schiller den Titel in: *Die Schaubühne als moralische Anstalt betrachtet.*

132 Friedrich Schiller, *Sämtliche Werke*, Bd. 5: *Erzählungen – Theoretische Schriften*, hrsg. von Wolfgang Riedel, München 2004, S. 826 und 828.

Rückbesinnung auf antike Muster

die Rückbesinnung auf antike Muster bereits während seiner italienischen Reise eingesetzt und ihn zur Überarbeitung der *Iphigenie auf Tauris* (1787) in ein streng gebautes klassizistisches Versdrama bewogen.[133] Den neuen Idealen von Schönheit und Humanität verpflichtet sind auch die Dramen *Egmont* (1788) und *Torquato Tasso* (1790), während *Faust. Der Tragödie erster Teil* (1808) seine entstehungsgeschichtlichen Wurzeln in der Sturm-und-Drang-Zeit (»Urfaust«) nicht verleugnen kann. Ähnliches gilt für SCHILLERS *Don Karlos*, dessen Endfassung von 1787 ein politisches Ideendrama ist. Seine Freiheitsutopie projizierte er auch in seine Geschichtsdramen *Wallenstein* (1798/99), *Maria Stuart* (1800), *Die Jungfrau von Orleans* (1801) und *Wilhelm Tell* (1804); sie machten SCHILLER zum erfolgreichsten deutschen Bühnenautor bis in die Gegenwart hinein.

Begriff des Tragischen

Die Dramen der Weimarer Klassik beruhen auf einem Begriff des Tragischen, den GOETHE 1824 so umschrieb: »Alles Tragische beruht auf einem unausgleichbaren Gegensatz. Sowie Ausgleichung eintritt oder möglich, schwindet das Tragische.«[134] Unter Berufung auf ARISTOTELES' Katharsis-Begriff fordert er »von allem Drama, ja sogar von allen poetischen Werken« eben diese »Ausgleichung« der Leidenschaften und die »aussöhnende Abrundung«, die ein harmonisches Kunstwerk entstehen lasse.[135]

Romantisches Schicksalsdrama

Affinität zur Komödie

Mit den idealistischen Theorien des Tragischen konkurriert in der Romantik die fatalistische. Der Glaube an das unentrinnbare Walten des Fatums als einer übernatürlichen Macht liegt dem romantischen Schicksalsdrama zugrunde, dessen Prototyp *Der vierundzwanzigste Februar* (1810) von ZACHARIAS WERNER ist. Das Genre wurde vielfach parodiert, z. B. von AUGUST GRAF VON PLATEN in der satirischen Literaturkomödie *Die verhängnisvolle Gabel* (1826). Überhaupt zeigten die Romantiker eine Affinität zur Komödie, in die sie zwecks Transzendierung der Wirklichkeit vielfach Märchenmotive und Traumsequenzen integrierten, so etwa LUDWIG TIECKS antiillusionistisches ›Spiel im Spiel‹ *Der gestiefelte Kater* (1797) oder CLEMENS BRENTANOS Lustspiel *Ponce de Leon* (1804).

Restaurationsepoche: Pflege des klassisch-romantischen Erbes

In der Restaurationsepoche pflegten konservativ-biedermeierliche Autoren das klassisch-romantische Erbe. Am Wiener Burgtheater wurden neben klassizistischen Tragödien von FRANZ GRILLPARZER (z. B. *Sappho*, 1818) vor al-

133 Vgl. den von Rüdiger Nutt-Kofoth hrsg. Paralleldruck des Dramas in der Prosafassung von 1779 und der Versfassung von 1787: Johann Wolfgang Goethe, *Iphigenie auf Tauris*, Kritische Studienausgabe, Stuttgart 2014 (Reclams Universal-Bibliothek, 19268).

134 Brief an Friedrich von Müller (6. 6. 1824), zit. nach Asmuth (s. Anm. 104), S. 34.

135 *Nachlese zu Aristoteles' Poetik* (1827), in: *Dramentheorie* (s. Anm. 115), S. 307–311, hier S. 308.

lem die Zauberspiele (mit Gesang) von FERDINAND RAIMUND (z. B. *Der Alpenkönig und der Menschenfeind*, 1828) und JOHANN NESTROY (z. B. *Der böse Geist Lumpazivagabundus*, 1833) publikumswirksam aufgeführt. Dabei gelingt es insbesondere NESTROY, in seinen volkstümlichen Stücken das repressive Klima der Metternich-Ära widerzuspiegeln und mit subversivem Witz die restaurativen Verhältnisse im Biedermeier anzuprangern. Zur gleichen Zeit beteiligt sich GEORG BÜCHNER in Hessen mit der Parole »Friede den Hütten! Krieg den Palästen!« (1834) am politischen Freiheitskampf und entwickelt im Widerstand gegen die idealistische Ästhetik der Weimarer Klassik und explizit gegen SCHILLER eine realistisch-moderne Schreibweise. Überzeugt vom »Fatalismus der Geschichte«, stellt er statt selbstbestimmter Helden passive, leidende, verzweifelnde Menschen ins Zentrum seiner auch formal neuartigen gesellschaftskritischen Stücke, deren Aufführung er nicht mehr erlebte. Anhand seines Revolutionsdramas *Dantons Tod* (1835) erläutert BÜCHNER sein Dichtungskonzept:

Georg Büchner

Widerstand gegen die idealistische Ästhetik

> »Wenn man mir [...] sagen wollte, der Dichter müsse die Welt nicht zeigen wie sie ist, sondern wie sie sein solle, so antworte ich, daß ich es nicht besser machen will, als der liebe Gott [...]. Was noch die sogenannten Idealdichter anbetrifft, so finde ich, daß sie fast nichts als Marionetten mit himmelblauen Nasen und affectirtem Pathos, aber nicht Menschen von Fleisch und Blut gegeben haben, deren Leid und Freude mich mitempfinden macht, und deren Thun und Handeln mir Abscheu oder Bewunderung einflößt.«[136]

Seine melancholisch-satirische Komödie *Leonce und Lena* (1842) knüpft an die Tradition des zeitkritischen Lustspiels an, das durch Stücke von GOETHE, LENZ und KLEIST (u. a. *Der zerbrochne Krug*, 1811) in den Bereich der Hochkultur überführt worden war. BÜCHNERs Modernität tritt am deutlichsten in seinem unvollendeten, von einem authentischen Mordfall angeregten Sozialdrama *Woyzeck* (1836–37; Erstdruck 1879) zutage. Er richtet darin in bisher ungekannter Schärfe den Blick auf die Lebenswirklichkeit der Zeit und lässt die dem vierten Stand entstammende Titelfigur einen milieugerechten Sozio- bzw. Dialekt sprechen. Das Stück ist auch formal revolutionär: Die fragmentarisch überlieferten Fassungen ergeben eine nur lose verknüpfte Szenenfolge ohne Akteinteilung.

136 Georg Büchner, »Brief an die Familie« (28. Juli 1835), in: *Dramentheorie* (s. Anm. 115), S. 311–313, hier S. 312 f.

Friedrich Hebbel

An der Schwelle zum Realismus steht auch FRIEDRICH HEBBEL, der aber sowohl ästhetisch wie politisch eine konservative Linie verfolgte. Seine Dramentheorie knüpft an HEGEL an, der das Drama als »höchste Stufe der Poesie und der Kunst überhaupt« und das Tragische als unüberbrückbaren Konflikt zwischen Individuum und Gesellschaft, Freiheit und Gesetz beschrieben hatte.[137] HEBBEL weitete diese Vorstellung zu einem »Pantragismus« aus, dem zufolge alles irdische Geschehen und Handeln einem tragischen Weltgesetz unterliegt.[138] In seinen Tragödien griff er wie GRILLPARZER mit Vorliebe biblische, mythologische und historische Stoffe auf (u. a. *Judith*, 1840; *Agnes Bernauer*, 1852) und versuchte mit *Maria Magdalene* (UA[139] 1846) eine Wiederbelebung des bürgerlichen Trauerspiels.

»Pantragismus«

Realismus

Im Realismus führte die dramatische Gattung zwar ein Schattendasein, doch leistete die Epoche einen wichtigen Beitrag zur Dramentheorie. GUSTAV FREYTAG, Autor unterhaltsamer Konversationsstücke wie *Die Journalisten* (1854), hatte praktische Theatererfahrungen gesammelt, bevor er 1863 eine Abhandlung über *Die Technik des Dramas* vorlegte. Seine Empfehlungen zur Abfassung bühnenwirksamer Stücke orientieren sich an der klassizistischen Tradition. Er begreift das Drama als Darstellung antagonistischer Gegensätze, von »Kampf und Gegenkampf, Steigen und Sinken, Binden und Lösen«.[140] FREYTAGs Strukturmuster eines pyramidalen Spannungsbogens von Exposition, Peripetie und Katastrophe (→ Diagramm S. 153) wird von den Naturalisten abgelehnt, da es nicht dem Leben entspreche: »Ein Drama, das nicht vom ersten bis zum letzten Wort Exposition ist, besitzt nicht die letzte Lebendigkeit«,[141] behauptet GERHART HAUPTMANN und postuliert die Beschränkung auf einen Realitätsausschnitt sowie die Abkehr von einer teleologischen (zielgerichteten) Dramenhandlung. In seinen ersten Stücken, die ihn trotz oder gerade wegen obrigkeitsstaatlicher Übergriffe zum erfolgreichsten Bühnenautor der Zeit machten, bricht er teilweise mit gattungstypologischen Konventionen, ohne jedoch die dramatische Formensprache zu revolutionieren. Unter dem Einfluss der Dramen HENRIK IBSENs (*Nora oder Ein Puppenheim*, 1879 u. a.),

Gustav Freytag

Naturalistische Sozialdramen

137 Georg Wilhelm Friedrich Hegel, *Werke*, Bd. 15: *Vorlesungen über die Ästhetik III*, Frankfurt a. M. 1986, S. 474–574, hier S. 474 (→ III.1).

138 Vgl. dazu Hebbels programmatische Schrift *Ein Wort über das Drama* (1843); abgedruckt in: *Dramentheorie* (s. Anm. 115), S. 314–319.

139 Abkürzung für »Uraufführung«.

140 Gustav Freytag, *Die Technik des Dramas*, reprogr. Nachdr. der 13. Aufl., Leipzig 1922, Darmstadt 1969, S. 93.

141 Gerhart Hauptmann, *Sämtliche Werke*, hrsg. von Hans-Egon Hass, Bd. 6: *Erzählungen, theoretische Prosa*, Frankfurt a. M. / Berlin 1963, S. 1037.

die bürgerliche Lebenslügen, Generationen- und Emanzipationskonflikte durchleuchten, entwickelt HAUPTMANN in der Nachfolge von LENZ und BÜCHNER das Genre des sozialen Dramas weiter und greift brisante Themen des Kaiserreichs wie Verelendung, Ausbeutung, Alkoholismus und die ›Frauenfrage‹ auf. Neben (Klein-)Bürgern lässt er Proletarier auftreten und veranschaulicht an ihnen – gemäß der naturalistischen Programmatik – ihre Determination durch Herkunft, Zeitumstände und Milieu. So zeigt er in seinem »sozialen Drama« *Vor Sonnenaufgang* (1889) Arbeiter in den schlesischen Kohlenrevieren, während er im Schauspiel *Die Weber* (1892) eine gegen die Folgen der Technisierung revoltierende Berufsgruppe zum kollektiven Helden macht.

Determination

Vom naturalistischen Milieudrama setzen sich um 1900 Autoren konkurrierender literarischer Strömungen bewusst ab. Während sich ARTHUR SCHNITZLER in seinen Einaktern bzw. Einakter-Zyklen (*Anatol*, 1889–93; *Komödie der Worte*, 1915 u. a.) ebenso wie in seinen mehraktigen Stücken (*Liebelei*, 1895; *Freiwild*, 1896 u. a.) immer weiter auf das Terrain der Sexualität vorwagt – die erotische Szenenfolge *Reigen* wird 1900 in Wien verboten, und die Uraufführung sorgt noch 1920 in Berlin für einen Skandal –, attackiert FRANK WEDEKIND in satirischen Stücken (*Frühlings Erwachen*, 1891, UA 1906; *Lulu*-Tragödie, 1895, UA 1902) die von Doppelmoral korrumpierte wilhelminische Gesellschaft. Für Irritationen sorgte auch HUGO VON HOFMANNSTHALS 1903 uraufgeführte Einakter-Tragödie *Elektra*, für die er auf das gleichnamige Stück von SOPHOKLES zurückgriff, die Titelfigur jedoch als eine vom Rachegedanken besessene Frau mit psychopathischen Zügen zeichnete – im Sinne eines radikalen Gegenentwurfs zu GOETHES Iphigenie. Klassisch-romantische Traditionen pflegte dagegen PAUL ERNST, dessen Vorliebe antiken und mythologischen Bühnenstoffen galt (so u. a. in *Demetrios*, 1905; *Ariadne auf Naxos*, 1912).

Skandalstücke um 1900

Gleichzeitig entstanden neuartige Formen des Avantgarde-Theaters, das radikal mit dem – von den Naturalisten perfektionierten – Illusionstheater bricht und mit antimimetischen Ausdrucksmitteln experimentiert. Eine junge Autorengeneration reagiert auf die gesellschaftlichen Modernisierungsprozesse und krisenhaften Subjekterfahrungen mit provokanten Inszenierungen, die sie als Kampfansagen an die bourgeoise Ästhetik verstanden wissen will. So leistet ALFRED DÖBLIN mit seiner Groteske *Lydia und Mäxchen. Tiefe Verbeugung in einem Akt* (1905) einen frühen Beitrag zum absurden Theater[142],

Formen des Avantgarde-Theaters

142 Eine breitere Produktion und Rezeption erlebte das ›Theater des Absurden‹, das auf eine logische Handlungsverknüpfung verzichtet und damit die Sinnentleerung der

indem er Requisiten als Akteure auftreten und gegen den Dichter und Regisseur rebellieren lässt. In der Folgezeit werden von Grenzgängern zwischen bildender Kunst und Literatur wie WASSILY KANDINSKY (*Der gelbe Klang*, 1912) und KURT SCHWITTERS (»Merzbühne«, 1919) multimediale Bühnenkompositionen entworfen, die die romantische Idee des alle Künste vereinenden ›Gesamtkunstwerks‹ wiederbeleben und auf eine Intensivierung des künstlerischen Ausdrucks zielen.

Expressionismus

Die kulturrevolutionäre Bewegung des Expressionismus bringt neben dramatischen Grotesken und satirischen Komödien (z. B. CARL STERNHEIMS »bürgerliches Lustspiel« *Die Hose*, 1911) auch pathetische Tragödien in Versform hervor (z. B. REINHARD GOERING, *Seeschlacht*, 1917). Zum dominanten Typus entwickelt sich aber das Stationendrama – inspiriert von AUGUST STRINDBERGS Stücken *Nach Damaskus* (1898–1904) und *Ein Traumspiel* (1901). In einer lockeren Folge von Szenen, die nicht mehr durch die Einheit von Zeit, Ort und Handlung koordiniert sind, werden vorzugsweise Vater-Sohn-Konflikte (z. B. WALTER HASENCLEVER, *Der Sohn*, 1914) und Wandlungsprozesse anonymer, stark typisierter Figuren (z. B. REINHARD SORGE, *Der Bettler*, 1912; GEORG KAISER, *Von morgens bis mitternachts*, 1916) abgehandelt. Das Kriegserlebnis führt zu einer thematischen Verschiebung ins Politische, insbesondere bei ERNST TOLLER (*Die Wandlung*, 1919; *Hinkemann*, 1923). Trotz ihrer offenen, episodischen Handlungsstruktur zeigen viele Dramen des frühen 20. Jahrhunderts noch die konventionelle Segmentierung in Akte, so etwa *Die Wupper* (1909; UA 1919) von ELSE LASKER-SCHÜLER. Dagegen neigen Autoren wie OSKAR KOKOSCHKA zur extremen Verdichtung und bevorzugen die freiere Form des Einakters (*Mörder Hoffnung der Frauen*, 1909).

Stationendrama

Bertolt Brecht

BERTOLT BRECHTS frühe, 1918/19 entstandene Stücke *Baal* und *Trommeln in der Nacht* sind noch dem expressionistischen Stationendrama verpflichtet. Im Austausch mit dem experimentierfreudigen Regisseur ERWIN PISCATOR, der im Berlin der 1920er Jahre politische Revuen inszeniert und für sein operativ-agitatorisches Theater neben Musik auch moderne Medien einsetzt,[143] konzipiert er eine neue Dramenästhetik, die die Gattungsgrenzen überwindet

modernen Welt veranschaulicht, erst nach 1945. Als dessen Geburtsstunde gilt jedoch bereits das Jahr 1896, in dem Alfred Jarry den *Uburex*-Zyklus (*Ubu roi – König Ubu*) verfasste. Vgl. Axel Schalk, *Das moderne Drama*, Stuttgart 2004 (Reclams Universal-Bibliothek, 17648), S. 126–140.

143 Vgl. Erwin Piscators Essay »Bühne der Gegenwart und Zukunft« (1928) in: *Texte zur Theorie des Theaters*, hrsg. und komm. von Klaus Lazarowicz und Christopher Balme, Stuttgart 1991 (Reclams Universal-Bibliothek, 8736), S. 625–632.

und epische Mittel einbezieht, um komplexe gesellschaftliche Strukturen transparent zu machen. Das epische Theater richtet sich gegen das bürgerliche Illusionstheater und ersetzt die Suggestion durch Argumentation:

Episches Theater

> »Es arbeitet Szenen heraus, in denen Menschen sich so verhalten, daß die sozialen Gesetze, unter denen sie stehen, sichtbar werden. [...] Das menschliche Verhalten wird als veränderlich gezeigt, der Mensch als abhängig von gewissen ökonomisch-politischen Verhältnissen und zugleich als fähig, sie zu verändern.«[144]

Das wichtigste Gestaltungsmittel des BRECHTschen Lehrtheaters ist der illusions(zer)störende, Distanz schaffende Verfremdungseffekt (V-Effekt). Die Handlung wird nicht mehr durch die Bühne ›verkörpert‹, sondern erzählt und kommentiert. Die pädagogisch-ideologische Funktionalisierung des Stückes geschieht durch eingeblendete Inhaltsangaben oder Absichtserklärungen, Songs, Zwischensprüche, Kommentare, Lehren auf Plakaten oder Spruchbändern sowie durch eine sichtbare Bühnentechnik. Um den Spielcharakter offenzulegen und eine Identifikation des Zuschauers mit den Figuren zu vermeiden, sollen die Schauspieler demonstrierend statt psychologisierend agieren und zeitweise aus ihren Rollen heraustreten. Die einzelnen Szenen werden nicht stringent verknüpft, sondern in lockerer Montage aneinandergereiht. Der Schluss des Stückes bleibt im dialektischen Sinne offen, damit das Publikum die gestellten Fragen selbst beantworten und aus den aufgedeckten gesellschaftlichen Missständen bzw. Widersprüchen die Konsequenzen ziehen kann.

Verfremdungseffekt

Montage

In der dramatischen Praxis machte BRECHT Anleihen beim Kabarett und Volkstheater; er erneuerte die Tradition der Moritat und arbeitete mit avantgardistischen Komponisten wie KURT WEILL und HANNS EISLER zusammen. Besondere Popularität erreichten nicht zuletzt dank der mitreißenden Musik seine ›epischen Opern‹ (*Die Dreigroschenoper*, 1928; *Aufstieg und Fall der Stadt Mahagonny*, 1928/29). Dagegen blieben seine als Vehikel der marxistisch-leninistischen Weltanschauung benutzten Lehrstücke (z. B. *Die Maßnahme*, 1930) umstritten. Die im Exil verfassten Dramen (*Mutter Courage und ihre Kinder*, 1939, UA 1941, u. a.) traten in der Nachkriegszeit weltweit einen beispiellosen Siegeszug auf den Theaterbühnen an.

Lehrstücke

144 »Über die Verwendung von Musik für ein episches Theater« (1935), in: Bertolt Brecht, *Über experimentelles Theater*, hrsg. von Werner Hecht, Frankfurt a. M. 1977, S. 68–77, hier S. 70. Eine schematische Gegenüberstellung der dramatischen und epischen Form des Theaters enthält der Essay »Vergnügungstheater oder Lehrtheater?« (entstanden 1935; ebd., in *Dramentheorie* (s. Anm. 115), S. 440–444, hier S. 443).

Während sich Autoren wie MAX FRISCH von BRECHTs Dramenmodell distanzierten – sein parabolisches Schauspiel *Biedermann und die Brandstifter* (1958) nannte er »Ein Lehrstück ohne Lehre« –, folgte die DDR-Dramatik lange Zeit diesem Vorbild. Die Emanzipation vom ›Übervater‹ BRECHT, der am (Ost-)Berliner Ensemble einen eigenen Inszenierungsstil kultivierte, gelang neben VOLKER BRAUN, PETER HACKS u.a. besonders HEINER MÜLLER.[145] Nach der Absetzung seiner kritischen Zeitstücke *Die Umsiedlerin* (1956/61) und *Der Bau* (1964) wandte er sich Klassiker-Bearbeitungen zu (z. B. *Hamletmaschine*, 1977), in denen er sich subversiv mit dem Stalinismus auseinandersetzte. MÜLLERs späte Stücke, die »kaum mehr mit der Gattungsbezeichnung Drama«, eher als »fragmentarisierte Bildfolge[n]« oder polyphone Montagen zu charakterisieren sind,[146] wurden zumeist im Westen uraufgeführt.

DDR-Dramatik

1960er Jahre: politisch engagiertes Theater

In der Bundesrepublik gewann seit den 1960er Jahren das politisch engagierte Theater zunehmend an Boden. PETER WEISS begründete seinen Ruhm als Bühnenautor 1964 mit dem avantgardistischen Revolutionsdrama *Die Verfolgung und Ermordung Jean Paul Marats [...]*, das an die Tradition des epischen Theaters anknüpft, aber in seiner radikalen Körperlichkeit auch dem »Theater der Grausamkeit« von ANTONIN ARTAUD verpflichtet ist.[147] Mit dem Drama *Die Ermittlung* (1965), das sich auf den Frankfurter Auschwitz-Prozess bezieht und größtenteils aus dokumentarischen Texten besteht, leistete WEISS einen der bedeutendsten literarischen Beiträge zur Aufarbeitung des Holocaust. Er montiert in diesem »Oratorium in 11 Gesängen« die in den Prozessakten protokollierten Aussagen der Angeklagten und Überlebenden zu einem stilisierten Wechselgesang von Tätern und Opfern. WEISS beschreibt seine Methode so:

> »Das dokumentarische Theater enthält sich jeder Erfindung, es übernimmt authentisches Material und gibt dies, im Inhalt unverändert, in der Form bearbeitet, von der Bühne aus wieder. [...] Diese kritische Auswahl, und das Prinzip, nach dem die Ausschnitte der Realität montiert werden, ergeben die Qualität der dokumentarischen Dramatik.«[148]

145 1977 forderte Müller, »daß wir uns vom LEHRSTÜCK bis zum nächsten Erdbeben verabschieden müssen«, zit. nach: Schalk (s. Anm. 142), S. 206.

146 Schalk (s. Anm. 142), S. 205.

147 Vgl. ebd., S. 75 f.

148 Peter Weiss, »Das Material und die Modelle. Notizen zum dokumentarischen Theater« (1968), zit. nach: *Dramentheorie* (s. Anm. 115), S. 511–518, hier S. 512.

Dem Dokumentartheater, das in literarischen Prozess-Rekonstruktionen der Neuen Sachlichkeit Vorläufer hat, ist auch HEINAR KIPPHARDTS tribunalartiges Stück *In der Sache J. Robert Oppenheimer* (1964) zuzurechnen. Er stützt sich darin zwar weitgehend auf authentisches Quellenmaterial, nimmt aber einschneidende Textoperationen wie das Einfügen fiktionaler Redetexte vor. Eine Mischung aus fiktionalen und faktualen Elementen kennzeichnet ebenfalls ROLF HOCHHUTHS seinerzeit vieldiskutiertes »christliches Trauerspiel« *Der Stellvertreter* (1963) über die Mitschuld von Papst Pius XII. an den Verbrechen des Dritten Reichs.

Dokumentartheater

Eine Renaissance erlebte wenig später das realistisch-kritische Volksstück, wie es in der Weimarer Republik u. a. MARIELUISE FLEISSER (*Fegefeuer in Ingolstadt*, 1926; *Pioniere in Ingolstadt*, 1928/68), CARL ZUCKMAYER (z. B. *Der Hauptmann von Köpenick*, 1931) und ÖDÖN VON HORVÁTH (z. B. *Geschichten aus dem Wienerwald*, 1931) entwickelt hatten. FLEISSERS seinerzeit skandalträchtige frühe Stücke wurden (in überarbeiteter Form) auf westdeutschen Bühnen erfolgreich aufgeführt. Ihr dramatischer Stil beeinflusste u. a. MARTIN SPERR (*Jagdszenen aus Niederbayern*, 1966), RAINER WERNER FASSBINDER (z. B. *Katzelmacher*, 1969) und FRANZ XAVER KROETZ (z. B. *Wildwechsel*, 1973), die für ihre aus dem Unterschichten- oder Randgruppenmilieu stammenden Figuren eine aufs äußerste reduzierte, dialektgefärbte (Kunst-)Sprache erfanden.

Realistisch-kritisches Volksstück

Eine andere Richtung des politischen Theaters vertritt FRIEDRICH DÜRRENMATT, dessen satirisch-groteske Dramen die Grenzen zwischen Tragödie und Komödie bewusst verwischen.[149] Das Stück *Der Besuch der alten Dame* (1956) bezeichnete er als »tragische Komödie«, *Die Physiker* (1962) als »Komödie«. Aus seiner Sicht ist nach den Katastrophen des 20. Jahrhunderts zwar »das Tragische immer noch möglich«, nicht aber »die reine Tragödie«:

Tragikomödien

> »Uns kommt nur noch die Komödie bei. Unsere Welt hat ebenso zur Groteske geführt wie zur Atombombe [...]. Doch das Groteske ist nur ein sinnlicher Ausdruck, ein sinnliches Paradox, die Gestalt nämlich einer Ungestalt, das Gesicht einer gesichtslosen Welt [...]. Wir können das Tragische aus der Komödie heraus erzielen, hervorbringen als einen schrecklichen Moment, als einen sich öffnenden Abgrund [...].«[150]

149 Schon Gerhart Hauptmann bezeichnete sein Drama *Die Ratten* (1911) im Untertitel als »Berliner Tragikomödie«.

150 Friedrich Dürrenmatt, »Theaterprobleme« (1954), zit. nach: *Dramentheorie* (s. Anm. 115), S. 468–474, hier S. 472 f.

Als Tragikomödien lassen sich auch die handlungsarmen, absurd-nihilistischen Dramen von THOMAS BERNHARD kennzeichnen. Er lässt darin gescheiterte Künstlerexistenzen und neurotische ›Geistesmenschen‹ ihre Obsessionen in schier endlosen, von zwanghaften Wiederholungen geprägten monologischen Tiraden ausleben (z. B. *Der Ignorant und der Wahnsinnige*, 1972). Der BERNHARD-typische Übertreibungsgestus betrifft auch die Art, wie er die österreichische Verdrängung der NS-Geschichte und die Kontinuität des Austrofaschismus anprangert (*Heldenplatz*, 1988).

Zur Lebendigkeit des zeitgenössischen österreichischen Theaters hat auch PETER HANDKE beigetragen, dessen sprach- und gesellschaftskritische »Sprechstücke« sich explizit gegen das »Volks-, Zeit- und Dokumentarstück« richten.[151] Im provokativen Erstling *Publikumsbeschimpfung* (1966) ist der »einhämmernde Sprachrhythmus dem des Rock 'n' Roll entlehnt«.[152] Das auf Handlung verzichtende Stück stellt die Theater-Konventionen insofern auf den Kopf, als der Zuschauer mit sich selbst konfrontiert und attackiert wird. Die folgenden Dramen HANDKES sind zwar weniger aggressiv im Ton, aber weiterhin erfindungsreich. Krasse Verletzungen von Gattungsnormen beabsichtigen auch ERNST JANDL mit seiner »Sprechoper« *Aus der Fremde* (1979) und ELFRIEDE JELINEK mit ihren aus unterschiedlichstem Sprachmaterial montierten »Textflächen« (z. B. *Die Kontrakte des Kaufmanns. Eine Wirtschaftskomödie*; UA 2009; *Wut*; UA 2016), deren ›Übersetzung‹ auf die Bühne der Phantasie des Regisseurs anheimgestellt ist. Im modernen und postmodernen Experimentaltheater, das sich gegenwärtig meist als postdramatisches Regietheater (→ S. 128) präsentiert, ist die traditionsreiche Gattung des Dramas zum Spielball der Demontagen und zum Laboratorium geworden, in dem alle drängenden gesellschaftspolitischen Themen wie z. B. die ökonomischen und ökologischen Auswirkungen der Globalisierung und die Migrationsproblematik ihren Widerhall finden. So ist »für die neue Pluralität im Gegenwartstheater/Drama [...] gerade auch das Aufkommen neuer Formen des Dokumentarischen« bezeichnend (z. B. FALK RICHTER: *Unter Eis*, 2004; KATHRIN RÖGGLA: *draußen tobt die dunkelziffer*, 2005).[153] Als weitere Tendenz der zeitgenössischen Dramatik scheint sich die Rückkehr zu traditionelleren und bereits erprobten Textformaten bzw. Spielvorlagen abzuzeichnen, etwa zum »dramatischen Erzählen«, vielleicht als Reaktion auf

Modernes und postmodernes Experimentaltheater

Neue Pluralität

151 Ralf Schnell, *Geschichte der deutschsprachigen Literatur seit 1945*, Stuttgart/Weimar 1993, S. 332.

152 Schalk (s. Anm. 142), S. 194.

153 Norbert Otto Eke, *Das deutsche Drama im Überblick*, Darmstadt 2015, S. 216.

»erste Ermüdungserscheinungen postdramatisch-performativer Schreib- und Spielformen«.[154]

4.2 Strukturelemente des Dramas

4.2.1 Szenisch-dramatische Kommunikationsformen

Figurenrede

Szenisch-dramatische Texte bestehen in der Regel überwiegend aus Figurenrede, d. h. aus Dialogen (Wechselreden: Zwiegespräche/Duologe oder Mehrgespräche/Polyloge) und Monologen (Einzelreden). Die Figurenrede ist »im Drama der grundlegende Darstellungsmodus«[155], wobei mit »Figur« auch ein Kollektiv (etwa ein Chor) gemeint sein kann. PETER SZONDI bezeichnet den Dialog als »Träger des Dramas« und begreift ihn als Ausdruck einer »zwischenmenschlichen Dialektik, die im Dialog Sprache wird«. Er folgert daraus: »Von der Möglichkeit des Dialogs hängt die Möglichkeit des Dramas ab.«[156] Die bewusste Verweigerung dialogischer zugunsten monologischer Formen vor allem in Dramentexten des 20. Jahrhunderts kann daher als Krisensymptom bzw. Reflex auf Kommunikationsstörungen des modernen Individuums gelesen werden. Beim Monolog, der sich an keinen Mitspieler mehr richtet, wird das Publikum zum einzigen Adressaten. Der größte Teil der Dramenliteratur zeigt jedoch bis heute eine Mischung aus dialogischen und monologischen Redeformen. Je nach Funktion lassen sich drei Typen des Monologs unterscheiden:

Dialog als »Träger des Dramas«

Drei Typen des Monologs

- Der dramatische Monolog bietet den Figuren »Gelegenheit, ihr Innenleben zum Ausdruck zu bringen«.
- Der epische Monolog kann »die Abwesenheit eines ›Erzählers‹ aufwiegen«; er teilt dem Zuschauer Vorgänge mit, die auf der Bühne nicht darstellbar sind.
- Der Übergangsmonolog dient der Verknüpfung einzelner Szenen bzw. Auftritte.[157]

154 Stefan Tigges, »Rückkehr des dramatischen Erzählens?«, in: *Handbuch Drama. Theorie, Analyse, Geschichte*, hrsg. von Peter W. Marx, Stuttgart 2012, S. 323–327, hier S. 323 f.

155 Pfister (s. Anm. 94), S. 24.

156 Peter Szondi, *Theorie des modernen Dramas (1880–1950)*, Frankfurt a. M. [12]1977 (edition suhrkamp, 27), S. 19.

157 Asmuth (s. Anm. 104), S. 82.

Monologe können auf der Bühne in An- oder Abwesenheit von Mitspielern vorgetragen werden. Beim Beiseitesprechen (ital. *a parte*) artikulieren sich Figuren – scheinbar unbemerkt von den anderen Akteuren – nur für das Publikum hörbar. Vielfach richten sie dabei ihre Worte unmittelbar an die Zuschauer (lat. *ad spectatores*).[158] Dieses illusionsdurchbrechende Heraustreten aus der Bühnensituation erzeugt oft eine komische Wirkung und findet sich daher vorzugsweise in Komödien, in denen Figuren das Publikum in ihre Pläne einweihen und es gewissermaßen zu ihrem Komplizen machen. Die direkte Ansprache der Zuschauer begegnet in anderer Funktion bereits in der attischen Tragödie: In der Parabase (*parábasis* ›Abschweifung‹) tritt der Chor aus seiner Rolle und wendet sich in eigener Sache bzw. der des Dichters an das Auditorium. Im epischen Theater (→ S. 143) drängt sich ein Erzähler, Sänger oder Spielleiter zwischen Bühne und Publikum, um das Geschehen kritisch zu kommentieren. Im Drama kommunizieren also nicht nur die Figuren in verschiedenen Konstellationen (→ III.4.3) untereinander, sondern diese können sich darüber hinaus innerhalb oder außerhalb ihrer Rolle (fiktionsintern und -extern) dem Publikum mitteilen. Ferner kann der Autor innerhalb eines Dramas mit dem Publikum kommunizieren; BERNHARD ASMUTH zufolge bleibt diese Möglichkeit, »streng genommen, auf die Spruchbänder des epischen Theaters beschränkt«.[159]

Beiseitesprechen

Fiktionsinterne und -externe Kommunikation

Länge und Dynamik der Redebeiträge

Stichomythie

Die Unterschiedlichkeit dramatischer Kommunikationsformen betrifft auch die Länge und Dynamik der Redebeiträge. Schon das antike Drama kennt beide Extreme: sowohl ausgedehnte Monologe als auch die Stichomythie (Zeilenrede), bei der sich die Dialogpartner in Rede und Antwort so rasch abwechseln, dass Vers auf Vers bzw. Zeile auf Zeile folgt. Dieses z. B. bei heftigen Streitgesprächen genutzte Stilmittel setzt GOETHE in *Torquato Tasso* effektvoll ein (2. Aufzug, 3. Auftritt):

TASSO. Bist du ein Edelmann wie ich, so zeig es.
ANTONIO. Ich bin es wohl, doch weiß ich wo ich bin.
TASSO. Komm mit herab, wo unsre Waffen gelten.
ANTONIO. Wie du nicht fordern solltest, folg ich nicht.
TASSO. Der Feigheit ist solch Hindernis willkommen.
ANTONIO. Der Feige droht nur, wo er sicher ist.

158 Vgl. Pfisters Differenzierung zwischen dem monologischen und dialogischen Beiseitesprechen sowie dem *ad spectatores*, in: Pfister (s. Anm. 94), S. 192–195.

159 Asmuth (s. Anm. 104), S. 58.

Wird die Stichomythie auf den Einzelvers angewendet, entsteht die Antilabe. Diese Verteilung eines Sprechverses auf mehrere Personen findet sich etwa in HEINRICH VON KLEISTs Schauspiel *Prinz Friedrich von Homburg* (3. Akt, 4. Auftritt):

Antilabe

DIE HOFDAME.
Prinz Homburg, gnädge Frau, ist vor der Türe!
Kaum weiß ich wahrlich, ob ich recht gesehn?
KURFÜRSTIN *(betroffen)*.
O Gott!
NATALIE. Er selbst?
KURFÜRSTIN. Hat er denn nicht Arrest?

Das typographisch abgehobene, die Gefühlsregung der Kurfürstin beschreibende Adjektiv »betroffen« signalisiert, dass ein Dramentext nicht allein aus der Figurenrede besteht. Auch bei der ›Normalform‹ des Dramas, dem Sprechdrama, ist mit ROMAN INGARDEN zwischen Haupttext (Figurentext) und Nebentext (Autortext) zu unterscheiden.[160] Nebentexte sind die beschreibenden Texte, die auf der Bühne nicht gesprochen werden und im Druck z. B. in Kursivschrift erscheinen. Dazu zählen Titel und Untertitel des Stückes, Personenverzeichnis (*dramatis personae*), die Markierung der Akte und Szenen sowie gegebenenfalls noch Vorwort, Widmung, Motto o. Ä., vor allem aber die Bühnen- und Regieanweisungen. Der Nebentext gibt Hinweise darauf, wie sich der Autor des Stückes dessen Realisierung im Theater wünscht bzw. der Leser sich die Szenerie vorstellen soll. Manche Dramatiker schreiben präzise vor, mit welcher Gestik und Mimik die Schauspieler agieren sollen, wie das Bühnenbild auszusehen hat, welche Requisiten, Kostüme, Geräusch- und Lichteffekte eingesetzt werden sollen. Die quantitativen und qualitativen Relationen zwischen Haupt- und Nebentexten sind historisch variabel.[161] Zwar ist bereits bei LESSING die Tendenz zur Ausdehnung der Regieanweisungen zu erkennen, epische Qualität gewinnen diese jedoch erst im späten 19. Jahrhundert, vor allem in Stücken von HAUPTMANN, SCHNITZLER u. a. So stellte WEDEKIND jedem Akt seines Dramas *Der Marquis von Keith* (1900) detaillierte Beschreibungen der Hauptfiguren und ihres Ambientes voran:

Haupttext und Nebentext

160 Roman Ingarden, *Das literarische Kunstwerk,* Tübingen ²1960 [u. ö.] [auch in: *Texte zur Theorie des Theaters* (s. Anm. 143), S. 380–386].

161 Vgl. Pfister (s. Anm. 94), S. 35–40 und 107–109.

> ERSTER AUFZUG
> *Ein Arbeitszimmer, dessen Wände mit Bildern behängt sind. In der Hinterwand befindet sich rechts*[1] *die Tür zum Vorplatz und links die Tür zu einem Wartezimmer. In der rechten Seitenwand vorn führt eine Tür ins Wohnzimmer. An der linken Seitenwand vorn steht der Schreibtisch, auf dem aufgerollte Pläne liegen [...].*
> *Der Marquis von Keith sitzt am Schreibtisch, in einen der Pläne vertieft. Er ist ein Mann von ca. 27 Jahren: mittelgroß, schlank und knochig; er hätte eine musterhafte Figur, wenn er nicht auf dem linken Beine hinkte. [...]*
> 1 Rechts und links immer vom Schauspieler aus.[162]

Kehrt ein Dramenautor das hierarchische Verhältnis zwischen Haupt- und Nebentext um, entsteht im Extremfall ein stummes, pantomimisches Stück. HANDKEs Schauspiel *Die Stunde da wir nichts voneinander wußten* (1992) z. B. besteht einzig und allein aus choreographischen Anweisungen für anonyme Protagonisten; der Text beginnt so:

> »Die Bühne ist ein freier Platz im hellen Licht.
> Es beginnt damit, daß einer schnell über ihn wegläuft.
> Dann aus der anderen Richtung noch einer, ebenso.
> Dann kreuzen zwei einander, ebenso, ein jeder in kurzem, gleichbleibendem Abstand gefolgt von einem dritten und vierten, in der Diagonale.«[163]

Episch-narrative Elemente können auch in den Haupttext integriert werden. Die Statik des antiken und klassizistischen Einort-Dramas machte es erforderlich, den Figuren Berichte oder Erzählungen über Handlungen an anderen Orten in den Mund zu legen. Die Exposition (lat. *expositio* ›Darlegung, Erklärung‹) der Vorgeschichte erfolgte meist durch Berichte; in Szene gesetzt wurde nur die Schlussphase des Geschehens. Man kann demnach mehrere Arten der Darstellung von Handlung im Drama unterscheiden:

Darstellung von Handlung

- die gezeigte Handlung: Inszenierung auf offener Bühne
- die verdeckte Handlung: hinter der Szene hörbare Realisierung
- die berichtete Handlung:

162 Frank Wedekind, *Der Marquis von Keith*, Stuttgart 1964 (Reclams Universal-Bibliothek, 8901), S. 5.

163 Peter Handke, *Die Stunde da wir nichts voneinander wußten. Ein Schauspiel*, Frankfurt a. M. 1992, S. 7.

a) Teichoskopie (›Mauerschau‹): Augenzeugenbericht über gleichzeitiges Geschehen
b) Botenbericht über inzwischen Geschehenes.[164]

4.2.2 Aufbau und Gliederung des Dramas

Wie bereits beschrieben, bilden Dramen schon seit der Antike keine monolithischen Blöcke, sondern sie gliedern sich in bestimmte Einheiten. Bauelemente der antiken Tragödie waren neben den lyrischen Chorliedern die gesprochene und gespielte Szene, das Epeisodion – bestehend aus Monologen und Dialogen. Dieser Teil gewann in der attischen Tragödie mit dem Zurückdrängen des Chores zunehmend an Gewicht. Bei AISCHYLOS traten drei, bei SOPHOKLES und EURIPIDES vier bis fünf Epeisodien zwischen die Exposition, die in die Handlung einführte, und die Exodos (den Abgesang) des Chores.[165] So näherte sich das griechische Drama schrittweise einem Strukturmuster an, das sich in der weiteren Entwicklung verfestigte und in Poetiken als Regelwerk formuliert wurde. In der römischen Antike schreibt HORAZ das Fünf-Akt-Schema verbindlich vor: »Ein Stück bleibe nicht unter dem fünften Akt [lat. *actus*] noch gehe darüber«.[166] Dieses Bauprinzip behauptete über Jahrhunderte seine kanonische Geltung, vor allem im deutschen und französischen Sprachraum. Wie die *tragédie classique* der Franzosen besteht auch das regelkonforme deutsche Barockdrama aus fünf Akten (bzw. »Abhandlungen«). Diesem Schema entspricht ein Großteil der klassizistisch orientierten deutschen Dramatik vom 17. bis 19. Jahrhundert.[167]

Epeisodion

Exposition

Exodos

Fünf-Akt-Schema

Im 18. Jahrhundert werden die Begriffe Akt (als der größten, einen Handlungsabschnitt umfassenden Gliederungseinheit) und Szene (als untergeordneter Einheit) zu »Aufzug« und »Auftritt« eingedeutscht. »Szene« und »Auftritt« werden aber nicht immer synonym verwendet, denn als Szene wird vielfach auch die mittlere, mehrere Auftritte verknüpfende Gliederungseinheit bezeichnet, die durch den Abgang aller Figuren und/oder die Unterbrechung

Akt

Szene

164 Eine Ironisierung des Botenberichts findet sich in Brechts *Dreigroschenoper* (»Drittes Dreigroschen-Finale«: »Auftauchen des reitenden Boten«).

165 Eine Einteilung in Akte und Szenen findet sich bei Aristoteles nicht; er unterscheidet nur zwischen Prolog, Epeisodion, Exodos und Chorpartien (→ S. 131 f.).

166 Quintus Horatius Flaccus, *Ars Poetica / Die Dichtkunst*, lat./dt., übers. und mit einem Nachw. hrsg. von Eckart Schäfer, bibl. erg. Ausg., Stuttgart 1997 (Reclams Universal-Bibliothek, 9421), S. 17.

167 Dagegen dominiert in der italienischen, spanischen und portugiesischen Dramatik der Dreiakter. Vgl. dazu Asmuth (s. Anm. 104), S. 130.

der raumzeitlichen Kontinuität auf der Bühne markiert wird. Bis heute schließt sich bei vielen Inszenierungen am Ende eines Aktes der Vorhang, und es wird eine Pause eingelegt.

Gustav Freytag: das klassische Dramenmodell

Wie bereits beschrieben, sind seit dem 18. Jahrhundert poetologische Vorgaben allmählich außer Kraft gesetzt, Strukturen gelockert und neue Bauformen erprobt worden. Ungeachtet aller Modernisierungstendenzen fixierte GUSTAV FREYTAG 1863 das klassische Dramenmodell:

> »Durch die beiden Hälften der Handlung, welche in einem Punkt zusammenschließen, erhält das Drama – wenn man die Anordnung durch Linien verbildlicht – einen pyramidalen Bau. Es steigt von der Einleitung mit dem Zutritt des erregenden Moments bis zu dem Höhenpunkt [sic], und fällt von da bis zur Katastrophe. Zwischen diesen drei Teilen liegen die Teile der Steigerung und des Falles. [...]
> Diese Teile des Dramas, a) Einleitung, b) Steigerung, c) Höhenpunkt, d) Fall oder Umkehr, e) Katastrophe, haben jeder Besonderes in Zweck und Baurichtung. Zwischen ihnen stehen drei wichtige szenische Wirkungen [...]. Von diesen drei dramatischen Momenten steht eines, welches den Beginn der bewegten Handlung bezeichnet, zwischen Einleitung und Steigerung, das zweite, Beginn der Gegenwirkung, zwischen Höhenpunkt und Umkehr, das dritte, welches vor Eintritt der Katastrophe noch einmal zu steigern hat, zwischen Umkehr und Katastrophe. Sie heißen hier: das erregende Moment, das tragische Moment, das Moment der letzten Spannung.«[168]

Die formale und inhaltliche Gliederung eines Dramas verknüpfend, unterscheidet FREYTAG zwischen dem:

1. Akt: Einleitung – Exposition (bzw. Protasis – griech. *prótasis* ›Einleitung‹), »Beginn der Gegenwirkung« – »das erregende Moment«
2. Akt: Steigerung – Epitasis (*epítasis* ›Verwicklung‹)
3. Akt: Höhepunkt – »das tragische Moment«; fallende Handlung
4. Akt: Umkehr – Peripetie (*peripéteia* ›Umschwung‹) – »das Moment der letzten Spannung« (Retardation)[169]
5. Akt: Katastrophe (*katastrophē* ›Ausgang, Ende, Untergang, Verderben‹) bzw. Lösung (bei Komödien)

168 Freytag (s. Anm. 140), S. 102.

169 Als retardierendes Moment wird die Verzögerung im Entwicklungsgang der Handlung, die sogar die Hoffnung auf die Abwendung der Katastrophe wecken kann, bezeichnet.

Er illustriert die Dramenstruktur bzw. Akt-Einteilung mit einer Skizze in Pyramidenform:

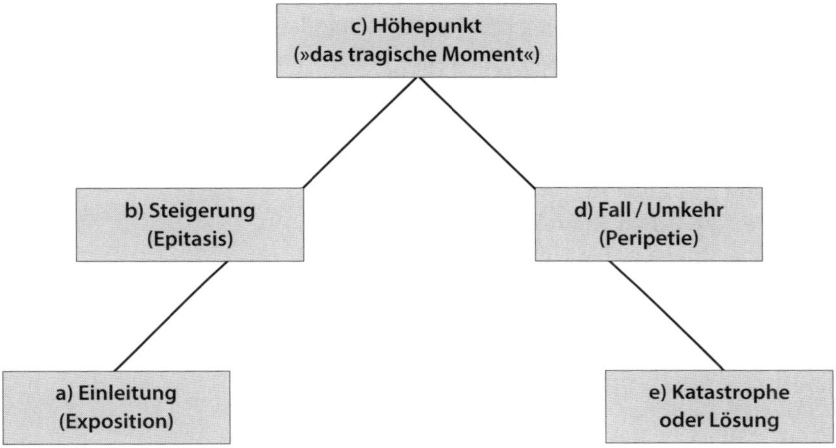

Abb. 3: Gustav Freytag: Dramenpyramide

Bereits die Naturalisten ignorierten FREYTAGS Vorgaben und verstießen gegen dieses Schema: Während ARNO HOLZ und JOHANNES SCHLAF in *Die Familie Selicke* (1890) eine statische Milieuschilderung lieferten, verzichtete HAUPTMANN in seiner »Diebskomödie« *Der Biberpelz* (1893) auf den fünften Akt und enthielt dem Publikum die Bestrafung der Protagonistin und damit die ausgleichende Gerechtigkeit vor. Nachfolgende Autorengenerationen gingen noch einen Schritt weiter: Sie segmentierten ihre Stücke statt in Akte und Szenen auch in Stationen (TOLLER, *Die Wandlung*, 1919) oder Bilder (FRISCH, *Andorra. Stück in zwölf Bildern*, 1961). Vereinzelt verzichteten sie sogar auf jegliche Unterteilung. In der Moderne haben sich neue, kürzere Formen durchgesetzt, vor allem der Einakter (z. B. SCHNITZLER), in dem sich Szenen locker aneinanderreihen und mitunter sogar austauschbar sind.

Gelegentlich schalten Autoren dem expositorischen ersten Akt ein Vorspiel bzw. einen Prolog vor, in dem das Publikum meist direkt – von spielinternen oder -externen Figuren[170] – angesprochen wird; seltener lassen sie das Drama Prolog

170 Diese Trennung nimmt Pfister vor, der grundsätzlich zwischen einem inneren und äußeren Kommunikationssystem bzw. zwischen innerer und äußerer Spielebene unterscheidet (s. Anm. 94, S. 109 ff.).

mit einem Epilog ausklingen oder fügen noch ein Zwischenspiel (Intermezzo) ein. Eine mehrfache Rahmung weist GOETHES *Faust* auf: »Der Tragödie erster Teil« beginnt mit einer »Zueignung«, es folgen ein »Vorspiel auf dem Theater« und ein allegorischer »Prolog im Himmel«; erst danach öffnet sich die innere Spielebene, und Faust erscheint auf der Bühne. Im Prolog zu BRECHTS (auf Hitler gemünztes) »Parabelstück« *Der aufhaltsame Aufstieg des Arturo Ui* (1941) tritt »der Ansager« vor den Vorhang:

> »Verehrtes Publikum, wir bringen heute –
> Ruhe dort hinten, Leute!
> Und nehmen Sie den Hut ab, junge Frau! –
> Die große historische Gangsterschau!«[171]

Im Epilog zu *Der gute Mensch von Sezuan* (1940) entschuldigt sich »ein Spieler« für das bittere Ende des Stückes:

> »Wir stehen selbst enttäuscht und sehn betroffen
> Den Vorhang zu und alle Fragen offen. [...]
> Verehrtes Publikum, los, such dir selbst den Schluß!
> Es muß ein guter da sein, muß, muß, muß!«[172]

4.2.3 Dramentypen

4.2.3.1 Genrebezeichnungen

Seit jeher nehmen Dramatiker selbst (in Form von Untertiteln) Gattungsbestimmungen vor und setzen vielfach die Anzahl der Akte hinzu. Sie bezeichnen ihre Werke – aufgrund des Stoffs, Personals und Ausgangs sowie der Stil- und Tonlage – als Tragödie (Trauerspiel), Komödie (Lustspiel, Scherzspiel, Posse, Tragikomödie etc.) oder neutral als Schauspiel[173], Drama oder Stück (BOTHO STRAUSS, *Trilogie des Wiedersehens. Theaterstück*, 1977). Unter den genre- und inhaltsbezogenen Zusätzen findet sich neben dem bürgerlichen Trauerspiel (SCHILLER, *Kabale und Liebe*) auch das »republikanische« (SCHILLER, *Die Verschwörung des Fiesko zu Genua*, 1783) oder »romantische Trauerspiel« (SCHILLER, *Die Jungfrau von Orleans*, 1801), das historische, politische

171 Bertolt Brecht, *Die Stücke in einem Band*, Frankfurt a. M. 1978, S. 687.

172 Ebd., S. 641.

173 Vgl. Anm. 127.

oder soziale Drama (KLEIST, *Das Käthchen von Heilbronn oder Die Feuerprobe. Ein großes historisches Ritterschauspiel*, 1810; TOLLER, *Masse Mensch. Ein Stück aus der sozialen Revolution des 20. Jahrhunderts*, 1921), das Volksstück (FLEISSER, *Der starke Stamm. Volksstück in vier Akten*, 1950/72), das Parabel- oder Lehrstück (BRECHT, *Die Ausnahme und die Regel*, 1930), das geistliche, Passions- oder Mysterienspiel (HOFMANNSTHAL, *Jedermann. Das Spiel vom Sterben des reichen Mannes*, 1911), Märchen- oder Zauberspiel (RAIMUND, *Der Verschwender. Original-Zaubermärchen*; 1834). Manche Dramatiker der (Post-)Moderne etikettieren ihre Dramen als Groteske oder Farce, um die Distanz zur traditionellen Komödie zu signalisieren (z. B. STRAUSS, *Kalldewey. Farce*, 1982; LUKAS BÄRFUSS, *Meienbergs Tod. Eine Groteske*, 2001). Seltener tauchen adressaten- oder protagonistenbezogene Untertitel auf wie bei GOETHE (*Stella. Ein Schauspiel für Liebende*, 1776) oder MARTIN WALSER (*Die Zimmerschlacht. Übungsstück für ein Ehepaar*, 1967). Eine eigene Traditionslinie bildet das Künstlerdrama.[174] Bei extrem reduzierter Personenzahl wird diese zum terminologischen Kriterium, so beim Monodrama und Duodrama (Ein- bzw. Zweipersonenstück).[175]

Überschreitung von Gattungsgrenzen

Manche Genrebezeichnungen lassen die Überschreitung von Gattungsgrenzen erkennen, z. B. durch Einbeziehung musikalischer Mittel im Singspiel (WIELAND, *Alkeste*, 1773). Durch gleichzeitige oder abwechselnde Verwendung einer Sprechstimme und Musik in einer szenischen Darbietung entsteht das Melodram(a); diese seit der Antike bekannte Form findet sich vor allem im Musiktheater, etwa in LUDWIG VAN BEETHOVENs Oper *Fidelio* (1805). Manche Schriftsteller haben auch Opernlibretti verfasst, so HUGO VON HOFMANNSTHAL, dessen »Komödie für Musik« *Der Rosenkavalier* (1911) von RICHARD STRAUSS vertont wurde, neben anderen Textvorlagen des Wiener Autors. Weitere Mischformen wie »epische Oper« (BRECHT) und »Oratorium« (WEISS) wurden bereits erwähnt. Der Tendenz zur individuellen Kennzeichnung und ironisch-kritischen Bezugnahme auf Gattungstraditionen in der Moderne ist beispielsweise der Untertitel »Versuch eines Requiems« ver-

174 Diese reicht von Christian Weisse (*Die Poeten nach der Mode*, 1757) über Goethe (*Torquato Tasso*, 1790) bis Thomas Bernhard (→ S. 146); zum Genre vgl. Uwe Japp, *Das deutsche Künstlerdrama. Von der Aufklärung bis zur Gegenwart*, Berlin / New York 2004.

175 Das Monodrama begegnet vereinzelt bereits im 18. Jahrhundert (Johann Wolfgang Goethe, *Proserpina*, 1776/77), in der Moderne auch in Verbindung mit neuen Medien (Arnolt Bronnen, *Ostpolzug*, 1926). Ein jüngeres Beispiel ist *Ein Gespräch im Hause Stein über den abwesenden Herrn von Goethe* (1976) von Peter Hacks. Hugo von Hofmannsthals Stück *Der Tor und der Tod* (1899) ist dagegen ein Duodrama.

pflichtet, den MAX FRISCH seinem Stück *Nun singen sie wieder* (1945) gegeben hat.[176]

4.2.3.2 Vers- und Prosadramen

Jambischer Trimeter

Das antike und klassizistische Drama war traditionell Versdrama. Altgriechische Tragödien- und Komödiendichter verwendeten durchweg den jambischen Trimeter (sechs Hebungen, die mit je einer einsilbigen Senkung alternieren). Dieses reimlose antike Versmaß griff GOETHE im zweiten Teil des *Faust* auf, und zwar in einem Monolog der Helena (3. Akt; V. 8488 f.):

> »Bewundert viel und viel gescholten, Helena,
> Vom Strande komm' ich, wo wir erst gelandet sind [...].«

Alexandriner

In Frankreich und Deutschland dominiert im Drama des 17. und frühen 18. Jahrhunderts der sechshebige, aus 12 oder 13 Silben bestehende, durch eine Zäsur in der Versmitte gekennzeichnete jambische Alexandriner. In barocken Tragödien findet sich häufig der heroische Alexandriner, bei dem sich männliche und weibliche Paarreime abwechseln, so im Trauerspiel *Catharina von Georgien oder Bewehrete Beståndigkeit* (1651) von ANDREAS GRYPHIUS:

> CHACH. Hir finden wir die Sonn' es mag der Himmel prangen
> Mit seiner Flammen Glantz! wie! mit bethrånten Wangen?
> Welch trůber Nebel deckt diß libliche Gesicht?
> Was dreu't der Seufftzer Wind? es můsse dises Licht
> Princessin jhr vnd vns so angenehm erscheinen / [...].[177]

Blankvers

LESSING wählte für sein letztes Stück *Nathan der Weise. Ein dramatisches Gedicht in fünf Aufzügen* (1779) den – von SHAKESPEARE verwendeten – Blankvers (ungereimter jambischer Fünftakter). Darin erzählt Nathan seinem Dialogpartner Saladin die »Ringparabel« (3. Aufzug, 7. Auftritt; V. 1911–14):

> »Vor grauen Jahren lebt' ein Mann in Osten,
> Der einen Ring von unschätzbarem Wert
> Aus lieber Hand besaß. Der Stein war ein
> Opal, der hundert schöne Farben spielte, / [...].«

176 Zur Sonderform des Hörspiels → III.5.

177 Andreas Gryphius, *Catharina von Georgien. Trauerspiel*, hrsg. von Alois M. Haas, Stuttgart 1975 [u. ö.] (Reclams Universal-Bibliothek, 9751), 1. Akt (»Die Erste Abhandelung«), V. 727–731.

Der Blankvers entwickelte sich zum beherrschenden Metrum des deutschen Versdramas bis weit ins 19. Jahrhundert hinein. Gelegentlich verwendeten Dramatiker des Sturm und Drang und der Weimarer Klassik auch den vierhebigen Knittelvers mit freier Senkungsfüllung; dieses Versmaß findet sich in SCHILLERs *Wallenstein* oder GOETHEs *Faust*. Fausts Eingangsmonolog beginnt allerdings zunächst mit einem Kreuzreim, bevor in das Knittelvers-typische Paarreimschema gewechselt wird (V. 354–365): Knittelvers

»Habe nun, ach! Philosophie,
Juristerey und Medicin,
Und leider auch Theologie!
Durchaus studirt, mit heißem Bemühn.
Da steh' ich nun, ich armer Thor!
Und bin so klug als wie zuvor;
Heiße Magister, heiße Doctor gar,
Und ziehe schon an die zehen Jahr,
Herauf, herab und quer und krumm,
Meine Schüler an der Nase herum –
Und sehe, daß wir nichts wissen können!
Das will mir schier das Herz verbrennen.«

Seit Ende des 19. Jahrhunderts werden Versdramen immer seltener. Von den Neoklassikern u. a. abgesehen, gestalten moderne Dramatiker ihre Stücke allenfalls in freien Rhythmen (z. B. WEISS) oder rhythmisierter Prosa (BERNHARD u. a.). Daneben finden sich Einblendungen versifizierter Passagen (Chorpartien, Liedeinlagen z. B. bei BRECHT) oder spezielle Mischformen zwischen Prosa und Vers (z. B. GÜNTER GRASS, *Die Plebejer proben den Aufstand*, 1966).

Das Prosadrama hatte sich seit dem 17. Jahrhundert schrittweise zur Alternative entwickelt, bis es das Versdrama schließlich in den Hintergrund drängte. Prosadrama LESSING konnte, als er seine Lustspiele (u. a. *Minna von Barnhelm*, 1767) in Prosa verfasste, an spätbarocke Komödien anknüpfen und sich an französische und englische Vorbilder anlehnen (MOLIÈRE, *Don Juan*, 1665; GEORGE LILLO, *The London Merchant*, 1731). Die Figuren seiner bürgerlichen Trauerspiele ließ er Prosa sprechen, um durch eine ›natürliche‹ Ausdrucksweise dem Publikum die Identifikation mit den dargestellten Konflikten zu erleichtern. Im Sturm und Drang bevorzugten fast alle Dramatiker (GOETHE, SCHILLER, LENZ, WAGNER u. a.) die Prosaform. Eine neuartige gestisch-expressive, realitätsnahe Sprache entwickelte im 19. Jahrhundert BÜCHNER, auf den sich die Naturalisten auch formal berufen konnten. In der *Woyzeck*-Nachfolge artikulieren sich die Figuren im naturalistischen Milieudrama in kurzen, vielfach sogar abgehackten, brüchigen oder fehlerhaften Sätzen und benutzen Alltagsvokabular. Gleichzeitig gewinnen körpersprachliche Ausdrucksformen gegenüber der verbalen Kommunikation deutlich an Gewicht. Nach MANFRED PFISTER »dominiert häufig im naturalistischen Drama und im modernen absurden Theater das mimisch-gestische Element, da die Konzeption der dramatischen Figuren als Individuen reduzierten Bewußtseins zu einer Reduktion der sprachlichen Ausdrucksmittel zugunsten stummen Spiels führt.«[178] Der Formen- und Stilpluralismus der modernen Dramatik zeigt beide Extreme: wort- und sprachgewaltige, vereinzelt noch versifizierte Dramen ebenso wie ›spracharme‹ gestisch-pantomimische Stücke.

4.2.3.3 Das geschlossene und offene Drama

Volker Klotz: »Geschlossene und offene Form«

VOLKER KLOTZ hat in seinem 1960 erschienenen Buch *Geschlossene und offene Form im Drama* eine bis heute gebräuchliche Typologisierung der Dramenliteratur vorgenommen. Seine Gegenüberstellung beruht auf einer von HEINRICH WÖLFFLIN (*Kunstgeschichtliche Grundbegriffe*, 1915) entwickelten Terminologie, die zwischen dem geschlossenen und offenen Kunstwerk unterscheidet. Diese Begrifflichkeit überträgt KLOTZ auf Bauformen des Dramas.[179] Wenngleich sein bipolares Modell, das er zwar historisch-empirisch entwickelt und begründet, aber letztlich als ein überhistorisches Nebeneinander zweier Idealtypen bzw. gegenläufiger Stiltendenzen hinstellt, durchaus problematisch ist,[180] schärft es den Blick für grundlegende strukturelle Differenzen. Bei der Anwendung der Terminologie sollte stets bedacht werden, dass es sich um eine Konstruktion von heuristischem Wert handelt und die Dramengeschichte vielerlei Mischtypen zeigt.

Bipolares Modell

Anhand antiker Dramentexte und klassizistischer Werke von RACINE, GOETHE und SCHILLER beschreibt KLOTZ das Strukturschema des geschlossenen (tektonischen) Dramas aristotelischer Prägung. Die wichtigsten Elemente sind die drei Einheiten von Handlung, Zeit und Ort, ferner die Ständeklausel, die Beschränkung auf eine kleine Anzahl von Figuren – in der Regel maximal drei[181] – und die Personenkette (frz. *liaison des scènes*); diese meint

178 Pfister (s. Anm. 94), S. 40.

179 Volker Klotz, *Geschlossene und offene Form im Drama*, München ⁷1975, Vorwort, S. 14.

180 Vgl. die kritischen Einwände von Pfister (s. Anm. 94, S. 319 ff.) und Asmuth (s. Anm. 104, S. 48 f.).

181 Horaz hatte die Dreipersonen-Regel formuliert, nach der nicht mehr als drei Figuren gleichzeitig auftreten dürfen: »Kein Gott mische sich ein, wenn keine Verwicklung eintrat, die solchen Erretters wert ist, noch versuche die vierte Person, gleichfalls zu sprechen« (s. Anm. 166, S. 17).

die Verknüpfung benachbarter Auftritte durch mindestens eine auf der Bühne verbleibende Figur.

Die Strukturmerkmale des offenen Dramas lassen sich größtenteils *ex negativo* gewinnen, da sie in scharfem Kontrast zu denen des geschlossenen Dramas stehen. Das atektonische Drama folgt nicht mehr den poetologischen Vorgaben des ARISTOTELES bzw. seiner Deuter, sondern orientiert sich an den Dramen SHAKESPEARES. Als Prototypen des offenen Dramas wählt KLOTZ Stücke von LENZ, GRABBE, BÜCHNER, WEDEKIND und BRECHT.

Die von KLOTZ den beiden Dramentypen zugeordneten Eigenschaften lassen sich tabellarisch so veranschaulichen:

	Geschlossenes Drama	**Offenes Drama**
Handlung	– eindeutige Haupthandlung – hierarchische Ordnung – einsträngig – in sich geschlossen – zwingende Abfolge der Szenen – kausale Verknüpfung der Szenen – teleologisch (zielgerichtet)	– Vielheit und Dispersion (Streuung) der Handlung – mehrsträngig (Polymythie) – offen bzw. unabgeschlossen – lockere oder fehlende Verknüpfung der Szenen – relative Autonomie der Szenen – Einsatz und Ende unvermittelt
Zeit	– Einheit der Zeit – keine Zeitsprünge – reine Sukzession, Linearität – Zeit als Handlungsrahmen	– keine Zeitbegrenzung – Zeitsprünge – Diskontinuität – Zeit als Wirkungsmacht
Raum	– Einheit des Ortes – keine Ortswechsel – verdeckte Handlung durch Botenbericht, Mauerschau u. Ä. – Ort als unbewegter Rahmen des Geschehens	– Vielheit der Orte – keine räumlichen Begrenzungen – offene Handlung durch Schauplatzwechsel – Ort als handlungsbestimmende, dynamische Größe
Figuren	– geringe Zahl – Vermeidung von Massenszenen – Ständeklausel – Personenkette – antagonistische Figurenkonstellation mit gleichrangigen Gegenspielern – autonome, intellektgeleitete Charaktere mit hohem Bewusstseinsgrad	– unbegrenzte Zahl – viele Neben- und Randfiguren – Standeszugehörigkeit irrelevant – keine Szenenverkettung – zentrales Ich ohne gleichrangige Gegenspieler – durch Herkunft, Milieu usw. determinierte, gefühls- und triebgesteuerte Figuren

	Geschlossenes Drama	Offenes Drama
Komposition	– Unversetzbarkeit der Teile – hierarchische Ordnung – Einteilung in Akte – strikt funktionale Gliederung – geometrischer Aufbau: bilaterale Symmetrie und ausgewogene Proportionen – Vorgeschichte in der Exposition (1. Akt)	– Verselbständigung der Teile – Addition autonomer Szenen – szenische Einzelsplitter – disparate Teile ergeben das Ganze – Strukturprinzipien: Wiederholung, Variation und Kontrastierung – Verzicht auf Exposition, Einsatz in medias res
Sprache	– einheitlicher Stil – Versform – an den Regeln der Rhetorik ausgerichteter Sprachstil – hypotaktischer Satzbau – reduzierte Gebärdensprache – extreme Mittelbarkeit als Stilmerkmal	– Stilpluralismus; Redevielfalt – Prosaform – Orientierung an der Umgangssprache – parataktischer Satzbau – Betonung des Gestisch-Mimischen und Physischen – Direktheit im Ausdruck

4.2.3.4 Das analytische und synthetische Drama

Konflikt: Kern des Dramas

Eine andere Form der Typologisierung von Dramen geht von der Handlungsstruktur aus. Den Kern eines Dramas bildet in der Regel ein Konflikt (lat. *conflictus* ›Zusammenstoß, Kampf‹), der durch gegenläufige Interessen oder Wertvorstellungen entsteht und zu zwischenmenschlichen Auseinandersetzungen führt. Während der Konflikt in der Tragödie unausweichlich auf die Katastrophe zusteuert und für die Hauptfigur oft sogar tödlich endet, wird er in der Komödie nach Überwindung von allerlei Hindernissen (Missverständnissen, Verwechslungen, Intrigen usw.) einer Lösung zugeführt, so dass das zeitweilig gestörte Gleichgewicht wiederhergestellt wird. Wenn dramatische Konflikte aus dem »Zusammenstoß widersprüchlicher gesellschaftlicher Kräfte (so Hof und Bürgertum in LESSINGs *Emilia Galotti*)« oder »aus dem Kampf zweier Parteien um die politische Macht oder um die Gunst bzw. Liebe einer dritten Person« resultieren, so handelt es sich um einen äußeren Konflikt. Entsteht der Konflikt »durch den Widerstreit entgegengesetzter Forderungen und Ansprüche – auch moralischer Natur – in den Figuren selbst«, lässt sich von einem inneren Konflikt sprechen.[182]

182 Heinz Geiger / Harald Haarmann, *Aspekte des Dramas*, Opladen 1978 [u. ö.], S. 60 f.

Grundsätzlich kann zwischen dem analytischen und dem synthetischen Drama unterschieden werden, je nachdem, ob der Konflikt bereits vor Beginn der Spielhandlung liegt oder sich erst in deren Verlauf entwickelt. Das analytische Drama wird auch als Enthüllungsdrama bezeichnet, da sein »Handlungsziel [...] die restlose und sukzessive Aufdeckung der Vergangenheit« ist,[183] also die Beseitigung von Informationsdefiziten seitens der Figuren und gleichzeitig des Publikums. Eine solche Enthüllung der Vorgeschichte vollzieht sich etwa in SOPHOKLES' Tragödie *König Ödipus*: Darin tritt der Umschlag von Unkenntnis in Erkenntnis (Anagnorisis, → S. 130) und damit vom Glück ins Unglück durch die Enthüllung einer zeitlich zurückliegenden, unwissentlich begangenen Schuld (Tötung des Vaters, Heirat der Mutter) ein. Das analytische Verfahren des ›fortschreitenden Rückschreitens‹ zeigt sich besonders deutlich in Stücken, die ein Strafdelikt im Rahmen einer Gerichtsverhandlung aufarbeiten und durch Verhöre über die Täterschaft aufklären. In KLEISTS Komödie *Der zerbrochne Krug* wird der Dorfrichter Adam am Ende selbst überführt, während PETER WEISS in der *Ermittlung* die NS-Verbrechen in Form eines oratorischen Tribunals rekonstruiert.

Analytisches Drama – Enthüllungsdrama

Synthetische Dramen sind dagegen weit weniger von der Vorgeschichte bestimmt. Sie beziehen ihre Spannung aus der Zuspitzung eines Konflikts, in den die Figuren mit Beginn der Spielhandlung geraten – etwa durch die Konfrontation mit Repräsentanten konkurrierender politischer Mächte oder moralischer Normen. Dieser Typus wird auch Zieldrama (bzw. Konflikt- oder Entfaltungsdrama) genannt. In der Tragödie *Antigone* des SOPHOKLES z. B. gerät die Titelheldin in einen für sie tödlich endenden Konflikt mit der von Kreon verkörperten Staatsmacht, der sie sich nicht beugen kann und will.

Synthetisches Drama – Zieldrama

Ebenso wie die beiden Typen des offenen und geschlossenen Dramas treten auch analytische und synthetische Dramentechnik nur selten unvermischt auf, und so lassen sich zahlreiche Kombinationen von Enthüllungs- und Zielhandlung finden, z. B. in SCHILLERS *Maria Stuart* (1801) oder ZUCKMAYERS *Des Teufels General* (1946). Hier verbinden sich Konflikte, deren Wurzeln in der Vergangenheit liegen, mit neuen, die sich während der Bühnenhandlung entfalten.

Kombinationen

183 Ebd., S. 63.

4.3 Figurengestaltung im Drama

4.3.1 Konfigurationen und Figurenkonstellationen

Figur

Sowohl in szenisch-dramatischen als auch in epischen Texten findet sich eine bestimmte Anzahl von Figuren, die die Handlung tragen und den ›Plot‹ durch Aktionen und Interaktionen bestimmen.[184] Unter einer Figur (bzw. einem Charakter) ist laut NICOLETTE KRETZ bei einem durch Lektüre erschlossenen Drama die Summe aus »Rolle + Imagination« zu verstehen, während die Formel im Falle einer miterlebten Theateraufführung lautet: »Rolle + Schauspieler = Figur«.[185] Der in älteren Abhandlungen noch gebräuchliche Begriff ›Person‹ sollte – in Abgrenzung zur Figur als fiktiver Gestalt – nur für real existierende Individuen verwendet werden.

Konfiguration

Umfang

Dauer

In den meisten Dramentexten präsentiert sich in den einzelnen Szenen bzw. Auftritten eine »Teilmenge des Personals«, die eine Konfiguration bildet. Diese lässt sich quantitativ mit Hilfe von »zwei Größen« bestimmen: zum einen durch ihren Umfang (Anzahl der beteiligten Figuren), wobei dieser sich zwischen »Null-Konfiguration« (leere Bühne) und »Ensemble-Konfiguration« (z. B. in Schluss-Szenen) bewegt, und zum anderen durch die zeitliche Dauer der Konfiguration, die sich unter Umständen sogar »über den ganzen Textverlauf erstrecken«[186] kann. Mit dem Szenenwechsel geht meist auch ein Wechsel der Konfiguration einher. Im geschlossenen bzw. klassizistischen Drama verbleibt stets eine Figur der vorangehenden Szene auf der Bühne, um das regelpoetische Prinzip der Personenkette einzuhalten und abrupte Konfigurationswechsel zu vermeiden. Daneben galt die von HORAZ abgeleitete Dreipersonen-Regel als verbindliche Norm, d. h., es durften maximal drei Figuren gleichzeitig auf der Bühne agieren (→ 4.2.3.3). Im offenen Drama hingegen finden sich auch Massenszenen ohne jegliche Begrenzung der Figurenzahl. Ein anderes Extrem bilden moderne Dramen, deren Personal aus lediglich einer einzigen Figur besteht, so z. B. die Einpersonenstücke von SAMUEL BECKETT

Personenkette

Dreipersonen-Regel

184 Über die Relation bzw. Dominanz von Figuren oder Handlung ist in Dramentheorien vielfach gestritten worden. Vgl. Pfister (s. Anm. 94), S. 220.

185 Nicolette Kretz, »Grundelemente (1): Bausteine des Dramas (Figur, Handlung, Dialog)«, in: *Handbuch Drama* (s. Anm. 100), S. 105–121, hier S. 105. Zum Terminus »Rolle« schreibt sie: »Die Rolle besteht aus einer Auswahl von Eigenschaften, biografischen Angaben, Haltungen und Verhaltensweisen, welche der Autor zur Charakterisierung zur Verfügung stellt« (ebd.).

186 Pfister (s. Anm. 94), S. 235.

(*Krapp's Last Tape – Das letzte Band*, 1958) oder das Monodrama *Ella* (1978) von HERBERT ACHTERNBUSCH.

Als Figurenkonstellation wird die werkspezifische Anordnung und Beziehung der Figuren einschließlich ihrer Auftrittsfrequenz bezeichnet, an der sich u. a. die Relevanz einer Figur für das Textganze ablesen lässt (Haupt- oder Nebenfigur).[187] Laut MANFRED PFISTER ergeben sich aus bestimmten »Kontrast- und Korrespondenzrelationen« innerhalb des Dramenpersonals »dynamische Interaktionsstrukturen«.[188] Nicht selten werden einzelnen Protagonisten als den zentralen Akteuren bzw. ›Helden‹ Antagonisten (Gegenspieler, Widersacher) an die Seite gestellt, die gegensätzliche Positionen vertreten und/oder einen Konflikt mit ihnen austragen. Als Beispiel für eine solche Konfrontation sei SCHILLERS Trauerspiel *Maria Stuart* (1800) genannt, dessen dramatische Spannung ganz wesentlich auf der Rivalität zwischen der Titelfigur und Elisabeth I., Königin von England, beruht; der unerbittliche Machtkampf der beiden Herrscherinnen endet für die schottische Königin Maria Stuart tödlich.

Figurenkonstellation

Protagonisten vs. Antagonisten

In der Figurenkonstellation, die im Dramentext durch das vorangestellte Personenverzeichnis bzw. *dramatis personae* abgebildet wird, spiegeln sich vielfach hierarchische soziale oder gesellschaftspolitische Ordnungs- und Beziehungsstrukturen wider. »Zentral für dieses Arrangement sind« laut FRANZISKA SCHÖSSLER »die drei Kategorien Geschlecht, Klasse und Alter, die die Verhältnisse der Figuren zueinander maßgeblich bestimmen«.[189] Neben den Geschlechterrepräsentationen bzw. Weiblichkeits- und Männlichkeitskonstruktionen etwa innerhalb von Paarbildungen als einem beliebten Sujet in Tragödien und Komödien[190] sind also die vom Autor gesetzten soziologischen und anthropologischen Parameter bei der Analyse der Figurenkonstellation zu berücksichtigen. Die Figuren können in verwandtschaftlichen, familialen, freundschaftlichen oder erotisch-sexuellen Verhältnissen zueinander stehen oder diese miteinander eingehen, durch private oder berufliche Kontakte miteinander interagieren sowie emotional oder ideologisch miteinander verbunden sein. Diese Beziehungsgeflechte wiederum können statisch oder dynamisch angelegt sein und damit den Handlungs- bzw. Konfliktverlauf entscheidend prägen.

dramatis personae

Geschlecht, Klasse und Alter

187 Vgl. dazu Franziska Schößler, *Einführung in die Dramenanalyse*, Stuttgart 2017, S. 94 f.
188 Pfister (s. Anm. 94), S. 232.
189 Schößler (s. Anm. 187), S. 99.
190 Vgl. ebd., S. 99–104.

4.3.2 Figurenkonzeptionen

Anthropologisches Modell

Mit Blick auf die einzelne Dramenfigur stellt sich die Frage nach der zugrundeliegenden Figurenkonzeption. Damit ist nach PFISTER »das anthropologische Modell« bzw. das ›Menschenbild‹ als historisch variable Größe gemeint, das in einer literarischen Figur konkrete Gestalt annimmt. Wie stark Figurenkonzeptionen von den jeweiligen zeit- und kulturgeschichtlichen Rahmenbedingungen sowie den gesellschaftlichen Normen abhängig sind, lässt sich beispielsweise an der in Dramen häufig begegnenden Figur bzw. Rolle des Verführers demonstrieren. Während in Stücken des Barock und der Aufklärung Figuren wie Don Juan oder Don Giovanni (in MOZARTS gleichnamiger Oper nach einem Libretto von DA PONTE) als zügel- und skrupellose ›Frauenhelden‹ gezeichnet werden, deren lasterhaftes Treiben am Ende sanktioniert wird, erscheint das Verhalten serieller Verführer und Libertins in modernen Dramen wie etwa SCHNITZLERS *Anatol* in deutlich milderem Licht, und die Titelfigur erfährt weder eine moralische Verurteilung noch eine Bestrafung. So spiegeln sich in diesem Drama des späten 19. Jahrhunderts nicht nur die Veränderungen der Geschlechterordnung, sondern auch die sich wandelnden Auffassungen von Liebe, Ehe und Partnerschaft wider.

4.3.2.1 Gattungsunabhängige Aspekte

Im Folgenden sollen auf der Basis der von BERNARD BECKERMAN (*Dynamics of Drama*, 1970) eingeführten und von MANFRED PFISTER (*Das Drama*, 1977 u. ö.) weiterentwickelten strukturalistischen Kategorien zunächst diejenigen vorgestellt werden, die sich nicht nur auf die Analyse von Figurenkonzeptionen in szenisch-dramatischen, sondern auch in Erzähltexten anwenden lassen. Aus der Frage »Bleibt eine Figur sich innerhalb eines Textes gleich oder wandelt sie sich?« ergibt sich die Unterscheidung zwischen statischer und dynamischer Figurenkonzeption. Im Sinne einer Skala lassen sich Figuren dem einen oder anderen Pol zuordnen, indem man die ihnen zugewiesenen Eigenschaften bzw. Merkmale daraufhin untersucht, ob sie im Textverlauf konstant bleiben oder sich verändern. Können die Hauptfiguren von Dramen- oder Erzähltexten entweder statisch oder dynamisch konzipiert sein, weisen die Nebenfiguren tendenziell eher das Merkmal der Statik auf. In der Regel prägen Statik und Dynamik von Figuren ganz wesentlich den dramatischen oder epischen Handlungsverlauf. Dies zeigt sich etwa in GOETHES »Schauspiel« *Iphigenie auf Tauris*: Während sich die – weitgehend statisch konzipierte – Titelfigur von Anfang an durch ihre humane Gesinnung auszeichnet und das Ideal der Menschlichkeit im Sinne der Weimarer Klassik verkörpert, durchlaufen

Statisch versus dynamisch

sowohl ihr Bruder Orest als auch der Taurier-König Thoas insofern Lernprozesse, als beide sich am Ende von Iphigenie überzeugen lassen, der Gewalt abzuschwören und einer friedlichen Konfliktlösung zuzustimmen. In Tragödien, die vielfach auf einer fatalistischen Weltanschauung basieren, führen die kompromisslose Starre und Unerbittlichkeit der von den Protagonisten eingenommenen Positionen auch deshalb in die Katastrophe, weil die Einsicht zu spät kommt.[191] So »liegt einer statischen Figurenkonzeption oft eine Ideologie der sozialen, biologischen oder psychologischen Determination zugrunde«.[192] Demgegenüber dominiert z. B. in der Gattung des Bildungsromans (→ 3.2.2) gerade die Auffassung vom menschlichen Lern- und Entwicklungspotenzial, das anhand einer fiktiven Biographie exemplarisch vorgeführt wird; in GOETHES *Wilhelm Meister*, dem Prototypen des Genres, lässt sich sogar das Konzept der Entelechie erkennen: die Entfaltung eines Individuums gemäß seinen Anlagen, wobei der Reifungsprozess auf eine höhere Stufe der Bildung und Erfahrung führt.

Ein- versus mehrdimensional

Eine weitere binäre Opposition bildet die ein- oder mehrdimensionale Figurenkonzeption. Hier bestimmt die Anzahl der Charaktereigenschaften einer Figur über die Zuordnung zu dem einen oder anderen Pol. Je mehr Informationen der Text über eine Figur enthält, desto facettenreicher erscheint sie. Die Komplexität ergibt sich aus der Menge der zugeschriebenen Merkmale, die u. a. »ihren biographischen Hintergrund, ihre psychische Disposition, ihr zwischenmenschliches Verhalten unterschiedlichen Figuren gegenüber, ihre Reaktionen auf unterschiedlichste Situationen und ihre ideologische Orientierung betreffen können«.[193] Auf der anderen Seite finden sich Figurenkonzeptionen, die im Extremfall auf der Zuweisung einer einzigen dominanten Eigenschaft beruhen.

Typenkomödien

In Typenkomödien wie MOLIÈRES *L'Avare ou l'École du mensonge – Der Geizige* (1668) oder *Le Malade imaginaire – Der eingebildete Kranke* (1673) entwickelt sich die Komik aus der obsessiven Fixierung der Titelfiguren auf ein Objekt, hier auf das Geld bzw. die (vermeintliche) Krankheit.

Charakterkomödien

Charakterkomödien kreisen hingegen nicht um eine typisierte oder schematisierte, mithin ›flache‹ Figur[194], sondern um eine individualisierte Figur mit besonderen und vielfältigen Eigenschaften. Als Beispiel sei HOFMANNSTHALS »Lustspiel« *Der Schwierige* (1921) genannt, dessen Titel intertextuell zwar auf MOLIÈRES Typenkomödien verweist, das aber einen überaus ›schwierigen‹

191 Vgl. dazu Pfister (s. Anm. 94), S. 242 f.
192 Ebd., S. 242.
193 Ebd., S. 244.
194 Pfister spricht hier von charakterlicher »flatness« (›flat‹ versus ›round character‹); Pfister (ebd.), S. 243.

und komplexen Charakter namens Hans Karl Bühl ins Zentrum rückt. Das Stück lässt sich darüber hinaus als Gesellschaftskomödie, Salon- oder Konversationsstück lesen, da es einerseits einen ironischen Abgesang auf die altösterreichische Gesellschaft bietet, andererseits die moderne Subjekt- und Sprachproblematik in den Vordergrund stellt.

Grad der Individualisierung

Nimmt man die aufgeführten Gegensatzpaare zusammen, ergibt sich daraus eine Skala, auf der sich der jeweilige Grad der Individualisierung markieren lässt. Wenngleich es sich in diachroner Betrachtung um »ein kontinuierliches Spektrum von Zwischenformen«[195] handelt, lassen sich als die drei wichtigsten bzw. idealtypischen Figurenkonzeptionen folgende bestimmen:

Personifikation

(1) *Personifikation:* Gemeint sind damit kaum oder wenig individualisierte Figuren, die in abstrakter Form auf die Illustration eines Prinzips ausgerichtet sind. Solche Beispielfiguren begegnen z. B. in geistlichen Spielen bzw. Moralitätendramen des Mittelalters und des Barock, in denen etwa »Tugend« und »Laster« Figurennamen bilden. Allegorische Personifikationen finden sich aber auch noch in HOFMANNSTHALS *Jedermann* (1911). Dieses *Spiel vom Sterben des reichen Mannes* lehnt sich an mittelalterliche Mysterienspiele an und präsentiert Figuren wie »Tod«, »Mammon«, »Werke« und »Glaube«.

Typ/Typus

(2) *Typ/Typus:* Eine typisierte Figur verkörpert ein begrenztes Bündel von soziologischen und/oder psychologischen Merkmalen, das aber nicht nur dieser Figur allein zukommt. So steht eine Figur wie »der Beamte« in ERNST TOLLERS Drama *Masse Mensch* (1920) repräsentativ für eine gesellschaftliche Schicht bzw. Gruppe. In diesem *Stück aus der sozialen Revolution des 20. Jahrhunderts* begegnen ferner Kollektive (»Arbeiter« und »Arbeiterinnen«) sowie weitere namenlose Einzelfiguren, die nur durch ihren Beruf gekennzeichnet werden, so der »Offizier« und der »Priester«. Gerade bei sozialtypologischen Figurenkonzeptionen wird oft auf Stereotype zurückgegriffen, so dass die Figuren schematisiert und bisweilen sogar karikaturartig überzeichnet erscheinen. Dies ist etwa bei Figuren wie »der Gelehrte«, »der Höfling« oder »der/die komische Alte« der Fall, die für komödiantische Effekte sorgen. Solche Figuren sind entweder »synchron aus der zeitgenössischen Charakterologie und Sozialtypologie bezogen, oder sie entstammen der diachronen Tradition vorgeprägter dramatischer Typen«.[196]

195 Ebd., S. 244.

196 Ebd., S. 245. Vgl. zu Figuren-Stereotypen in Erzähltexten Martínez/Scheffel (s. Anm. 21), S. 152.

(3) *Individuum:* Die Figur erscheint aufgrund ihrer Komplexität als einmaliger, mehrdimensionaler Charakter, der durch Faktoren wie »Aussehen, Sprache, Verhalten, Biographie usw.«[197] individualisiert ist. Ein Beispiel ist SCHNITZLERS von ihm selbst als »Charakterkomödie« bezeichnetes Stück über *Professor Bernhardi* (1912), das der hochkomplexen Titelfigur einige typisierte bzw. karikierend gezeichnete Figuren wie den eitlen Salonarzt Tugendvetter an die Seite stellt. Individuum

Bei den Figurenkonzeptionen ist ferner zu unterscheiden zwischen geschlossen und offen. Hier liegen folgende Fragen zugrunde: Wird die Figur vollständig definiert oder bleiben Unklarheiten bzw. Leerstellen? Sind etwa Verhaltensweisen plausibel motiviert oder nicht? Während zu einer offenen Figur »ihre grundsätzlich irreduzible Mehrdeutigkeit« und bisweilen sogar eine gewisse Rätselhaftigkeit gehört, erscheint dem Rezipienten bei einer geschlossenen Figur »der Satz von definierenden Informationen als vollständig und ohne unauflösbare Widersprüche«.[198] Dies trifft beispielsweise auf die Titelfigur aus LESSINGS Lustspiel *Minna von Barnhelm oder das Soldatenglück* (1767) zu, die eine kluge, beherzt und zielstrebig für ihre Liebe kämpfende Frau verkörpert. Geschlossen vs. offen

Ein weiteres Gegensatzpaar bildet die Unterscheidung zwischen transpsychologisch und psychologisch. Hier ist die Frage zu stellen, inwieweit die Darstellung der psychischen Bewusstheit einer Figur angemessen und nachvollziehbar ist. In den Fällen, wo die Figur so viel über sich selbst weiß, wie sie wissen kann, handelt es sich um eine im psychologischen Sinne plausible, ›realistische‹ Figurenkonzeption. Weiß sie jedoch mehr über sich selbst, als sie eigentlich wissen und artikulieren kann, liegt eine transpsychologische Figurenkonzeption vor. Diese zeigt sich gerade dann, wenn Figuren, die sich in einem psychischen Extremzustand oder einer Situation des Kontrollverlusts (Wahnsinn, Liebesraserei, Trunkenheit, Fieber, Traum etc.) befinden, ihre Affekte und Leidenschaften, denen sie verfallen sind, dennoch rational und »distanziert analysieren können«.[199] Hingegen wird bei einer psychologisch glaubwürdig angelegten Figur in solchen Fällen deren begrenzte Einsichtsfähigkeit explizit betont. Tendieren klassizistische Dramen zur transpsychologischen Figurenkonzeption, bemühen sich Autoren von Sozialdramen des Sturm und Drang, des Vormärz oder Naturalismus um eine psychologisch Transpsychologisch vs. psychologisch

197 Pfister, ebd.

198 Ebd., S. 246 f. Pfister lehnt sich hier an Eric Bentley an.

199 Ebd., S. 248.

glaubwürdige Charakterisierung ihrer Protagonisten, die in emotionalen Ausnahmezuständen irrational agieren und sprechen, also auch ihren Sprachgestus deutlich verändern.

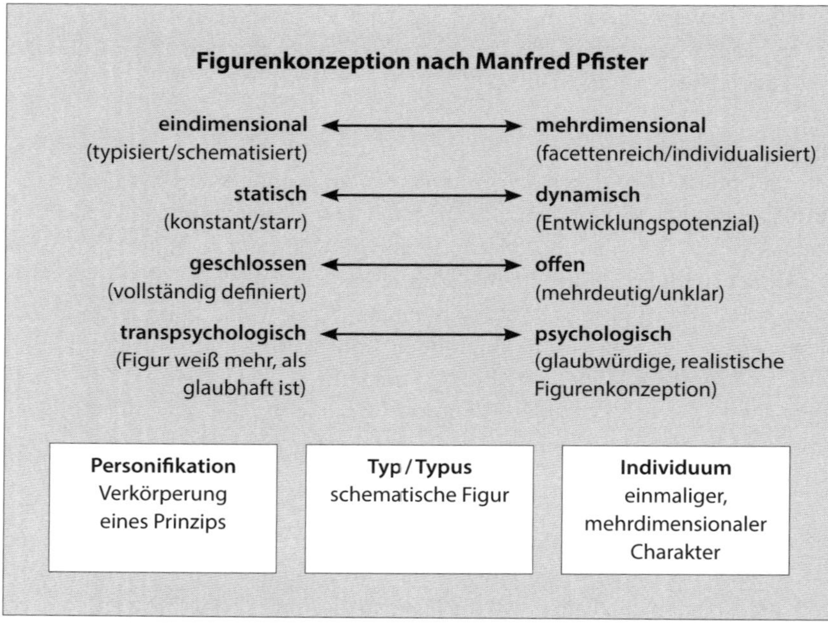

Abb. 4.: Anthropologisches Modell

4.3.2.2 Gattungsabhängige Aspekte

Die gattungsspezifischen Merkmale des Dramas haben insofern Auswirkungen auf die Figurengestaltung, als diese – im Unterschied zur Epik – auf die Vermittlung von Charaktereigenschaften durch einen Erzähler verzichten muss.

Fehlende Vermittlungsinstanz

Aufgrund dieser fehlenden Vermittlungsinstanz gibt es im Drama nicht die Möglichkeit, etwas über das Innere einer Figur zu erfahren, wenn es von dieser verschwiegen wird, oder durch auktoriale Erzählerkommentare ergänzende Informationen zu erhalten. Das Zusammenspiel von Haupt- und Nebentext bietet jedoch andere Formen bzw. Techniken der Figurencharakteristik.

Regieanweisungen

So werden etwa die Redebeiträge der Figuren vielfach begleitet von Regieanweisungen, die über die jeweilige Befindlichkeit der Figur Auskunft geben können. Als Beispiel sei ein Ausschnitt aus der »Komödie« *Der Hofmeister* von JAKOB MICHAEL REINHOLD LENZ zitiert (2. Akt, 5. Szene):

GUSTCHEN. […] Ich dachte, du liebtest mich.
LÄUFFER *(stützt sich mit der andern Hand auf ihrem Bett, indem sie fortfährt seine eine Hand von Zeit zu Zeit an die Lippen zu bringen).* Laß mich denken … *(Bleibt nachsinnend sitzen.)*
GUSTCHEN *(in der beschriebenen Pantomime).* O Romeo! Wenn dies deine Hand wäre. – Aber so verlässest du mich, unedler Romeo! Siehst nicht, daß deine Julie für dich stirbt – von der ganzen Welt, von ihrer ganzen Familie gehaßt, verachtet, ausgespien. *(Drückt seine Hand an ihre Augen.)* O unmenschlicher Romeo!
LÄUFFER *(sieht auf).* Was schwärmst du wieder?[200]

Der spielerische Wechsel zwischen Nähe und Distanz innerhalb dieser Paarbeziehung wird hier durch die enge Verknüpfung von verbalen (Haupttext) und nonverbalen Elementen (Neben-/Autortext) verdeutlicht. In der theatralischen Inszenierung fließen diese zusammen, d. h., die Sprechhandlungen und die gestisch-mimischen Regieanweisungen werden teils gleichzeitig, teils nacheinander von den Schauspielern realisiert.

Eigenkommentar versus Fremdkommentar

Vor allem monologische Szenen eröffnen den Figuren eine Plattform zur Selbstdarstellung und damit zum Eigenkommentar, der allerdings auch »ein falsches oder verzerrtes Selbstverständnis«[201] vermitteln kann. Monologe können aber auch Fremdkommentare enthalten, wenn über abwesende Figuren gesprochen und geurteilt wird. Komplizierter stellt sich die Eigen- und Fremdkommentierung in Dialogszenen dar, da hier noch figurenperspektivische Brechungen und strategische Überlegungen vom Rezipienten zu berücksichtigen sind und der »Status der Glaubwürdigkeit«[202] ein anderer ist. Es spielt also immer eine wichtige Rolle, wann und von wem unter welchen Umständen bestimmte Informationen gegeben werden, ferner ob die Informationen der Figuren über sich oder andere (anwesend oder abwesend) explizit erfolgen oder implizit erschlossen werden müssen.

Implizit-figurale Charakterisierungstechniken

Zu den implizit-figuralen Charakterisierungstechniken zählt PFISTER neben dem besonderen Sprachstil und der Artikulationsweise einer Figur auch die nicht-sprachlichen Elemente wie »ihr Aussehen, ihr Verhalten und de[r] Rahmen, den sie für sich schafft (Bekleidung, Requisiten, Interieurs)«.[203] Über den Nebentext kann die außerhalb der Binnenwelt des Dramas angesiedelte

200 Jakob Michael Reinhold Lenz, *Der Hofmeister oder Vorteile der Privaterziehung*, Stuttgart 1984 (Reclams Universal-Bibliothek, 1376), S. 30.
201 Ebd., S. 251 f.
202 Ebd., S. 251.
203 Ebd., S. 257.

auktoriale Instanz weitere Informationen vermitteln, die für die Figurencharakteristik relevant sind. Neben den Regieanweisungen, die u. a. die Gestik, Mimik, Tonlage und Stimmung beschreiben, sind dies auch die Namen der Figuren, die sprechend sein können. Im *Hofmeister* von LENZ trägt der männliche Protagonist den symbolträchtigen Namen Läuffer, der auf die unstete Existenz der Privatlehrer zur damaligen Zeit hinweist. Ebenfalls als sogenannte ›interpretive names‹ können u. a. die Nebenfiguren Graf Wermuth, Herr von Seiffenblase, die Rätin Frau Hamster und die Jungfer Knicks gelesen werden, die diese beinahe schon als Karikaturen erscheinen lassen. In der Theateraufführung kommen weitere indirekte Charakterisierungsmöglichkeiten durch die Besetzung der Rollen mit einem bestimmten Schauspielertypus hinzu, der sich durch eine besondere Statur, Physiognomie, Stimmqualität etc. auszeichnet. Ferner können visuelle und auditive Medien unterstützend eingesetzt werden.

Sprechende Namen

Literaturhinweise

Quellentexte

Aristoteles: Poetik. Griechisch/Deutsch. Übers. und hrsg. von Manfred Fuhrmann. Stuttgart 1994. (Reclams Universal-Bibliothek. 7828.)

Dramentheorie. Texte vom Barock bis zur Gegenwart. Hrsg. von Peter Langemeyer. Stuttgart 2011. (Reclams Universal-Bibliothek. 18899.)

Freytag, Gustav: Die Technik des Dramas. Im Anhang: Wilhelm Dilthey: Die Technik des Dramas. Unveränd. reprogr. Nachdr. der 13. Aufl. Leipzig 1922. Darmstadt 1969.

Horaz: Ars Poetica. Die Dichtkunst. Lateinisch/Deutsch. Übers. und mit einem Nachw. hrsg. von Eckart Schäfer. Stuttgart 1997. (Reclams Universal-Bibliothek. 9421.)

Texte zur Theorie des Theaters. Hrsg. und komm. von Klaus Lazarowicz und Christopher Balme. Stuttgart 1991. (Reclams Universal-Bibliothek. 8736.)

Theorie des Dramas. Arbeitstexte für den Unterricht. Hrsg. von Ulrich Staehle. Stuttgart 1973. (Reclams Universal-Bibliothek. 9503.)

Sekundärliteratur

Asmuth, Bernhard: Einführung in die Dramenanalyse. 8., aktual. und erw. Aufl. Stuttgart 2016. (Sammlung Metzler. 188.)

Eke, Norbert Otto: Das deutsche Drama im Überblick. Darmstadt 2015.

Elm, Theo: Das soziale Drama. Von Lenz bis Kroetz. Stuttgart 2004. (Reclams Universal-Bibliothek. 17645.)

Geiger, Heinz / Haarmann, Harald: Aspekte des Dramas. Opladen 1978 [u. ö.].

Graff, Bernd: Grundlagen szenischer Texte. In: Grundzüge der Literaturwissenschaft. Hrsg. von Heinz Ludwig Arnold und Heinrich Detering. München [5]2002. S. 308–322.

Handbuch Drama. Theorie, Analyse, Geschichte. Hrsg. von Peter W. Marx. Stuttgart 2012.

Jahn, Bernhard: Grundkurs Drama. Stuttgart 2009.

Jeßing, Benedikt: Dramenanalyse. Eine Einführung. Berlin 2015.

Klotz, Volker: Geschlossene und offene Form im Drama. München [7]1975.

Pfister, Manfred: Das Drama. Theorie und Analyse. München [11]2001. (UTB 580.)

Rochow, Christian: Das bürgerliche Trauerspiel. Stuttgart 1999. (Reclams Universal-Bibliothek. 17617.)

Schalk, Axel: Das moderne Drama. Stuttgart 2004. (Reclams Universal-Bibliothek. 17648.)

Scherer, Stefan: Einführung in die Dramen-Analyse. 2., erw. Aufl. Darmstadt 2013.

Schößler, Franziska (unter Mitarb. von Christine Bähr, Hannah Speicher und Nico Theisen): Einführung in die Dramenanalyse. 2., aktual. und erw. Aufl. Stuttgart 2017.

Szondi, Peter: Theorie des modernen Dramas (1880–1950). Frankfurt a. M. [12]1977. (edition suhrkamp. 27.)

5 Hörspiel

Von Christine Hummel

5.1 Zur Geschichte des Hörspiels

Akustische Medien

Das Hörspiel ist auf akustische Medien begrenzt und zunächst an den Rundfunk, später an analoge (Langspielplatte, Tonband), inzwischen an digitale Tonträger (CD, MP3, Podcast) gebunden. Alles eigentlich Sichtbare wird beschrieben und dem Zuhörer der Hörspielübertragung vermittelt. Dem Hörspielautor stehen dafür Figurendialog oder -monolog, eingeblendeter gesprochener Erzählertext und Geräusche zur Verfügung. Die Definition von ARMIN PAUL FRANK fasst die wesentlichen Merkmale des Hörspiels zusammen, wobei die Beschränkung angesichts der erreichten Medienvielfalt auf akustische Medien generell zu erweitern ist:

> »Das Produktive an einem Hörspiel liegt in dem Zusammenwirken der geistigen Konzeption des Autors, der darstellerischen Leistung vor den Mikrophonen und der technischen Umwandlung durch den […] Hörfunk zur

> Erzeugung dieser akustischen Wirklichkeit als Grundlage für die mitvollziehende Phantasie des Hörers.«[204]

Die Erfindung des Rundfunks wird nahezu unmittelbar begleitet von der des Hörspiels. Als weltweit erstes Original-Hörspiel gilt das am 15. Januar 1924 gesendete Stück des walisischen Autors RICHARD HUGHES, *A Comedy of Danger* (dt. u. d. T. *Gefahr*, 1925). Das erste deutsche Hörspiel – *Zauberei auf dem Sender* – wurde am 24. Oktober 1924 aufgeführt und live übertragen. Verfasser und Produzent war der künstlerische Leiter des Senders Frankfurt, HANS FLESCH. In der Frühphase des Hörspiels überwiegen Adaptionen von Dramen; typisch für diese Zeit sind aber auch Stücke, in denen Katastrophen (z. B. Zugunglücke, Schiffsuntergänge, Bergwerkseinstürze) oder Expeditionen akustisch aufbereitet wurden. In der zweiten Phase (1926–28) werden die medialen und technischen Möglichkeiten der neuen Gattung erprobt. Die Jahre 1929 bis 1932 bilden einen ersten Höhepunkt der Hörspielgeschichte, mit Werken von BERTOLT BRECHT, JOHANNES R. BECHER und ALFRED DÖBLIN als Wegbereitern. Aus dieser Zeit stammen die ersten programmatischen Äußerungen zum Hörspiel, z. B. von BRECHT, der das Hörspiel politisch wirksam machen möchte. In seinen Erläuterungen zu *Der Ozeanflug. Radiolehrstück für Knaben und Mädchen*[205] betont er die gesellschaftlichen und didaktischen Funktionen des Hörspiels; die Aufführung von *Der Ozeanflug* mit Musik von KURT WEILL und PAUL HINDEMITH beim Baden-Badener Musikfestival 1929 habe demonstriert, so BRECHT, dass das Hörspiel den Rundfunk nicht allein beliefere, sondern ihn durch die Wiedereinsetzung des aktivierten Zuhörers als Produzent verändern könne.

Frühphase des Hörspiels

1931 verfasst HERMANN PONGS eine erste umfangreiche, methodisch fundierte Theorie des Hörspiels. Zur gleichen Zeit entstehen neben den ambitionierten Hörspielen linksbürgerlicher oder sozialistischer Autoren Werke mit völkisch-nationaler Tendenz, etwa von ARNOLT BRONNEN und HANNS JOHST. Nach der Gleichschaltung von Presse und Rundfunk 1933 werden vorwiegend Hörspiele, die das »Gemeinschaftserlebnis« stärken sollen, gesendet. Die Breitenwirkung des Rundfunks bezeugt eindrucksvoll die Ausstrahlung von ORSON WELLES' *War of the Worlds* (1938): Die naturgetreue Darstellung einer Invasion aus dem Weltall löste unter der amerikanischen Zuhörerschaft, die vielfach annahm, es werde ein authentisches Geschehen live übertragen, eine Massenpanik aus.

Theorie des Hörspiels

204 Armin Paul Frank, *Das Hörspiel*, Heidelberg 1963, S. 93.

205 Der ursprüngliche Titel des 1930 in *Versuche* gedruckten Hörspiels lautete *Der Flug der Lindberghs*; auf Wunsch Brechts wurde er 1950 geändert.

Hörspiel nach 1945

Wie in der Literatur wurde auch im Hörspiel nach 1945 das Heimkehrerthema variiert, u. a. in WOLFGANG BORCHERTS *Draußen vor der Tür*, das am 13. Februar 1947 vom NWDR und mehrmals von anderen Sendern ausgestrahlt wird. Als Geburtsstunde des ›eigentlichen‹ deutschen Hörspiels wird GÜNTER EICHS *Träume* (1951) nach seiner Uraufführung bezeichnet.[206] EICH erhält dafür den erstmals verliehenen Preis der Kriegsblinden – den renommiertesten Hörspielpreis. Mit seinen Hörspielen, darunter *Tiger Jussuf*, *Blick auf Venedig* und *Die Mädchen aus Viterbo*, gilt EICH als wichtigster Vertreter des Hörspiels der 1950er Jahre. Während EICH mit kompositorischen Mitteln experimentiert, indem er z. B. Gedichte in seine Hörspiele montiert oder Szenen reigenförmig aneinanderfügt, folgt FRED VON HOERSCHELMANNS *Das Schiff Esperanza* (1953), eines der meistgesendeten Hörspiele, den Prinzipien des klassischen geschlossenen Dramas mit fünfgliedrigem Aufbau.

Das Hörspiel hat in der Nachkriegszeit als Arbeitsfeld und Einkommensquelle eine große Bedeutung für die Autoren der jungen Generation, u. a. für ALFRED ANDERSCH, WOLFGANG HILDESHEIMER, ILSE AICHINGER, GÜNTER EICH, MARIE LUISE KASCHNITZ, INGEBORG BACHMANN und HEINRICH BÖLL.[207] In der DDR knüpft das Hörspiel an die Tradition des sozialen Hörspiels der Weimarer Republik an; es ist – wie die Literatur generell – den literaturpolitischen Vorgaben der ersten Bitterfelder Konferenz (1959) verpflichtet und soll den Aufbau des Sozialismus unterstützen.

Leitmedium Fernsehen

Seit dem Sendestart am 1. November 1954 entwickelt sich das Fernsehen sukzessive zum Leitmedium. Weitere technische Entwicklungen beeinflussen die Entwicklung des Hörspiels, wie z. B. die Einführung der Stereophonie. 1961 plädiert FRIEDRICH KNILLI für Forminnovationen des Hörspiels und fordert das antiillusionistische, mit konkreten Schallvorgängen spielende »Totalhörspiel«.[208] Die Gegenposition dazu vertritt der einflussreiche NWDR-Hörspiel-Chef HEINZ SCHWITZKE, der den klassischen Hörspieltyp der 1950er Jahre förderte.[209] Er betont noch 1963 programmatisch den Zusammenhang von technischen Gegebenheiten der Monophonie und der Wesensart des Hör-

»Totalhörspiel«

206 Vgl. Stefan Bodo Würffel, *Das deutsche Hörspiel*, Stuttgart 1978, S. 81.

207 Einige der wichtigsten Hörspiele sind versammelt im Fischer-Taschenbuch *Hörspiele*, hrsg. von Ernst Schnabel, Frankfurt a. M. 1961.

208 Friedrich Knilli, *Das Hörspiel. Mittel und Möglichkeiten eines totalen Schallspiels*, Stuttgart 1961, S. 8.

209 Heinz Schwitzke ist auch der Herausgeber von *Reclams Hörspielführer*, Stuttgart 1969.

spiels: Das »Hörspiel gibt es vermutlich überhaupt nur durch die Unvollkommenheit und Eindimensionalität seines akustischen Raums«.[210]

›Neues Hörspiel‹

Ebenso wie schon FRIEDRICH KNILLI 1961 fordert der WDR-Redakteur KLAUS SCHÖNING Ende der 1960er Jahre ein ›Neues Hörspiel‹. Er veröffentlicht einen gleichnamigen Sammelband samt Tondokumenten mit bahnbrechenden Beiträgen, u. a. von ERNST JANDL und FRIEDERIKE MAYRÖCKER (*Fünf Mann Menschen*), FRANZ MON (*das gras wies wächst*), JÜRGEN BECKER (*Häuser* – eine Montage von Geräuschen aus einem Haus), WOLF WONDRATSCHEK (*Paul oder die Zerstörung eines Hörbeispiels*), PETER HANDKE (*Hörspiel*) – die beiden Letzten setzen sich mit den Bedingungen und den Möglichkeiten der Gattung auseinander. Das Neue Hörspiel, so SCHÖNING in seinem programmatischen Vorwort, will den Zuhörer aktivieren, ihn anregen, Mitautor, Mitspieler und Mitsprecher zu sein. Die Stereophonie schaffe Distanz zwischen Hörer und Apparat, »macht ihn zum ›Zuschauer‹, verlegt den Innenraum in den Raum, der zwischen den beiden Schallquellen entsteht und auf dem akustisch aufgezeichnete Informationen wiedergegeben werden«.[211] SCHÖNING untermauert seine Innovationsforderung mit einem Plädoyer gegen Illusionismus bzw. Irrationalismus und für mehr Rationalismus.[212]

Harter Schnitt statt weicher Blende

Ein weiterer wichtiger Faktor für die Erneuerung des Hörspiels in den 1960er Jahren ist der Einfluss der französischen Hörspiel-Entwicklung, die sich am experimentellen *nouveau roman* orientierte (wichtige Vertreter sind MICHEL BUTOR, CLAUDE SIMON, NATHALIE SARRAUTE und SAMUEL BECKETT). Das Neue Hörspiel gab sich antiirrationalistisch, sprachkritisch (u. a. durch Verwendung von Werbe-, Comic- oder Alltagssprache) und doch spielerisch.[213] An die Stelle der ›weichen‹ Blende treten nun der harte Schnitt und die Collage, so dass der Werkcharakter des literarischen Produkts sichtbar bleibt – ähnlich wie in der konkreten Poesie (→ III.2.1). Weitere Vertreter des Neuen Hörspiels sind neben den schon genannten ROLF DIETER BRINKMANN, HELGA M. NOVAK, PAUL PÖRTNER und PETER O. CHOTJEWITZ. Der Germanist JOHANN M. KAMPS fasst die technischen, formalen und inhaltlichen Neuerungen zusammen:

> »Das Stereostück, das ausschnitthaft auf den Hörer zukommt, ihn mit akustischen Abläufen konfrontiert, die zugleich räumlich und zeitlich gegliedert

210 Zit. nach: Klaus Schöning, *Neues Hörspiel*, Frankfurt a. M. 1969, S. 9.
211 Ebd., S. 9.
212 Vgl. ebd., S. 13.
213 Ebd., S. 15.

> sind, galt als distanzierend und bewußtmachend gegenüber dem Monostück, dessen Wirkungsweise als einschmeichelnd und betäubend beschrieben wurde. Der fließende Rhythmus der Blende verlor seinen Zauber, stattdessen arbeitete man jetzt bevorzugt mit dem Schnitt, bei dem verschiedene Schallräume möglichst hart aufeinanderprallen.«[214]

Die Appelle der Intellektuellen im Zuge der 68er-Bewegung, die deutsche Vergangenheit wissenschaftlich und gesellschaftlich aufzuarbeiten bzw. die bundesrepublikanische Gegenwart gesellschaftskritisch zu analysieren, schlagen sich thematisch und inhaltlich im Hörspielschaffen LUDWIG HARIGS nieder: Er kombiniert in *Ein Blumenstück* (1968) autobiographische Notate des KZ-Kommandanten Rudolf Höß mit Texten aus *Des Knaben Wunderhorn* und Märchenfragmenten; in *Staatsbegräbnis* (1969) montiert er auf desavouierende Weise Tondokumente vom Staatsbegräbnis für Konrad Adenauer.

Seit 1977 gibt es – neben dem Hörspielpreis der Kriegsblinden – noch ein weiteres nationales Förderinstrument des Hörspiels: die Auszeichnung des »Hörspiels des Monats«[215]. 2017 erhielt das Hörspiel *Screener* von LUCAS DERYCKE den wichtigsten deutschen Hörspielpreis der Kriegsblinden; Informationen dazu und das ganze Hörspiel finden sich auf der Website des WDR 3. Erstaunlich populär sind gegenwärtig die sogenannten Hörbücher – von Schauspielern gelesene Texte auf CD bzw. MP3, teilweise kombiniert mit Musik –, die aber keinen Status als eigenes Medium beanspruchen können.

Hörbücher

5.2 Technische Möglichkeiten des Hörspiels

Mit der technischen Entwicklung der akustischen Medien verändern und erweitern sich folgerichtig auch die Gestaltungsmöglichkeiten des Hörspiels. Zwei Formvarianten sind grundsätzlich zu unterscheiden: auf der einen Seite das erzählende Hörspiel, das versucht, eine Geschichte mit Unterstützung von akustischen Gestaltungsmitteln mitzuteilen, und auf der anderen Seite das experimentelle Hörspiel, das mit den intermedialen Verbindungen von Film, Musik, Sprache und bildender Kunst spielt (z. B. WALTER RUTTMANN, *Week-*

Erzählendes Hörspiel

Experimentelles Hörspiel

214 Johann M. Kamps, »Aspekte des Hörspiels«, in: *Tendenzen der deutschen Gegenwartsliteratur*, hrsg. von Thomas Koebner, 2., neuverf. Aufl., Stuttgart 1984, S. 350–381, hier S. 375 f.

215 www.darstellendekuenste.de/hoerspiel-des-monatsjahres.html, aufgerufen am 12. 8. 2017.

end, 1930; FRANZ MON, *das gras wies wächst*, 1969; F. M. EINHEIT, von der Berliner Rockband ›Einstürzende Neubauten‹, und ANDREAS AMMER: *Crashing Aeroplanes*, 2001).

Unter-formen des Hörspiels

Unterformen des Hörspiels sind das Singspiel (mit fließender Grenze zum Lied), die lyrisch-musikalische Funkballade, die Funkerzählung und der Hörbericht. Letzterer, auch Feature genannt, ist nicht fiktionalen, sondern faktualen bzw. dokumentarischen Inhalts und präsentiert – so wie der Essay (→ III.6.4) im Print-Medium – die subjektive Darstellung objektiver Themen (z. B. die Radio-Essays von ARNO SCHMIDT, *Nachrichten von Büchern und Menschen*, Süddeutscher Rundfunk 1955–57).

Damit der Zuhörer der Handlung folgen kann, hat das Hörspiel meist kurze Szenen, pointierte Dialoge und eine anekdotische oder episodische Struktur. Von den Handlungsorten (Innen- und Außenräumen) wie auch von den Bewegungen im Raum wird beim Zuhörer durch die akustische Gestaltung eine Imagination erzeugt.

Die Figurengestaltung ist mehr noch als im Drama oder im Film von Sprache und Stimme (Modulation und Intonation) abhängig. Das Hörspiel hat eine von der Chronologie unabhängige Zeitstruktur: Wie der Film – und anders als das Drama – kann das Hörspiel beliebig vor- und rückgreifen oder Simultaneität erzeugen durch die Kombination mehrerer Tonebenen. Neben Sprache und Sprachfetzen können Hörspielautoren und Dramaturgen mechanisch oder elektronisch generierte Geräusche und Musik einsetzen und durch Blende, Schnitt oder Montage zu einer Gesamtkomposition verbinden. Durch akustische Überblendungen lassen sich unterschiedliche Tonsequenzen in kaum spürbarem Übergang miteinander verbinden.

Zeitstruktur

»Poetik der Blende«

NWDR-Hörspiel-Chef HEINZ SCHWITZKE unterscheidet in seiner »Poetik der Blende« vier Varianten: die Schauplatzblende, den Sprung auf der Zeitachse (z. B. in Form von Rückblende, Zeitsprung, auch Zeitdehnung und Raffung), die Realitätsblende (Übergang von einer fiktionalen Wirklichkeit zu einer anderen) und die Stilblende (Wechsel der Stilebenen).[216] Die Stereophonie ermöglicht neue Möglichkeiten, den akustischen Raum zu gestalten wie Montage, Schnitt, Überlappung.

216 Zit. nach: *Geschichte der deutschen Literatur von 1945 bis zur Gegenwart*, hrsg. von Wilfried Barner, 2., aktual. und erw. Aufl., München 2006, S. 246. Die Kapitel über das Hörspiel der Nachkriegszeit von Thomas Koebner finden sich auf den Seiten 244–259, 452–462 und 664–670, hier S. 246.

Literaturhinweise

Ladler, Karl: Hörspielforschung. Schnittpunkt zwischen Literatur, Medien und Ästhetik. Wiesbaden 2001.
Reclams Hörspielführer. Hrsg. von Heinz Schwitzke. Stuttgart 1969.
Würffel, Stefan Bodo: Das deutsche Hörspiel. Stuttgart 1978. (Sammlung Metzler. 172.)

6 Faktuale Literatur

Von Christine Hummel

Definition

Fiktionalität und Poetizität sind zwei Kennzeichen von Literatur. Bei der sogenannten faktualen Literatur[217] (von lat. *factum* ›Tatsache‹) ist die Bedingung der Fiktionalität *nicht* erfüllt, denn ihr ist ein nachweisbarer Realitätsbezug inhärent, und ihr Verfasser will faktengetreu etwas über diese Realität aussagen. Faktuale Texte referieren nicht auf eine vom Autor erfundene fiktionale Welt, sondern auf die empirische Wirklichkeit. Nun ist in fiktionaler Literatur stets Realität enthalten, z. B. im historischen Roman die geschichtlichen Bezüge, beim Dokumentartheater oder bei der politischen Lyrik gibt es ebenfalls klar identifizierbare historische und gesellschaftliche Hintergründe. Überdies lässt sich (in der Nachfolge PLATONS) mit Recht fragen, ob nicht alles Geschriebene ohnehin ›erlogen‹ sei, da es einerseits lediglich auf ein von Menschen erdachtes Zeichensystem rekurriert und andererseits durch die Subjektivität des Verfassers geprägt ist. Daran lassen sich weitere Zweifel anschließen, was denn genau ›Realität‹ meint oder ist und ob und wie sie ist und für wen –; doch diese Fragen gehören in die Bereiche Phänomenologie und Sprachphilosophie. An dieser Stelle soll ›real‹ genannt werden, was empirisch vorhanden bzw. logisch verifizierbar ist.

MATÍAS MARTÍNEZ und MICHAEL SCHEFFEL definieren – in Anlehnung an die Erzähltheorie des französischen Strukturalisten GÉRARD GENETTE – faktuale Literatur in Abgrenzung zur fiktionalen Literatur:

Abgrenzung zur fiktionalen Literatur

»Faktuale Texte sind Teil einer realen Kommunikation, in der das reale Schreiben eines realen Autors einen Text produziert, der aus Sätzen be-

217 Nichtfiktionale Kunstprosa und Prosakunst ohne Erzählen, literarische Gebrauchsformen, nichtkunstmäßige Prosa, Nonfiction und Gebrauchsliteratur sind einige weitere gebräuchliche Bezeichnungen.

> steht, die von einem realen Leser gelesen und als tatsächliche Behauptungen des Autors verstanden werden. Fiktionale Texte sind ebenfalls Teil einer realen Kommunikationssituation, in der ein realer Autor Sätze produziert, die von einem realen Leser gelesen werden. Fiktionale Texte sind jedoch komplexer als faktuale, weil sie außer der realen noch einer zweiten, imaginären Kommunikationssituation angehören. Die fiktionale Erzählung richtet sich sowohl im imaginären als auch im realen Kontext an einen Leser und stellt daher eine ›kommunizierte Kommunikation‹ dar […].«[218]

Poetizität

Zur faktualen Literatur zählen Aphorismus, Autobiographie, Biographie, Brief, Essay, Reiseliteratur und Tagebuch. Allen diesen Formen ist Poetizität, das heißt ästhetische Codierung und bewusste sprachliche Strukturierung eigen. Ausgeschlossen werden in den folgenden Erläuterungen per definitionem diejenigen Texte, die intentional bestimmten wissenschaftlichen, informativen oder weltanschaulichen Zwecken dienen, wie z. B. die Predigt dem religiösen, Bericht und Reportage dem journalistischen und die Gebrauchsanweisung einem praktischen Zweck.

6.1 Aphorismus

Intellektueller Witz

Ein Aphorismus (von griech. *aphorízein* ›abgrenzen‹) ist ein (isolierbarer) einzelner (möglicherweise elliptischer) Prosasatz, der einen einzelnen bestimmten Gedanken prägnant formuliert.[219] Vom mündlich tradierten Sprichwort unterscheidet sich der Aphorismus durch individuelle Autorschaft und den Anspruch auf intellektuellen Witz bzw. Originalität, wie die folgenden Beispiele zeigen:

> »Damals als die Seele noch unsterblich war.« (GEORG CHRISTOPH LICHTENBERG)[220]

218 Martínez/Scheffel (s. Anm. 21), S. 19.

219 Harald Fricke definiert: »Ein Aphorismus ist ein kotextuell [»Kotext« meint hier: Textumgebung, C. H.] isoliertes Element in einer Kette von schriftlichen Sachprosatexten, das in einem verweisungsfähigen Einzelsatz bzw. in konziser Weise formuliert oder auch sprachlich bzw. sachlich pointiert ist« (H. Fricke, *Aphorismus*, Stuttgart 1984, S. 17 f.).

220 Die ersten drei Beispiele sind entnommen aus: Stephan Fedler, *Der Aphorismus. Begriffsspiel zwischen Philosophie und Poesie*, Stuttgart 1992, S. 54 f., 111 und 59.

»Warum sind nicht mehr Leute aus Trotz gut?« (ELIAS CANETTI)
»Das Ganze ist das Unwahre.« (THEODOR W. ADORNO, mit Bezug auf HEGELS Satz »Das Wahre ist das Ganze«)
»Verslust, das treueste Echo aller Verluste ...« (DURS GRÜNBEIN)[221]

Der Aphorismus bedient sich rhetorischer Stilmittel wie Antithese, Paradox, Emphase oder Hyperbel (→ II.4.2, 5.2) und zielt auf die überraschende Einsicht bzw. Erkenntnis des Rezipienten. Seine Wurzeln liegen in der Antike (HIPPOKRATES, MARC AUREL). Die französischen Autoren des 17. und 18. Jahrhunderts, wie beispielsweise BLAISE PASCAL (*Pensées*) und MICHEL DE MONTAIGNE, experimentierten mit der aphoristischen Form. Erster deutschsprachiger Vertreter ist GEORG CHRISTOPH LICHTENBERG, der zahlreiche Aphorismen in seinen seit 1764 geführten *Sudelbüchern* niederschrieb; weitere prominente Vertreter sind u. a. GOETHE (*Maximen und Reflexionen*), JEAN PAUL, FRIEDRICH SCHLEGEL, HEINRICH HEINE und LUDWIG BÖRNE, MARIE VON EBNER-ESCHENBACH, die Philosophen FRIEDRICH NIETZSCHE und ARTHUR SCHOPENHAUER, ferner KARL KRAUS, ALFRED KERR und ELIAS CANETTI. Die Tradition des Aphorismus wurde in der Zeit nach 1945 fortgeführt unter anderem von BOTHO STRAUSS, PETER HANDKE und PETER RÜHMKORF.

Literaturhinweise

Fedler, Stephan: Der Aphorismus. Begriffsspiel zwischen Philosophie und Poesie. Stuttgart 1992.
Fricke, Harald: Aphorismus. Stuttgart 1984. (Sammlung Metzler. 208.)

6.2 Autobiographie/Biographie

In seiner umfangreichen Dokumentation der Frühzeit der Autobiographik definiert GEORG MISCH (1907) die Autobiographie als lediglich bestimmbar »durch die Erläuterung dessen, was der Ausdruck besagt: die Beschreibung (›graphia‹) des Lebens (›bios‹) eines Einzelnen durch diesen selbst (›auto‹)«.[222]

221 Durs Grünbein, *Das erste Jahr. Berliner Aufzeichnungen*, Frankfurt a. M. 2001, S. 72.
222 Michaela Holdenried, *Autobiographie*, Stuttgart 2000 (Reclams Universal-Bibliothek, 17624), S. 21.

In der Autobiographie (auch: Selbstbiographie) schreibt ein authentisches Ich über sich selbst und sein Leben. Erzähltes und erzählendes Ich, erinnerndes und erinnertes Ich sind identisch, allerdings mit zeitlichem Abstand. In der Biographie hingegen schildert ein außenstehender Autor ein authentisches Leben auf der Basis von historischen Dokumenten oder Interviews. Im Unterschied zur Biographie erfasst die Autobiographie unmittelbar die innere Entwicklung des Verfassers, wobei der Schreibprozess sowohl von Selbstzensur als auch von Selbststilisierung beeinflusst sein kann. Die Frage nach der Faktentreue stellt sich deshalb bei der Autobiographie noch mehr als bei der Biographie.[223]

Definition: Biographie

Der autobiographische Pakt

PHILIPPE LEJEUNE leitet in seiner 1975 erschienenen Studie *Der autobiographische Pakt* die notwendige Voraussetzung dafür her, dass der Leser eine Autobiographie als solche identifiziert: Das ›Ich‹ in mündlicher Rede referiere stets auf den Sprecher, das ›Ich‹ im geschriebenen Text jedoch nicht unbedingt auf den Autor, z. B. im Ich-Roman (→ III.3.3.3).[224] Eine eindeutige Markierung sei nur über den Eigennamen möglich – durch diesen werden Person und Rede verknüpft. In einem weiteren Argumentationsschritt erfasst LEJEUNE die Autobiographie durch das Kriterium des Eigennamens: »Der autobiographische Pakt ist die Behauptung dieser Identität im Text, die letztlich auf den Namen des Autors auf dem Umschlag verweist.«[225] Daraus ergeben sich zwei Möglichkeiten, den autobiographischen Pakt zu schließen: implizit durch den Titel oder explizit, indem der Ich-Erzähler den Namen annimmt, der auf dem Umschlag steht (z. B. GOETHE in *Dichtung und Wahrheit*).[226]

Mittelalter

Als Wurzel autobiographischen Schreibens gelten die frühmittelalterlichen *Confessiones* des AUGUSTINUS (um 400). Die Aufzeichnungen von Mystikerinnen zählen in gewisser Hinsicht zu Teilen zur frühen autobiographischen Literatur im deutschsprachigen Raum, so wie die Heiligenviten und -legenden des Mittelalters Vorläufer der Biographie sind. Weitere Vorformen sind Chroniken, Reiseberichte von Forschern, Pilgern und Künstlern und nicht zuletzt

Vorläufer der Biographie

223 Zur Biographie vgl. *Grundlagen der Biographik. Theorie und Praxis biographischen Schreibens*, hrsg. von Christian Klein, Stuttgart/Weimar 2002 (mit umfangreicher Bibliographie zum Thema). Eine Hybridform zwischen Biographie und Roman ist die Romanbiographie, wie zum Beispiel Peter Härtlings *Hölderlin* (1976), *Schubert. Zwölf Moments musicaux und ein Roman* (1992) oder *Schumanns Schatten* (1996).

224 Philippe Lejeune, *Der autobiographische Pakt*, Frankfurt a. M. 1994, S. 16–19.

225 Ebd., S. 27.

226 Der Romanpakt liegt in der Namensverschiedenheit von Autor und/oder Figur und/oder der expliziten Untertitelung ›Roman‹.

die pietistischen Tagebücher (→ III.6.6). Einen ersten Höhepunkt erreicht die Gattung Autobiographie in GOETHEs *Aus meinem Leben. Dichtung und Wahrheit* (1811–14, 1833), in dem Schreibprozess und Möglichkeiten biographischen und selbstbiographischen Schreibens reflektiert werden. Für Autoren des 19. und 20. Jahrhunderts hatte dieser aufgrund seiner selbstreferentiellen Einschübe aus heutiger Perspektive ›moderne‹ Text normativen Charakter (HEBBEL, GRILLPARZER, CAROSSA u. a.). JEAN PAUL wird hingegen durch GOETHEs Selbstbiographie zu seiner selbstironisch-parodistischen *Selbsterlebensbeschreibung* (1826) provoziert.

19. und 20. Jahrhunderts

Viele Autobiographien schildern einen Lebensabschnitt, wie JUSTINUS KERNER, *Das Bilderbuch aus meiner Knabenzeit* (1849), THEODOR FONTANE, *Meine Kinderjahre* (1894), MARIE VON EBNER-ESCHENBACH, *Meine Kinderjahre* (1906) oder GERHART HAUPTMANN, *Das Abenteuer meiner Jugend* (1937). ELIAS CANETTIs *Die gerettete Zunge. Geschichte einer Jugend* (1977), der erste Band seiner dreibändigen Autobiographie, wurde seinerzeit als Sensation gefeiert. Es folgten *Die Fackel im Ohr. Lebensgeschichte 1921–1931* und *Das Augenspiel. Lebensgeschichte 1931–1937*. Seine Jugenderinnerungen verarbeitet THOMAS BERNHARD autobiographisch in den fünf Bänden *Die Ursache. Eine Andeutung* (1975), *Der Keller. Eine Entziehung* (1976), *Der Atem. Eine Entscheidung* (1978), *Die Kälte. Eine Isolation* (1981) und *Ein Kind* (1982).

Moderne

In den Autobiographien seit Beginn des 20. Jahrhunderts ist eine wachsende Tendenz zur Problematisierung der Gattung (etwa durch die Verschleierung der Grenzen von Fiktivem und Faktischem) und eine Neigung zur Autoreflexivität, d. h. zur Thematisierung des Erinnerungs- und des Schreibprozesses erkennbar, wie in CHRISTA WOLFs *Kindheitsmuster* (1976). Außerdem fließt zunehmend Epochengeschichte in die Autobiographien mit ein, wie in HEINRICH MANNs *Ein Zeitalter wird besichtigt* (1945); das Thema Exil steht im Mittelpunkt von KLAUS MANNs *Wendepunkt* (1952) wie auch in ALFRED DÖBLINs *Schicksalsreise. Bericht und Bekenntnis* (1949). Ihr Überleben im Dritten Reich schildert RUTH KLÜGERs 1992 erschienener Band *Weiter leben. Eine Jugend.* In den 1960er Jahren greift die autobiographische Prosa den Diskurs über den Generationenkonflikt auf, wie die im Untertitel gattungspoetisch fiktionalen Textsorten zugeordneten Werke von PETER WEISS, *Abschied von den Eltern. Erzählung* (1961) und *Fluchtpunkt. Roman* (1962) und PETER HANDKE, *Wunschloses Unglück* (1972), das er nach dem Freitod der Mutter veröffentlichte. Die Umbrüche der 68er Bewegung und der 1970er Jahre spiegeln sich in KARIN STRUCKs Emanzipationsgeschichte *Klassenliebe* (1973) und BERNWARD VESPERs postum publiziertem Buch *Die Reise. Romanessay* (1977), in dem er seine Kindheit als Sohn des Nazidichters Will Vesper, seine Beziehung

Autoreflexivität

zu der späteren Terroristin Gudrun Ensslin und seine Drogenabhängigkeit auf drastische Weise schildert.

Mitbedingt durch die fortschreitende Medialisierung des Alltags und das damit einhergehende Interesse am Leben prominenter Zeitgenossen, ist eine deutliche Zunahme von biographischer und autobiographischer Literatur zu verzeichnen, zum einen von Prominenten aus Film, Fernsehen und Sport, aber auch von Politikern, Wissenschaftlern und Künstlern und somit auch – was an dieser Stelle interessiert – von Autoren. Seit Anfang der 2000er Jahre erlangen digitale Publikationsformen für autobiographische Notate zunehmend an Bedeutung, wie etwa Blogs (aus engl. ›web‹ und ›log‹ für Log- oder Tagebuch).

Blogs

Literaturhinweise

Holdenried, Michaela: Autobiographie. Stuttgart 2000. (Reclams Universal-Bibliothek. 17624.)

Lejeune, Philippe: Der autobiographische Pakt. Übers. von Wolfram Bayer und Dieter Hornig. Frankfurt a. M. 1994. (edition suhrkamp. 1896.) [Frz. Orig.-Ausg. 1975.]

Wagner-Egelhaaf, Martina: Autobiographie. Stuttgart/Weimar 2000. (Sammlung Metzler. 323.)

6.3 Brief

Ein Brief ist eine authentische schriftliche Mitteilung über bestimmte Sachverhalte eines Absenders an einen (oder mehrere) Adressaten. Das Abfassen von Briefen wurde bis ins Mittelalter nach rhetorischen Regeln (→ II.3) gelehrt; dabei galt folgendes Aufbau- bzw. Dispositionsschema:

Dispositionsschema

- Anrede (*salutatio*)
- Einleitung (*exordium* bzw. *captatio benevolentiae*)
- Darlegung des Sachverhalts (*narratio*)
- Begründung des Anliegens (*petitio*)
- Schluss (*conclusio*)

Dieses Muster liegt Briefen (und parallel Anfragen oder Mitteilungen per E-Mail) bis heute zugrunde; überdies sind Briefe in der Regel datiert und haben tendenziell dialogischen Charakter: Sie wenden sich an ein Gegenüber mit der Absicht zu informieren bzw. etwas darzustellen, mit einem Appell oder einer Bitte. Briefe können privat sein und sich vertraulich an den Adressaten wenden, oder aber sie sind öffentlich, z. B. der offene Brief, der in einem Massenmedium publiziert wird. Überliefert und gedruckt werden und wurden private Briefe (die es im deutschsprachigen Raum erst seit dem Spätmittelalter gibt) von bedeutenden historischen Personen. Diese authentischen Dokumente haben einen hohen informativen Wert als historische und autobiographische Quellen.

Offener Brief

Eine Sonderform ist die Epistel (lat. *epistula* ›Brief‹, griech. *epistolḗ* ›Sendung‹); es handelt sich dabei um einen längeren kunstvollen Brief, der sich an mehrere Adressaten richtet bzw. öffentlich ist, wie etwa die Apostelbriefe des Neuen Testaments. In der Antike unterschied sich die Epistel vom Brief durch die Versform. Sie behandelte Themen von allgemeinem Interesse, z. B. HORAZ' *Epistola ad Pisones* (*Brief an die Pisonen*, auch *Ars poetica* → II.2). LUTHERS Sendschreiben stehen in der Tradition der Epistel. In Humanismus und Aufklärung gewannen gelehrte Briefwechsel an Bedeutung; sie wurden meist in lateinischer Sprache geführt (ERASMUS VON ROTTERDAM, LEIBNIZ). In der antiken Tradition der Epistel steht auch FRIEDRICH SCHILLERS Schrift *Über die ästhetische Erziehung des Menschen in einer Reihe von Briefen*, die er in den Jahren 1793 und 1795 an seinen Gönner, den Prinzen von Augustenburg, adressierte und in der von ihm herausgegebenen Zeitschrift *Die Horen* veröffentlichte.

Epistel

Eine der ersten Briefschreiberinnen in deutscher Sprache, deren Briefe veröffentlicht wurden, ist Ende des 17. Jahrhunderts Elisabeth Charlotte Herzogin von Orléans (LIESELOTTE VON DER PFALZ), von der rund 4000 Briefe in deutscher und französischer Sprache erhalten sind, in denen sie den Alltag am französischen Hof in teilweise ungeschönter Sprache schildert. Zur Zeit der Empfindsamkeit dient der Brief zusehends dem Austausch gleich fühlender Seelen (KLOPSTOCK) und religiöser Inhalte (Pietismus: LAVATER, JUNG-STILLING). Die Briefe der LUISE ADELGUNDE GOTTSCHED wirken durch ihre Klarheit und Deutlichkeit stilbildend für die Korrespondenz von Frauen.

Im Zeitalter der Aufklärung suchen die Schreibenden in Briefwechseln ihrer Originalität Ausdruck zu geben und erörtern ausführlich die politischen, gesellschaftlichen und ästhetischen Umwälzungen ihrer Zeit (WINCKELMANN, LICHTENBERG, LESSING). Etwa gleichzeitig etabliert sich im deutschsprachigen Raum der von englischen Vorbildern (RICHARDSON: *Pamela*, 1740, und *Clarissa*, 1747/48) inspirierte Briefroman. Erste Vertreterin ist SOPHIE VON LA ROCHE mit der *Geschichte des Fräuleins von Sternheim* (1771), ihr folgt ein begeisterter GOETHE mit seinem *Werther* (1774). Die formale

Briefroman

Struktur des Briefwechsels wird in dieser Untergattung des Romans übernommen (→ III.3.3). Einen besonderen Stellenwert hatte die Briefliteratur in der Romantik für Autoren wie die Brüder SCHLEGEL, CLEMENS BRENTANO und – als Erprobungs- und Entfaltungsraum in besonderem Maße – für schreibende Frauen:

Erprobungs- und Entfaltungsraum

> »War der Brief seit altersher ein Mittel der Kommunikation und der Selbstdarstellung, der Mitteilung von Fakten, des Dialogs mit anderen Menschen und ein Bild der eigenen Seele (*epistola imago animi*), so wurde er im 18. Jahrhundert zunehmend wichtig als Ausdruck weiblichen Lebens und Erlebens.«[227]

Wie BARBARA BECKER-CANTARINO ausführt, wurden im romantischen Salon Briefpassagen vorgelesen und derart einem größeren Adressatenkreis zugänglich gemacht. Schreibenden Frauen im deutschsprachigen Raum ermöglicht der Brief einen weiteren Zugang in den männlich dominierten Literaturbetrieb, wie das Beispiel BETTINE VON ARNIM zeigt, die ihre Korrespondenzen mit GOETHE (*Goethes Briefwechsel mit einem Kinde*, 1835), mit KAROLINE VON GÜNDERRODE (1840) und weitere veröffentlichte.

Die meisten Schriftstellerinnen und Schriftsteller sind passionierte Briefschreiber. Seit dem 18. Jahrhundert werden Korrespondenzen von kanonisierten Autoren und Autorinnen überliefert und archiviert; Briefwechsel aus dem 20. Jahrhundert sind bislang nur teilweise zugänglich, da aus Gründen des rechtlichen Schutzes der Privatsphäre oftmals erst Jahrzehnte später mit ihrer wissenschaftlichen Aufarbeitung begonnen werden kann.

Schutz der Privatsphäre

Briefwechsel von Autoren geben unmittelbar Einblick in Leben und Schaffen und sind für die literaturwissenschaftliche Arbeit von unschätzbarem Wert. Bei Briefeditionen ist allerdings der »Puls des Briefes im Rhythmus eines Lebens« durch die »Interpretation überlagert«.[228] Außerdem werden »weitere Intervalle […] nur noch abstrakt am Datum gemessen, nicht aber als inzwischen erfahrene Lebenszeit«. Das »offene Gespräch« zweier Briefpartner ist – wenn nur eine Seite der Korrespondenz veröffentlicht wird – durch einen

227 Barbara Becker-Cantarino, »Leben als Text – Briefe als Ausdrucks- und Verständigungsmittel in der Briefkultur und Literatur des 18. Jahrhunderts«, in: *Frauen Literatur Geschichte. Schreibende Frauen vom Mittelalter bis zur Gegenwart*, hrsg. von Hiltrud Gnüg und Renate Möhrmann, Frankfurt a. M. 2003, S. 129–146, hier S. 129.

228 *Deutsche Briefe 1750–1950*, hrsg. von Gert Mattenklott, Hannelore Schlaffer und Heinz Schlaffer, Frankfurt a. M. 1988, S. 8.

»kontinuierlichen Monolog ersetzt«.[229] Bei der Lektüre von Korrespondenzen ist deshalb zu beachten, dass Briefeditionen durch ihre chronologische Aneinanderreihung ein sinnhaft-teleologischer Charakter zukommt, der den Briefen bei ihrer Entstehung nicht gegeben war.

Literaturhinweise

Deutsche Briefe 1750–1950. Hrsg. von Gert Mattenklott, Hannelore Schlaffer und Heinz Schlaffer. Frankfurt a. M. 1988.

Nickisch, Reinhard M. G.: Der Brief. Stuttgart 1991. (Sammlung Metzler. 260.)

6.4 Essay

Aus erkennbar subjektiver Perspektive behandelt der Essay (frz. *essai* ›Versuch‹; engl. *essay*) geistreich und pointiert ein Thema meist mit aktuellem Zeitbezug. Begründer und Namengeber ist MICHEL DE MONTAIGNE mit seinen *Essais* (1580), Vorformen finden sich in der Antike, u. a. bei PLATON, PLUTARCH, SENECA und MARC AUREL. Die deutsche Entwicklung seit dem 18. Jahrhundert ist eher an der englischen Richtung (Beiträge für moralische Wochenschriften) orientiert: LICHTENBERG, GEORG FORSTER und KARL PHILIPP MORITZ sind wichtige Vertreter; in der Romantik tragen u. a. FRIEDRICH SCHLEGEL und ALEXANDER VON HUMBOLDT zur Etablierung des Essays bei, doch erst 1859 wird der Begriff im deutschsprachigen Raum durch HERMAN GRIMM in Umlauf gebracht.[230] Der Essay ist hier weit weniger populär als in angelsächsischen oder französischsprachigen Kulturen und stand oft »im Verdacht, oberflächlich, leichtfertig, nicht tiefschürfend zu sein, kurzum eine ›Frivolität‹, die deutschem Geist nicht ansteht, sondern eben nur den ohnehin laxen Franzosen bzw. den Engländern«.[231] Von literaturwissenschaftlichem Interesse sind Essays von Schriftstellern, die Themen aus den Bereichen Literatur und Poetik oder gesellschaftliche bzw. politische Zeitfragen behandeln.

An der Grenze zum Essay bewegen sich z. B. SCHILLERS *Briefe über die ästhetische Erziehung des Menschen* (→ II.2 und III.6.3) oder LESSINGS *Literaturbriefe* und sein *Laokoon*-Aufsatz (→ II.2). Viele theoretische ästhetische Schrif-

229 Ebd.

230 Heinz Schlaffer, »Essay«, in: *Reallexikon der deutschen Literaturwissenschaft*, hrsg. von Klaus Weimar, Bd. 1, Berlin 1997, S. 522–525, hier S. 523.

231 Wolfgang Müller-Funk, *Erfahrung und Experiment. Studien zur Theorie und Geschichte des Essayismus*, Berlin 1995, S. 10.

ten sind in essayistischer Form abgefasst, z. B. von FRIEDRICH NIETZSCHE, der zugleich ein großer Kritiker des Essays als Instrument zur Verbreitung bürgerlichen Behagens war, außerdem von MAX BENSE (vier Essays in *Plakatwelt*, 1952) und THEODOR W. ADORNO (u. a. in *Noten zur Literatur* 1958 und 1965).

Um 1900 und bis weit in die Zeit der Weimarer Republik avanciert der Essay durch die hochentwickelte Zeitschriftenkultur zu einer Modegattung; er bietet den Autoren Möglichkeiten zur Literatur- und Kulturkritik (BERTOLT BRECHT, ALFRED DÖBLIN, THOMAS MANN) sowie zu politischer Parteinahme (KARL KRAUS, KURT TUCHOLSKY). In den Romanen HERMANN BROCHS (im dritten Teil der *Schlafwandler*-Trilogie, 1931–32), ROBERT MUSILS (*Der Mann ohne Eigenschaften*, 1930/32, unvollendet) und THOMAS MANNS (*Der Zauberberg*, 1925, und *Doktor Faustus*, 1947) finden sich essayistische Exkurse über zeitgenössische Themen der Philosophie, der Physik, der Musik und Musikwissenschaft, die die Fiktionalität der Texte aufbrechen.

Wichtige Schriftsteller-Essayisten der Nachkriegszeit sind HANS MAGNUS ENZENSBERGER (u. a. gesammelt in *Mittelmaß und Wahn*, 1988) und PETER RÜHMKORF (→ III.2.1). Die Essays von GÜNTER GRASS, CHRISTA WOLF, HEINRICH BÖLL, PETER HANDKE und BOTHO STRAUSS sind – oft unter ›Schriften‹ oder einem ähnlichen Titel – in Einzel- oder Werkausgaben gut zugänglich.

Literaturhinweise

Haas, Gerhard: Essay. Stuttgart 1969.

Müller-Funk, Wolfgang: Erfahrung und Experiment. Studien zur Theorie und Geschichte des Essayismus. Berlin 1995.

6.5 Reiseliteratur

Die Gattungsbezeichnung ›Reiseliteratur‹ umfasst ein höchst heterogenes Textkorpus und bezieht sich auf den Stoff; sie stellt also keinen formalen, sondern einen inhaltlichen Aspekt in den Vordergrund. Intentional nichtpoetische Formen sind Reiseführer, Chronik, Logbuch, Reisebericht. Diese werden von realen Personen verfasst und beruhen auf authentischen Ereignissen; sie beschreiben einen Teil des Lebens und gehören somit zur autobiographischen Prosa. Der Reisebericht gibt einerseits Aufschluss über die Erlebnisse eines authentischen Ich in der Fremde und fungiert andererseits für den Leser als Mittler zwischen fremder und vertrauter Welt.

Am Anfang des Erzählens steht ein Epos über eine Reise, HOMERS *Odyssee* (um 700 v. Chr.), gefolgt von zahlreichen Reise- und Erlebnisberichten und -geschichten der griechischen und römischen Antike. Eine deutschsprachige Tradition lässt sich zurückverfolgen bis in die mittelalterlichen Spielmannsdichtungen.

Mit Blick auf die Sujets lassen sich folgende Genres von Reiseliteratur differenzieren: Pilgerberichte (im 15. Jh.), Kolonial- und Aussiedlergeschichten, Schilderungen von Entdeckungs- und Forschungsreisen, Kriegserinnerungen, Weltumseglungen, Reisen durch fremde Länder oder Landschaften und Berichte über Bildungs- und Kunstreisen (allein zur Stadt Rom von GOETHE, MARIE LUISE KASCHNITZ, INGEBORG BACHMANN und ROLF DIETER BRINKMANN). Reiseliteratur kann in unterschiedlichen Formen verfasst sein: als Bericht, wie FONTANES *Wanderungen durch die Mark Brandenburg* (1861), oder Erzählung (HEINRICH BÖLL, *Irisches Tagebuch*, 1957), in essayistischer Schreibweise (ALFRED ANDERSCH, *Hohe Breitengrade*, 1969) oder als Tagebuch wie die diversen Reisetagebücher der SOPHIE VON LA ROCHE oder GOETHES *Italienische Reise* (1816/17). Ferner kann Reiseliteratur die Form einer Briefsammlung (z. B. IDA GRÄFIN HAHN-HAHN, *Orientalische Briefe*, 1844) oder eines Gedichtzyklus haben (z. B. HEINRICH HEINE, *Reisebilder*, 1826–31; FRANZ FÜHMANN, *Die Fahrt nach Stalingrad. Poem*, 1953).

Pilgerberichte

Entdeckungs- und Forschungsreisen

Bildungs- und Kunstreisen

Dem Fiktionalitätsgrad entsprechend lassen sich von diesen vorwiegend authentischen, faktualen Texten die mehr fiktionalen Genres unterscheiden: Dies sind Utopien (THOMAS MORUS) und imaginäre Reisen und Robinsonaden (GRIMMELSHAUSEN, JOHANN GOTTFRIED SCHNABEL, *Insel Felsenburg*, 1731–43), aber auch Reiseromane, die historisch verbriefte Ereignisse ins Zentrum stellen. Zu ihnen zählt CHRISTOPH RANSMAYRS Roman *Die Schrecken des Eises und der Finsternis* (1984), der den authentischen Bericht über die österreichisch-ungarische Nordpolexpedition aus dem Jahr 1873 aufgreift und mit einer fiktiven, in der Erzählgegenwart angesiedelten Geschichte verknüpft. Zahlreiche weitere Romane, die um die Jahrtausendwende herum erschienen sind, rekurrieren auf historische Entdeckerreisen. Dazu zählen STEN NADOLNYS *Die Entdeckung der Langsamkeit* (1983), der von der Suche des englischen Seefahrers John Franklin nach der Nordwest-Passage erzählt, DANIEL KEHLMANNS *Die Vermessung der Welt* (2005), der die Entdeckungsreisen ALEXANDER VON HUMBOLDTS und dessen (fingierte) Begegnung mit dem Mathematiker C. F. GAUSS in den Mittelpunkt stellt, oder ALEX CAPUS' *Reisen im Licht der Sterne* (2005), der das Leben und Reisen des Autors ROBERT LOUIS STEVENSON rekonstruiert.

Fiktionalitätsgrad

Literaturhinweise

Bergmann, Klaus / Ockenfuß, Solveig (Hrsg.): Neue Horizonte. Eine Reise durch das Reisen. Reinbek b. Hamburg 1984.

Brenner, Peter J.: Der Reisebericht in der deutschen Literatur. Ein Forschungsüberblick als Vorstudie zu einer Gattungsgeschichte. Tübingen 1990.

6.6 Tagebuch

Schreiber und Leser eines Tagebuchs (lat. *diarium*) sind identisch: Weitgehend ungefiltert teilt ein authentisches Ich seine Erfahrungen, Reflexionen, Gefühle, Träume und Erwartungen mit. Die Eintragungen sind meist chronologisch geordnet und dienen der Selbsterkundung, der Dokumentation des eigenen Lebens und der Erinnerung. Kriegs- oder Reisetagebücher behandeln nur bestimmte Zeitabschnitte. Ähnlich wie der Brief bezeugt auch das Tagebuch unmittelbar das Leben und Schaffen einer Person und ist somit für die biographische Recherche im Rahmen einer literaturwissenschaftlichen Arbeit eine wichtige Quelle.

Echtes Tagebuch

Literarisches Pseudo-Tagebuch

Fingiertes Tagebuch

GUSTAV RENÉ HOCKE unterscheidet in seiner umfassenden Studie *Das europäische Tagebuch* (1963) grundsätzlich drei Arten: (1) das echte Tagebuch, das ohne Veröffentlichungsabsicht entsteht, (2) das literarische Pseudo-Tagebuch, bei dem die mögliche Veröffentlichung mit bedacht wird (und somit sowohl Selbstzensur als auch Selbststilisierung die Schilderung verzerren können) und (3) das fingierte Tagebuch, dem keine authentische Erfahrung zugrunde liegt.[232] Den Tagebüchern von FRANZ KAFKA[233], ROBERT MUSIL, JOCHEN KLEPPER und ANDRÉ GIDE beispielsweise schreibt HOCKE »echt diaristischen« und zugleich literarischen Charakter zu. Bei FRANZ KAFKA ist das Tagebuch zudem Ort der literarischen Selbsterkundung und fiktionale Prosa.

Vorläufer des Tagebuchs sind Chroniken und Haushaltsbücher, in denen das Leben im familiären und privaten Umfeld festgehalten wurde. Erst im Pietismus und dem in seiner Folge aufkommenden Subjektbegriff bildete sich eine Tagebuchkultur aus (LAVATER); ihr Ziel war die Selbsterforschung. In der Epoche der Empfindsamkeit dienten Tagebücher der Erkundung und Fixie-

232 Gustav René Hocke, *Das europäische Tagebuch*, Wiesbaden 1963, S. 11.

233 Bei Kafka beispielsweise sind die Übergänge von diaristischen Notaten zu fiktionalen Texten bzw. Entwürfen fließend.

rung persönlicher Befindlichkeiten. Tagebücher vermitteln seitdem Innenansichten nicht nur der Persönlichkeit, sondern auch der familiären und gesellschaftlichen Bezüge (z. B. von RAHEL VARNHAGEN). Eine Ausnahme unter den Diaristen ist der Dramatiker FRIEDRICH HEBBEL, der mit Blick auf späteren Ruhm und eine Veröffentlichung ab seinem 22. Lebensjahr ein Tagebuch führte.[234] Viele Schriftsteller dachten schon zu Lebzeiten an die spätere Publikation ihrer Diarien (z. B. THOMAS MANN) oder haben sie sogar selbst angeregt, wie MAX FRISCH: Seine frühen Notate (*Tagebuch 1946–1949*; *Tagebuch mit Marion* im Jahre 1947) hat er in zeitlicher Nähe publiziert ebenso wie PETER RÜHMKORF seine Tagebuchbände *Tabu I. Tagebücher 1989–1991* (1995) und *Tabu II. Tagebücher 1971–72* (2004). MARIE LUISE KASCHNITZ hat zahlreiche Tagebücher für den Druck freigegeben, LUISE RINSER, beginnend 1946 mit ihrem *Gefängnistagebuch*, ebenso. Einige Tagebücher geben unverstellt Einblick in das Leben von Menschen unter extremen Zuständen wie politischem Terror oder Krieg (z. B. das Tagebuch der ANNE FRANK, die Tagebücher des Romanisten VIKTOR KLEMPERER). GÜNTER GRASS hat seine Notizen vom Bundestagswahlkampf 1969 überarbeitet und unter dem Titel *Aus dem Tagebuch einer Schnecke* 1972 veröffentlicht.

Strukturelemente von Tagebüchern finden auch in der Prosaliteratur Verwendung; Beispiele dafür gibt es in GOETHES *Wahlverwandtschaften* (1809, Ottilies Tagebuch) und *Wilhelm Meisters Lehrjahren* (1795/96), RILKES *Aufzeichnungen des Malte Laurids Brigge* (1910), HERMANN HESSES *Steppenwolf* (1927) und MAX FRISCHS *Stiller* (1954), in das das (auch separat veröffentlichte) fingierte Tagebuch des Anatol Stiller eingelegt ist.

Das Tagebuch gewinnt immer mehr Popularität bei jüngeren Autoren der Gegenwartsliteratur, wie das großangelegte Tagebuchprojekt von HELMUT KRAUSSER beispielhaft zeigt. 1992 hatte er begonnen, einen Monat Tagebuch zu schreiben; seitdem führte er jedes Jahr einen Monat Tagebuch, so dass in dreizehn Jahren zwölf Monatstagebücher (Mai 1992, Juni 1993, Juli 1994 usw.) entstanden, die kurz nach Abschluss jeweils erschienen. Der Lyriker DURS GRÜNBEIN hat mit seinen *Berliner Aufzeichnungen. Das erste Jahr* Erlebnisse und Reflexionen des Jahres 2000 festgehalten und ein Jahr später veröffentlicht. Anders verhält es sich mit dem Werk von WALTER KEMPOWSKI: Er nähert sich mit seiner aus authentischen Dokumenten zusammengestellten kollektiven Tagebuch-Chronik der historischen Realität. Sein Großprojekt *Echolot. Ein kollektives Tagebuch* hat er 2005 mit *Abgesang '45*, einer 500-seitigen minutiösen Rekonstruktion des Alltags 1945, abgeschlossen.

234 Hocke (Anm. 232), S. 76.

Literaturhinweise

Dusini, Arno: Tagebuch. Möglichkeiten einer Gattung. München 2005.
Görner, Rüdiger: Das Tagebuch. München/Zürich 1986.
Hocke, Gustav René: Das europäische Tagebuch. Wiesbaden 1963.

IV Literaturwissenschaftliche Methoden und Theorien

Von Sabina Becker

1 Einleitung: Was sind Methoden?

Wie Gattungspoetik, Stil- bzw. Verslehre und Rhetorikanalyse gehören Methoden und Theorien zum analytischen Instrumentarium der Literaturwissenschaft; vielfach wird die Literaturtheorie längst als ein eigenständiger Bereich derselben behandelt. Literaturtheorien sind das Ergebnis der Erkenntnis, dass es unterschiedliche methodische Zugänge zu literarischen Texten gibt und weiterhin verschiedene Fragestellungen und Annäherungen an literarische Texte die Analyse leiten. Aus einem spezifischen Erkenntnisinteresse des Interpreten heraus werden unterschiedliche Aspekte und Schichten des Textes fokussiert. Erkenntnisinteresse und -ziel bestimmen die jeweilige Fragestellung gegenüber einem literarischen Text, präzisieren demnach die Zielrichtung der an Literatur herangetragenen Fragen; sie legen fest, wonach und wie gefragt wird. Neben der Analyse der Machart, Form und Struktur eines literarischen Textes stehen Fragen nach dem Warum und dem Was, die weit über die Bezugnahme auf Inhalt, Themen und Motive sowie Erzählweise und -stil hinausgehen können. Zudem haben literaturtheoretische Ansätze auch mit dem jeweiligen Literaturverständnis zu tun, mit der Frage also, was Literatur überhaupt ist, was man von ihr erwartet und welche Stellung und Funktion man ihr zuschreibt oder zuzuschreiben bereit ist.

Was leistet eine methodisch gestützte Analyse?

Eine methodisch fundierte Analyse von Literatur hilft einerseits, einen nur subjektiven und ausschließlich auf die inhaltliche Ebene fixierten Umgang mit Letzterer zu überwinden; sie ermöglicht so andererseits einen wissenschaftlich-reflektierten Zugang zu Literatur. Darüber hinaus vermag eine theoretisch gestützte Analyse literarischer Texte die Befunde über die subjektiv motivierte Wahrnehmung hinaus zu objektivieren, vor allem im Hinblick auf Erkenntniswerte von allgemeinem, auch gesellschaftlichem Belang. Eine methodologisch bewusste Literaturanalyse ermöglicht es, die thematischen und ästhetischen Dimensionen von Literatur freizulegen (Gruppe 1: Hermeneutik, Strukturalismus, Werkimmanenz, Poststrukturalismus, Dekonstruktion, Intertextualität), aber auch ihre gesellschaftliche Relevanz zu bestätigen (Gruppe 2: sozial- und kulturgeschichtliche, kulturwissenschaftliche Ansätze, New Historicism, feministische Literaturtheorie, Gender Studies, Mentalitätsgeschichte, Diskursanalyse, kultursoziologische und mentalitätsgeschichtliche Ansätze) und ihre humanwissenschaftliche Bedeutung (Gruppe 3: Hermeneutik, Literaturpsychologie, psychoanalytische Zugänge) zu benennen. Derartige Differenzen verdeutlichen, dass die einzelnen methodischen Ansätze sich im Hinblick auf ihre jeweilige Schwerpunktsetzung unterscheiden. So können der Text (Gruppe 1), der Kontext (Gruppe 2) oder Autor und Leser (Gruppe 3) im Zentrum stehen. Entscheidend für die analytische Verfahrensweise ist zudem die Bewertung von Literatur unter den Aspekten der Heteronomie (Fremdbestimmung) und Autonomie (Selbstbestimmung; → II.2.) sowie ihre Bestimmung in Verbindung mit den Komponenten Autor, Text und Kontext. Die Beantwortung der Frage, ob man Literatur im Zuge der Analyse in einem Zusammenhang mit dem (historischen, sozialen und kulturellen) Kontext liest oder die Interpretation auf den Text konzentriert bleibt und diesen in einer als Sprach- und Strukturanalyse ausgerichteten Interpretation als ein hermetisches Gebilde betrachtet, autonom von außerliterarischen und außertextlichen Faktoren, ist eine grundsätzliche Festlegung.

In der literaturwissenschaftlichen Praxis und heute zunehmend kulturwissenschaftlich orientierten Forschungslandschaft dominieren zweifellos ein bewusst praktizierter Methodenpluralismus und ein »synthetisches Interpretieren«[1], nicht zuletzt deshalb, weil für eine ausschließliche, apodiktische Festlegung auf eine Methode wenig spricht. Die bewusste und vielfach auch sinnvolle Verschränkung verschiedener methodischer Fragen, theoretischer Ansätze und Erkenntnisinteressen dürfte die literatur- und kulturwissenschaftliche Forschung der letzten Jahre maßgeblich dominiert haben.

Literaturhinweise

Arnold, Heinz Ludwig / Detering, Heinrich (Hrsg.): Grundzüge der Literaturwissenschaft. München 1996. [Darin: »Verfahren der Textanalyse«.]

Baasner, Rainer / Zens, Maria: Methoden und Modelle der Literaturwissenschaft. Eine Einführung. 2., überarb. und erw. Aufl. Berlin 2001.

Becker, Sabina: Literatur- und Kulturwissenschaften: ihre Theorien und Methoden. Reinbek b. Hamburg 2007.

Bogdal, Klaus-Michael (Hrsg.): Neue Literaturtheorien. Eine Einführung. Opladen ²1990.

Culler, Jonathan: Literaturtheorie. Eine kurze Einführung. Übers. von Andreas Mahler. Stuttgart 2003. (Reclams Universal-Bibliothek. 18166.)

Eagleton, Terry: Einführung in die Literaturtheorie. Stuttgart ³1994.

1 Jost Hermand, *Synthetisches Interpretieren. Zur Methodik der Literaturwissenschaft*, München 1968.

Geisenhanslüke, Achim: Einführung in die Literaturtheorie. Von der Hermeneutik zur Medienwissenschaft. Darmstadt 2003.
Jahraus, Oliver: Literaturtheorie. Tübingen/Basel 2004.
Köppe, Tilmann / Winko, Simone: Neuere Literaturtheorien. Eine Einführung. Stuttgart 2008.
Sexl, Martin (Hrsg.): Einführung in die Literaturtheorie. Wien 2004.

2 Hermeneutik

Der Begriff »Hermeneutik« (griech. *hermēneúein* ›ausdrücken, aussagen, auslegen, interpretieren, übersetzen‹) geht auf Hermes zurück und benennt die Kunst der adäquaten Interpretation, die den vom Autor gemeinten Sinn erschließen soll. Die zentrale Frage der Hermeneutik ist dementsprechend die nach dem Sinn von Texten, insbesondere nach dem Sinn eines literarischen Textes, der diesem in der Geschichte zukommt. Damit lässt sich die Hermeneutik als die systematische Grundlage nahezu jeder Interpretation und jeden Textverstehens umschreiben, sie benennt den Verstehens- und Auslegungsprozess, der jeglichem methodischem Zugang und Umgang mit Literatur zugrunde gelegt sein muss.

Dieser Definition sind die Nachteile der Hermeneutik implizit: Sie liegen zum einen in der Festlegung literarischer Texte auf Sinn und der wissenschaftlichen Arbeit auf die Suche nach Sinn. Zwar ist die Hermeneutik als Lehre des Verstehens das Produkt des Säkularisierungsprozesses des 18. Jahrhunderts und damit der Befreiung der Literatur von ihrer theologischen Bestimmung und Festlegung; dennoch handelt es sich zugleich um einen von religiösen Intentionen gekennzeichneten Ansatz, der die Ursprünge der Hermeneutik im christlichen Umfeld nicht verleugnen kann. Zum anderen schließt der hermeneutische Umgang mit literarischen Texten die Möglichkeit der Benennung von Bedeutungsebenen jenseits des vom Autor gemeinten Sinns weitgehend aus. Die Tatsache, dass Sinn und Bedeutung eines Textes im Akt des Lesens und im historischen Prozess unabhängig vom Autor variieren, bleibt dadurch vielfach unberücksichtigt. Dennoch kann oder sollte die Hermeneutik, wie oben erwähnt, als die theoretische Basis jeglicher Interpretation verstanden werden.

Ziele des Verstehens von Texten

Ziel des Verstehens und der Textexegese – ursprünglich von FRIEDRICH SCHLEIERMACHER in Anlehnung an die Exegese der Bibel formuliert – ist der Nachweis einer Einheit von Autor, Werk und Leser. Die Interpretation setzt sich aus zwei Formen zusammen: der sprachbezogenen (= der grammatischen) und der personenbezogenen (= der psychologischen) »Auslegung«.[2] Daran anschließend ist der Ansatz der Hermeneutik ein zweiteiliger. Einerseits gilt es, dieses Eigenleben eines Textes zu verstehen. Andererseits geht es darum, das vom Autor Gemeinte nachzuvollziehen und nachzuerleben. Innerhalb der hermeneutischen Lehre vom Verstehen ist diesem ›Nacherleben‹ das Moment der Deutung immanent, wobei Deutung als ein Mit-Konstruieren von Botschaften seitens des Interpreten und Lesers verstanden wird. Es kommt so zum wechselseitigen Zusammenspiel von Verstehen (des Autors als Objekt) und dem Einbringen des eigenen Horizonts im ›hermeneutischen Zirkel‹ bzw. in einer Gesprächssituation, der die Kreisstruktur des Verstehens zugrunde liegt.

Schleiermachers ›Verstehenslehre‹

An die Beschreibung der Hermeneutik als Prozess des objektiven Begreifens und des subjektiven Verstehens anschließend, benennt SCHLEIERMACHER wie erwähnt zwei Arten der Auslegung, die »grammatische« unterscheidet er von der »psychologischen Auslegung«. Das Psychologische drückt das Denken des Individuums aus, das Grammatische wird als das »Denken aller Einzelnen«[3] verstanden. Ein umfassendes Verstehen bedeutet für SCHLEIERMACHER das »Ineinandersein dieser beiden Momente«. In der Form der »psychologischen Auslegung«[4] soll und muss sich der Interpret in den Autor ›hineinversetzen‹, er muss sich in den »Geist« des Autors einfühlen und sich durch ihn inspirieren lassen, um ihn »divinatorisch«[5] zu verstehen. Der zweite Schritt des Verstehensprozesses ist sodann die Interpretation, die über den Autor hinausgeht; sie zielt darauf ab, den Text »besser zu verstehen« als sein »Verfasser«.[6] Der Leser erreicht dies vor allem durch die Form der »grammatischen Interpretation«[7], durch die Untersuchung der Sprachstrukturen also (etwa das Verhältnis zwischen Wort und Satz, Satz und Absatz, Absatz und Textganzem betreffend) und ihrer Analyse in Bezug auf den historischen Kontext.

Wilhelm Diltheys nachfühlende Interpretation

Die Hermeneutik SCHLEIERMACHERS wird durch WILHELM DILTHEY weiterentwickelt. Allerdings kürzte DILTHEY die Lehre vom Verstehen um das Moment der »grammatischen Auslegung«. Das hermeneutische Verstehen

2 Friedrich Daniel Ernst Schleiermacher, »Die psychologische Auslegung«, in: F. D. E. S., *Hermeneutik und Kritik. Mit einem Anhang sprachphilosophischer Texte Schleiermachers*, hrsg. von Manfred Frank, Frankfurt a. M. 1977, S. 167–238.

3 Ebd., S. 79.

4 Ebd., S. 167.

5 Ebd., S. 169.

6 Ebd., S. 104.

7 Ebd., S. 101.

meint bei ihm ein »Nachfühlen fremder Seelenzustände«, ein »Nachverständnis des Singulären zur Objektivität«.[8] Damit stellt DILTHEY das Moment der »psychologischen Auslegung« ins Zentrum der Hermeneutik; das von SCHLEIERMACHER ebenfalls benannte grammatische Moment verliert zugunsten einer psychologischen Lehre des Nachfühlens an Gewicht.

Die Aufgabe der hermeneutischen Auslegung und das Ziel des Verstehensprozesses sieht DILTHEY im Aufspüren der geistigen Größe des Autors: »Darin liegt nun die unermeßliche Bedeutung der Literatur für unser Verständnis des geistigen Lebens und der Geschichte, daß in der Sprache allein das menschliche Innere seinen vollständigen, erschöpfenden und objektiv verständlichen Ausdruck findet.«[9] Unter Hermeneutik begreift DILTHEY daher eine psychologische Interpretation von Kunst als »Darstellung und Ausdruck des Lebens«[10]; mit dieser Definition sind Kunst und Literatur auf ihre individualpsychologische Dimension reduziert. Die Vorstellung sozialer und gesellschaftlicher, gar gesellschaftspolitischer Aufgaben von Literatur ist in diesem Ansatz nicht vorgesehen. DILTHEY versteht den literarischen Text vornehmlich als »Ausdruck des Seelenlebens«[11] des Autors und geht daran anschließend von einer Deckungsgleichheit von Leben (des Autors) und Werk (des Autors) aus. Damit nimmt er eine Grundidee des gleichzeitig wirkenden Positivismus (→ IV. 3) auf: »Aber das Werk eines großen Dichters oder Entdeckers, eines religiösen Genius oder eines echten Philosophen kann immer nur der wahre Ausdruck seines Seelenlebens sein.«[12] Eine solche Festlegung der interpretatorischen Aufgabe impliziert die Reduktion des hermeneutischen Verstehens auf die Dimension des Psychologischen, bedeutet also zugleich den Verzicht auf die von SCHLEIERMACHER vorgeschlagene »grammatische« Interpretation.

Der DILTHEYS hermeneutischem Verständnis implizite enge Zusammenhang von Werk und Seelenleben sowie das direkte Zusammendenken von Autor, Werk und Leser (Rezipient) brachte die Frage nach der Effektivität des hermeneutischen Ansatzes in der Nachfolge DILTHEYS für die literaturwissenschaftliche Analyse und nach der Plausibilität seiner Idee des nachfühlenden Aufspürens einer vermeintlichen Einheit von Leben und Werk auf. Denn in-

8 Wilhelm Dilthey, *Die Entstehung der Hermeneutik* [1900], in: W. D., *Gesammelte Schriften*, 5 Bde., Bd. 5, Stuttgart/Göttingen ^{4}1964, S. 317.

9 Ebd., S. 319.

10 Wilhelm Dilthey, *Das Erlebnis und die Dichtung. Lessing, Goethe, Novalis, Hölderlin* [1906], Göttingen 1957, S. 131 f.

11 Ebd., S. 320.

12 Ebd.

dem DILTHEY den Schwerpunkt auf das subjektiv-psychologische Moment des ›Nachfühlens‹ legt, wird – neben der Ausgrenzung des Grammatischen – die Bedeutung des objektiven Gehalts eines literarischen Textes vernachlässigt.

Es war HANS-GEORG GADAMER, der, vor allem im Anschluss an die Philosophie MARTIN HEIDEGGERS, eine moderne Hermeneutik entwickelte.[13]

Gadamers moderne Hermeneutik

In seinem 1960 erschienenen Werk *Wahrheit und Methode* überträgt GADAMER die von HEIDEGGER aufgeworfene Frage nach Wahrheit im gesamten Dasein auf die nach der Kunst als einem privilegierten Ort der Wahrheit und der Wahrheitsfindung. Literarische Texte versteht er entsprechend als eine mögliche Form der »Welterfahrung«: »Verstehen und Auslegen von Texten ist nicht nur ein Anliegen der Wissenschaft, sondern gehört offenbar zur menschlichen Welterfahrung insgesamt.«[14] Das Ziel der Hermeneutik ist es sodann, das »wahre Wort«[15] der Dichtung nachzuvollziehen, eine vorwiegend philosophisch fundierte Vorgabe, durch die die Hermeneutik als literaturtheoretischer Ansatz nach 1945 zunehmend in ihrer Bedeutung eingeschränkt wurde; denn sie war zu fest in der philosophischen Tradition verankert, um gewinnbringend und produktiv in die literaturwissenschaftliche und seit den 1990er Jahren vor allem in eine kulturwissenschaftliche Analyse einbezogen und als ein eigenständiger literaturtheoretischer Ansatz verstanden zu werden.

Es ist das Verdienst PETER SZONDIS, die literaturwissenschaftliche Relevanz der hermeneutischen Lehre, die Anwendbarkeit der bis dahin primär philosophisch begründeten Hermeneutik auf literarische Texte und auf die literaturwissenschaftliche Analyse wieder stärker ins Bewusstsein gerückt zu haben. Im Hinblick auf eine spezifisch literarische Hermeneutik in Abgrenzung zur philosophischen Hermeneutik HEIDEGGERS und GADAMERS, aber auch zu DILTHEYS Verständnis der hermeneutischen Lehre als einer nachfühlenden Verschränkung von Leben und Werk des Autors konstatiert SZONDI: »Literarische Hermeneutik ist die Lehre von der Auslegung, interpretatio, literarischer Werke. […] Daß es eine *literarische* Hermeneutik heute dennoch kaum gibt, hat seinen Grund vielmehr in der Beschaffenheit der Hermeneutik,

13 Vgl. *Hermeneutische Positionen: Schleiermacher – Dilthey – Heidegger – Gadamer*, hrsg. von Hendrik Birus, Göttingen 1982.

14 Hans-Georg Gadamer, *Wahrheit und Methode. Grundzüge einer philosophischen Hermeneutik*, Tübingen ³1972, Einleitung, S. XXVII.

15 Hans-Georg Gadamer, *Wer bin ich und wer bist du?*, in: H.-G. G., *Gesammelte Werke*, Bd. 9: *Ästhetik und Poetik II. Hermeneutik im Vollzug*, Tübingen 1993, S. 388.

die es heute gibt«[16] – gemeint ist im Jahr 1975 die Dominanz der philosophisch ausgerichteten Hermeneutik und das Fehlen einer spezifisch literarischen Hermeneutik. Durch die Verschränkung von literarischer Hermeneutik und Rezeptionsästhetik (→ IV. 8) sowie durch die verstärkte Rezeption der Hermeneutik in der Nachfolge SCHLEIERMACHERS, die für die literaturwissenschaftliche Interpretation von grundsätzlichem Interesse sein muss, hat SZONDI sodann wesentliche Impulse für die Ausbildung einer spezifisch literarischen Hermeneutik in der Nachfolge SCHLEIERMACHERS gegeben. Seine Überlegungen sind letztlich auch die Grundlage für eine Kulturhermeneutik, die in den letzten Jahren im Zuge der Öffnung der Philologien hin zu einer interdisziplinären Kulturwissenschaft sowie der zunehmenden Relevanz der Postcolonial Studies an Bedeutung gewonnen hat. Sie zielt auf ein Verstehen kultureller Differenzen innerhalb einer Gesellschaft, fragt aber zudem nach den Mechanismen (inter-)kultureller Kommunikation. Hierbei werden Phänomene wie das Eigene und das Andere bzw. Begriffe wie Identität und Alterität wichtig, und zwar bezogen auf Gesellschaften bzw. Nationen wie auch auf unterschiedliche Kulturen.

Szondis literarische Hermeneutik

Literaturhinweise

Frank, Manfred: Das individuelle Allgemeine. Textstrukturierung und -interpretation nach Schleiermacher. Frankfurt a. M. 1977.

Sparn, Walter / Wagner, Hedwig / Ernst, Christoph (Hrsg.): Kulturhermeneutik. Interdisziplinäre Beiträge zum Umgang mit kultureller Differenz. München 2008.

Szondi, Peter: Einführung in die literarische Hermeneutik (Studienausgabe der Vorlesungen. Bd. 5). Hrsg. von Jean Bollack und Helm Stierlin. Frankfurt a. M. 1975.

3 Positivismus

Der literaturwissenschaftliche Positivismus ist das Produkt der Verwissenschaftlichung der Germanistik gegen Mitte des 19. Jahrhunderts. Entstanden seit den 1850er Jahren, erlebte er seine Blütezeit zwischen 1880 und 1910. Seine Etablierung ging mit dem Erstarken der Naturwissenschaften einher, die nicht ohne Einfluss auf die Literatur und Literaturwissenschaft blieben. Das posi-

16 Peter Szondi, *Einführung in die literarische Hermeneutik* (*Studienausgabe der Vorlesungen*, Bd. 5), hrsg. von Jean Bollack und Helm Stierlin, Frankfurt a. M. 1975, S. 9.

tive Wissen, das nachweisbare, recherchierbare Fachwissen, erhält in Abgrenzung zum subjektiv-spekulativen Vorgehen der DILTHEYschen Hermeneutik eine zentrale Rolle; literarische Werke werden vornehmlich als das Ergebnis der Lebensbedingungen von Autoren gewertet. Der Schwerpunkt der Analyse liegt dementsprechend nicht auf der wenig konkreten Interpretation und Auslegung von Texten, sondern auf dem Zusammentragen von Faktenwissen, von Daten, die die Biographien von Autoren sowie die Entstehung von Werken, aber auch die literarische Entwicklung insgesamt betreffen. Relevant ist dabei nur das, was empirisch nachweisbar oder das Resultat von Beobachtungen und Erfahrungen ist. In seinem Umfeld entstandene literarhistorische Arbeiten stützen sich daher vornehmlich auf Materialien zur Lebensgeschichte der Autoren und auf entstehungsgeschichtliche Informationen die Werke betreffend.

Bei aller Einseitigkeit und zum Teil auch Perspektivlosigkeit des positivistischen Ansatzes, insbesondere im Hinblick auf den ihm immanenten Biographismus, darf nicht übersehen werden, dass die Literaturwissenschaft von den positivistischen Zugängen profitierte; prägen diese doch in Zusammenhang mit Editionen und Werkbiographien noch immer konstitutive Arbeitsgebiete der Germanistik.

Literaturhinweis

Blühdorn, Jürgen / Ritter, Joachim (Hrsg.): Positivismus im 19. Jahrhundert. Beiträge zu seiner geschichtlichen und systematischen Bedeutung. Frankfurt a. M. 1971.

4 Strukturalismus

Der Strukturalismus (lat. *structura* ›Bauweise‹) bricht mit der hermeneutischen Überzeugung, dass Literaturtheorie auf dem Verstehensprozess bzw. auf dem semantischen Akt des Verstehens beruhen soll; dass also jeder methodisch-theoretische und wissenschaftliche Umgang mit Literatur an die Suche von Sinn gebunden sein muss. Das Erstarken der linguistischen Ansätze innerhalb der Literaturwissenschaft hat diese Selbstverständlichkeit allerdings relativiert, der *linguistic turn* (die ›linguistische Wende‹) hat einen kaum zu überschätzenden Einfluss auf die weitere Entwicklung der Literaturtheorie, aber auch der Literaturwissenschaft insgesamt ausgeübt.

Der Strukturalismus ist mithin ein antihermeneutischer Ansatz, er richtet sich gegen das hermeneutische Sinndenken. Primär kommt es ihm nicht auf die Bedeutung der Zeichen, sondern auf die Beziehung der Zeichen untereinander an: Was innerhalb der strukturalistischen Analyse interessiert, ist demzufolge nicht das Signifikat (das Bezeichnete, die Inhaltsseite des sprachlichen Zeichens), sondern der Signifikant (das Bezeichnende, die Ausdrucksseite des sprachlichen Zeichens). Insofern ist der Strukturalismus einer den Naturwissenschaften angenäherten Vorgehensweise und Zielsetzung verpflichtet.

Die Bedeutung der Zeichen

Die Anfänge des Strukturalismus liegen im russischen Formalismus, der seit 1915 in Moskau und Petersburg entstand und auf der Vorarbeit FERDINAND DE SAUSSURES und den phänomenologischen Studien EDMUND HUSSERLS aufbaut. Entstehungshintergrund ist neben der antihermeneutischen Ausrichtung das Unbehagen an der positivistischen Methode; ihr gegenüber erhebt man den Vorwurf, sie schließe das eigentlich Literarische an Literatur aus, indem sie ignoriere, dass der Text als das Produkt der formalen Gestaltung und der Form zu verstehen ist. Aus dieser Einsicht folgert der Strukturalismus die These, dass weniger die außerliterarische Bedeutung und der außertextliche Verweischarakter von Wörtern (und damit auch von literarischen Texten) als vielmehr ihre Rolle innerhalb des literarischen Textes zu analysieren seien; d. h. ihre Beziehung zu anderen Wörtern, ihre Stellung innerhalb des literarischen Werks, wobei dieses als ein autonomer Zeichenkomplex verstanden wird. Man geht vom sprachlichen Zeichen aus und beschreibt dessen Wert nicht mit Blick auf seine außertextliche und außersprachliche Referentialität, seine Bedeutung wird also nicht darin gesehen, dass es sich auf etwas Wirkliches, Reales, auf Phänomene und Teile der Realität bezieht.

Die erste Programmschrift, das Gründungsmanifest des Strukturalismus, ist die 1928 in Prag veröffentlichte Untersuchung *Probleme der Literatur- und Sprachforschung* von ROMAN JAKOBSON und JURIJ TYNJANOV. Ihr Ausgangspunkt ist die Differenzierung der Struktur des literarischen Werks und der nicht-literarischen Wirklichkeit; mit ihr ist zugleich das Verhältnis von Literatur und Realität angesprochen. Wirklichkeit verstehen die Autoren als Formen und Funktionalisierungen von Zeichen, wobei innerhalb der Literatur die Verwendung des Zeichens eine völlig andere ist als in der nicht-literarischen Welt. Denn das Zeichen übernimmt im literarischen Text eine ästhetische Funktion: es verweist auf sich selbst oder auf andere Zeichen des Literatursystems, nicht jedoch des außerliterarischen Systems. Diese Überlegungen basieren auf FERDINAND DE SAUSSURES These, dass Sprache, weil sie a priori strukturiert und so unsere Wirklichkeitserfahrung lenkt, eine fundamentale Rolle spielt. Die moderne Linguistik geht im Anschluss an diese Erkenntnis von einer von Inhalten unabhängigen Formbeschaffenheit der Sprache aus.

Daher ist, so die Grundthese des Strukturalismus, die Rhetorik, d. h. die rhetorische Funktion von Sprache und Literatur, das eigentlich Literarische und nicht etwa die vermittelten Inhalte, sie sind für ihn nur von sekundärer Bedeutung. Der Strukturalismus ist dementsprechend gegen die hermeneutischen Bedeutungsmodelle gerichtet und gibt mit dieser Grundannahme zugleich die Basis für den Poststrukturalismus ab.

Saussures Unterscheidung zwischen *langue* und *parole*

Der grundlegende Gedanke von SAUSSUREs Studie *Grundfragen der Allgemeinen Sprachwissenschaft* ist die Annahme, dass Sprache ein System von Zeichen ist. Dieses müsse, so SAUSSUREs Argumentation, synchronisch untersucht werden, als ein vollständiges System von Zeichen also, unabhängig von seiner historischen Entwicklung. Die Beschreibung von Zeichen unter Verweis auf die Verschiedenheit von anderen Bezeichnenden ist das zentrale Moment seiner Methode. Die Bedeutung ist dem Zeichen nicht immanent, sondern sie ist funktional, d. h., sie ist das Resultat der Differenz zu anderen Zeichen. SAUSSURE konzentrierte sich in seinen Untersuchungen folglich auf die *langue*; die *parole*, die aktuelle Rede von Menschen, war für ihn nur von sekundärem Belang. Was ihn interessierte, war vielmehr die objektive Struktur der Zeichen, die *langue*, das der Sprache immanente Regelsystem. Auch befasste er sich nicht mit dem Bezeichneten, dem realen Gegenstand bzw. den Inhalten, über die sich Menschen verständigen; von dieser Dimension der menschlichen Rede bzw. des menschlichen Sprechens abstrahierte er und klammerte damit die in und mit Sprache transportierten Inhalte aus; demgegenüber untersuchte er die Sprache als ein System von Zeichen. Diese Ausrichtung ist das Resultat der Überzeugung, dass Sprache zum einen den Inhalten vorausgehe und Wirklichkeit nicht unabhängig von Sprache zu betrachten ist und zum anderen den individuellen Auffassungen und dem subjektiven Erkennen und damit auch dem Individuum vorgelagert sei – dieses wird als ein Produkt von Sprache beschrieben. Die empirische Realität sowie deren Wahrnehmung werden daran anschließend nicht mehr als von der Sprache unabhängig existierende Größen gesehen. Vielmehr geht der Strukturalismus davon aus, dass Realität überhaupt erst durch Sprache konstituiert werde. Damit nimmt man zugleich eine Konstruiertheit menschlicher Wahrnehmung an: Die Sprache spiegelt Welt und Realität nicht einfach wider, sondern Realität existiert allein durch Sprache, Wirklichkeit wird als sprachliches Produkt beschrieben. Doch auch aufgrund der Tatsache, dass – wie SAUSSURE dargelegt hatte – die Beziehung zwischen einem Zeichen und seinem Referenten willkürlich ist (arbiträr), sieht der Strukturalismus die Notwendigkeit, sich auf die Sprache als Zeichensystem zu beschränken. Er negiert die Annahme, dass Wirklichkeit und Wahrnehmung unmittelbar zusammenhängen, weist die

Vorstellung zurück, die Welt existiere genau so, wie man sie wahrnimmt. Stattdessen sieht er die Wirklichkeit und unsere Wahrnehmung von Wirklichkeit als das Ergebnis einer Struktur.

Eine strukturalistische Analyse literarischer Texte konzentriert sich entsprechend auf ihre Beschreibung als ein Regelsystem von Zeichen, auf die den Texten zugrundeliegenden Gesetzmäßigkeiten. Man sieht den Text als eine strukturelle Einheit, das mit dem Zeichen Benannte ist hierbei sekundär; das Poetische eines literarischen Textes erkennt man sodann in erster Linie darin, dass Sprache in eine Beziehung zu sich selbst gesetzt wird. Weniger die kommunikativen als die materiellen Eigenschaften von Sprache sind entscheidend. Gedichte werden als ›funktionale‹ Strukturen analysiert, die Zeichen werden also innerhalb des Systems untersucht und nicht als Repräsentanten einer externen Realität; denn, wie oben erwähnt, dem Strukturalismus zufolge sind die Beziehungen zwischen Zeichen und Bezeichnetem, zwischen Wort und Sachverhalt willkürliche Setzungen. Mit diesem Ansatz wird der Text aus seinem Kontext gelöst und zu einem autonomen und daher auch autonom zu behandelnden Objekt erklärt. Die ästhetische Funktion und Dimension wird als von Raum, Zeit und urteilenden Personen unabhängig gesehen. Damit reduzieren die formalistischen und strukturalistischen Ansätze Literatur auf strukturale Gebilde ohne weiterführende inhaltliche Dimensionen und Perspektiven. Die Annahme einer Sinnkonstitution innerhalb von Texten bleibt zweitrangig; wichtiger ist die Analyse der formalen Grundstruktur eines Textes.

Texte als System von Zeichen

SAUSSURE war nicht daran interessiert, was die Menschen sagen, sondern an der Struktur, die ihnen erlaubt, es zu sagen. Letztere wertete er als eine der theoretischen Untersuchung unzugängliche Äußerung des Subjekts, die *langue* indes beschrieb er als ein analysierbares Regelwerk, als einen Gesamtkomplex von Regeln und Strukturen. Die Tatsache, dass diese gesellschaftlich festgelegt und sozial normiert sind, d. h. der Zusammenhang von Sprache und sozialer Bestimmung und gesellschaftlichem Standort des Sprechenden, findet dabei keine Berücksichtigung. Diesen Ansatz hat die moderne Sprachwissenschaft revidiert; sie versteht die Sprache als einen Diskurs, als eine Kette von Äußerungen, an der das sprechende Subjekt, der Hörer, der Leser, die Gesellschaft, aber auch die in ihr geltenden sprachlichen und normativen Regeln beteiligt sind. Auch die Idee von Literatur als sozialer und gesellschaftlicher Praxis, von Literatur, die Auskunft gibt über gesellschaftliche Normen und kollektive Mentalitäten, findet innerhalb der strukturalistischen Zugänge keinen Platz; ebenso wenig werden produktions- und rezeptionsästhetische Fragen berücksichtigt. Mit eben dieser isolierenden Behandlung des literarischen

Bedeutung der Sprache

Textes als ein geschlossenes sprachliches System sind die Gemeinsamkeiten des Strukturalismus mit der Werkimmanenz benannt.

Die Verdienste des Strukturalismus liegen in seinem Bemühen, die Aufmerksamkeit des Interpreten auf die Sprache zu lenken. Diese Interessenverschiebung bedeutete zugleich eine Entmystifizierung der Literatur (sowie der Literaturwissenschaft). Im Anschluss an den Strukturalismus wurden literaturwissenschaftliche Analysen klarer und objektiver geführt und infolge der Grundannahme, das literarische Werk sei ein sprachliches Konstrukt, bestehend aus klassifizier- und analysierbaren Elementen, auch weniger subjektiv gehandhabt. Darüber hinaus ist eines der Ziele des modernen Strukturalismus die Bedeutungseinschränkung des individuellen Subjekts zugunsten von Denkmustern und kollektiven Bewusstseinsstrukturen. Im Anschluss an diese Perspektive unternahm insbesondere ROLAND BARTHES den Versuch der Vermittlung zwischen dem Strukturalismus und den hermeneutisch-textimmanenten Verfahren. Als eine Weiterentwicklung des Strukturalismus ist zudem die Narratologie anzusehen; sie lässt sich als eine Erweiterung der strukturalen Analyse auf die erzählende Literatur, auf den Akt des Erzählens verstehen. Sie richtet ihre Aufmerksamkeit auf die narrativen Strukturen eines literarischen Textes, d. h. auf den Vorgang des Erzählens statt auf das Erzählte bzw. auf die erzählte Geschichte und damit auf das Wie statt auf das Was.

Literaturhinweise

Fietz, Lothar: Strukturalismus. Eine Einführung. Tübingen 1998.

Schiwy, Günther: Der französische Strukturalismus. Mode – Methode – Ideologie. Mit einem Textanhang. Reinbek b. Hamburg 1979.

Gallas, Helga (Hrsg.): Strukturalismus als interpretierendes Verfahren. Darmstadt/Neuwied 1972.

5 Werkimmanente Interpretation

Im Mittelpunkt der Germanistik der 1950er und 1960er Jahre stand die werkimmanente Interpretation. Unter weitgehender Ausblendung außertextlicher Entstehungs- und Rahmenbedingungen der literarischen Produktion sowie des gesellschaftlichen Praxisbezugs von Literatur begreift sie den literarischen Text einseitig als ein autonomes, in sich geschlossenes sprachliches und stilistisch stimmiges Gefüge, als ein Wort- bzw. Sprachkunstwerk, autonom gegenüber dem gesellschaftlichen Kontext und gesamtkulturellen oder gar politischen Gegebenheiten und Funktionen.[17] Daraus ergibt sich eine große interpretatorische Textnähe: Poetische Texte sind, so das Credo der Werkimmanenz, aus sich selbst heraus zu erfassen und zu erklären, um sie als »sie selbst zu begreifen«,[18] die Analyse habe sich dementsprechend primär um das Ästhetische zu kümmern: »Dass wir begreifen, was [uns] ergreift«[19], lautet eine zentrale Maxime der werkimmanenten Textinterpretation, die zugleich deren hermeneutische Fundierung deutlich macht.

Zwar spielen auch Fragen nach dem ideen- und geistesgeschichtlichen Hintergrund von Literatur eine Rolle; im Zentrum aber steht die sprachliche und stilistische Dimension eines Textes. Außertextliche Komponenten, soziokulturelle, soziale, historische, politische, gesellschaftliche, ökonomische oder biographische Einflüsse also, die Geschichtlichkeit von Texten ebenso wie ihre sozialgeschichtliche Relevanz, interessieren nur partiell. Gefragt wird nicht nach den Entstehungsbedingungen eines Werks, literarische Interdependenzen und Verbindungen werden ausgeklammert. Stattdessen geht man von einer künstlerischen Einmaligkeit aus, die über die Freilegung der ›künstlerischen Machart‹, der sprachkünstlerischen und stilistischen Eigenart eines Textes benannt werden kann; dabei wird die Einfühlung des Interpreten in den Text entscheidend. Eine literarhistorische Einordnung eines Textes oder die kulturgeschichtliche Kontextualisierung desselben gehen der eigentlichen Analyse allenfalls voran. Auch ist die werkimmanente Interpretation weniger am Gehalt und Inhalt von Literatur als an Form und ›Gestalt‹ literarischer Texte interessiert; die sprachlichen Eigenheiten, die Beziehung zwischen Sprache und Empfindung stehen dementsprechend im Mittelpunkt der analytischen Tätigkeit. Ausgangspunkt ist allenfalls die – auch für andere interpretatorische und methodische Zugänge geltende – Maxime der Einheit von Form und Inhalt. Daran anschließend konzentriert die Werkimmanenz ihren interpretatorischen Ansatz auf die Freilegung der syntaktischen und sprachlichen Machart (= objektive Analyse), um sodann auf der Basis der Annahme einer engen Verbindung von Gestalt und Gehalt die inhaltliche Aussage dieses ästhetischen Textgebildes freizulegen (= subjektive Deutung). Ausgangspunkt (und Ziel) einer werkimmanenten Analyse ist somit die Benennung der ästhetischen und poetologischen Textkomponenten, die dem Werk ›immanent‹ sind und seine

›Einfühlung‹ als Analysestrategie

17 Vgl. Wolfgang Kaysers Studie *Das sprachliche Kunstwerk. Eine Einführung in die Literaturwissenschaft* [1948], Bern 1964, S. 5.

18 Emil Staiger, *Die Zeit als Einbildungskraft des Dichters. Untersuchungen zu Gedichten von Brentano, Goethe und Keller* [1939], Zürich 1953, S. 11.

19 Ebd., S. 126 f.

»künstlerische Form«, seinen Status als »Dichtwerk«[20] ausmachen; mithin die Deutung von Texten über sprachliche und formale, kompositorische und strukturale Gesichtspunkte (Aufbau, Struktur, Stil und Metrik, Rede- und Ausdrucksformen, Tropen, Gattungsfragen). Die Beschreibung von Stoffen, Sujets und Quellen literarischer Werke ist sekundär, gleichermaßen deren Verortung im soziokulturellen Prozess und sozialhistorischen Entstehungskontext. Allerdings sollte dabei nicht übersehen werden, dass dieses Ziel in der Regel reine Theorie blieb, da auch eine werkimmanente Interpretation von Texten ohne Rückgriff auf Hintergrundwissen letztlich gar nicht auskam.

Ihre Einseitigkeit ebenso wie ihr eng gefasster Literaturbegriff führten Ende der 1960er Jahre zum Bedeutungsverlust der Werkimmanenz. Das Ende der Wirkungszeit der werkimmanenten Interpretation kam mit den politischen und gesellschaftlichen Unruhen und Umwälzungen im Anschluss an die Studentenrevolution der Jahre um 1968. Von hier aus nahm eine Politisierung der Literatur und der Literaturwissenschaft ihren Anfang, die eine Umorientierung des gesamten Fachs nach sich zog. Insbesondere EMIL STAIGERS Maxime, »zu begreifen, was mich ergreift«, d. h. seine Entscheidung, ein subjektives Empfinden als Basis der wissenschaftlichen Arbeit zu setzen, wurde als ein große Teile der Literatur ausschließender Ansatz überwunden. Denn dieser Subjektivismus, die Annahme, dass Literatur ›ergreifen‹ soll, grenzt deren Funktion und Bedeutung als Instrument gesellschaftspolitischer Aufklärung aus, die sie aber auch haben kann und seit der historischen Epoche der Aufklärung auch tatsächlich hatte. Bezeichnenderweise ging mit der Überwindung der werkimmanenten Interpretation die Hinwendung zu jenen literarischen Epochen und Bewegungen einher, die von ihr stets vernachlässigt worden waren, zu den auf Funktionalität ausgerichteten literarischen Bewegungen insbesondere des Jungen Deutschland, des Vormärz sowie der Literatur der Weimarer Republik und des Exils; zu Strömungen also, die auf der Basis eines funktionalisierten Literaturbegriffs entstanden waren und einen subjektiven Dichtungsbegriff, den die Werkimmanenz normativ voraussetzt, gerade umgekehrt hinter sich lassen wollten.

Der werkimmanente Ansatz hatte deutlich gemacht: Indem der Interpret sich auf die innertextlichen Komponenten konzentriert, isoliert er das literarische Werk. Dieses wird nicht als das Produkt historischer oder gesellschaftlicher und schon gar nicht politischer Entwicklungen gesehen, der Text mithin auch nicht zu dem Kontext, in dem er entstanden ist, in Verbindung gesetzt.

20 Vgl. Oskar Walzel, *Die künstlerische Form des Dichtwerks*, in: *Die Werkinterpretation*, hrsg. von Horst Enders, Darmstadt 1967, S. 1–33, hier S. 1.

Diese Isolierung der Literatur von ihrem gesellschaftspolitischen und soziokulturellen Entstehungsumfeld wird der kritische Anknüpfungspunkt der sozial- und kulturgeschichtlichen Zugänge der 1970er und 1980er Jahre ebenso wie der kulturwissenschaftlichen Verfahren der 1990er Jahre sein. Statt von einem autonomen Textgebilde gehen diese von einer gesellschaftlichen und sozialen Energie eines Werks aus, die es innerhalb der Analyse freizulegen gilt. War die werkimmanente Interpretation bereits nach 1968 durch die Sozialgeschichtsschreibung weitgehend relativiert, so hat sie seit den frühen 1990er Jahren, in denen eine Neuorientierung der Literaturwissenschaften im Sinne der interdisziplinären Kulturwissenschaften einsetzte, vollends an Bedeutung, aber auch an Legitimation verloren – nicht zuletzt durch den steigenden Druck auf die Geisteswissenschaften insgesamt, von denen man seit dieser Zeit ihre Öffnung hin zu den Kultur- und Gesellschaftswissenschaften forderte, die dann auch tatsächlich realisiert wurde.

Literaturhinweis

Klaus L. Berghahn: Wortkunst ohne Geschichte. Zur werkimmanenten Methode der Germanistik nach 1945. In: Monatshefte für deutschen Unterricht, deutsche Sprache und Literatur 71 (1979) H. 4. S. 387–398.

6 Sozialgeschichte der Literatur

Die sozialgeschichtlichen Ansätze entstanden zum einen im Anschluss an die Studentenunruhen und gesellschaftspolitischen Umbrüche der Jahre um 1968, zum anderen in Absetzung von der werkimmanenten Methode. In Verbindung mit der Forderung nach der Modernisierung der Gesellschaft kam es Ende der 1960er Jahre zu einer Neuorientierung der Germanistik; mit ihr ging vor allem eine stärkere Rückbindung der gesamten Disziplin wie der literaturwissenschaftlichen Analyse im Speziellen an gesellschaftliche Entwicklungen und Fragestellungen einher. Resultat dieses Umbruchs war nicht zuletzt ein noch heute wirksamer erweiterter Literaturbegriff, der vor allem die Gebrauchsliteratur bzw. Gebrauchstexte (Publizistik, Reportage, Unterhaltungs- und Kriminalliteratur, Brief, Essay; → III.6) als Untersuchungsgegenstände einschließt; darüber hinaus ein Umgang mit literarischen Texten, der weit über deren Beschreibung als strukturale Gebilde und formal und stilistisch kohärente Kunstwerke hinausgeht. Hierbei wird ein sozialhistorischer Begriff

Erweiterter Literaturbegriff

von Literatur entwickelt, der das werkimmanente ebenso wie das strukturalistische Verständnis derselben als geschlossenes Gebilde und autonomes Sprachkunstwerk hinter sich lässt, indem er nach den gesellschaftlichen, einschließlich der gesellschaftspolitischen, und soziokulturellen Bezügen literarischer Texte fragt – Literatur also im Hinblick auf ihr Wechselverhältnis zum gesellschaftlichen Prozess untersucht und ihre Beschreibung im Kontext der Geschichte leistet. Literatur wird als das Produkt kultureller, sprachlicher, sozialer und gesellschaftlicher Zusammenhänge sowie politischer und ökonomischer Entwicklungen als ein, wenn auch nicht gleichgewichtiger, Teil des sozialen Systems verstanden. Die Sozialgeschichte nimmt eine Wechselbeziehung zwischen literarischem Text und sozialem Kontext an. Man setzt voraus, dass soziokulturelle Gegebenheiten, aber auch soziopolitische Verhältnisse Einfluss genommen haben auf die Inhalte von Literatur ebenso wie auf die Ästhetik. Die gesellschaftliche Eingebundenheit derselben zieht eine soziale Dimension von Literatur nach sich. Im Anschluss an diese Erkenntnis versucht man, literaturgeschichtliche Entwicklungen nicht ausschließlich binnenliterarisch bzw. als einen nur ästhetischen Prozess zu erklären; vielmehr wird Literatur als ein Ergebnis menschlichen Handelns im Rahmen von Gesellschaft und Geschichte gedeutet, werden literarische Werke in gesellschaftlichen und sozialen Handlungszusammenhängen wahrgenommen.

Aus diesen Grundannahmen resultiert eine Reihe von Konsequenzen, den Status von Literatur betreffend: Zum einen wird Literatur nicht als ein autonomes Gebilde, sondern zuallererst als Ausdruck der kulturellen und sozialen Verfasstheit einer Gesellschaft gewertet; statt über ein traditionelles hermeneutisches Einfühlen in das einzelne Werk den literarischen Text subjektiv zu verstehen oder ihn formal nach seinen Strukturgesetzen zu analysieren, wird dieser im gesellschaftlichen und sozialen Kontext interpretiert. Der literaturwissenschaftlichen Analyse kommt sodann die Aufgabe zu, die Funktionen von Literatur innerhalb ihres gesellschaftlichen und historischen Entstehungsumfelds freizulegen. Diese Maxime ist das Resultat der Überzeugung, dass der Literatur eine Referenz auf die außertextliche Wirklichkeit und gesellschaftliche Realität implizit ist: Zum einen in Bezug auf die Thematik (Stoffe, Motive, Sujets, Figuren), zum anderen im Hinblick auf ihre formale und stilistische Gestalt (Genre, Erzähltechnik, Schreibformen, ästhetische Verfahrensweisen). Eine sozialgeschichtliche Literaturwissenschaft geht also davon aus, dass der literarische Text soziale Erfahrung und gesellschaftliche Wirklichkeit reflektiert, entweder auf der thematisch-inhaltlichen oder auf der formal-stilistischen Ebene: Nicht nur der Inhalt, sondern auch die literarische Form spiegelt gesellschaftliche Prozesse wider. Man nimmt eine Sozialge-

Literarischer Text und sozialer Kontext

schichte der Literatur, aber auch des Textes an. Dementsprechend wird sowohl nach dem Milieu, nach der Herkunft und Sozialisation der Autoren, aber auch nach den in einer Gesellschaft gegebenen Instanzen der Vermittlung von Literatur und nach der literarischen Kommunikation insgesamt (Literaturbetrieb und -vertrieb, Lesersozialisation, Verhältnis zwischen Autor und Leser, Buchmarkt, Verlagswesen, Zeitschriften, Lesegesellschaften, Leihbüchereien und Bibliotheken) gefragt. Spezifische Umstände der Produktion, Rezeption und Distribution sowie der Repräsentation und Institutionalisierung finden mithin Berücksichtigung. Zu dieser Sozialgeschichte des Textes tritt eine »Sozialgeschichte im Text«.[21] Die gesellschaftliche Erfahrung des Autors geht, so die Grundannahme, in einen literarischen Text ein: mit dieser Vorstellung ist die Idee vom autonom schöpfenden und individuell schaffenden Autorsubjekt in Frage gestellt. Fokussiert werden demgegenüber außerliterarische Faktoren und Ursachen für die Veränderung literarischer Schreibweisen und ästhetischer Formen, auch versucht man diese über die Integration von politischen, kulturellen und soziohistorischen Informationen freizulegen. Literatur und Ästhetik sind folglich im Kontext ihrer gesellschaftlichen Entstehungszusammenhänge zu beschreiben; sowohl der literarisch-ästhetische Wandel als auch die Geschichte der Literatur werden unter Einbeziehung des sozialgeschichtlichen Kontextes verfolgt.

Literaturhinweis

Huber, Martin / Lauer, Gerhard (Hrsg.): Nach der Sozialgeschichte. Konzepte für eine Literaturwissenschaft zwischen historischer Anthropologie, Kulturgeschichte und Medientheorie. Tübingen 2000.

7 Systemtheorie/Literatursoziologie

Die in den 1980er Jahren entstandene Systemtheorie entwickelte die den sozialgeschichtlichen Zugängen immanente soziologische Dimension weiter. Systemtheoretische Modelle konzentrieren sich auf die Erfassung des Verhältnisses von Literatur und Gesellschaft und beschreiben Literatur als ein Handlungs- und Sozialsystem, womit sie allerdings die zentrale Frage der

21 Jörg Schönert, »The Social History of German Literature. On the Present State of Distress in the Social History of German Literature«, in: *Poetics* 14 (1985), S. 303–319.

Literatur als Handlungs- und Sozialsystem

Sozialgeschichte nach der Funktion von Literatur im historischen Prozess zurückdrängen. Ausgehend von der Annahme übergeordneter Strukturen und Regelmechanismen, verlagert die Systemtheorie stattdessen das Interesse auf die Ausdifferenzierung von Kunst als einem spezifisch geregelten Bereich und auf die Analyse literarischer Texte im Rahmen des Systems Kunst. Kunst ist, so die Ausgangsthese der Systemtheorie im Anschluss an den Soziologen NIKLAS LUHMANN, ein autopoietisches Teilsystem der modernen Gesellschaft (der griechische Begriff der *autopoíēsis* bezeichnet einen Prozess der Selbsterschaffung und Selbsterneuerung eines Systems), von anderen Systemen – Religion, Recht, Erziehung – etwa durch die Ausbildung eigener Institutionen, Funktionsweisen und Regeln ›ausdifferenzierter‹ Bereich. Literarische Texte werden sodann als eine Form kommunikativen Handelns verstanden.

Eine weitere Ausprägung der sozialgeschichtlichen Zugänge ist die Literatur- und Lesersoziologie. Bezieht eine sozialgeschichtlich ausgerichtete Literaturwissenschaft ohnehin die Entstehung, Distribution und Rezeption von Literatur ein, so fragt die Literatursoziologie nach der gesellschaftlichen Wirkung literarischer Texte: Bedingungen der Rezeption von Literatur im Anschluss an soziologische Ansätze stehen im Mittelpunkt, etwa die Soziologie von Lesergruppen und Rezipienten, die Institutionen (Schulen, Universitäten, Volkshochschulen, Arbeiterbildung, literarische Gesellschaften), Formen der Literaturvermittlung und die Affinität von Literatur und der soziologischen Zugehörigkeit ihrer Leser. An diese Ausrichtung der Sozialgeschichte als Lesersoziologie knüpft zum einen die mentalitäts- und kulturgeschichtliche Theorie des literarischen Feldes des Soziologen PIERRE BOURDIEU (→ IV.17) an, zum anderen die Wirkungs- und Rezeptionsforschung. Insbesondere die von der Sozialgeschichte aufgeworfene Frage nach dem Verhältnis des literarischen Textes zu übergreifenden sozialen Prozessen findet in ihr eine Fortsetzung.

Literaturhinweise

Dörner, Andreas / Vogt, Ludgera: Literatursoziologie. Literatur, Gesellschaft, Politische Kultur. Opladen 1994.

Schmidt, Siegfried J. (Hrsg.): Literaturwissenschaft und Systemtheorie. Positionen, Kontroversen, Perspektiven. Opladen 1993.

8 Rezeptionsästhetik

Auch die Rezeptionsästhetik wird letztlich aus den Ansätzen und Fragestellungen der sozialgeschichtlichen Methode heraus entwickelt. Zwar ist ihre Grundlage die Hermeneutik: Ihre wichtigen Vertreter, die Begründer der ›Konstanzer Schule‹, vor allem ROMAN INGARDEN, HANS ROBERT JAUSS und WOLFGANG ISER, knüpfen in wesentlichen Punkten an GADAMERs Verstehenslehre an. Allerdings ist die Rezeptionsästhetik weniger an Autor und Text als am Leser interessiert. In *Wahrheit und Methode* hatte GADAMER dieses Interesse jedoch insofern vorbereitet, als er nach dem Zusammenhang von Verstehen und Lesen fragte. Die ›Konstanzer Schule‹ geht weit über diesen Ansatz hinaus, wenn sie als ihr Hauptanliegen formuliert, das Werk »aus seiner Wirkung und Rezeption, die Geschichte einer Kunst als Prozeß der Kommunikation zwischen Autor und Publikum, Vergangenheit und Gegenwart zu begreifen«.[22] Ausgangspunkt ist die Vorstellung, dass der literarische Text ebenso wie seine ästhetischen und inhaltlichen Potenziale im historischen Prozess ihre Wirkung entfalten können. Weiterhin die Idee, dass der Text sich vornehmlich im Rezeptionsvorgang als ein literarisches Werk konstituiert, seine Eigentümlichkeit also im »Prozess der Erfahrung«[23] des Lesers zum Tragen komme. Das Werk entfalte, so der Ansatz von JAUSS, erst in der »fortschreitenden Aisthesis« [Wahrnehmung] seine eigentliche Bedeutungsfülle und Polyvalenz [Mehrdeutigkeit]. Nur im »Akt des verstehenden Lesens« könne das Werk »den Horizont seiner Entstehung« überschreiten.[24] Der Sinn literarischer Werke konkretisiert sich in der Vorstellung der Rezeptionsästhetik im Akt des Lesens.

›Konstanzer Schule‹

Der ›Akt des verstehenden Lesens‹

Damit ist zugleich ein Wandel von der Beschreibung der Werkästhetik hin zur Rezeptionsästhetik vorgenommen. Im Mittelpunkt des Interesses steht nicht mehr das Werk selbst, sondern dessen Aufnahme beim Rezipienten, die, in Analogie zu gesellschaftlichen Prozessen, einem historischen Wandel unterliegt. Rezeptionsästhetik darf deshalb keinesfalls als eine Wirkungsgeschichte missverstanden werden, ungeachtet der Exponierung wirkungsgeschichtlicher Fragestellungen innerhalb der rezeptionsästhetischen Zugänge. Dies verdeutlicht auch die von WOLFGANG ISER in seiner Untersuchung *Der implizite Leser* entwickelte These, das Werk konstituiere sich im

22 Hans Robert Jauß, *Ästhetische Erfahrung und literarische Hermeneutik*, Frankfurt a. M. 1991, S. 20.
23 Ebd., S. 85.
24 Ebd., S. 89.

Die Rolle des Lesers

Akt des Lesens, nur hier finde der Text seine »Erfüllung«.[25] ISER redet dementsprechend vom »Aktcharakter des Lesens«[26]: »Da ein literarischer Text seine Wirkung erst dann zu entfalten vermag, wenn er gelesen wird, fällt eine Beschreibung dieser Wirkung weitgehend mit einer Analyse des Lesevorgangs zusammen.«[27] Im Unterschied zu JAUSS bindet ISER den wirkungsästhetischen Ansatz zurück an die spezifische formale und narrative Struktur des literarischen Textes, dessen Leerstellen den Leser zur Konsistenzbildung nötigen; der Schwerpunkt literaturwissenschaftlicher Analyse hat ihm zufolge auf der Interaktion zwischen Text und Leser zu liegen.

Konstruktivistische Ansätze

Eine extreme Ausprägung erfuhr der rezeptionsästhetische Ansatz in den konstruktivistischen Arbeiten, vor allem von SIEGFRIED J. SCHMIDT. In Anlehnung an naturwissenschaftliche Maximen weist die konstruktivistische Rezeptionsästhetik die These von der Verarbeitung von Realität und Erfahrung im literarischen Text zurück. Stattdessen beschreibt man den Akt des Lesens und die Rezeption von Literatur als einen Vorgang, der Realität erst schafft und Realitätserfahrung erst ermöglicht. Wirklichkeit werde, so die Annahme des Konstruktivismus, umfassend im Akt des Wahrnehmens und des Verstehens erzeugt und damit zum Teil auch der literarische Text. Diesem wird demzufolge nicht mehr – wie in der Hermeneutik – eine sinn- und bedeutungsstiftende Dimension zugesprochen; vielmehr ist der Leser – ähnlich wie bei JAUSS – die eigentliche bedeutungsgebende und somit innerhalb der literaturwissenschaftlichen Analyse interessierende Instanz.

Führt dieser Ansatz in der konstruktivistischen Literaturwissenschaft zu einer einseitigen und unangemessenen Aufwertung der Leserinstanz und zu einer Nivellierung der Rolle des literarischen Textes, so haben die kulturgeschichtlichen und kulturwissenschaftlichen Methoden in Verbindung mit mentalitätsgeschichtlichen Fragestellungen diese Überlegungen produktiv und sinnvoll genutzt.

Literaturhinweise

Iser, Wolfgang: Der Akt des Lesens: Theorie ästhetischer Wirkung. München [3]1990.

Warning, Rainer (Hrsg.): Rezeptionsästhetik. Theorie und Praxis. München [4]1994.

25 Ebd., S. 63.

26 Wolfgang Iser, *Der implizite Leser*, München 1972, S. 9.

27 Wolfgang Iser, *Der Akt des Lesens*, München 1976, S. 7.

9 Literaturpsychologie / Psychoanalytische Literaturwissenschaft

Im Mittelpunkt der an die Lehre SIGMUND FREUDS anschließenden psychologischen und psychoanalytischen Literaturwissenschaft stehen primär nicht ästhetische oder poetologische Fragen. Vielmehr exponiert sie analog zum psychoanalytischen Denken die menschliche Psyche und dabei speziell das Element des Unbewussten, das zweifellos innerhalb des literarischen Produktions- und Rezeptionsprozesses eine wesentliche Rolle spielt. Im Hinblick auf die Fokussierung der Interpretation auf die Instanzen Autor, Figur und Leser stehen die literaturpsychologischen Zugänge sicherlich in der Tradition der Sozialgeschichte; durch ihre interdisziplinären und kontextbezogenen Ansätze antizipieren sie jedoch zugleich die Prämissen einer kulturwissenschaftlichen Literaturwissenschaft.

Textlektüre im Anschluss an Freud

Eine literaturpsychologische Untersuchung ist auf die Erklärung der im Text auftauchenden komplexen Handlungen und Gefühlsäußerungen hin angelegt; ihr Ziel ist die Freilegung der dem Text bzw. der Handlungsweise der Figuren impliziten Wünsche und Vorstellungen. Der Figurenkonstruktion in literarischen Texten ist stets eine psychologische Dimension immanent, folglich lassen sich tiefenpsychologische Theorien und psychoanalytische Vorgehensweisen produktiv auch auf Literatur anwenden: Handlungen und Gefühlsäußerungen des literarischen Personals, aber auch des Autors und des Lesers sind darüber nachzuvollziehen. Die literarischen Figuren ebenso wie die sich im Text in Zusammenhang mit den Figuren ergebenden psychischen Konstellationen werden einer Psychoanalyse unterzogen. Die psychoanalytische Methode versteht den literarischen Text selbst als das Resultat der Handlung, also der Gefühle und Erfahrungen seines Autors. Eine Textlektüre im Anschluss an FREUD wendet die Psychoanalyse dementsprechend auf literarische Texte an und fragt nach den unbewussten Gefühlen, Sehnsüchten und Trieben der Figuren und somit auch des Autors, nach dessen Verlangen und Begehren, aber auch nach Abwehrmechanismen und ihren Gründen; weiterhin nach dem Einfluss der frühen Kindheit sowie nach den unausgesprochenen und unbewussten Handlungsmotivationen und -motiven der Figuren. Darüber hinaus ist eine psychoanalytische Literaturwissenschaft auf die Herausarbeitung der psychologischen Funktion von Literatur gerichtet. Dieser Fragestellung ist die Gleichsetzung des literarischen Textes als Traum implizit, dessen Deutung Träume und Begehren von Autoren wie einer ganzen Gesellschaft offenlegen kann. Denn Literatur ist, so FREUDS Annahme, der »Wirklichkeit« entgegengesetzt, produziere also »Tagträume«[28]

Psychologische Funktion von Literatur

28 Sigmund Freud, *Der Dichter und das Phantasieren* [1908], in: S. F., *Gesammelte Werke,*

die als »Triebkräfte der Phantasien« Aufschluss geben über »unbefriedigte Wünsche«: »[...] jede einzelne Phantasie ist eine Wunscherfüllung, eine Korrektur der unbefriedigenden Wirklichkeit.«[29]

Die Motivation zum schriftlichen Schaffen wird daran anschließend als »Ersatzhandlung« wahrgenommen, die Textproduktion mit dem Erzeugen von Träumen und Wahnvorstellungen analogisiert, in denen unbewusste Wünsche zum Ausdruck kommen. Ausgehend von der Behandlung literarischer Texte als »Tagträume« fragen literaturpsychologische Ansätze zudem nach in ihnen aufgehobenen Substrukturen und autobiographischen Aussagen, von denen Informationen über psychische Zustände und Erfahrungsmomente des Autors zu erwarten sind. Im Anschluss an die Erkenntnis, jeder literarische Text und jede literarische Aussage sei »von der Normalität abweichende Kreativität«,[30] sind beide als Dokumente zur Analyse der Psyche des Autors zu werten.

Die Nachteile einer solchen (psychoanalytischen) Verfahrensweise liegen in ihrer Ausrichtung als Biographieforschung, und das heißt, in der Annahme einer Analogie zwischen Couch und Patient auf der einen und Couch und Text auf der anderen Seite; die Tatsache, dass jeder literarische Text primär als eine Krankengeschichte gelesen wird, ignoriert in vielen Fällen die Komplexität von Literatur. So bleiben sowohl formal-ästhetische Aspekte als auch sozial- und kulturgeschichtliche Dimensionen von Literatur weitgehend unberücksichtigt: »Literaturgeschichte wird aus dieser Perspektive als eine Abfolge von Analysebefunden« zusammengestellt und so zur »Personengeschichte«[31] reduziert. Die psychoanalytische Literaturwissenschaft versucht diesem Vorwurf mit dem Hinweis zu begegnen, dass über die Analyse des Textes nicht nur die Psyche des Autors zu erschließen, sondern zugleich dessen historische, soziokulturelle und sozialpsychologische Verortung wie die seiner Werke gleichermaßen zu leisten sei. Dies nicht zuletzt deshalb, weil in ihnen psychologische Erfahrungen verarbeitet werden, die repräsentativ und paradigmatisch sind für eine bestimmte Generation bzw. Zeit.

Literarische Texte als ›Tagträume‹

Auch FREUDs Behauptung, jeder literarische Text sei ein Ausdruck der Phantasie, die nach den Regeln des »Tagtraums« zu analysieren sei, d. h. die von ihm angenommene Analogie zwischen »Tagtraum« und Text, ist nicht

hrsg. von Anna Freud [u. a.], London 1941 ff., hier Bd. 7, London 1947, S. 213–223, hier S. 215.

29 Ebd., S. 216.

30 Rainer Baasner / Maria Zens, *Methoden und Modelle der Literaturwissenschaft. Eine Einführung*, 2., überarb. und erw. Aufl., Berlin 2001, S. 145.

31 Ebd.

ohne Kritik geblieben. Sie ziehe, so der Vorwurf, den Kompositionscharakter und den Schaffensprozess auf die unbewusste Ebene und werte den literarischen Text nahezu ausschließlich als das Resultat einer spontanen Phantasietätigkeit. Zwar kann Literatur Phantasie als eine ästhetische Kategorie zulassen, sie muss es jedoch nicht. Eine politisch-funktionale Literatur etwa oder die pädagogisch-didaktische Literatur der Aufklärung ebenso wie die Antikunstbewegungen der Moderne im 20. Jahrhundert exponieren primär nicht die Phantasie als ihre zentrale ästhetische Kategorie, sondern Belehrung, Aufklärung und Beobachtung.

Neben der Frage nach der psychologischen Funktion literarischer Texte für den Autor konzentrieren sich psychologische Zugänge zur Literatur auf in ihr vorgeführte Personen und Handlungen. Durch diese Fokussierung auf die Handlungs- und Verhaltensweisen von Personen werden Erkenntnisse über den gesamten Text abgeleitet; ebenso über die in ihm nicht explizit erwähnten Wünsche und Motive der Figuren sowie die psychologische Motivierung ihrer Handlungsweise, die zudem Rückschluss zulassen auf den gesamten Handlungsverlauf. FREUD selbst hat eine psychologische Analyse der Figur der Rebecca aus HENRIK IBSENs Drama *Rosmersholm* vorgelegt und damit entscheidende Fragestellungen und Merkmale einer psychoanalytischen Literaturwissenschaft benannt.[32] Figuren sind demzufolge »in all ihren seelischen Äußerungen und Tätigkeiten« zu beschreiben, so »als wären sie wirkliche Individuen und nicht Geschöpfe eines Dichters«.[33]

Über die auktoriale und inhaltlich-personelle Seite hinaus bezieht die Literaturpsychologie schließlich die Rezipientenseite in ihre Analyse ein. Im Lese- und Rezeptionsakt werden Verhaltensweisen und Reaktionsformen aktiviert und freigesetzt, die nur partiell bewusst sind. Mittels in der Psyche und im Bewusstsein vorgeprägter Muster orientiert sich der Leser in einem Text, sie bestimmen seinen Lese- und Rezeptionsprozess wie den Verstehensakt. In ihm geht es auch um die Bestätigung der eigenen Identität und des eigenen psychischen Haushalts. Literatur erhält mithin – indem es zu einer Identifikation zwischen Lesenden und Textelementen, insbesondere literarischen Figuren, kommt – Bedeutung als Rollenspiel und Projektionsfläche.

32 Sigmund Freud, *Einige Charakterstudien aus der psychoanalytischen Arbeit* [1915], in: Freud (s. Anm. 28), Bd. 10, S. 364–391, hier S. 380–389.

33 Sigmund Freud, *Der Wahn und die Träume in W. Jensens »Gradiva«* [1907], in: Freud (s. Anm. 28), Bd. 7, S. 31–139, hier S. 41.

Literaturhinweise

Marx, Reiner / Wild, Reiner: Psychoanalyse und Literaturwissenschaft. Skizze einer komplizierten Beziehungsgeschichte. In: Zeitschrift für Literaturwissenschaft und Linguistik (1984) Nr. 53/54. S 166–193.

Matt, Peter von: Literaturwissenschaft und Psychoanalyse. Eine Einführung. Freiburg i. Br. 1972.

Schönau, Walter: Einführung in die psychoanalytische Literaturwissenschaft. Stuttgart [u. a.] 1991.

10 Feministische Literaturwissenschaft

Die feministische Literaturwissenschaft entwickelte sich in Zusammenhang mit den Studentenunruhen der 1968er Jahre und der in ihrem Umkreis entstandenen Frauenbewegung; sie war demnach zunächst politisch-ideologisch motiviert, etablierte sich aber in den 1970er und 1980er Jahren als eine feministische Literaturtheorie. Ausgangspunkt war die Annahme, dass der Literaturwissenschaft und der Literatur in Analogie zur gesamtgesellschaftlichen Situation die Dominanz des männlichen Blicks immanent ist.

Daran anschließend setzte die feministische Literaturwissenschaft bzw. -theorie zwei Akzente: Zum einen konzentrierte man sich auf die Erarbeitung eines ›Gegenkanons‹, strebte also eine Erweiterung des männlich dominierten literarischen Kanons an. Man verband damit die Beschreibung der Lebensbedingungen von Autorinnen im Speziellen und von Frauen im Allgemeinen über den literarischen Diskurs. Zum anderen rückte die Analyse von in Literatur entworfenen Weiblichkeitsbildern und von Repräsentationsformen des Weiblichen im Zusammenhang mit der Analyse von Machtstrukturen des Männlichen und patriarchalischen Machtverhältnissen in den Mittelpunkt.

Erweitertes Textkorpus

Die feministische Literaturwissenschaft baute primär auf den Fragen der sozialgeschichtlichen Zugänge auf; im Hinblick auf einen erweiterten Textbegriff und einen ausgeweiteten Kanon darf die Sozialgeschichte als ihr wichtigster Impulsgeber und ihre programmatische Basis gelten. Dieser Zusammenhang wird vor allem im Hinblick auf die Frühphase der feministisch ausgerichteten Germanistik deutlich. Hier standen Frauen als Autorinnen bzw. Frauen in der Literatur im Zentrum und damit Akzentuierungen, die sodann die Rekonstruktion einer ›Frauenliteraturgeschichte‹ sowie die Frage nach einer spezifisch weiblichen Ästhetik, d. h. die Suche nach dezidiert weiblichen Schreibtraditionen gleichermaßen einschloss.

Ein wesentlicher Aufgabenbereich der feministischen Literaturwissenschaft war die systematische und historische Erforschung der von Frauen verfassten Literatur, die Erschließung eines bis dahin vernachlässigten Textkorpus von Werken weiblicher Autoren. Repräsentativ für Recherchearbeiten und Pionierleistungen der feministischen Forschung sind das von GISELA BRINKER-GABLER herausgegebene Lexikon *Deutsche Dichterinnen vom 16. Jahrhundert bis zur Gegenwart* (1978) und die *Deutsche Literatur von Frauen* (2 Bde., 1988) sowie eine von HILTRUD GNÜG und RENATE MÖHRMANN vorgelegte *Frauen Literatur Geschichte. Schreibende Frauen vom Mittelalter bis zur Gegenwart* (1985).[34]

Weibliches Schreiben

Neben dieser systematischen Sichtung, Sammlung und Beschreibung der Literaturproduktion von Frauen leistete die feministische Literaturwissenschaft eine Analyse der von Frauen verfassten Literatur unter dem Aspekt des weiblichen Schreibens, das man sowohl über thematisch-inhaltliche als auch mittels formal-stilistischer Komponenten zu fassen suchte. Es ging um die Frage nach einer spezifisch weiblichen Ästhetik und nach der Kontinuität einer weiblichen Schreibtradition. In diesem Zusammenhang wurde die Rolle der Frau als Autorin, und das umfasst soziokulturelle, gesellschaftspolitische und sozioökonomische Bedingungen der Etablierung von Frauen auf dem literarischen Markt, untersucht.

Frauenbilder: »imaginierte Weiblichkeit«

Einen weiteren wichtigen Aufgabenbereich fand die feministische Literaturwissenschaft in der Untersuchung von in Literatur entworfenen Frauenbildern und der über sie inszenierten Geschlechterdifferenz. Ausgangspunkt war die Annahme, dass in der Literaturwissenschaft ebenso wie in der Literatur, entsprechend der gesamtgesellschaftlichen Situation, der männliche Blick vorherrscht. Folglich formulierte die frühe feministische Literaturtheorie zwei zentrale Themen und Fragestellungen: die Benennung von in (vornehmlich von Männern verfasster) Literatur entworfenen Frauenbildern, mithin die Beschreibung der in literarischen Texten »imaginierte[n] Weiblichkeit« – so der Titel der bahnbrechenden Studie von SILVIA BOVENSCHEN.[35] Der zentrale Gedanke liegt hier darin, dass Frauen als Autorinnen innerhalb der Literatur-

34 Zu nennen wären weiterhin Lexika und Anthologien, so etwa: Petra Budke / Jutta Schulze, *Schriftstellerinnen in Berlin 1871–1945. Ein Lexikon zu Leben und Werk,* Berlin 1995; *Lexikon deutschsprachiger Schriftstellerinnen im Exil 1933–1945*, 2 Bde., hrsg. von Renate Wall, Freiburg i. Br. 1995; *Metzler Autorinnen-Lexikon*, hrsg. von Ute Hechtfischer [u. a.], Stuttgart/Weimar 1998.

35 Silvia Bovenschen, *Imaginierte Weiblichkeit. Exemplarische Untersuchungen zu kulturgeschichtlichen und literarischen Präsentationsformen des Weiblichen,* Frankfurt a. M. 1979.

und Kulturgeschichte und als aktiv Handelnde der Geschichte zwar kaum in Erscheinung treten, dass Frauen, denen über Jahrhunderte der Zugang zum literarischen Markt entweder nicht oder nur sehr schwer möglich war, in diesem Bereich unter-, in Literatur und Kunst als Bild, Motiv und Figur oder als literarisches Sujet jedoch überrepräsentiert sind: Literarische Weiblichkeitsbilder und -entwürfe sind fester Bestandteil von Literatur. Die in ihr imaginierten Frauenbilder und (männlichen) Projektionen bzw. Imaginationen aus einer dezidiert weiblichen Perspektive zu untersuchen und zu beschreiben, war eine längst überfällige Aufgabe der Literaturwissenschaft. Das gilt gleichermaßen für die in und über Literatur zu fassenden gesellschaftlich und kulturell bedingten Geschlechterdifferenzen sowie für das literarischen Texten immanente, auf der inhaltlichen wie der ästhetischen Ebene greifbare geschlechtlich gebundene Verhalten und Handeln. Literatur wird hierbei auf die in ihr verborgenen ›Geschlechter-Texte‹ hin gelesen, damit ebnete die feministische Literaturtheorie den Gender Studies den Weg.

Die Untersuchung literarischer Konstruktionen von Weiblichkeit sowie literarischer Entwürfe imaginierter Weiblichkeit nahm dabei unter Einbeziehung der Lebenswirklichkeit von Frauen in autor- und textzentrierten bzw. textimmanenten Untersuchungen eine enge Verknüpfung von Gesinnung, Ideologie des Verfassers und den entworfenen Weiblichkeitsbildern an. Sie erfolgte also auf der Basis einer ideologiekritischen Relektüre; fokussiert war diese auf die spezifische Darstellung von Frauen in literarischen Texten männlicher Autoren, verfasst aus weiblicher Perspektive (›Frauenbildforschung‹); das Verhalten und die Einstellungen literarischer Figuren ebenso wie die dargestellte Handlung waren in diesem Zusammenhang von Interesse, da, so die Annahme, in Literatur entworfene Subjektkonzeptionen immer auch mit der Konstruktion der geschlechtlichen Identität verknüpft sind. Dies erforderte eine erhöhte Aufmerksamkeit gegenüber männerperspektivischen Lektüren und aus der von Männern geschriebenen Literatur abgeleiteten ästhetischen Wertmaßstäben ebenso wie interpretativen Wertungen der Forschungsliteratur: Denn nicht nur Literatur, auch Sekundärliteratur kann auf einem männerperspektivischen Lesen basieren.[36] Dementsprechend strebte man die Revision literaturwissenschaftlicher Urteile und Wertungen sowie die Ergänzung männlicher Sehweisen durch eine dezidiert weibliche Perspektive an. Feministische Studien haben überzeugend dargelegt, dass die Modellierung weiblicher Figuren vielfach nach patriarchalisch-männlichen Normen funktioniert

Frauenbildforschung

36 Vgl. hierzu Jutta Osinski, *Einführung in die feministische Literaturwissenschaft*, Berlin 1998, S. 9–16.

und literarische Texte mithin auch die damit festgeschriebenen gesellschaftlichen Rollenbilder bekräftigen. Literarische Texte im Allgemeinen wie auch ihre inhaltliche, figürliche und formale Konzeption im Speziellen sind sozialen Normen und gesellschaftlichen Regeln unterworfene Konstruktionen. Dementsprechend konfrontiert eine feministische Literaturwissenschaft ganz bewusst die Werke männlicher Autoren mit weiblichen Interessen und Wertungen, um so die patriarchalischen Tendenzen der Weiblichkeitsentwürfe freizulegen, letztlich jedoch auch, um die patriarchalischen Machtverhältnisse einer Geschlechterordnung benennen und einseitige Urteile und Festlegungen vermeiden zu können.

Literaturhinweise

Lindhoff, Lena: Einführung in die feministische Literaturtheorie. Stuttgart/Weimar 1995.
Osinski, Jutta: Einführung in die feministische Literaturwissenschaft. Berlin 1998.
Stephan, Inge / Weigel, Sigrid: Feministische Literaturwissenschaft. Berlin 1984.

11 Gender Studies

In den späten 1980er Jahren entwickeln sich die Gender Studies als ein integrierendes Modell in Fortführung und Weiterentwicklung der separierenden feministischen Literaturwissenschaft. Sie sind als eine Erweiterung der ›Women Studies‹ bzw. der Frauenforschung der 1970er Jahre zu werten, die mit ihrer Ausrichtung auf frauenspezifische Fragestellungen an ihre Grenzen gestoßen waren; nicht zuletzt aufgrund der Einsicht, dass die Beschreibung von Weiblichkeit adäquat nur in Verbindung mit Männlichkeit und über die Beziehung der Geschlechter zu fassen sei. Dementsprechend steht die Frage nach dem Geschlechterverhältnis und der Geschlechterordnung im Zentrum der Gender Studies.

Die Kategorie ›gender‹

Im Unterschied zur feministischen Literaturtheorie geht man nicht von einer Gemeinsamkeit von Frauen bzw. einer Homogenität von Weiblichkeit aus. Die Kategorie des Weiblichen (und des Männlichen) wird stattdessen als historisch wandelbares gesellschaftliches und kulturelles Phänomen beschrieben. Damit verschiebt sich zugleich die Perspektive, aus der heraus genderorientierte Fragestellungen an literarische Texte formuliert werden: So ist man primär an der kulturellen Repräsentation von Weiblichkeit und Männlichkeit wie an den gesellschaftlichen, historischen und soziokulturellen Bedingungen der in einer Gesellschaft herrschenden Geschlechterbeziehungen gleichermaßen interessiert.

Die Gender Studies verbinden zwei theoretische Ansätze miteinander: die Dekonstruktion von Geschlechtergegensätzen und die diskursanalytische Beschreibung von gesellschaftlichen und sozialen Herrschaftsverhältnissen, in denen das weibliche Element als das Abwesende oder Unterdrückte gewertet wird. Gegenüber den feministischen Forschungsansätzen betonen die Gender Studies die Relationalität der Geschlechterforschung, vor allem dadurch, dass sie zwischen *sex* als biologischem Geschlecht und *gender* als der sozial und kulturell codierten Identität, als einer soziokulturellen Konstruktion von Sexualität also unterscheiden: Die Kategorie ›gender‹ soll dabei als eine historisch-soziale, aber auch kultur- und literaturwissenschaftliche Kategorie integriert werden. Daneben beinhaltet der ›gender‹-Begriff die Benennung der Relationalität von Weiblichkeit und Männlichkeit, benennt die Relation der Geschlechter im gesellschaftlichen und soziokulturellen Bereich. Geschlechterbeziehungen lassen sich als »Repräsentationen von kulturellen Regelsystemen«[37] beschreiben, was zugleich bedeutet, dass sich über die Kategorie ›gender‹ Aussagen über eine Gesellschaft allgemein ebenso wie über das Verhältnis von Individuum und Gesellschaft treffen lassen. Den Gender Studies geht es folglich um die soziokulturelle Konstruktion von Geschlechtlichkeit; das meint zugleich, dass sie die Beschreibung und Analyse gesellschaftlicher und kultureller Formen und Bedingungen von Weiblichkeit, aber auch von Männlichkeit vornehmen. Untersucht werden sodann deren spezifische historische und literarische Konstruktionen, und das meint die jeweiligen einer Gesellschaft eigenen Vorstellungen von diesen Phänomenen. Hierbei sind sowohl die (unterschiedlichen) Wahrnehmungen von Frauen und Männern wie von Geschlechterrollen und -verhältnissen von Bedeutung als auch die Machtstrukturen, die die Bilder von den Geschlechtern prägen.

Geschlechtlichkeit als soziokulturelle Konstruktion

Die Gender Studies gehen wie erwähnt von einer Wandelbarkeit der ›gender‹-Kategorie, d. h. von Männlichkeit und Weiblichkeit als gesellschaftlichen Konstruktionen aus. Daraus resultiert die Entscheidung, an exponierter Stelle die jeweiligen politischen, gesellschaftlichen, sozialen, ökonomischen und kulturellen Rahmenbedingungen einzubeziehen, um so die Situation, in der literarische Texte entstehen, zu aktualisieren. Darüber soll im Übrigen die von der feministischen Literaturwissenschaft nicht ausreichend reflektierte Erkenntnis korrigiert werden, dass auch das literarische Sprechen einer

37 Teresa de Lauretis, *Technologies of Gender. Essays on Theory, Film, and Fiction*, Bloomington 1987, S. 26.

Autorin nicht unbedingt authentisch ist oder eine authentische Aussage über weibliche Befindlichkeit und Bedürfnisse sein muss. Entsprechend richten die Gender Studies ihren Fokus auf die kulturelle Ordnung einer Gesellschaft und auf die in ihr dominierende Geschlechterordnung – über diesen Ansatz kann sichergestellt werden, dass verinnerlichte literarische und ästhetische Strategien der Anpassung, aber auch unbewusste der subversiven Auflehnung innerhalb der Analyse erkannt und herausgearbeitet werden. Ziel ist sodann, die Struktur und Verhältnisse der Geschlechter sowie die Ordnung der Geschlechter in Verbindung mit anderen kulturellen und sozialen Phänomenen zu untersuchen und Erstere als Teil gesellschaftlicher Organisationsformen zu analysieren.

Methodenpluralismus der Gender Studies

Die Gender Studies zeichnen sich durch einen Methodenpluralismus aus. Sie integrieren, ebenso wie bereits die feministische Literaturwissenschaft, Fragen der sozialgeschichtlichen Zugänge, Fragestellungen der Anthropologie, der Soziologie sowie der Geschichtswissenschaften; auch nutzen sie methodische Zugänge der Diskursanalyse, der Dekonstruktion und der Hermeneutik. Eine neuere Tendenz der Gender Studies ist die genderorientierte Narratologie[38], in der eine Zusammenführung narratologischer und genderorientierter Fragestellungen angestrebt und so die Analyse erzähltechnischer Verfahren mit der Kategorie ›gender‹ verschränkt wird. Man geht davon aus, dass nicht nur die Figuren auf der Handlungs- und Inhaltsebene, sondern auch die Erzählweisen unter geschlechtsspezifischen Kategorien organisiert werden.

Als besonders sinnvoll und produktiv hat sich die Integration psychologischer und psychoanalytischer Zugänge in die Gender Studies erwiesen, da die Konstruktion von Männlichkeit und Weiblichkeit auch, wenn nicht sogar in der Mehrzahl der Fälle, subjektive Projektion ist, die Aufschluss gibt über die nicht bewussten und nicht reflektierten Sehnsüchte und Wünsche der Autoren und Autorinnen oder gar einer Gesellschaft. Literarische Entwürfe werden dabei auch als Bilder verstanden, in denen geschlechtsspezifische Vorstellungen zum Ausdruck kommen. Ein psychoanalytisch ausgerichteter Fragekatalog macht darüber hinaus innerhalb einer genderorientierten Literaturwissenschaft insofern Sinn, als die Zuweisung bestimmter Rollen und Muster an die Geschlechter nicht in jedem Fall auf der bewussten Ebene stattfindet, weder in der Literatur noch in der Literaturwissenschaft.

In Anlehnung an die Ansätze von JACQUES DERRIDA und JACQUES LACAN wurde in Frankreich zudem ein strukturalistischer Feminismus ent-

38 Vgl. *Erzähltextanalyse und Gender Studies*, hrsg. von Ansgar Nünning und Vera Nünning, Stuttgart/Weimar 2004.

wickelt, dem eine Verbindung von linguistisch-zeichentheoretischen und psychoanalytischen Überlegungen mit feministisch-geschlechtsspezifischen Ansätzen zugrunde liegt. Französische Feministinnen, vor allem die Sprachwissenschaftlerin JULIA KRISTEVA, selbst Vertreterin des französischen Poststrukturalismus im Umkreis der Zeitschrift *Tel Quel*, entwickelten unter Rückgriff auf poststrukturalistische Theorien (→ IV.12) eine dekonstruktivistische Form des Feminismus und einer feministischen Theorie, die jegliche geschlechtliche Identität, aber auch jegliche Ausprägung von Geschlechterdifferenz über Sprache und mithin auch über Diskurse vermittelt sieht. Der Sprache schreibt man eine zentrale Bedeutung zu, sie wird zum Ausgangspunkt einer feministischen Relektüre: die Sprache ist das Medium und damit der Text der Ort, in dem und an dem Differenz, auch, wenn nicht sogar vor allem, Geschlechterdifferenz produziert wird. Diese wird ihnen zufolge primär über Sprache und in der Sprache ausgetragen, ist also zunächst einmal rhetorisch-sprachlich bedingt. Damit wird die Kategorie der Differenz die entscheidende Basis der Argumentation.

Literaturhinweise

Braun, Christina von / Stephan, Inge (Hrsg.): Gender-Studien. Eine Einführung. Stuttgart/Weimar 2000.

Bußmann, Hadumod / Hof, Renate (Hrsg.): Genus. Zur Geschlechterdifferenz in den Kulturwissenschaften. Stuttgart 1995.

Hof, Renate: Kulturwissenschaften und Geschlechterforschung, in: Konzepte der Kulturwissenschaften. Hrsg. von Ansgar Nünning und Vera Nünning. Stuttgart/Weimar 2003, S. 329–350.

Vinken, Barbara (Hrsg.): Dekonstruktiver Feminismus. Literaturwissenschaft in Amerika. Frankfurt a. M. 1992.

12 Poststrukturalismus / Dekonstruktion

Seit Mitte der 1960er Jahre entwickelten sich vor allem in Frankreich unter dem Begriff Poststrukturalismus Theorien und Fragestellungen, die den Strukturalismus als Basis beibehalten, aber durch Disziplinen und Fragestellungen aus dem gesellschaftlichen Bereich ergänzen; auf zusammenhängende und ganzheitliche Interpretationsansätze, Gesellschaft und Kultur betreffend, verzichtet man dabei allerdings. In Abgrenzung zur Hermeneutik und im Anschluss an den Strukturalismus verweigert sich auch der Poststrukturalismus dem Versuch, einen umfassenden Sinn des literarischen Textes herzustellen. Die Kategorie der Bedeutung wird zurückgewiesen und letztlich auch die literaturanalytische Frage nach ihr. Mit Blick auf diese antihermeneutische Position darf der Strukturalismus als die Basis der Dekonstruktion gelten, eine Kontinuität, die im Begriff des Poststrukturalismus zum Ausdruck gebracht wird.[39] Gemeinsam ist beiden Zugängen die Kritik am hermeneutischen Ansatz, die Absage an die subjektive Suche nach dem Sinn literarischer Texte also. Der Poststrukturalismus geht jedoch insofern über die strukturalistischen Ansätze hinaus, als ihm ein (strukturalistisches) Denken im Zeichen der ›Differenz‹ eigen ist. Seine Orientierung am Zusammenhang von Sprache und Differenz sowie die Abkehr von einem linguistisch geprägten Strukturalismus lassen sich partiell als Versuch verstehen, den Strukturalismus zu überwinden. Insbesondere die Preisgabe der strukturalistischen Praxis, Form und Bedeutung literarischer Werke einzig aus der Grammatik heraus zu entwickeln, trägt hierzu bei.

Strukturalismus/ Poststrukturalismus

Vor allem die durch den französischen Philosophen JACQUES DERRIDA vertretene Theorie der Dekonstruktion richtet sich gegen Ganzheit wie gegen ganzheitliches, und das heißt auch gegen ein vereinheitlichendes, auf Vernunft und Logozentrismus ausgerichtetes Denken in der Tradition der Aufklärung – ein Ansatz, den man zu dem Sachverhalt in Beziehung hat setzen wollen, dass die theoretischen Texte der Dekonstruktion weitgehend auf Klarheit und Deutlichkeit verzichten; eine einheitliche und sichere Auslegung von Texten jedenfalls wird in ihnen zurückgewiesen. Dekonstruktives Denken geht zum einen davon aus, dass Begriffe, Denkmuster und Sinnvorgaben systematischen, mithin normativen Charakter haben; auf die Literatur bzw. auf die literarische Analyse bezogen impliziert diese Annahme die Kritik an einer Interpretation von Texten, die auf den Nachweis von Geschlossenheit, Zusammenhang und Einheit sowohl auf der thematischen (Metaphysikkritik der Dekonstruktion) als auch der stilistischen Ebene zielt. Der Begriff der Dekonstruktion ist nicht zuletzt Ausdruck der Entscheidung, Offenheit und Zusammenhanglosigkeit zuzulassen und freizulegen oder, anders formuliert, die scheinbar festen und festgefügten Konstruktionen von Texten auf ihre Offenheit hin zu überprüfen, sie ›auseinanderzunehmen‹, um ihre Konstruiertheit

Begriff der Dekonstruktion

39 Strukturalistisches Denken findet sich in Roland Barthes' *Kritik und Wahrheit* (1966); in Jacques Derridas *Grammatologie* (1967); in Gilles Deleuzes *Differenz und Wiederholung* (1968); Michel Foucaults *Die Ordnung der Dinge* (1966); aber auch in Jacques Lacans *Schriften I*, Olten 1973, *Schriften II*, Olten 1975.

herauszuarbeiten. Entsprechend bezeichnet der Begriff ›Dekonstruktion‹ zwei Bedeutungseinheiten, den der Destruktion und den der Konstruktion. Demzufolge meint Dekonstruktion das Zerlegen und abermalige Zusammenfügen eines Textes, mit dem Ziel, dessen Konstruiertheit deutlich werden zu lassen. Zugleich ermöglicht dieser Vorgang der Zerlegung, die einzelnen Bestandteile neu zusammenzusetzen, anders zu kombinieren, die einzelnen Versatzstücke aus ihrer vertrauten Umgebung herauszunehmen und in ein anderes Gedankengefüge zu integrieren. Diese Vorgehensweise impliziert die Begrenztheit eines auf Logik ausgerichteten Wissenschafts- und Interpretationssystems und bietet so zugleich die Möglichkeit, sprachliche Äußerungen und textliche Einheiten nicht im Sinne der Hermeneutik zu verstehen, sondern innertextlich und ahistorisch zu analysieren.

Ausgehend von der Annahme, dass die bestehende Vielfalt und Uneindeutigkeit von Texten in einer auf Ordnung und Logos basierenden Wissenschaftlichkeit eingeebnet werden, rückt man vom logozentrischen Wissenschaftlichkeitsideal ab und vertritt stattdessen das »wilde Denken«, »la pensée sauvage«, so der Titel von CLAUDE LÉVI-STRAUSS' berühmter Abhandlung.[40] Für die literaturwissenschaftliche Analyse bedeutet diese Vorgabe, sich mit den durch die wissenschaftliche Vernunft nicht fassbaren Bereichen zu beschäftigen, Polysemie und das ›Andere‹[41] zuzulassen. Dementsprechend kennzeichnet den Dekonstruktivismus eine Fokussierung auf eine Perspektive, die die herkömmlichen methodischen Ansätze als begrifflich nicht fassbare Elemente ausgrenzen: Vor allem die Aspekte Spiel, Vieldeutigkeit, Übertretung von Grenzen und die Verschiebung von Bedeutungen im Umgang mit Zeichen. Die Dekonstruktion will so das im Text Ungesagte aufspüren.

Jacques Derridas Ansatz

DERRIDA geht davon aus, dass Texte stets auf andere Texte verweisen, nicht zuletzt wegen des Verweischarakters der Signifikanten. Diese beziehen sich im »Spiel des Bezeichnens ins Unendliche«[42] auf andere Signifikanten,

40 Claude Lévi-Strauss, *La pensée sauvage*, Paris 1969.

41 Zum Begriff des ›Anderen‹ im Denken von Derrida und Lacan vgl. etwa Jacques Derrida, *Positionen. Gespräche mit Henri Ronse, Julia Kristeva, Jean-Louis Houdebine, Guy Scarpetta*, übers. von Dorothea Schmidt unter Mitarb. von Astrid Wintersberger, hrsg. von Peter Engelmann, Graz/Wien 1986, S. 66 f.: »Kein Element kann je die Funktion eines Zeichens haben, ohne auf ein anderes Element, das selbst nicht präsent ist, zu verweisen […].« – Bei Lacan (*Schriften I*, übers. von Rodolphe Gasché [u. a.], ausgew. und hrsg. von Norbert Haas, 3., korrig. Aufl., Weinheim/Berlin 1991, S. 14) heißt es: »Das Unbewusste ist der Diskurs des Anderen.«

42 Jacques Derrida, *Die Schrift und die Differenz* [1967], übers. von Rodolphe Gasché und Ulrich Köppen, Frankfurt a. M. 1972, S. 424.

eine Annahme, die der SAUSSUREschen Theorie von der Verweisungslosigkeit der Signifikanten diametral entgegensteht. Diese Position DERRIDAs verhindert zugleich die Rückführung auf bestimmte festgelegte Bedeutungen; daraus resultiert eine Bedeutungsstreuung, alle Zeichen enthalten eine fortlaufende Verweisung: Es kommt zu einer Verdoppelung im »Spiel« der Verweise und so zugleich zu einer Bedeutungsverschiebung, in der dem Subjekt keine Bedeutung mehr zukommt. Daher handelt es sich bei der Dekonstruktion um eine subjektdezentrierte Theorie. Der Text ist die zentrale Instanz, nicht der Autor, wobei Ersterer ebenfalls als das Resultat einer Bedeutungsverschiebung gelesen wird.

Der Begriff der Differenz

Alle Texte verweisen aufgrund der wechselseitigen Beziehung der Zeichen untereinander immer schon auf andere, ohne dass feste, logozentrisch gedachte Bezugspunkte zu benennen wären; diese Verbindung bezeichnet DERRIDA als die »Spur«.[43] Für die literaturwissenschaftliche Analyse bedeutet dies eine Problematisierung und Infragestellung jeglicher Ordnung und Ordnungsmuster, bedeutet den Verzicht auf jegliche metaphysische Referenz und die Negation aller Systematik: Die Unterscheidung in literarische und nicht-literarische Texte wird aufgrund der Tatsache, dass die »Spur« der wechselseitigen Beziehung der Zeichen diese Differenz nicht kennen kann, hinfällig; ebenso die Einteilung von Literatur in Gattungen und Epochen. Dekonstruktion als Verfahren bedeutet deshalb zugleich das Unterfangen, den leitenden Anspruch der Hermeneutik zu hinterfragen und die philosophische Ausrichtung der Hermeneutik im Begriff der »Differenz« aufzulösen. DERRIDA begründet die Dekonstruktion bzw. den Dekonstruktivismus als eine Wissenschaft von der »sprachlichen Differenz im Zeichen der Schrift«.[44] Dieser prominenteste Vertreter dekonstruktivistischen Denkens stellt das Verhältnis von Schrift und Text in den Mittelpunkt seines Denkens, ein Ansatz, den die Intertextualitätstheorien und partiell die Gender Studies übernehmen. Ausgangspunkt seiner Überlegungen ist die Kritik an der klassischen Hermeneutik, vertreten durch GADAMER: Geht es Letzterem um den Nachweis des, wie er sagt, »wahren Wortes«[45] und um die Verschmelzung der Horizonte von Text, Autor und Leser, so kreist DERRIDAs Denken, gerade umgekehrt, um die Herausarbeitung der Unterschiede.

43 Jacques Derrida, *Grammatologie*, übers. von Hans-Jörg Rheinberger und Hanns Zischler, Frankfurt a. M. 1983, S. 114.

44 Derrida (s. Anm. 43), S. 83.

45 Vgl. Hans-Georg Gadamer, *Wer bin Ich und wer bist Du? Kommentar zu Celans »Atemkristall«*, Frankfurt a. M. 1973, S. 19.

Außertextliche Bedingungen spielen innerhalb der Dekonstruktion keine Rolle, ebenso bleiben die Historizität und Kulturalität von Literatur unberücksichtigt. Diese Aussparung hat die Bedeutung der Dekonstruktion im Zuge des Erstarkens der kulturwissenschaftlichen Ausrichtung der Literaturwissenschaft in den 1990er Jahren eingeschränkt. Eine Variation der französischen Dekonstruktion entsteht in den 1970er Jahren in den USA im Umfeld der Yale-Universität und der ›Yale Critics‹-Schule. Deren zentrale Schriften sind die *Allegorien des Lesens* von PAUL DE MAN, erschienen 1979, 1988 ins Deutsche übertragen, und HAROLD BLOOMS *Einflußangst*.[46] Der amerikanische Literaturwissenschaftler DE MAN beschreibt Literatur als Rhetorik und legt deshalb die literaturwissenschaftliche Arbeit auf die Nachzeichnung der rhetorischen Eigenart und Verfasstheit eines Textes fest. Im Unterschied zu DERRIDAS dekonstruktivistischer Theorie ist die Ausprägung der Dekonstruktion bei DE MAN weniger als eine Sprach- und Zeichentheorie denn als eine Textwissenschaft konzipiert. DE MANS dekonstruktivistische Arbeiten untersuchen vor allem literarische Texte kanonisierter Autoren unter den Aspekten der Gestaltung und Wirkung. Dabei wird die literarische Praxis nachvollzogen, aber auch der Vorgang der Analyse selbst wird bewusst reflektiert: Analyse und Lesen werden in einem Prozess der Selbstbeobachtung verfolgt. Allerdings geht DE MAN von der Unlesbarkeit literarischer Texte aus, da sie Gebilde aus rhetorischer und uneigentlicher Sprachverwendung seien, die sich dem verstehenden Lesen, auch dem ›close reading‹ (→ IV.16) entziehen. Die ursprüngliche Intention des Verfassers eines Textes ist, so DE MANS Grundthese, im Text nicht mehr nachzuvollziehen.

›Yale Critics‹-Schule

Allein aus der nachträglichen Zuweisung von ursprünglich nicht intendiertem Sinn resultiert eine einheitliche Lesart. Doch dieser Sinn ist sozusagen nicht dem Text immanent, sondern von außen an ihn herangetragen bzw. ihm zugewiesen, etwa aufgrund von gesellschaftlich-sozialer Erfahrung oder historischen Gegebenheiten; dieser Gedanke verbindet DE MANS Ansatz mit der Rezeptionsästhetik der ›Konstanzer Schule‹ um JAUSS und ISER (→ IV.8): »Das faktische Lesen basiert nicht auf dem Text, sondern auf einem sozialen Vertrag: Da der Text unlesbar ist, spricht man sich darüber ab, wie er doch zu lesen sei. Auf diese Weise kann man eine Verständigung erzielen, aber nur wenn man die Unlesbarkeit des Textes verschleiert.«[47] Diese Verständigung und

46 Vgl. Harold Bloom, *The Anxiety of Influence. A Theory of Poetry*, New York 1973; dt. *Einflußangst. Eine Poesie der Dichtung*, übers. von Angelika Schweikhart, Basel / Frankfurt a. M. 1995.

47 David Martyn, »Die Autorität des Unlesbaren. Zum Stellenwert des Kanons in der Phi-

damit auch das Verstehen eines Textes sind jedoch DE MAN zufolge ein außerliterarisches Sinnverstehen, das mit dem Text letztlich gar nichts zu tun hat und dem daher eine Entliterarisierung des Textes immanent ist.

Literaturhinweise

Bossinade, Johanna: Poststrukturalistische Literaturtheorie. Stuttgart/Weimar 2000.

Culler, Jonathan: Dekonstruktion. Derrida und die poststrukturalistische Literaturtheorie. Übers. von Manfred Momberger. Reinbek b. Hamburg 1988.

Poststrukturalismus. Herausforderung an die Literaturwissenschaft. Hrsg. von Gerhard Neumann. Stuttgart 1997.

13 Intertextualität

Intertextuelle Ansätze richten ihre Aufmerksamkeit auf das Verhältnis eines Textes zu anderen Texten. Dieser Bezug bzw. die bewusste Bezugnahme auf einen Text etabliert innerhalb eines Werks eine Metaebene: In seiner Eigenschaft als Folgetext, der auf einen oder mehrere Prätexte rekurriert, erhält es neue Textschichten und Dimensionen. Intertextuelle Verfahren in Texten können etwa Zitat, Zitatmontage, Parodie, Travestie oder Anspielungen sein; mit ihnen integriert sich ein Autor ganz bewusst und in reflektierter Form in den gesamten literarischen Diskurs; auch über Stoffe, Themen, Motive und Figurentypen sind Bezugnahmen auf einen vorausgesetzten kulturellen Gesamttext zu leisten. Zugleich wird der Einzeltext Teil dieses Gesamttextes und damit der kulturellen Sinnproduktion.

Vernetzung zwischen Texten

Intertextualität als methodischer Zugang fokussiert diese Formen der Vernetzung zwischen Texten. Sie können zum einen auf der Ebene der bewussten Bezugnahme von Seiten des Autors und damit als eigens hergestellte Bezüge eines Werks auf andere literarische Texte gedacht werden. Realisierbar wird dieses Modell der bewusst vorgenommenen, wenn auch nicht immer gekennzeichneten Referenz des Autors auf bereits vorliegende Texte durch Zitate, integriert etwa durch im Werk auftretende Figuren, durch lesende Personen oder durch Montage anderer Texte in ein Werk. Dabei ist das Zitat eine deutliche Bezugnahme auf Prätexte und ein exponierter zwischentextlicher Bezug,

lologie Paul de Mans«, in: Karl Heinz Bohrer, *Ästhetik und Rhetorik. Lektüren zu Paul de Man*, Frankfurt a. M. 1993, S. 13–33, hier S. 17.

zumindest wenn es ohne eine erkennbare Form der Markierung auskommt. Von diesem »offenen Zitat« ist allerdings die »kryptische« Form des Zitats zu unterscheiden.[48]

Der Nachweis derartiger Zitate zielt auf die Benennung einer im untersuchten Text aufgehobenen »anderen Welt«[49], die nicht auf der Ebene der Handlung oder der figürlichen Konstellation entsteht. Herauszuarbeiten ist mit dieser traditionellen, einem hermeneutischen Ansatz verpflichteten Zitatforschung eine dem Werk eigene Mehrschichtigkeit. Generell geht es darum, deutlich zu machen, dass durch die Integration von Zitaten aus anderen literarischen, aber auch gesellschaftlichen und kulturellen Kontexten eine außertextliche Dimension eines Werks etabliert wird. Die intertextuellen Verfahren der Analyse können eben diese Komplexität und Vielschichtigkeit eines Textes offenlegen. Denn durch ein solches Verweissystem werden literarische Werke in ein Bezugsfeld integriert, mit dem sie auf der Handlungs- und Figurenebene kaum zu assoziieren wären.

Verweischarakter von Texten

Von diesen Formen intertextueller Bezüge in literarischen Texten sind die poststrukturalistischen Theorien zur Intertextualität zu unterscheiden. Ausgebildet im Umfeld der Dekonstruktion, erweitern sie die traditionelle Form der Zitatforschung um die poststrukturalistische Idee von der unendlich zu denkenden Vernetzung von Zeichen: Analog zu dieser Idee DERRIDAS nimmt man Bezüge und Verweise zwischen Texten an, die nicht ausschließlich über die Form des Zitats, des offenen oder des nicht kenntlich gemachten, »kryptischen« Zitats, hergestellt werden, und reklamiert einen steten Verweischarakter von Texten auf andere Texte ebenso wie auf den kulturellen Gesamttext. Intertextualität bezeichnet dann den »Text-Text-Bezug«, d. h. die Funktion der anderen Texte in einem gegebenen Text.[50] Nach diesem Modell erscheint »jeder Text als Teil eines universellen Intertextes«.[51]

Dialog zwischen den Texten

Zugleich geht die poststrukturalistische Intertextualitätstheorie davon aus, dass literarische Texte stets intertextuell organisiert sind. Daher betont sie die Relation zwischen den Texten und rückt den ›Intertext‹, den Raum zwischen

48 Vgl. Herman Meyer, *Das Zitat in der Erzählkunst. Zur Geschichte und Poetik des europäischen Romans*, Stuttgart ²1967, S. 12–14.

49 Ebd., S. 9.

50 Renate Lachmann / Schamma Schahadat, »Intertextualität«, in: *Literaturwissenschaft. Ein Grundkurs*, hrsg. von Helmut Brackert und Jörn Stückrath, Reinbek b. Hamburg 1995, S. 677–686, hier S. 677.

51 Manfred Pfister, »Konzepte der Intertextualität«, in: *Intertextualität. Formen, Funktionen, anglistische Fallstudien*, hrsg. von Ulrich Broich und Manfred Pfister unter Mitarb. von Bernd Schulte-Middelich, Tübingen 1985, S. 25–50, hier S. 25.

den Texten also, ins Zentrum der Aufmerksamkeit. Intertextualität lässt sich danach als eine neue textuelle Qualität verstehen, entstanden im »Raum zwischen den Texten«[52], im Raum zwischen dem »manifesten«[53] Text und dem Referenz- bzw. Prätext. Die Freilegung eines solchen Verweissystems erweitert den Text um einen Zwischenraum, den die Konstanzer Slawistin RENATE LACHMANN als den eigentlichen »Gedächtnisraum« der Literatur beschrieben hat: »Der Gedächtnisraum ist auf dieselbe Weise in den Text eingeschrieben, wie dieser sich in den Gedächtnisraum einschreibt. Das Gedächtnis des Textes ist seine Intertextualität.«[54]

DERRIDA hatte mit seiner Theorie der Differenz und der Abwesenheit, der niemals präsenten Form der sprachlichen »Spur«[55], einen neuen Begriff von Text etabliert, der den (poststrukturalistischen) Begriff der Intertextualität überhaupt erst ermöglichte. Dieser meint zunächst den Verweis auf einen anderen, vorangegangenen Text. Das Spezifische an der dekonstruktivistischen Vorstellung von Intertextualität ist dann aber DERRIDAs Idee der Abwesenheit: Dem Text ist eine Form von Verwebung und Vernetzung eigen – ein Gedanke, den auch MICHEL FOUCAULTs Diskursbegriff reflektiert, ist dieser doch gleichfalls auf das engste mit der Vorstellung von einem Textgewebe verbunden. DERRIDA denkt den Text als ein Gewebe, das sich vor allem aus der Transformation eines anderen, schon existierenden Textes konstituiert. Der Text besteht zu großen Teilen aus den Bezügen zu anderen Texten, der Verweis wird mithin zu einer zentralen Kategorie: Die für das poststrukturalistische Denken zentralen Ideen des Abwesenden und des Anderen gehen ihr voraus. DERRIDA wertet den Text als eine Textformation eines anderen, nie präsenten Textes: »Diese Vernetzung ist der Text, welcher nur aus der Transformation eines anderen Textes hervorgeht. [...] Es gibt durch und durch nur Differenzen und Spuren von Spuren.«[56] Damit etabliert er einen Begriff von Intertextualität (und von Text), der auf das Abwesende und den abwesenden Text rekurriert; er hat damit zugleich die wesentlichen Ansätze der Intertextualität als methodisches Denken wie als Theorie vorgegeben.

52 Renate Lachmann, *Gedächtnis und Literatur. Intertextualität in der russischen Moderne*, Frankfurt a. M. 1990, S. 35.

53 Gérard Genette (*Palimpseste. Die Literatur auf zweiter Stufe*, übers. von Wolfram Bayer und Dieter Hornig, Frankfurt a. M. 1993, S. 9) spricht von »Transtextualität«. Er benennt damit die »manifeste oder geheime Bedeutung« eines Textes zu anderen Texten.

54 Lachmann (s. Anm. 52), S. 35.

55 Derrida (s. Anm. 43), S. 114; vgl. auch Derrida (s. Anm. 41), S. 67.

56 Derrida (s. Anm. 41), S. 67.

DERRIDA zufolge ist der Text ein Bündel von Spuren der Abwesenheit und Differenz. JULIA KRISTEVA baut auf diesen zentralen Gedanken DERRIDAS auf, erweitert ihn jedoch, indem sie ihn mit MICHAIL BACHTINS Modell der Vielstimmigkeit und Dialogizität der Rede und des Textes verschränkt.[57] Unter Intertextualität versteht sie sodann eine Schnittmenge von »Aussagen« in einem Text, die »anderen Texten entstammen« und die einander »neutralisieren«.[58] Ein Text steht im Dialog mit anderen Texten, in einem Text lassen sich »Spuren« anderer Texte ausmachen. Dabei denkt KRISTEVA diese Bezüge nicht als ein reflektiert-bewusstes Verfahren des Autors: An die Stelle der »Intersubjektivität« tritt die der »Intertextualität«:

> »[...] jeder Text baut sich als Mosaik von Zitaten auf, jeder Text ist Absorption und Transformation eines anderen Textes. An die Stelle des Begriffs der Intersubjektivität tritt der Begriff der Intertextualität, und die poetische Sprache läßt sich zumindest als eine doppelte lesen.«[59]

Mit diesem Gedanken definiert KRISTEVA den Text, auch den literarischen, als eine Montage vorgängiger Elemente, die allerdings, da sie nicht das Resultat eines bewussten Rezeptionsprozesses sind, sich nicht konkret und empirisch nachweisen lassen; stattdessen werden sie als jenes »Spiel des Bezeichnens ins Unendliche«[60] der Verweise gedacht, das DERRIDA als die Grundlage seines dekonstruktivistischen Denkens annahm. Gerade darin wird sodann die Poetizität der literarischen Sprache vermutet. Der Verweisungscharakter der Sprache macht ihre poetische Funktion aus, das ›Abwesende‹ und ›Andere‹ begründen die poetische Dimension eines Textes: Das ›Inter-‹, das zwischen den Texten Liegende ist das Entscheidende. Mit dieser Überlegung überträgt KRISTEVA die strukturalistische Idee vom Verweischarakter des Zeichens (auf andere Zeichen) auf den Text: Dieser steht in einer unendlich zu denkenden Verweiskette, innerhalb derer ein Text stets auf einen anderen Text rekurriert. FOUCAULTS Vorstellung vom Diskurs geht darin ein: Das Autor-Subjekt verliert an Bedeutung, da der Autor nicht mehr als Produzent eines Textes, als die

57 Vgl. Michail Bachtin, *Probleme der Poetik Dostoevskijs*, übers. von Adelheid Schramm, München 1971.

58 Julia Kristeva, *Der geschlossene Text*, in: *Textsemiotik als Ideologiekritik*, hrsg. von Peter V. Zima, Frankfurt a. M. 1977, S. 194–229, hier S. 194.

59 Julia Kristeva, *Bachtin, das Wort, der Dialog und der Roman*, in: *Literaturwissenschaft und Linguistik. Ergebnisse und Perspektiven*, Bd. 3: *Zur linguistischen Basis der Literaturwissenschaft* 2, hrsg. von Jens Ihwe, Frankfurt a. M. 1972, S. 345–375, hier S. 348.

60 Derrida (s. Anm. 42), S. 424.

schaffende Autorinstanz gedacht wird; die Bedeutung eines Textes entsteht vielmehr durch den ihm immanenten Verweischarakter, durch die ihm eigenen Verweise und Kombinationsmöglichkeiten von Verweisen. Folglich sieht KRISTEVA literarische Texte als in den »allgemeinen Text der Kultur« integriert.[61] Im Anschluss an diese Eingebundenheit entsteht eine neue Schicht von Bedeutung und damit zugleich ein Subtext bzw. ein Intertext jenseits des vom Autor verfassten Textes und auch jenseits der von ihm intendierten Bedeutung.

Literaturhinweise

Broich, Ulrich / Pfister, Manfred (Hrsg.): Intertextualität. Formen, Funktionen, anglistische Fallstudien. Unter Mitarb. von Bernd Schulte-Middelich. Tübingen 1985.

Helbig, Jörg (Hrsg.): Intertextualität. Theorie und Praxis eines interdisziplinären Forschungsgebiets. Berlin 1998.

Kristeva, Julia: Bachtin, das Wort, der Dialog und der Roman, in: Literaturwissenschaft und Linguistik. Ergebnisse und Perspektiven. Bd. 3: Zur linguistischen Basis der Literaturwissenschaft 2. Hrsg. von Jens Ihwe. Frankfurt a. M. 1972. S. 345–375.

Lachmann, Renate: Gedächtnis und Literatur. Intertextualität in der russischen Moderne. Frankfurt a. M. 1990.

14 Literatur- und Kultursemiotik

Semiotik (griech. *sēmeíon* ›Zeichen‹) bzw. Semiologie ist die Beschreibung von Zeichen und Zeichenprozessen; als wissenschaftliche Disziplin beschäftigt sie sich mit den Strukturen sprachlicher und nicht-sprachlicher Zeichensysteme – letztere sind vor allem für die Kultursemiotik von Interesse. Sie untersucht – von der semantischen Ebene weitgehend abstrahierend – jede Kunstform (nur) als ein spezifisches Zeichensystem. Dies dürfte die wesentliche Voraussetzung dafür sein, dass die Semiotik als die Lehre vom Zeichen als methodologische Grundlage gilt, die für die Sprach-, Literatur- und Kulturwissenschaften bzw. für die Analyse literarischer Texte von Relevanz sein kann. Vor allem, weil das Zeichen ein Grundbestandteil von Texten, von Literatur und Kultur insgesamt ist. Die Integration des Zeichenbegriffs in die literaturwissenschaftliche Analyse meint zunächst einmal, dass sowohl die in Literatur beschriebe-

Bedeutung der Zeichen

61 Julia Kristeva, *Semiotiké*, Paris 1969, S. 113.

ne Welt und Wirklichkeit als auch die außerliterarische Realität als eine über Zeichen fassbare definiert wird. Dabei ist der Zeichenbegriff selbst abstrakt und zum Teil auch undifferenziert; dennoch legt eine grundlegende Bestimmung fest, dass das Zeichen auf etwas verweisen muss, um ein Zeichen zu sein. Jeder beliebige Gegenstand kann ein Zeichen sein, daher ist dieses die Schnitt- und Verbindungsstelle von Signifikat und Signifikant, zwischen Bezeichnetem und Bezeichnendem, vereinigt also eine »Vorstellung und ein Lautbild« (ebd.).

Literatur: ein Zeichensystem

Weiterhin benennt der Begriff des Zeichens ein fundamentales Phänomen, da fast die gesamte Kultur in Zeichen und über Zeichenprozesse beschreibbar ist. Texte ohne Zeichen sind nicht denkbar, sowohl Literatur, aber auch Kultur können als ein System von Zeichen gedeutet werden. Die Semiotik als Wissenschaft vom Zeichen integriert unter dem Begriff Text verbale und nonverbale, menschliche und ›nicht-menschliche‹ Handlungen; dementsprechend gelten nicht nur schriftliche Dokumente, sondern auch mündliche Äußerungen als Texte, vor allem aber auch ritualisierte Handlungen und Inszenierungen. Literatursemiotik als eine Verbindung von Linguistik und Literaturwissenschaft versucht sodann, »Theorien vom Literarischen als einem Zeichen«[62] zu entwerfen. Auch fragt sie danach, inwiefern sich literarische Diskurse und Texte als semiotische Systeme und Zeichenprozesse definieren lassen – ein naheliegendes Erkenntnisinteresse, da literarische Texte über Zeichen entstehen. Zudem zielt die Literatursemiotik auf die Feststellung der Unterschiede zwischen literarischen und nicht-literarischen Zeichen. In Abgrenzung zur weiter gefassten Kultursemiotik bleibt der schriftlich fixierte Text in der Regel der Hauptuntersuchungsgegenstand der Literatursemiotik. Über die Analyse der Zeichen sind die Phänomene der Literarizität, Poetizität und Fiktionalität bzw. der Nicht-Fiktionalität und damit die Komplexität literarischer Texte zu untersuchen.

Literarischen Zeichen ist eine Spezifik eigen, die sie von anderen, nicht-literarischen Zeichen abhebt. Sie ist zunächst einmal das Resultat der vielfältigen Relationen zwischen Signifikant und Signifikat, zwischen der Tatsache also, dass unter einem Signifikanten unterschiedliche Signifikate gebildet werden können; weiterhin der abweichenden Bedeutungen des literarischen Zeichens, hergestellt durch rhetorische Mittel, Tropen, Redefiguren oder durch ein uneigentliches Sprechen. Auch der artifizielle Charakter literarischer Formulierungen (Metrum, Reim, Bildlichkeit, Rhetorik, Rhythmus, Reimklang) trägt wesentlich zu einer verfremdenden Funktion wie auch zu einer verfrem-

62 Winfried Nöth, *Handbuch der Semiotik*, Stuttgart 2000, S. 513 f.

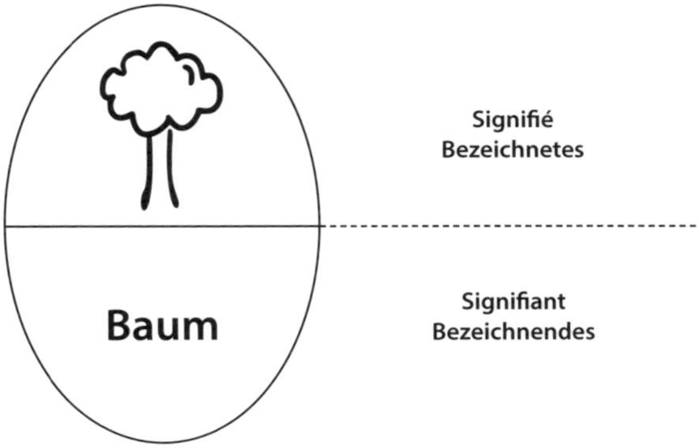

Abb. 5: Signifikant und Signifikat nach Ferdinand de Saussure

deten Bedeutung des Zeichens bei. Vor allem literarische Zeichen (und in der Folge auch literarische Texte) sind durch eine Polysemie und Vieldeutigkeit gekennzeichnet, man spricht von der Doppel- oder auch Mehrfachcodierung literarischer Zeichen, in der Folge weisen sie eine polyvalente Struktur auf. Aufgabe der Literatursemiotik ist es nun, diese Struktur von Verfremdungen, Mehrfachbedeutungen und Verweisen zu rekonstruieren.

Polysemie des literarischen Zeichens

Zudem besitzen die in literarischen Texten verwendeten Zeichen Referenzcharakter, d. h., sie verweisen auf etwas anderes, Abwesendes, aber dennoch Benanntes – in diesem Punkt ergibt sich eine Analogie zur Dekonstruktion. Die Analyse dieses Abwesenden kann zugleich den Prozess des literarischen Schreibens gleichermaßen wie die Struktur der literarischen Sprache und die Poetizität literarischer Texte transparent machen; ist doch das poetische Sprechen ein »Denken in Bildern«[63], es kann allegorisch, emblematisch, sinnbildhaft, symbolisch, metaphorisch sein. Das wiederum bedeutet, dass das gewählte Zeichen auf etwas anderes verweist, für etwas anderes steht und daher eine Botschaft transportiert. Deshalb untersucht die Literatursemiotik Zeichen im Hinblick auf ihr Funktionieren in Zeichenprozessen. Dahinter steht die Idee von Literatur als einem spezifisch literarischen System von Zeichen, das es in Verbindung zu anderen, vor allem dem kulturellen, aber auch dem wissenschaftlichen Zeichenkomplex zu setzen gilt; die Eigenart und Spezifik sprachlicher Zeichen in spezifisch literarischen Texten wird mit Blick

63 Vgl. Renate Lachmann, »Konzepte der poetischen Sprache in der russischen Sprach- und Literaturwissenschaft«, in: *Handbuch der Russistik*, hrsg. von Helmut Jachnow, Wiesbaden 1984, S. 853–880, hier S. 853 ff.

auf ihren Stellenwert im gesamten kulturellen System bzw. Zeichensystem befragt.

Kultursemiotik

Zeichen sind Produkte kultureller, mentaler, ideologischer, aber auch materieller Praktiken, zudem bestimmt durch religiöse, ökonomische und soziale Verhältnisse in einer Gesellschaft und daher ein integraler Bestandteil jeder gesellschaftlichen Praxis. Es scheint mithin folgerichtig, dass kultursemiotische Ansätze die Fragestellungen der Semiotik mit der Kulturanalyse verbinden, also die Lehre vom Zeichen mit der Beschreibung kultureller und soziokultureller Phänomene und so die Untersuchung von Zeichen mit der anthropologischen Reflexion über Kultur verschränken. Genau diese Vorgehensweise macht die Kultursemiotik für eine kulturwissenschaftlich orientierte Literaturwissenschaft ergiebig. Kultursemiotiker wie ROLAND BARTHES (*Elemente der Semiologie*, 1964) oder CLAUDE LÉVI-STRAUSS (*Strukturale Anthropologie*, 1958) gehen davon aus, dass Kultur ein System von Texten ist und als eine Gesamtheit der Texte begriffen werden muss – eine Auffassung, die sowohl von den kulturanthropologischen Ansätzen als auch vom New Historicism übernommen wird. Allerdings entwickelt die Kultursemiotik seit den 1970er Jahren ihren eigenen, spezifischen Textbegriff. Die traditionelle philologische Vorstellung erweiternd, die vornehmlich visuell rezipierbare, verschriftete sprachliche Zeichenkomplexe als Texte definierte, akzeptiert der kultursemiotische Textbegriff alle linearen Verkettungen sprachlicher Zeichen als Texte.[64] Unter diesem werden nicht nur schriftliche Dokumente, sondern auch jede Art von mündlichen Äußerungen verstanden. Damit sind auch auditiv rezipierte sprachliche Zeichenketten wie Reden, Vorträge, Ansprachen, Gottesdienste, Lieder u. a. erfasst. Ferner werden nicht-sprachliche Zeichenketten als Texte mit einbezogen; zu denken wäre etwa an Schilder, Plakate, Werbeanzeigen, Gemälde, Plastiken, Tänze, Musikveranstaltungen, aber auch an Gebäude. Die Kultursemiotik verlässt daher das schriftliche Medium. Diese Erweiterung macht sie auf der einen Seite interessant für eine kulturwissenschaftlich orientierte Literaturwissenschaft, die auf einen eng gefassten Literaturbegriff verzichtet. Auf der anderen Seite birgt diese Ausrichtung Schwierigkeiten, bleibt die literaturwissenschaftliche Analyse, auch wenn sie zur Kulturwissenschaft erweitert wird, letztlich doch auf schriftlich fixierte Texte konzentriert.

Wegweisend für die Zusammenführung der bis dahin kaum kombinierten Ansätze waren die Arbeiten des französischen Literatur- und Kulturtheoreti-

64 Vgl. Ferdinand de Saussure, *Grundfragen der allgemeinen Sprachwissenschaft*, 2. Aufl., Berlin 1967, S. 9–75.

Roland Barthes

kers ROLAND BARTHES. Er wendet sich (unter Berufung auf FRIEDRICH NIETZSCHE) gegen die metaphysische Wahrheitssuche mit den Mitteln der Semiotik. Sprache begreift er als ein »Feld des Signifikanten« auf der phonetischen Ebene, das Spiel mit diesem zieht er der hermeneutischen, sich auf die semantische Ebene beziehenden Auslegung vor. Doch er begnügt sich nicht mit einem dekonstruktivistischen Umgang mit Literatur und Kultur; vielmehr bringt BARTHES die Semiotik mit Blick auf gesellschaftliche, soziale Entwicklungen und anthropologische Phänomene, und hier vor allem im gesamten Bereich der Kultur, zur Anwendung. Seine *Mythen des Alltags* (1957) stellen den Versuch dar, Kulturkritik auf der Basis strukturalistischer Überlegungen zu formulieren und eine semiotisch angelegte und kulturkritisch orientierte Strukturanalyse der französischen Gesellschaft zu leisten. Dabei gelang BARTHES nicht nur die Verschränkung von semiotisch-strukturalistischer Analyse mit ideologiekritischen Ansätzen; vielmehr entwirft seine innovative Schrift eine Zeichentheorie als Kulturtheorie. Mit Blick auf den Umgang mit literarischen Texten radikalisiert BARTHES seinen semiologischen und dekonstruktivistischen Umgang; in einer mikroanalytischen Verfahrensweise, die auf das Zeichen und auf das Gewebe von Zeichen (Codes) das Augenmerk legt und weniger auf der inhaltlich-semantischen Ebene nach bewusst inszenierten Bedeutungen fragt, implizieren seine Überlegungen sodann das Verschwinden des Subjekts und den »Tod des Autors«, so der Titel seines vieldiskutierten gleichnamigen Essays aus dem Jahr 1968.

»Tod des Autors«

Sicherlich zielen BARTHES' Ansätze auf eine Kultursemiotik; dennoch kommt kultursemiotischen Fragestellungen auch für die Literaturwissenschaft Relevanz zu. Zum einen mit Blick auf die These, dass sowohl Individuen als auch Institutionen Kulturträger sind, Erstere individuelle, die Zweiten kollektive. Damit lassen sie sich zugleich als Zeichenbenutzer beschreiben. Zum anderen sind Texte wiederum Zeichen, sind codierte Botschaften, und damit bewusst hergestellte Artefakte bzw. Resultate absichtlichen Handelns. Auch ist die kultursemiotische Vorstellung, dass Texte eines Diskurses »kulturelle Einheiten«[65] in sprachlichen Zeichen und Ausdrücken artikulieren, die auf etwas verweisen, für Literatur und für eine kulturwissenschaftlich orientierte Literaturwissenschaft von Bedeutung; denn Sprache, sei es die gesprochene, sei es die geschriebene Sprache, besitzt immer Verweischarakter; sie indiziert kulturelle Phänomene und »Einheiten«. UMBERTO ECO verstand unter diesen eine »abstrakte Größe«, die »nichts anderes als eine kulturelle

65 Umberto Eco, *Einführung in die Semiotik* [1968], München 1972, S. 74.

Übereinkunft« ist.[66] Eine solche Bestimmung ist zwar wenig präzise, doch ECO kann über sie das Phänomen benennen, dass es nur ein Minimum an Übereinstimmungen im Verständnis zwischen Kommunizierenden gibt und die Referenz eines Zeichens keine stabile ist, sprachliche Zeichen mithin nicht in einer statischen 1:1-Zuordnung vorkommen, auch nicht in literarischen Texten. Aus dieser Uneindeutigkeit resultiert die Plausibilität der kultursemiotischen Analyse von Literatur. Sie kann den Verweischarakter des Zeichens überhaupt verdeutlichen, und sie kann transparent machen, auf was das Zeichen verweist, für was es innerhalb eines Textes steht. Die Vielschichtigkeit von Texten, die immer auch eingebunden sind in eine kulturelle (Zeichen-) Vielfalt, in die Unüberschaubarkeit »symbolischer Formen« (CASSIRER) in einer Gesellschaft und von Gesellschaften, ist über diese Form der Analyse wenn zwar nicht umfassend, so doch annähernd freizulegen. Das Zeichen verweist in einem Kommunikationsprozess – und literarische Texte entwerfen in der Regel solche Prozesse – auf einen anderen Sachverhalt; die Herausarbeitung derartiger Verweise und Bezüge wäre sodann der Ansatz einer kultursemiotischen Analyse im Rahmen einer literaturwissenschaftlichen Untersuchung.

Literaturhinweise

Eco, Umberto: Einführung in die Semiotik [1968]. München 1972.

Nöth, Winfried: Handbuch der Semiotik. Stuttgart/Weimar 2000.

Posner, Roland: Kultursemiotik. In: Konzepte der Kulturwissenschaften. Theoretische Grundlagen – Ansätze – Perspektiven. Hrsg. von Ansgar Nünning und Vera Nünning. Stuttgart/Weimar 2009. S. 39–72.

15 Diskursanalytische Zugänge

Neben der Dekonstruktion zählt die Diskursanalyse zu den poststrukturalistischen Theorien. Die Diskursanalyse ist jedoch keine Wissenschaft des Textes oder der Schrift, ihr Augenmerk richtet sich vielmehr auf den Kontext – hier speziell auf die Regeln und Normen, unter denen Literatur entsteht; Literatur wird als ein geregeltes, aber auch regelndes Ordnungssystem verstanden. Dementsprechend zielen die Fragestellungen der Diskursanalyse weniger auf

66 Ebd.

die poetische Dimension von Literatur, literarische Texte werden stattdessen auf ihre außerliterarischen und außertextuellen Rahmenbedingungen hin untersucht.

MICHEL FOUCAULTs Diskursanalyse wurde in der zweiten Hälfte der 1970er Jahre in Abgrenzung zum subjekt- und autorzentrierten Erkenntnisbegriff der hermeneutischen Ansätze in die Literaturwissenschaft eingeführt. Sowohl die Auffassung der Hermeneutik von der Vorrangigkeit literarischer Texte als auch die hermeneutische Suche nach Sinn wurden dadurch zurückgewiesen. Zugleich war so die Bedeutung des interpretierenden Verstehens und einer verstehenden Interpretation relativiert. Einer diskursanalytisch ausgerichteten Literaturwissenschaft geht es primär nicht mehr um das Sinnverstehen unter Annahme der Konstellation Autor (= Urheber des Textes), Text und Leser bzw. Rezipient; vielmehr rückt sie den Begriff des Diskurses in den Mittelpunkt ihres Interesses. FOUCAULT verwendet ihn zur Benennung des gesamten Feldes kulturellen Wissens, das sich in Form von Aussagen und Texten sowie über ein durch Regeln bestimmtes und abgegrenztes Aussagesystem etabliert. Dabei nimmt er an, dass Denken und Wahrnehmung des Menschen nicht autonom, sondern immer schon durch umfassende Diskursordnungen geprägt sind und demzufolge Kontroll- und Regulierungssysteme bzw. -strukturen die Diskurse bestimmen. An solchen Machtverhältnissen und Machtmechanismen, die z. B. das medizinisch-naturwissenschaftliche und philosophische Wissen in einer Gesellschaft kontrollieren, ist die Diskursanalyse interessiert. Sie exponiert hierbei die Annahme, dass Wirklichkeit, die historische ebenso wie die gesellschaftliche, sich durch kulturelle Äußerungen und menschliche Handlungen konstituiert und deshalb nur über Dokumente und Texte – fiktionale wie nicht-fiktionale – zugänglich ist. Durch Letztere entsteht ein Diskurs, und letztlich formiert sich auch die Gesellschaft über Texte. Ihr Selbstverständnis ist mithin über diese Diskurse und anhand der Dokumente und Texte fassbar. Der Grundgedanke der Diskursanalyse ist entsprechend die vom New Historicism weitergeführte Idee von der Textualisierung der Wirklichkeit und der Geschichte.

Die Bedeutung der Diskurse

Die Literaturwissenschaft hat FOUCAULTs Denkansätze übertragen und den literarischen Diskurs untersucht. Dabei stehen außerliterarische und außertextuelle Konstitutionsbedingungen von Literatur im Zentrum, so etwa die Regeln, nach denen Literatur entsteht. Diskursanalytischen Ansätzen zufolge unterliegen alle sprachlichen Äußerungen und Aussagen einem Regelwerk. Dementsprechend geht es innerhalb der Analyse weniger um die poetische Funktion von Texten; vielmehr interessiert zum einen das »allgemeine Problem der Praxis von sprachlichen Aussagen als geregeltem Ordnungssystem«.[67] Zum anderen zielt eine literaturwissenschaftliche Diskursanalyse auf die Begründung und Beschreibung von Literatur im Sinne ihrer Demystifikation: Literatur wird nicht mehr als ein privilegierter Gegenstand gesehen, sondern als ein von außen bestimmter Diskurs, der mit anderen Diskursen auf das engste vernetzt ist.

Eine diskursanalytisch fundierte Literaturwissenschaft formuliert also im Wesentlichen zwei Untersuchungsziele und Fragestellungen: Zum einen geht es ihr um den Nachweis und die Nachzeichnung von Diskursen, so auch des literarischen Diskurses; zum anderen um die Beschreibung der Funktionsweise des Diskurses, d. h. seiner jeweiligen Ordnung sowie der Konstitutionsregeln und der »Klassifikations-, Anordnungs- und Verteilungsprinzipien«, denen ein literarischer Diskurs unterliegt.[68] Auch werden die Diskurszusammenhänge – etwa im Hinblick auf den politischen, medizinischen, religiösen oder juristischen Diskurs – untersucht. Dabei wird allerdings die Existenz eines eigenen literarischen Diskurses bestritten, da er kein genuines Thema, keine spezifische Semantik aufweise, sondern ein Produkt anderer Diskurse sei. Insofern kann ein diskursanalytischer Ansatz nicht von einer Privilegiertheit eines literarischen Textes ausgehen, sondern muss den literarischen Text dem nicht-literarischen gleichstellen. Erstere sind beliebige Texte unter anderen, der aus der ästhetischen Beschaffenheit des literarischen Textes resultierende Unterschied ist von sekundärem Interesse. Eine literaturwissenschaftliche Diskursanalyse hat folglich sowohl die Diskurse als auch die Bedingungen, unter denen diese entstehen und geführt wurden bzw. werden, zu untersuchen. Sie fragt nach den außerliterarischen Faktoren, die für die thematische Ausrichtung, für die Gegenstände von Diskursen verantwortlich sind, ebenso wie nach der Art und Weise, nach der ein Diskurs von wem geführt und in welchem Modus (Gattungen, Genres, Erzählverfahren) er realisiert wird. Dabei unterscheidet die Diskursanalyse zwischen innerdiskursiven (literarische Konventionen, Kanon, Buchmarkt, Mäzenatentum) und externen (kulturpolitische Rahmenbedingungen, gesellschaftspolitische Kräfte und Kräfteverhältnisse) den Diskurs bestimmenden Faktoren. Darüber hinaus ist die Frage nach denen, die an diesem Diskurs beteiligt oder zu ihm zugelassen sind, von Interesse. Die Regeln des Diskurses sind so wichtig wie der Diskurs selbst, denn letztlich lässt dieser sich als das Resultat der Regeln verstehen. Zudem sind sie

Die Regeln des Diskurses

67 Achim Geisenhanslüke, *Einführung in die Literaturtheorie. Von der Hermeneutik zur Medienwissenschaft*, Darmstadt 2003, S. 121.

68 Michel Foucault, *Die Ordnung des Diskurses. Inauguralvorlesung am Collège de France am 2. Dezember 1970* [1971], übers. von Walter Seitter, Frankfurt a. M. ^{2}1992, S. 17.

das Ergebnis von sozialen und politischen Verhältnissen und Bestandteil der politischen Ordnung. So geht eine diskursanalytische Literaturwissenschaft zwar von einer engen Verschränkung literarischer Texte mit anderen Texten aus; im Mittelpunkt aber steht die Verbindung des literarischen mit dem historischen und gesellschaftlichen Diskurs. Dem FOUCAULTschen Interesse folgend, nehmen ihre Fragestellungen von gesellschaftlichen Phänomenen ihren Ausgangspunkt und beschreiben literarische Texte z. B. unter Aspekten wie Geschlechter, Liebe, Geld, Ökonomie, Körper, Wahnsinn oder Macht. Dabei interessiert statt der Autorintention die Autorfunktion und damit zugleich die Funktion von Literatur innerhalb des historischen und gesamtgesellschaftlichen Kontexts: Literarische Texte werden als Beiträge zu dem von und in der Gesellschaft geführten Diskurs untersucht. Mit dieser Idee ist zugleich eine vom Diskurs autonom gedachte Verfasserschaft in Frage gestellt.

Diskursanalyse und Hermeneutik

FOUCAULT selbst begründete in seinen Schriften keine Diskursanalyse der Literatur und legte primär auch keine literaturwissenschaftlichen oder philologischen Überlegungen vor.[69] Die Diskursanalyse wurde also nicht als ein Verfahren zur Beschreibung und Deutung von Literatur bzw. von literarischen Texten oder Epochen konzipiert, die Diskrepanz zum literarischen Text und zur hermeneutischen Basis jeglicher literaturwissenschaftlicher Interpretation scheint vielfach unüberbrückbar: Daher hat die Diskursanalyse für die Literaturwissenschaft und -theorie nur begrenzt Gültigkeit. Auch sind aus der FOUCAULTschen Diskursanalyse keine spezifischen literaturwissenschaftlichen Verfahrensweisen für die Analyse literarischer Texte abzuleiten. FOUCAULT selbst verzichtete weitgehend auf die Frage nach der Bedeutung und »Bedeutungsstruktur«[70] eines Textes. Seine Diskursanalyse ist deswegen keine Theorie des literarischen Textes, sie lässt sich kaum als eine Textwissenschaft verstehen und praktizieren. Insofern ist sie innerhalb der Literaturwissenschaft sinnvoll und produktiv nur in Verbindung mit hermeneutischen Fragestellungen zu nutzen und nur als »literatursoziologische Inhaltsanalyse literarischer und nicht-literarischer Texte«[71] zu realisieren. Auch zielt sie im Gegensatz zu den hermeneutischen Ansätzen primär nicht auf eine Einzeltextanalyse, und wenn doch, leistet sie diese vornehmlich mit dem Ziel, die dem literarischen Text impliziten Diskurse freizulegen, den Text als Knotenpunkt von Diskursen zu verstehen.

69 Vgl. dazu Achim Geisenhanslüke, *Foucault und die Literatur. Eine diskurskritische Untersuchung*, Opladen 1997.
70 Geisenhanslüke (s. Anm. 67), S. 121 ff.
71 Baasner/Zens (s. Anm. 30), S. 134.

Mit JÜRGEN LINKS ›Interdiskurstheorie‹ und KLAUS-MICHAEL BOGDALS ›Historischer Diskursanalyse‹ wurden zwei Möglichkeiten der Erweiterung erarbeitet. LINK stellt das Zusammenspiel einzelner Diskurse in den Mittelpunkt, er geht dabei aber von einem spezifischen literarischen Diskurs aus. Literatur beschreibt er als einen Diskurs, der andere Diskurse aufnimmt, und damit den literarischen Text als einen zusammengesetzten, mosaikartigen. Literatur integriere, so der Ansatz von LINK, andere Diskurse und konstituiere sodann einen eigenen Diskurs. Diesen versteht er als eine Wissens- und Schnittmenge anderer Diskurse, LINK spricht von einem »Interdiskurs«.[72] Damit möchte er die kulturelle Verzahnung des literarischen Diskurses deutlich machen und zugleich die Reintegration desselben in den gesamtgesellschaftlichen Diskurs als das Ziel einer diskursanalytischen Literaturwissenschaft vorgeben. Mit dem Begriff »Interdiskurs« ist demzufolge auch die »Schnittmenge zwischen den einzelnen Spezialdiskursen«[73] bezeichnet, Literatur wäre sodann im Rahmen dieser Schnittmenge zu verorten oder im Hinblick auf ihre Funktion der Verknüpfung der einzelnen Spezialdiskurse zu beschreiben.

Literatur als Interdiskurs

Literaturhinweise

Bogdal, Klaus-Michael: Historische Diskursanalyse. Theorie, Arbeitsfelder, Analysen, Vermittlung. Opladen/Wiesbaden 1999.

Fohrmann, Jürgen / Müller, Harro (Hrsg.): Diskurstheorien und Literaturwissenschaft. Frankfurt a. M. 1988.

Kittler, Friedrich / Turk, Horst: Einleitung. In: Urszenen. Literaturwissenschaft als Diskursanalyse und Diskurskritik. Hrsg. von F. K. und H. T. Frankfurt a. M. 1977. S. 9–43.

72 Jürgen Link, »Literaturanalyse als Interdiskursanalyse. Am Beispiel des Ursprungs literarischer Symbolik in der Kollektivsymbolik«, in: *Diskurstheorien und Literaturwissenschaft*, hrsg. von Jürgen Fohrmann und Harro Müller, Frankfurt a. M. 1988, S. 284–307, hier S. 285.

73 Jürgen Link / Ursula Link-Heer, »Diskurs/Interdiskurs und Literaturanalyse«, in: *Zeitschrift für Literaturwissenschaft und Linguistik* 20 (1990) H. 77, S. 88–99, hier S. 92.

16 New Historicism

Die sozialgeschichtlichen Zugänge zur Literatur hatten durch die Verschränkung von Literatur mit Gesellschaft und Geschichte einen erweiterten Literaturbegriff eingeführt und damit zugleich eine Verbindung der literaturwissenschaftlichen Analyse mit soziologischen Fragestellungen und geschichtswissenschaftlichen Kenntnissen angeregt. Von diesen Anregungen haben die europäischen Kulturwissenschaften der 1990er Jahre entscheidend gezehrt. Die Diskussion der Literaturwissenschaften als Kulturwissenschaften[74] und die von Literaturgeschichte als Teil der Kulturgeschichte war durch die Sozialgeschichtsschreibung vorbereitet.

Literaturgeschichte als Kulturgeschichte

Kulturwissenschaftliche Ansätze wie der New Historicism gehen in zwei Punkten über die Sozialgeschichte hinaus. Zum einen in der Erweiterung ihres Gegenstandsbereichs und der Ausweitung des Textbegriffs: Sie benennen ›Kultur‹ als ihren bevorzugten Gegenstand, wobei man Kultur vorrangig über Texte erschließen möchte: Kultur insgesamt wird als Text verstanden, eine Festlegung, die – zumindest innerhalb der Analyse – die Annahme einer Höherwertigkeit des literarischen Textes zurückweist. Auch versteht eine kulturwissenschaftlich ausgerichtete Literaturwissenschaft wie schon die Diskursanalyse sich selbst nicht mehr als eine reine Textwissenschaft, deren Hauptuntersuchungsgegenstand der literarische Text ist. Andere Texte, wie etwa historische Dokumente, religiös-theologische Quellen, juristische oder medizinische Schriftstücke, wissenschaftliche Abhandlungen zu einem bestimmten Thema werden in die Analyse und Beschreibung eines literarischen Werks und einer kulturellen Situation einbezogen. Zudem wird die interdisziplinäre Öffnung des Fachs nicht mehr nur über die enge Verschränkung der Literatur mit den gesellschaftlichen und sozialen Rahmenbedingungen ihrer Entstehung geleistet. Vielmehr werden – nicht zuletzt im Anschluss an die Diskursanalyse – u. a. der medizinische, wissenschaftliche, ökonomische, juristische, religiöse, anthropologische oder ethnologische Bereich integriert; dem literarischen Diskurs kommt nur mehr die Rolle eines unter vielen gleichwertigen Diskursen des kulturellen Gesamttextes zu. Dies nicht zuletzt deshalb, weil die Kulturwissenschaften den gesamtkulturellen Sektor als ihren Gegenstand und Untersuchungsbereich benennen. Damit gibt man die Kon-

74 Vgl. dazu Walter Haug, »Literaturwissenschaft als Kulturwissenschaft«, in: *Deutsche Vierteljahrsschrift* 73 (1999) H. 1, S. 69–93 und S. 116–121, sowie Gerhart von Graevenitz, »Literaturwissenschaft als Kulturwissenschaft. Eine Erwiderung«, in: *Deutsche Vierteljahrsschrift* 73 (1999) H. 1, S. 94–115.

zentration auf Literatur und auf den literarischen Text als exklusiven Gegenstand auf. Die kulturwissenschaftliche Wende der Geisteswissenschaften meint von daher auch die Öffnung der Textwissenschaft hin zu einer Kulturwissenschaft.

Stephen Greenblatt

Eine der bedeutendsten und produktivsten Theorien im Umfeld der kulturwissenschaftlichen Ansätze ist der New Historicism. Entwicklung und Etablierung dieses literaturtheoretischen Ansatzes sind eng mit dem Namen des amerikanischen Literaturwissenschaftlers STEPHEN GREENBLATT verbunden. Seit den frühen 1980er Jahren entwickelte GREENBLATT vor allem in seinen Arbeiten zu WILLIAM SHAKESPEARE das Modell einer historisch-kulturwissenschaftlich verfahrenden Analyse von Literatur, in der der literarische Text zwar keine bevorzugte Position mehr einnimmt, aber dennoch Gegenstand seiner Analyse bleibt. Unter Bezugnahme auf die Diskursanalyse MICHEL FOUCAULTs geht GREENBLATT davon aus, dass sowohl die Geschichte, die er vor allem über Texte fassen zu können glaubt – der New Historicism spricht von der »Textualität von Geschichte«[75] –, ebenso wie die Literatur von einer Vielzahl von Diskursen bestimmt werden; dieser diskursanalytischen Erkenntnis will er Rechnung tragen, aber dennoch den literarischen Einzeltext nicht aus den Augen verlieren, eine Entscheidung, die bereits an GREENBLATTs Interesse für SHAKESPEARE abzulesen ist.

Entstanden ist der New Historicism in den USA vor allem in Absetzung zu dem damals herrschenden ›New Criticism‹. Mit seiner Entwicklung reagierte man – der deutschen, sich von der werkimmanenten Interpretation absetzenden Sozialgeschichtsschreibung der 1980er Jahre vergleichbar – auf das ›close reading‹ der amerikanischen Literaturwissenschaft, vor allem auf die durch PAUL DE MAN vertretene Dekonstruktion. Im Unterschied zu diesen textimmanenten Verfahren rückt der New Historicism das Verhältnis von Literatur und Geschichte in den Mittelpunkt der Analyse und wendet sich damit zugleich gegen das ahistorische Textverständnis des New Criticism (und des ihm eigenen ›close reading‹). Im Zentrum steht sodann der Versuch, den literarischen Text wieder mit jener gesellschaftlichen Energie aufzuladen, den er bei seiner Entstehung hatte und die der Literatur als Bestandteil des gesellschaftlichen Diskurses ohnehin implizit ist. Der New Historicism geht von einer intensiven Verschränkung von (literarischem) Text und (soziokulturellem) Kontext aus und fragt demzufolge nach der »gesellschaftlichen Präsenz der

Textualität von Geschichte – Historizität von Texten

75 Louis Montrose, »Die Renaissance behaupten. Poetik und Politik der Kultur«, in: *New Historicism. Literaturgeschichte als Poetik der Kultur*, hrsg. von Moritz Baßler, Frankfurt a. M. 2001, S. 60–93, hier S. 67.

Welt im literarischen Text«.[76] Geschichte versteht er als eine Zirkulation »sozialer Energien«[77], die auch Literatur in sich aufnimmt; umgekehrt geht er von einer »gesellschaftlichen Präsenz des literarischen Textes in der Welt«, d. h. von Literatur als einem »semantische[n] Kraftfeld« aus, »durch das die sozialen und ästhetischen Energien seiner Zeit strömen und zu denen [sie] in mannigfaltigen, interdependenten Beziehungen steht«.[78]

Das Ziel des New Historicism ist es demgemäß, diametral entgegengesetzt zur werkimmanenten Interpretation, deutlich zu machen, dass der literarische Text keine Sonderstellung gegenüber anderen Texten beanspruchen kann; gefragt wird aus diesem Grund vor allem nach dem Verhältnis von Literatur und geschichtlichem Kontext, was im Begriff des New Historicism, der »Neuen Geschichtlichkeit« also, deutlich wird, und damit zugleich nach dem Verhältnis des literarischen Textes zu anderen Texten; denn der New Historicism geht nicht nur von der »Geschichtlichkeit von Texten«, sondern auch von einer »Textualität von Geschichte«[79] aus, d. h. von der Einsicht und Annahme, dass Geschichte sich in erster Linie über Texte fassen lässt, nicht zuletzt über literarische Texte.

Literaturhinweise

Baßler, Moritz (Hrsg.): New Historicism. Literaturgeschichte als Poetik der Kultur. Frankfurt a. M. 2001.

Glauser, Jürg / Heitmann, Annegret (Hrsg.): Verhandlungen mit dem New Historicism: das Text-Kontext-Problem in der Literaturwissenschaft. Würzburg 1999.

17 Kultursoziologische und mentalitätsgeschichtliche Ansätze

In das Umfeld des ›cultural turn‹, d. h. der kulturwissenschaftlichen Öffnung der Literaturwissenschaften, gehören weiterhin die vor allem mit dem Namen PIERRE BOURDIEUS verbundenen kultursoziologischen und mentalitätsgeschichtlichen Ansätze. BOURDIEUS Verfahren greift auf die Diskursanalyse

76 Stephen Greenblatt, *Verhandlungen mit Shakespeare. Innenansichten der englischen Renaissance,* übers. von Robin Cackett, Berlin 1990 [engl. Orig.-Ausg. 1988], S. 40.

77 Vgl. Stephen Greenblatt, *Shakespearean Negotiations. The Circulation of Social Energy in Renaissance England,* Berkeley / Los Angeles 1988.

78 *Metzler Lexikon Literatur- und Kulturtheorie. Aufsätze – Personen – Grundbegriffe,* hrsg. von Ansgar Nünning, Stuttgart/Weimar 1998, S. 195 [Artikel zu Greenblatt].

79 Montrose (s. Anm. 75), S. 67.

FOUCAULTS zurück – diesem bescheinigte er, die »stringenteste Formulierung der Grundlagen der strukturalen Analyse kultureller Produkte« geliefert zu haben.[80] In wesentlichen Punkten setzt sich BOURDIEU jedoch von FOUCAULTS diskursanalytischen Überlegungen ab. Wie FOUCAULT ist auch BOURDIEU kein Literaturwissenschaftler, hat also ebenfalls keine dezidiert literaturwissenschaftliche Theorie entworfen. Vielmehr sind seine Überlegungen zunächst als eine soziologische Methode konzipiert, sie sind das Produkt soziologischer Studien und des Interesses eines Soziologen. Die zentralen Termini seiner Theorie sind die Begriffe »Feld« und »Habitus«.[81] Dennoch ist seine (Feld-)Theorie für die Literaturwissenschaft interessant, zum einen im Hinblick auf die Analyse und Beschreibung der soziokulturellen und gesellschaftspolitischen Rahmenbedingungen der literarischen Produktion. Dadurch, dass sie systematisch und terminologisch über die produktions- und rezeptionsästhetischen Ansätze der Sozialgeschichte hinausgeht, konnte sie auch für die literaturwissenschaftliche Analyse Impulse geben. Zum anderen formuliert BOURDIEU wesentliche Aspekte einer mentalitäts- und kulturgeschichtlich orientierten Literaturwissenschaft, die Literatur nicht nur in ihrem Verhältnis zu Gesellschaft und Kultur untersucht, sondern den literarischen Diskurs als Abdruck und Ausdruck der mentalen und kulturellen Disposition von Gesellschaften und Epochen beschreibt. BOURDIEU perspektiviert damit eine Literaturwissenschaft, die über Literatur die Mentalität einer Gesellschaft zu rekonstruieren sucht. In mehreren Arbeiten, vor allem zum französischen Realismus des 19. Jahrhunderts, insbesondere zu GUSTAVE FLAUBERT, hat er auf der Basis seiner theoretischen Ansätze literarische Texte gewinnbringend analysiert.[82] Sein Konzept des »literarischen Feldes«[83] integriert die Analyse des sozialen und gesellschaftlichen Raumes, in dem sich die Autoren bewegen, aber eben auch jenes Raumes, in dem die (literarischen) Figuren agieren. Von daher entwarf er mit seiner Feld-Theorie eine kultursoziologische und kulturgeschichtliche Alternative zu NIKLAS LUHMANNS Systemtheorie (→ IV. 7). 1992 legte BOURDIEU mit *Les règles de l'art. Genèse et structure du champs littéraire* eine Studie vor, die dezidiert auf Literatur Bezug nimmt und

Feld- und Habitusbegriff

80 Vgl. Pierre Bourdieu, *Les règles de l'art. Genèse et structure du champs littéraire* [1992]; dt.: *Die Regeln der Kunst: Genese und Struktur des literarischen Feldes*, übers. von Bernd Schwibs und Achim Russer, Frankfurt a. M. 1999, S. 316.

81 Ebd., S. 413.

82 Pierre Bourdieu, »Flaubert. Einführung in die Sozioanalyse«, in: *Sprache im technischen Zeitalter* 25 (1987), S. 173–189 und 240–255; Bourdieu (s. Anm. 80), »Prolog: Flaubert als Analytiker Flauberts. Eine Lektüre der *Erziehung des Herzens*«, S. 19–79.

83 Bourdieu (s. Anm. 80).

so literaturwissenschaftliche Relevanz hat. Es geht ihm hier zunächst einmal um die gesellschaftliche Verortung von Literatur, zugleich aber um eine Gesellschaftstheorie des Ästhetischen bzw. der Ästhetik. Zu leisten sucht er dies über die Begriffe »Feld«, »Klasse«, »Habitus« und »Kapital« (ökonomisches, soziales, kulturelles, symbolisches).[84] Sie ermöglichen einerseits eine systematische Untersuchung der Mechanismen und Strategien der literarischen Produktion sowie der sozialen Bedingungen bzw. gesellschaftlichen Entstehungsvoraussetzungen von Literatur (Milieu der Autoren, Verlage, Literaturkritik, Literaturwissenschaft, Publikum); analysiert werden die Produktions- und Rezeptionsbedingungen von Literatur und Autoren, auch einer Rezipientensoziologie kommt Bedeutung zu.

Insbesondere im Anschluss an den Habitusbegriff perspektiviert BOURDIEUs Feld-Theorie über ihre kultursoziologischen Ansätze hinaus andererseits eine mentalitätsgeschichtliche Analyse literarischer Werke. Unter »Habitus« versteht BOURDIEU im Zuge der schichten- und milieuspezifischen Sozialisation erworbene Wahrnehmungs-, Denk- und Handlungsmuster und Verhaltensdispositionen. Habitus und Lebensstil indizieren und markieren ein bestimmtes soziales Milieu, aber zugleich eine entsprechende mentale Disposition. Literarische Texte werden daran anschließend nicht als Abbild historischer Welten verstanden; vielmehr wird Literatur als ein Medium der Kommunikation gewertet, über das gesellschaftliche Gruppen und soziale Milieus sowohl Formen der Selbstdarstellung als auch der Selbstverständigung praktizieren. BOURDIEU versteht das Schreiben literarischer Texte als »Objektivation eines bestimmten Habitus«.[85] Er geht dabei von der Annahme aus, dass die gesellschaftliche, aber auch die literarische Praxis immer ein Produkt aus »Feld« und »Habitus« ist. Deshalb müssen ihm zufolge innerhalb der literaturwissenschaftlichen oder zumindest literatursoziologischen Analyse zunächst einmal die produktions- und rezeptionsästhetischen Bedingungen literarischen Schaffens untersucht werden: Das heißt auch, dass das Verständnis von Literatur einer genauen Kenntnis und Darstellung des »Feldes« bedarf, in dem Erstere entsteht. BOURDIEU orientiert sich dabei nicht an einer traditionellen Literaturgeschichtsschreibung, die ihre Aufmerksamkeit auf das einzelne Werk und den genialischen, aus sich selbst heraus schöpfenden und

84 Vgl. Pierre Bourdieu, *Die feinen Unterschiede. Kritik der gesellschaftlichen Urteilskraft*, übers. von Bernd Schwibs und Achim Russer, Frankfurt a. M. 1982 [frz. Orig.-Ausg. 1979], S. 182, 277 und 193.

85 Andreas Dörner / Ludgera Vogt, »Kultursoziologie (Bourdieu – Mentalitätsgeschichte – Zivilisationstheorie)«, in: *Neue Literaturtheorien. Eine Einführung*, hrsg. von Klaus-Michael Bogdal, Opladen ²1990, S. 131–152, hier S. 142.

schaffenden Autor richtet. Stattdessen legt er einen pragmatischen Literaturbegriff zugrunde, der eine relative Autonomie des »literarischen Feldes« sowie eine enge Verbindung der literarischen Praktiken mit anderen gesellschaftlichen Bereichen annimmt. Daraus resultiert die Beschreibung des Ersteren innerhalb der politischen und sozialen Machtstrukturen einer Gesellschaft, und zwar sowohl in Bezug auf die Person und Position des Autors als auch der Individuen und Gruppen, die als Figuren in Literatur auftauchen.

Literaturhinweise

Dörner, Andreas / Vogt, Ludgera: Kultursoziologie (Bourdieu – Mentalitätsgeschichte – Zivilisationstheorie), in: Neue Literaturtheorien. Eine Einführung. Hrsg. von Klaus-Michael Bogdal. Opladen ²1990. S. 131–152.

– Literatursoziologie. Literatur, Gesellschaft, Politische Kultur. Opladen 1994.

Jarchow, Klaus / Winter, Hans-Gerd: Pierre Bourdieus Kultursoziologie als Herausforderung der Literaturwissenschaft, in: Praxis und Ästhetik. Neue Perspektiven im Denken Pierre Bourdieus. Hrsg. von Gunter Gebauer und Christoph Wulf. Frankfurt a. M. 1993. S. 93–134.

Jurt, Joseph: Das literarische Feld. Das Konzept Pierre Bourdieus in Theorie und Praxis. Darmstadt 1995.

18 Literaturanthropologische Ansätze

Der ›cultural turn‹ der 1990er Jahre

Seit den 1990er Jahren wird innerhalb der Literaturwissenschaft ein ›cultural turn‹ registriert, mit dem sowohl der ›linguistic‹ als auch der ›scientific turn‹ überwunden scheint. Die Tatsache, dass dieser ›cultural turn‹ vielfach als eine »anthropologische Wende in der Literaturwissenschaft«[86] begriffen wird, verweist auf die Bedeutung literatur- bzw. kulturanthropologischer Ansätze innerhalb einer kulturwissenschaftlichen Literaturwissenschaft. Als ihre Vorläufer werden neben der anthropologisch ausgerichteten Soziologie GEORG SIMMELS (*Philosophie des Geldes*, 1900; *Die Großstädte und das Geistesleben*, 1902) und MAX WEBERS (*Die protestantische Ethik*, 1905) zum einen die anglo-amerikanischen Cultural Studies genannt, die insbesondere im deutschsprachigen Raum die wesentlichen Impulse, nicht zuletzt im Hinblick auf die

86 Vgl. Doris Bachmann-Medick: *Cultural turns. Neuorientierungen in den Kulturwissenschaften*, Reinbek b. Hamburg 2006.

Erweiterung des Kultur- und Literaturbegriffs, gegeben haben. Zum anderen wurde die Arbeitsweise des Ethnologen CLIFFORD GEERTZ richtungweisend; insbesondere sein Vorschlag, auch kulturelle Handlungen wie Texte zu deuten, wirkte innovativ auf die Etablierung einer anthropologischen Literaturwissenschaft: Sein Konzept der »dichte[n] Beschreibung«[87] gab für Kultur- wie für Literaturwissenschaften gleichermaßen die Anregung, Texte als kulturelle Handlungen zu verstehen. Disziplinen wie die Geschichtswissenschaften oder die Ethnographie haben diese Bedeutung längst erkannt und literarische Texte als Untersuchungsgegenstände ihrer analytischen Rekonstruktion historischer und soziokultureller Lebenswelten, kultureller Praktiken und Standards integriert.

Clifford Geertz' Modell der ›dichten Beschreibung‹

Die Literaturwissenschaften haben wesentlich später die für sie durchaus ergiebige ethnographische und anthropologische Arbeitsweise aufgegriffen; literaturanthropologische Zugänge basieren auf der – auch den New Historicism kennzeichnenden – Vorstellung von einer Kulturpoetik, einer »poetics of culture«[88]; und damit zugleich auf dem kulturwissenschaftlichen Axiom, dass sich Kultur über Texte erschließen lässt: Literaturanthropologie zielt auf das Anthropologische in Literatur, begreift Literatur selbst also als ein anthropologisches Faktum und wertet den literarischen Text als eine kulturelle Äußerung oder gar Handlung. Umgekehrt formuliert heißt dies, dass Texte Kultur konstituieren, zumal Kultur als ein codierter Text gewertet wird, den es zu lesen und zu entschlüsseln gilt.

Kultur als Text

Damit legen die literatur- und kulturanthropologischen Ansätze – wie die Kulturwissenschaften insgesamt – einen weiten bzw. erweiterten Textbegriff zugrunde; sie begreifen auch Theater, Rituale, Verhaltensmuster, Habitus, Mimik, Tanz, Feste oder Happenings als Texte im Sinne kultureller Äußerungen und Praktiken in einer Gesellschaft, aber auch dieser Gesellschaft selbst. Da sich derartige Handlungen und Konstellationen auch in literarischen Texten nachweisen lassen, kann eine Literaturwissenschaft, die Literatur als Teil der gesamten Kultur einer Gesellschaft und damit als kulturelle Äußerung versteht, auf die Anthropologie als die Wissenschaft vom Menschen kaum verzichten; zumal sich Literatur selbst in die Regel als ein anthropologisch ausge-

Anthropologisch erweiterter Textbegriff

87 Clifford Geertz, *Dichte Beschreibung: Beiträge zum Verstehen kultureller Systeme*, übers. von Brigitte Luchesi und Rolf Bindemann , Frankfurt a. M. 1987, S. 9. [Orig.-Ausg.: »Thick Description: Toward and Interpretive Theory of Culture«, in: C. G., *The Interpretation of Cultures. Selected Essays*, New York 1973.]

88 Stephen Greenblatt, »Grundzüge einer Poetik der Kultur« [1989], in: *Texte zur Literaturtheorie der Gegenwart*, hrsg. von Dorothee Kimmich, Rolf Renner und Bernd Stiegler, Stuttgart 1996.

richtetes Medium verstanden hat. FRIEDRICH SCHILLERs Abhandlung *Über die ästhetische Erziehung des Menschen in einer Reihe von Briefen* (1794) hat diese Dimension von Literatur eigens hervorgehoben.

Im Anschluss an die Anthropologie, z. T. sicher auch in Analogie zu ihr, liest eine anthropologische Literaturwissenschaft Literatur also als ein Dokument, das Aufschluss gibt über alltägliche Lebensformen, über die Geschichte des privaten Lebens, des familiären Zusammenlebens wie auch über Formen des öffentlichen bzw. des gesellschaftlichen Lebens. Die Analyse zielt hierbei auf die Freilegung kultureller Praktiken, mentaler Dispositionen, anthropologischer Verhaltensmuster, Einstellungen, Denkfiguren und Vorstellungen. Weiterhin können literaturanthropologische Fragestellungen auf die Person des Autors konzentriert bleiben, auch dessen anthropologischer Erfahrungs- und Wissenshorizont interessiert; über seine Werke lässt sich erschließen, welches Wissen über Menschen, menschliche Verhaltens- und Handlungsweisen er verarbeitet hat bzw. wie dieses Wissen sein Schreiben motiviert und geprägt hat. Der Fragenkatalog bleibt also auch in diesem Fall so angelegt, dass er über den subjektiv-persönlichen Horizont eines Autors hinaus zugleich Aufschluss gibt über gesamtgesellschaftliche Einstellungen und Phänomene.

Freilegung kultureller Praktiken

Anthropologischer Wissenshorizont

Eine anthropologisch fundierte Literaturwissenschaft und -analyse favorisiert zwar den literarischen Text, doch sie isoliert ihn nicht von der Auswertung weiterer Quellen und kultureller Dokumente. Ziel ist die Benennung »ethnographischer Dimensionen in literarischen Texten«.[89] Literatur ist per se anthropologisch, sie verhandelt anthropologische Fragestellungen und Belange, liefert sie doch beständig Konstruktionen des Menschen, wenn sie nicht gar an dem Entwurf anthropologischer Konzepte und Vorstellungen beteiligt ist. Im Anschluss an diese Setzungen zielt eine literarische Anthropologie auf die Benennung des in Literatur vermittelten anthropologischen Wissens. Sie ist für Literaturwissenschaft von Interesse, weil es Literatur darum zu tun ist, Menschen in Handlungs- und Geschehensabläufen zu zeigen, seien es alltägliche, auch rituell vollzogene Handlungen (Liebeskonstellationen, Familienleben, Ehe, Gesellschaftsordnung, Geschlechterverhältnisse, religiöse oder politische Einstellungen u. a.), seien es exzeptionelle Ausnahmesituationen, wie sie z. B. die Literatur des Sturm und Drang, etwa die Dramatik von JAKOB MICHAEL REINHOLD LENZ, entwirft.

Das Anthropologische der Literatur

Dabei erfolgt der analytisch-methodische Zugang weniger auf der ästhetischen als auf der inhaltlich-semantischen Ebene; auch müssen die spezifisch literarischen Entwürfe vom Menschen mit denen anderer Disziplinen

89 Bachmann-Medick (vgl. Anm. 86), S. 10.

konfrontiert werden, etwa denen der Soziologie, Religion, Ethnologie oder Philosophie. Die Tatsache aber, dass Literatur dies mit den ihr eigenen Mitteln (Erzählweisen, Gattungsformen, sprachlich-rhetorischen Besonderheiten) realisiert, begründet die Notwendigkeit der Integration anthropologischer Fragestellungen in die literaturwissenschaftliche Untersuchung und nicht etwa die Überführung der Literaturwissenschaft in eine Kulturanthropologie. Vielmehr wird die literaturwissenschaftliche Werkinterpretation als kulturelle Analyse angelegt.

Interkulturalität als Kriterium

Eine solche Vorgehensweise bietet sich an, weil mit Literatur ohnehin ein Textkorpus vorliegt, dem die Bedingungen und Strategien der *inter*kulturellen Erfahrungen und Prozesse zu entnehmen sind. Zu denken wäre an Reiseberichte, weiter aber auch an Werke, die kulturelle Fremderfahrung in fiktionalem Rahmen thematisieren: Etwa GOTTHOLD EPHRAIM LESSINGs Drama *Nathan der Weise* oder die im Rahmen des literarischen Exils (1933–45) entstandene Akkulturationsliteratur derjenigen Autoren und Autorinnen, die sich im jeweiligen Exilland eine neue Identität angeeignet und diesen Assimilationsprozess literarisch verarbeitet haben. Und zwar auch, weil eine anthropologische Literaturwissenschaft das Paradigma der Ethnologie und Anthropologie, also die Frage nach der Fremdheit und der Fremderfahrung, integriert. Über dieses können sie die hermeneutische Übereinkunft nahezu aller methodischen Zugänge zu Literatur auf eine ganz spezifische Weise unterlaufen: Statt der innerhalb der Hermeneutik perspektivierten »Horizontverschmelzung« betont sie die innerkulturellen, aber vor allem die interkulturellen Differenzen und Brüche, die in Literatur und Kultur zumeist verarbeitet sind. Diese Zielsetzung wiederum verbindet sie mit den Cultural Studies. So kann eine Literaturanthropologie zugleich klassische Fragestellungen der Komparatistik nach Fremd- und Selbstbildern, nach in Literatur gestalteten Prozessen des Kulturtransfers neu beleben und vermutlich auch begrifflich präziser fassen. Ihr Ziel ist die Nachzeichnung der in den Text eingegangenen »Repräsentationsweisen und Strategien kultureller Selbst- und Fremderfahrung«.[90] Aus dieser Zielsetzung ergibt sich ein enger Bezug zur interkulturellen Germanistik. Allerdings drängen die kultur- und literaturanthropologischen Ansätze auf die Überwindung spezifisch germanistischer Gegenstandsbereiche und Fragestellungen. Sie fordern eine *anthropologische* Literaturwissenschaft, und das heißt den Verzicht auf eine germanistische Perspektive und die bevorzugte Stellung der deutschsprachigen, partiell auch der europäischen Literatur. Statt-

90 Bachmann-Medick (vgl. Anm. 86), S. 12.

dessen will man die traditionelle Philologien dominierende eurozentristische Perspektive aufbrechen.

Eine solche Ausweitung ist nicht zwangsläufig, einleuchtend jedoch ist die Überlegung, dass anthropologische Fragen ebenso wie ethnographisch-anthropologische Dimensionen von Literatur sich nicht nur für kanonisierte Werke formulieren lassen, die Fixierung eines sicheren und feststehenden literarischen Kanons also wenig überzeugend und sinnvoll erscheint. Zumal der anthropologischen Literaturwissenschaft ohnehin die kulturwissenschaftliche Vorstellung von der Textualität der Kultur, der Textualisierung von Kulturen und umgekehrt die Idee von »Kultur als Text«[91] zugrunde liegt. Dieser Annahme geht sodann die Erweiterung des engeren philologischen Textbegriffs voraus: Eine anthropologische Literaturwissenschaft versteht Texte – ähnlich wie die Mentalitätsgeschichte und die Kulturwissenschaften insgesamt – als Dokumente und Zeugnisse des kulturellen Selbstverständnisses von Gesellschaften und Kulturen. Sicherlich sind diesem Verständnis von »Kultur als Text« Grenzen gesetzt; doch dadurch, dass die kulturwissenschaftlichen Ansätze ausdrücklich auch kulturelles Handeln und soziale Handlungen als Texte verstehen und ›entziffern‹ wollen, also semiotische Überlegungen integrieren, bleibt der Begriff brauchbar. Zumal gerade über anthropologische Untersuchungsgegenstände die kulturwissenschaftliche Forderung nach der Analyse literarischer Texte im Rahmen des kulturellen Gesamttextes produktiv zu realisieren ist.

Literatur als Zeugnis des kulturellen Selbstverständnisses

Literaturhinweis

Bachmann-Medick, Doris (Hrsg.): Kultur als Text. Die anthropologische Wende in der Literaturwissenschaft. Frankfurt a. M. 1998.

91 *Kultur als Text. Die anthropologische Wende in der Literaturwissenschaft*, hrsg. von Doris Bachmann-Medick, Frankfurt a. M. 1998.

Literaturhinweise

Diese Hinweise verstehen sich als Empfehlungen für Studierende und ergänzen die Hinweise auf Literatur zu speziellen Themen und Fragestellungen am Ende der einzelnen Teilkapitel.

Einführungen

Allkemper, Alo / Eke, Norbert Otto: Literaturwissenschaft. 5., aktual. Aufl. Stuttgart/Paderborn 2016. (UTB basics.)

Brackert, Helmut / Stückrath, Jörn (Hrsg.): Literaturwissenschaft. Ein Grundkurs. 7., erg. und durchges. Aufl. Reinbek b. Hamburg 2001.

Delabar, Walter: Literaturwissenschaftliche Arbeitstechniken. Eine Einführung. Darmstadt 2009.

Grundzüge der Literaturwissenschaft. Hrsg. von Heinz Ludwig Arnold und Heinrich Detering. München ³2002.

Handbuch Literaturwissenschaft. Hrsg. von Thomas Anz. 3 Bde. Stuttgart/Weimar 2007.

Jeßing, Benedikt: Arbeitstechniken des literaturwissenschaftlichen Studiums. 2., erw. und aktual. Aufl. Stuttgart 2017. (Reclams Studienbuch Germanistik.)

– Bibliographieren für Literaturwissenschaftler. Bibliogr. erg. Aufl. Stuttgart 2010. (Reclams Universal-Bibliothek. 17640.)

– / Köhnen, Ralph: Einführung in die Neuere deutsche Literaturwissenschaft. 4., aktual. und überarb. Aufl. Stuttgart 2017.

Krah, Hans: Einführung in die Literaturwissenschaft/Textanalyse. Kiel 2006. (LIMES – Literatur- und Medienwissenschaftliche Studien – Kiel. 6.)

Luserke-Jaqui, Matthias: Einführung in die neuere deutsche Literaturwissenschaft. 2., überarb. und erg. Aufl. Göttingen 2007.

Moeninghoff, Burkhard / Meyer-Krentler, Eckhardt: Arbeitstechniken Literaturwissenschaft. 17., aktual. Aufl. Paderborn 2015. (UTB. 1582.)

Petersen, Jürgen / Wagner-Egelhaaf, Martina: Einführung in die neuere deutsche Literaturwissenschaft. Ein Arbeitsbuch. 8., neu bearb. Aufl. Berlin 2009.

Literaturgeschichten

Einbändige

Beutin, Wolfgang [u. a.]: Deutsche Literaturgeschichte. Von den Anfängen bis zur Gegenwart. 8., aktual. und erw. Aufl. Stuttgart 2013.

Brenner, Peter J.: Neue deutsche Literaturgeschichte: vom »Ackermann« zu Günter Grass. 3., überarb. und erw. Aufl. Berlin/New York 2011.

Luserke-Jaqui, Matthias: Deutsche Literaturgeschichte in 10 Schritten. Stuttgart 2017.

Meid, Volker: Das Reclam Buch der deutschen Literatur. Deutsche Literatur vom frühen Mittelalter bis ins 21. Jahrhundert. 4., aktual. und erg. Aufl. Stuttgart 2017.

Nusser, Peter: Deutsche Literatur. 2 Bde. Darmstadt 2012.

Rothmann, Kurt: Kleine Geschichte der deutschen Literatur. 20., durchges. und erw. Aufl. Stuttgart 2014. (Reclams Universal-Bibliothek. 9906.)

Mehrbändige

Geschichte der deutschen Literatur von den Anfängen bis zur Gegenwart. Begr. von Helmut de Boor und Richard Newald. 12 Bde. München 1973–2017.

Geschichte der deutschen Literatur vom 18. Jahrhundert bis zur Gegenwart. Hrsg. von Viktor Žmegač. 3 Bde. in 4 Teil-Bdn. Königstein i. Ts. [4]1995–96.

Hansers Sozialgeschichte der deutschen Literatur vom 16. Jahrhundert bis zur Gegenwart. Hrsg. von Rolf Grimminger. 12 Bde. München 1980–2007.

Willems, Gottfried: Geschichte der deutschen Literatur. Bd. 1–5: Humanismus und Barock (UTB. 3653.) – Aufklärung (UTB. 3654.) – Goethezeit (UTB. 3734.) – Vormärz und Realismus (UTB. 3874.) – Moderne (UTB. 4249). Wien/Köln/Weimar 2012–15.

Autorenlexika

Deutsche Dichter. Leben und Werk deutschsprachiger Autoren. Hrsg. von Gunter E. Grimm und Frank Rainer Max. 2., durchges. Aufl. Stuttgart 1995. [Geb. Ausg.]

Deutsches Dichterlexikon. Bio-bibliograpisches Handwörterbuch zur deutschen Literaturgeschichte. 2., erw. Aufl. Stuttgart 1988.

Kritisches Lexikon zur deutschsprachigen Gegenwartsliteratur (KLG). Loseblattausgabe. Hrsg. von Heinz Ludwig Arnold. München 1978 ff. (Auch als CD-ROM.)

Lexikon der deutschsprachigen Gegenwartsliteratur seit 1945. Neu hrsg. von Thomas Kraft. 2 Bde. München 2003.

Literatur-Lexikon. Autoren und Werke deutscher Sprache. Hrsg. von Walter Killy. 15 Bde. München 1988–93. (Auch als CD-ROM.)

Meid, Volker: Reclams Lexikon der deutschsprachigen Autoren. 2., aktual. und erw. Aufl. Stuttgart 2006.

Werklexika

Kindlers Neues Literatur Lexikon (KNLL). Hrsg. von Walter Jens. 22 Bde. München 1988–98. – Kindlers Literatur Lexikon. 3., völlig neu bearb. Aufl. Online 2009 ff.

Reclams Romanlexikon. Deutschsprachige erzählende Literatur vom Mittelalter bis zur Gegenwart. Hrsg. von Frank Rainer Max und Christine Ruhrberg. Stuttgart 2000.

Sachwörterbücher

Das Fischer Lexikon Literatur. Hrsg. von Ulfert Ricklefs. 3 Bde. Frankfurt a. M. 1997. Neuausg. Ebd. 2002.

Frenzel, Elisabeth: Motive der Weltliteratur. Ein Lexikon dichtungsgeschichtlicher Längsschnitte. 6., überarb. und erg. Aufl. Stuttgart 2008.

– Stoffe der Weltliteratur. Ein Lexikon dichtungsgeschichtlicher Längsschnitte. 10., überarb. und erw. Aufl. Stuttgart 2005.

Lausberg, Heinrich: Handbuch der literarischen Rhetorik. Eine Grundlegung der Literaturwissenschaft. Stuttgart ^{4}2008.

Literaturwissenschaftliches Lexikon. Grundbegriffe der Germanistik. Hrsg. von Horst Brunner und Rainer Moritz. 2., überarb. u. erw. Aufl. Berlin 2006.

Meid, Volker: Sachwörterbuch zur deutschen Literatur. Durchges. und verb. Aufl. Stuttgart 2001. (Reclams Universal-Bibliothek. 18129.)

Metzler-Lexikon Literatur: Begriffe und Definitionen. Begr. von Günther Schweikle und Irmgard Schweikle. Hrsg. von Dieter Burdorf. 3., völlig neu bearb. Aufl. Stuttgart/Weimar 2007.

Poetik in Stichworten. Literaturwissenschaftliche Grundbegriffe. Eine Einführung von Ivo Braak. 8., überarb. und. erw. Aufl. von Martin Neubauer. Berlin/Stuttgart 2001.

Reallexikon der deutschen Literaturwissenschaft. Neubearbeitung des Reallexikons der deutschen Literaturgeschichte. 3 Bde. Hrsg. von Klaus Weimar (Bd. 1), Harald Fricke (Bd. 2) und Jan-Dirk Müller (Bd. 3). Berlin 1997–2003.

Reclams Lexikon Literaturwissenschaft. Hundert Grundbegriffe. Hrsg. von Gerhard Lauer und Christine Ruhrberg. Stuttgart 2011.

Rinsum, Annemarie / Rinsum, Wolfgang: Lexikon literarischer Gestalten. Deutschsprachige Literatur. Stuttgart ^{2}1997.

Spörl, Uwe: Basislexikon Literaturwissenschaft. 2., durchges. Aufl. Paderborn [u. a.] 2006. (UTB 2485.)

Wilpert, Gero von: Sachwörterbuch der Literatur. 8., verb. und erw. Aufl. Stuttgart 2001.

Literatur- und Gattungstheorie

Becker, Sabina: Literatur- und Kulturwissenschaften: Ihre Theorien und Methoden. Reinbek b. Hamburg 2007.

Borgards, Roland: Texte zur Kulturtheorie und Kulturwissenschaft. Stuttgart 2016.

Culler, Jonathan: Literaturtheorie. Eine kurze Einführung. 2., überarb. und aktual. Aufl. Stuttgart 2013. (Reclams Universal-Bibliothek. 17684.)

Erzählen. Ein interdisziplinäres Handbuch. Hrsg. von Matías Martínez. Stuttgart 2017.

Grundthemen der Literaturwissenschaft: Drama. Hrsg. von Andreas Englhart und Franziska Schößler. Berlin/Boston 2018.

Handbuch der literarischen Gattungen. Hrsg. von Dieter Lamping. Stuttgart 2009.

Handbuch Drama. Theorie, Analyse, Geschichte. Hrsg. von Peter W. Marx. Stuttgart 2012.

Handbuch Gattungstheorie. Hrsg. von Rüdiger Zymner. Stuttgart/Weimar 2010.

Handbuch literarische Rhetorik. Hrsg. von Rüdiger Zymner. Berlin/Boston 2015.

Handbuch Lyrik. Theorie, Analyse, Geschichte. Hrsg. von Dieter Lamping. Stuttgart ^{2}2016.

Klawitter, Arne / Ostheimer, Michael: Literaturtheorie – Ansätze und Anwendungen. Göttingen 2008.

Köppe, Tilmann / Kindt, Tom: Erzähltheorie. Eine Einführung. Stuttgart 2014. (Reclams Universal-Bibliothek. 17683.)

Köppe, Tilmann / Winko, Simone: Neuere Literaturtheorien: Eine Einführung. Stuttgart 2013.

Lexikon literaturtheoretischer Werke. Hrsg. von Rolf Günter Renner. Stuttgart 1995.

Metzler-Lexikon Literatur- und Kulturtheorie. Ansätze – Personen – Grundbegriffe. Hrsg. von Ansgar Nünning. 5., aktual. und erw. Aufl. Stuttgart/Weimar 2013.

Texte zur Literaturtheorie der Gegenwart. Hrsg. und komm. von Dorothee Kimmich, Rolf Günter Renner und Bernd Stiegler. Vollst. überarb. und aktual. Neuausg. Stuttgart 2008. (Reclams Univeral-Bibliothek. 18589.)

Zugänge zur Literaturtheorie. 17 Modellanalysen zu E. T. A. Hoffmanns *Der Sandmann*. Hrsg. von Oliver Jahraus. Stuttgart 2016.

Fachbibliographien

Bibliographie der deutschen Sprach- und Literaturwissenschaft. Begründet von Hanns W. Eppelsheimer, fortg. von Clemens Köttelwesch, hrsg. von Bernhard Koßmann. Frankfurt a. M. 1971 ff. [www.bdsl.de]

Germanistik. Internationales Referatenorgan mit bibliographischen Hinweisen. Tübingen 1960 ff. [Erscheint viermal jährlich, auch online.]

MLA International Bibliography. Modern Language Association of America 1963 ff. [Internationale Fachbibliographie zur Sprach- und Literaturwissenschaft, online.]

Wilpert, Gero / Gühring, Adolf: Erstausgaben deutscher Dichtung. Eine Bibliographie zur deutschen Literatur 1600–1990. 2., vollst. überarb. und erw. Aufl. Stuttgart 1992.

Personenregister

Sachregister

Zu den Autorinnen

SABINA BECKER ist Professorin für Neuere Deutsche Literaturgeschichte und Literaturwissenschaft am Deutschen Seminar der Albert-Ludwigs-Universität Freiburg. Forschungsschwerpunkte: Literatur und Kultur des 19. und 20. Jahrhunderts.

CHRISTINE HUMMEL ist promovierte Germanistin und Leiterin der Zentralen Studienberatung der Bergischen Universität Wuppertal.

GABRIELE SANDER ist Professorin für Neuere deutsche Literaturgeschichte an der Bergischen Universität Wuppertal. Forschungsschwerpunkte: Literatur des 20. Jahrhunderts, Lyrik, Edition.